易中天 著

品读中国书系之 ㈠

# 读城记

上海文艺出版社

# 目 录

城市与人 ·········································································· 1
  一　中国的城市 ······························································ 2
  二　城市的魅力 ···························································· 10
  三　男性的和女性的 ······················································ 20
  四　我们到底要读什么 ··················································· 30

北京城 ············································································ 37
  一　北京的门 ································································ 39
  二　城与市 ··································································· 48
  三　有容乃大 ································································ 53
  四　霸气与和气 ···························································· 59
  五　平民与市民 ···························································· 67
  六　两种世故 ································································ 77
  七　北京人与上海人 ······················································ 86
  八　官气与痞气 ···························································· 94
  九　我爱北京 ······························································· 103

上海滩 ·········································································· 106
  一　外地人与上海人 ···················································· 109
  二　上海人与上海滩 ···················································· 119
  三　上海滩与北京城 ···················································· 126
  四　"城市部落人" ······················································· 141
  五　在传统与现代之间 ················································ 150
  六　上海的男人和女人 ················································ 158
  七　新上海人 ······························································· 170

广州市 ·········································································· 174
  一　怪异的城市 ·························································· 176

- 二 天高皇帝远 …… 182
- 三 广州是个大市场 …… 190
- 四 "市态"种种 …… 197
- 五 多说几句 …… 205

## 厦门岛 …… 208
- 一 解读厦门 …… 210
- 二 最温馨的城市 …… 218
- 三 岛与人 …… 225
- 四 走出厦门看厦门 …… 231

## 成都府 …… 234
- 一 成都的茶馆 …… 235
- 二 龙门阵 …… 244
- 三 小吃与花会 …… 251
- 四 朴野与儒雅 …… 260
- 五 成都,雄起 …… 268

## 武汉三镇 …… 272
- 一 差一点成为首都 …… 273
- 二 武汉人的性格 …… 280
- 三 生命的劲歌 …… 289
- 四 可爱的武汉人 …… 300
- 五 优势与难题 …… 306

## 深圳特区 …… 309
- 一 春天的故事 …… 311
- 二 人的解放 …… 317
- 三 没有方言的城市 …… 323
- 四 我的生活与你无关 …… 330
- 五 十六岁的花能开几季 …… 338
- 六 在希望的田野上 …… 343

## 新版后记 …… 347

# 城市与人

城市是一本打开的书,不同的人有不同的读法。

我喜欢读城。

由于种种原因,我多少到过国内的一些城市。每到一个城市,我都要打探一下它的历史沿革、建筑文物、风土人情,品尝一下那里的吃食,在街面上逛逛,学几句方言民谚歇后语之类,然后回来向别人学舌。每到这时,便总是不乏热心的听众。而且,他们也往往都不满足于只当听众,也要参与讨论,发表他们对那些城市的看法,并同自己居住的城市作比较。于是我就发现,读城,其实对许多人来说,可能都是一件有趣的事情。

的确,说起城市,差不多每个人都有一肚子的话要讲。

中国历来就有关于城市的各种民谣,比如"生在杭州,死在柳州"就是。与之配套的则还有"穿在苏州,吃在广州"两句。后来,这个段子又被改成了"吃在广州,穿在上海,说在北京"。这是因为上海的服装早已超过了苏州,而北京在衣食住行、生老病死诸方面都乏善可陈,可以夸耀的只有一张嘴,正所谓"京油子,卫嘴子,保定府的狗腿子"。这也是关于城市的老段子,只不过已经由城说到人了。其实读城也就是读人。所以关于城市人性格的说法也很不少,比如武汉人是"九头鸟"而南京人是"大萝卜"等。这些民谣和说法,都无妨看作是民间版本的《读城记》。它们实际上说明了这一点:中国的城市,实在是极其可读的。

中国的城市极其可读,中国可读的城市又是何其之多! 光是我们平时经常挂在嘴边的,就有不少。比如伟大首都北京,国际化大都市上海;古都西安,旧邑洛阳,特区深圳,圣地延安;石城南京,泉城济南,花城广州,春城昆明;"白云黄鹤"的武汉,"龙兴之地"太原,"窗含西岭千秋雪,门泊东吴万里船"的成都,"暖风熏得游人醉"的杭州,"惟楚有才,于斯为盛"的长沙,"天下三分明月夜"占了两分的扬州,"满街都是圣人"的泉州等等。这些城市,都风姿各异,个性鲜明,极具"可读性"。就连一些小城,如城池完好古色古香的兴城、平遥,山青水秀民风淳朴的丽江、凤凰,徽商的根据地黟县、歙县,晋商的大本营祁县、太谷,还有"西北望长安,可怜无数山"的赣州,"万川毕汇,万商毕集"的万县,也都是可读的。如果你有条件,不妨通读天下城市:春天到洛阳看牡丹,秋天到北京看红叶,冬季到哈尔滨晒太阳,而"夏季到台北来看雨"。既然有孟庭苇的盛情邀请,何不潇洒走一回? 当然,如果你和我一样,并没有这个条件,那么,你还可以读书。比方说,读我这本《读城记》。

## 一 中国的城市

城市为什么可读呢? 当然是因为它有个性,有魅力。

城市的个性和魅力是我们读城的向导。

的确,城市和人一样,也是有个性的。有的粗犷,有的秀美,有的豪雄,有的温情。因此,就像喜欢品评人物一样,人们也喜欢议论城市。否则,就不会有那么多的"城市民谣"了。但是,也正如有的人个性鲜明,有的人不太出众,并不是所有的城市都会受到关注。中国的城市毕竟太多,其中大同小异的不在少数。显然,只有那些个性特别鲜明的才会受到关注,因为个性鲜明才会有魅力。

中国有个性有魅力的城市很多。

1998年，广州的《新周刊》出版了一期专辑，叫《中国城市魅力排行榜》，列举了他们认为最具魅力的17个城市：北京、上海、大连、杭州、南京、苏州、武汉、成都、重庆、拉萨、广州、深圳、珠海、西安、厦门、香港、台北。另外，还列举了8座"前途远大"的城市和10座"最值得去"的小城。它们分别是绵阳、张家港、北海、三亚、九江、万县、惠州、绥芬河和丽江、平遥、延安、凤凰、西昌、吐鲁番、凭祥、泽当、玛多、兴城。我们知道，到1997年5月，我国共有城市666座。《新周刊》从666座城市中拈出35座来评说，挂一漏万是在所难免的了。比方说，一些风情万种独具魅力的城市，如昆明、哈尔滨、乌鲁木齐等等，就没能列入；而同为边疆小城，喀什和伊宁也许比吐鲁番更"值得去"。吐鲁番当然也是很值得一去的。不过，吐鲁番最值得一看的却不在城内，而在城外，比如葡萄沟、千佛洞、高昌和交河古城等，而喀什和伊宁却有着作为城市的自身魅力。这其实不能怪《新周刊》。中国有魅力可阅读的城市实在是太多了。无论谁来做这个课题，都不可能说全。

1982年，国务院公布了首批24个历史文化名城。它们是：北京、承德、大同、南京、苏州、扬州、杭州、绍兴、泉州、景德镇、曲阜、洛阳、开封、江陵、长沙、广州、桂林、成都、遵义、昆明、大理、拉萨、西安、延安。1986年，又公布了第二批名单，即上海、天津、沈阳、武汉、重庆、南昌、保定、平遥、呼和浩特、镇江、常熟、徐州、淮安、宁波、歙县、寿县、亳州、福州、漳州、济南、安阳、南阳、商丘、襄樊、潮州、阆中、宜宾、自贡、镇远、丽江、日喀则、韩城、榆林、武威、张掖、敦煌、银川、喀什，共38个。第三批公布的名单则是：正定、邯郸、新降、代县、祁县、哈尔滨、吉林、集安、衢州、临海、长汀、赣州、青岛、聊城、邹城、临淄、郑州、浚县、随州、钟祥、岳阳、肇庆、佛山、梅州、雷州、柳州、琼山、乐山、都江堰、泸州、建水、巍山、江孜、咸阳、汉中、天水、同仁，共37座。这样一来，我国666座城市中，就有99座历史文化名城，是"六六大顺"又加"九九重阳"了。

我们完全有理由相信，这些城市无疑都是极具魅力的。它们的历史是那样的悠久,它们的文化是那样的古老,该有多少故事可以向我们诉说啊!即便"年轻"一点的,如上海,又是那样的内容丰富不同凡响。然而有魅力的城市却远远不止这些。一些古老的城市,如太原,就不在名单之中。太原的前身晋阳,建于三千年前,曾经做过赵国的国都,也是唐高祖李渊和五代李存勖、石敬塘、刘知远起兵发家的"龙兴之地",后来被宋太宗赵光义火烧水淹,毁得一干二净片瓦无存。现在的太原城,是在晋阳废墟北面重建的,也有一千年的历史,而且有晋祠等名胜古迹,应该说也还是古韵犹存的。另一些新兴的城市,如香港、台北、深圳、珠海,如兰州、长春、大庆、石河子,则又有着另一种气质和风采。何况还有美丽的滨城大连、厦门,神秘的边城和田、景洪,幽静的山城吉首、都匀,崛起的新城张家港、惠州,等等,等等。有谁能读遍天下城市,阅尽人间春色呢?中国的城市,是读不完的。

那么,先匆匆忙忙地说个大概,如何?

中国最有魅力的城市大体上可以粗略地分为八种类型,即古都、名邑、圣地、边关、滨城、重镇、商埠、特区。当然,这种分类只有相对的意义。比如大同,就既是雄踞雁门关外的"塞北重镇",又是著名的"煤都",还是名胜荟萃古迹繁多的历史文化名城,也是蒙汉两个兄弟民族和平共处的北部边关,中原与草原的交通孔道。这样"身兼数任"的城市实在很多。我们的分类,也只是为了解读的方便,钻不得牛角尖的。

这些城市中,最引人注目的是西安、洛阳、开封、南京、杭州、北京六大古都。

古都的魅力当然毋庸置疑。作为千年帝国的政治文化中心,它们往往也是我们民族文化的精华所在。尽管这些精华的聚集是皇家特权所致,但聚集本身却是不争的事实。这些精华因历史的积淀而愈加厚重,因岁月的磨洗而愈见辉光。即便它们散落在断壁残垣寻常巷陌,流落于街头,蒙尘于市井,也不会沉沦了它们的价值。因此,这些城市中往往有太多的陈迹可供寻觅,有太多的故事可供传说,有太多的遗址可供凭吊,也有太多的线索可供遐想。就连那里的民风民俗,也会有一种古老而悠长的韵味。

名邑同样有着这样的文化内涵。所谓"名邑",无妨看作是资格稍微差了一点的古都。比如江陵,原本就是楚的郢都;大同,曾经是北魏的京城;成都,其实也是当过帝都的。只不过那些政权或非"正统"(如公孙述的"大成"),或非"一统"(如刘备的"蜀汉"),又没成什么大气候,就挤不进"古都"的系列,只好屈尊为"名邑"。从字面上讲,所谓"名邑",也就是"有名的城市"。一个城市,只要出了一点名扬四海的事情、人物或东西,就有了名气,却不一定是"名邑"。比方说,"苏三离了洪洞县",上饶出了集中营,都挺有名的,却不大好算是"名邑"。这里说的"名邑",主要是指那些"历史文化名城"(包括六大古都在内)。它们都有着极其灿烂的文化和极其悠久的历史,比如扬州3000年,江陵2600年,苏州2500年,景德镇1700年。其中最绝的是绍兴。从公元前490年在今绍兴城内龙山南麓建城起,2400年间就没挪过一次窝,实在算得上是城市发展史上的奇迹了。

一座城市之所以成为"名邑",显然不仅因为它资格老、历史长,还因为它有着独特的风采,有着一些家喻户晓名满天下的东西,比如长沙的水,昆明的湖,景德镇的瓷器,苏州的园林,扬州的炒饭,绍兴的花雕,泉州的洛阳桥,大理的蝴蝶泉,大同的云岗石窟,承德的避暑山庄,当然还有桂林那"甲天下"的山水。这些东西也许并不一定就能代表这些城市,这些城市也并不只有这些东西,只不过它们最为脍炙人口罢了。事实上,这些城市的名声和风采几乎是人人皆知的。有谁不知道"才饮长沙水,又食武昌鱼"、"腰缠十万贯,骑鹤下扬州"或"朝辞白帝彩云间,千里江陵一日还"呢?只要吟诵着"姑苏城外寒山寺,夜半钟声到客船"(苏州)、"小楼一夜听春雨,深巷明朝卖杏花"(杭州)、"二十四桥明月夜,玉人何处教吹箫"(扬州)、"丞相祠堂何处寻,锦官城外柏森森"(成都)、"停车坐爱枫林晚,霜叶红于二月花"(长沙)等等名句,这些名城的风采,就浮现在眼前了。

圣地其实也是名邑。在国务院首批公布的二十四个历史文化名城中，称得上是"圣地"的有四个，即遵义、延安、曲阜和拉萨。"挽救了革命挽救了党"的遵义和孕育了新中国的延安是革命圣地，曲阜是影响了中华民族和中国文化两千多年的儒学发祥地，而拉萨则是藏民族"圣者的乐园"。在藏语里，"拉"是神，"萨"是地，所以"拉萨"就是神地或圣地。这些圣地当然也是风采各异的。遵义的雄奇，延安的质朴，曲阜的古雅，拉萨的神秘，构成了它们独特的魅力。有趣的是，除曲阜外，它们也都是边关和重镇。比方说，"北依娄山，南近乌江，近控五城，远瞰巴巫"的遵义，就历来是黔北重镇。一曲"雄关漫道真如铁，而今迈步从头越"，不仅唱出了遵义的豪情，也唱出了中国人的豪情。

的确，边关有着独特的风情。

所谓"边关"，并不一定就是像山海关、嘉峪关、娄山关那样的"关"。这里指的，其实是那些远离中央政权和正统中心的边地城市，即边城。这是一些"天高皇帝远"的地方，再强有力的政权和文化，往往也鞭长莫及。由于它们在地缘上是那样的遥远，主流文化的影响便总是要打折扣的。中原地区的城市季风，不管是什么风向，刮到这里也都会变成强弩之末。何况这里的自然地理山水风光也不一样。雪山、莽原、瀚海、冰川、峻岭、雄关、丛林、险滩，无不与中原大相异趣。一方水土养一方人，一方人筑一方城。边地城市风貌的千姿百态，原本就是顺理成章的事情。更何况，它们又往往是少数民族的聚落，或汉民族与少数民族文明共建的地方。这就为原本异彩纷呈的边地城市，平添了万种风情。

甚至就连它们的名称，也有着明显的异国情调。想想这些地名吧！乌鲁木齐、呼和浩特、额尔古纳、齐齐哈尔、霍林郭勒、察布查尔、阿尔泰、阿克苏、阿图什、库尔勒、牙克石、海拉尔、佳木斯、扎兰屯、日喀则、德令哈、格尔木，你难道不会有一种异样的感觉？

不过，虽然异样，却也亲切，而且会产生很想去看看的冲动。事实上，许多边地城市我们虽然没有去过，但它们的大名却早已如雷贯耳，至少也有所风闻。请问，谁不知道"万方乐奏有于阗"（和田）呢？谁不知道"瑞丽三月好风光"（瑞丽）呢？谁又不知道吐鲁番的葡萄哈密的瓜、英吉莎的小刀和田的玉呢？即便我们方位感不强，地理学得也不好，但好歹总归听说过漠河、伊春、图们、丹东、凭祥、阿坝、景洪，喝过通化葡萄酒或普洱茶，唱过"康定情歌"吧！至于"羌笛何须怨杨柳，春风不度玉门关"或"秦皇岛外打渔船，一片汪洋都不见"，就更是人人皆知了。

边关往往也是重镇，比如昆明、兰州、银川、西宁、南宁，比如张家口、锦州、武威、张掖、酒泉。当然，重镇不一定都是边关。重镇有三类。第一种是区域性政治文化中心。这主要指那些省会城市，如哈尔滨、长春、沈阳、济南、太原、福州、南昌等。它们独当一面，举足轻重，当然是重镇了。至于拱卫京畿的天津和雄踞天险的重庆，自然更不在话下。

政治重镇中的某些城市，还兼另一类或另两类重镇的功能而有之，比如武汉就是。这另两类重镇，一类是军事要塞，比方说大同、遵义、襄樊、徐州，当然还有武汉。由于那里地势险要，地形独特，或依天堑，或踞雄关，或扼咽喉，或处要冲，或"钟山龙蟠，石城虎踞"（南京），或"风声鹤唳，草木皆兵"（淮南），历来就是所谓"兵家必争之地"。不知有多少血性男儿在那里横刀立马，挥戈上阵，与守城之军或来犯之敌一决雌雄。所以这类城市往往有一种豪雄之气或强悍之风，甚至可能会像徐州那样，背上"穷山恶水，泼妇刁民"的黑锅。其实徐州人是很热情豪爽的。《太康地记》说他们"其气宽舒，秉性安徐"，并不刁蛮。只不过那地方仗打多了，便难免多了点粗犷，少了些文雅。战争，毕竟是一件"玩命"的事情，无论如何也雅致不起来。"葡萄美酒夜光杯，欲饮琵琶马上催。醉卧沙场君莫笑，古来征战几人回。"一读到这样的诗章，我们就不免热血沸腾豪气冲天，甚至"恨不遗封向酒泉"了。

另一类重镇是工业基地，如煤都抚顺，锡都个旧，钢铁城鞍山、包头，汽车城长春、十堰，石油城大庆、玉门、克拉玛依，当然也还有武汉。这里又是另一番风貌，是另一些男子汉的"用武之地"。新中国的建设者们，在这里创造了一个个让全世界另眼相看、中国人吐气扬眉的英雄业绩。林立的钻井,齐整的厂房,喧闹的工地,繁忙的运输,构成了一道迥异于巍峨城阙、灯火楼台、百年老店、十里洋场的风景线。在这里,我们看到的是现代化工业文明。尽管由于国企改革步履维艰,这些城市的日子都有些困难。但一个现代化国家,是不能没有自己的民族工业的。所以它们也必将重整旗鼓,再造辉煌。

所谓"滨城",顾名思义,也就是"水边的城市"。滨城又有两种。一种是滨江之城,如万县、宜昌、岳阳、黄石、九江、安庆、芜湖、南通,当然也包括重庆、武汉、南京、上海。另一种是滨海之城,如大连、烟台、青岛、连云港、宁波、温州、厦门、汕头、湛江、北海、三亚。这些城市,不是港湾、口岸,就是门户、要塞,或二者都是。这就使得这些城市差不多都兼有吞吐攻守之功能。战时是前线,平时是前沿,总是"得风气之先"。所以,一旦实行改革开放的国策,首先活跃起来的,也往往是它们。它们是中国城市中得天独厚的宠儿。

水边的城市也多半美丽。俗云:"娇不娇,看吊桥;美不美,看秀水。"近水之人,往往更有爱美之心;滨水之城,也往往更加风姿绰约。"气蒸云梦泽,波撼岳阳城",是一种气象;"鹭江唱歌唱亮了渔火,南海唱歌唱落了繁星",是另一种风韵。美丽总是令人向往的,这些城市也就因此而名扬天下。尤其是那几座最为美丽的滨海城市——大连、烟台、青岛、厦门、三亚,从来就是中国城市选美竞赛中难决高低的最佳选手。事实上它们也都是旅游胜地,是度假和休闲的好去处。在这里,我们能得到最开阔的视野,呼吸最洁净的空气,享受最美好的时刻,体验最放松的心情。因为这里没有什么遮拦,也没有什么污染,而只有阳光、沙滩、海浪、仙人掌,只有永远蔚蓝的大海和永远蔚蓝的天空。

这当然要感谢江海。海,有容乃大;江,奔流不息。所以滨城往往也是商埠。商埠也有两种。一种是老牌的,如广州、宁波、扬州,早在唐代就是对外开埠的三大口岸;泉州则是曾与埃及亚历山大港齐名的世界贸易大港。此外,如"夜市卖菱藕,春船载绮罗"的苏州,曾与湖北汉口镇、江西景德镇、河南朱仙镇并称为"四大名镇"的佛山,也都是。

这些城市,往往是南北枢纽所在,水陆辐辏之地,自然车马纷至,舟楫络绎,贩夫奔走,商贾云集。另一种则是近代以来开埠的都市,如上海、香港。它们纯粹是出于一种商业的需要而建设发展起来的。所以刚一"上市",就迅速地压倒和盖过了那些"老字号"(也许只有广州还勉强可以与之抗衡),成为中国城市中的佼佼者。

如果说,古都更是"城",那么,商埠就更是"市"。没有哪个城市比广州、上海和香港更像一个大市场了。这些城市,差不多都主要是由金融机构、商务中心、星级饭店、摩天大楼,由写字楼、事务所、交易厅、拍卖行,由时装店、精品屋、咖啡馆、海鲜城,由霓虹灯、立交桥、名品街、连锁店,由一家家银行、公司、商场、超市,由数不清的契约、合同、债务、谈判,由做不完的生意和讲不完的价钱来构成的。不难想象,如果有一天,突然没有了夜市、股票、广告、招牌,没有了开张关门和讨价还价,这些城市还会剩下什么?

因此,走进这些城市,扑面而来的是浓浓的商业气息。事实上,人们走进这些城市,也多半不是来旅游,而是来购物。这些城市好玩的地方不多,却有着永远逛不完的街和买不完的东西。只要你有钱,在这里几乎什么都能买到,包括最新潮的商品和最周到的服务。如果钱不多,也不要紧。因为它们也提供廉价的商品和服务。作为标准的商埠,这里的商品和服务从来就是多层次和全方位的。每个人都能在这里心甘情愿地掏空自己的腰包,然后满载而归。

这差不多也是特区的特点。作为经济特区,深圳等城市相当自觉地把市场经济当作了自己的经济模式。这也是我们把特区和商埠看作两类城市的原因:传统的商埠是历史的遗产,而新兴的特区则是改革开放的产物。尤其是,当上海一度变成计划经济的排头兵,在改革开放后又"慢了半拍"时,这种分野就更为明显。总之,特区(我这里主要是指深圳)是一种迥异于古都名邑、也不同于重镇商埠的全新的城市。这些全新的城市还包括某些无特区之名而有特区之实的"明星城市",如顺德、中山、江门、东莞、惠州,以及同时是历史文化名城的佛山。它们的共同特点是经济发展水平高,城市公共设施好,展示着中国城市现代化的美好前景。

看来,人文荟萃的古都名邑和生机勃勃的商埠特区,可能是中国城市中风格迥异但又同时最具魅力的一族。在这两极之间,其他类型的城市都表现出不同的风姿而异彩纷呈。

## 二 城市的魅力

在进行了这样一番走马观花的匆匆掠影后,我们不难发现,城市的魅力其实无关乎它们的大小和行政级别。(图一)99座历史文化名城中,就有不少是小城。事实上也是如此。比方说大连较之沈阳,青岛较之济南,厦门较之福州,开封、洛阳较之郑州,喀什、伊宁较之乌鲁木齐,就更具魅力。显然,这样一个观点无疑是正确的:"有着自己特殊文化品格和精神气质的城市肯定是最让人喜欢的城市,也是最让人难忘的城市。"但,准确地把握这些城市的文化品格和精神气质,说出它们的魅力所在,却并不容易。

图一:城市的魅力不在大小。山青水秀的小城镇远,有着丰厚的文化积淀,有兴趣的人不妨一读。

李 华摄

在《新周刊》编辑《中国城市魅力排行榜》专辑时,本书的初版已经面世,我也和他们交换过意见。他们对某些城市魅力的定位,我是赞同的,比如北京是"最大气的城市",苏州是"最精致的城市",拉萨是"最神秘的城市",西安是"最古朴的城市",厦门是"最温馨的城市",成都是"最悠闲的城市"等。但有些定位则可以商榷。比如,说上海是"最奢华的城市",南京是"最伤感的城市",大连是"最男性化的城市",武汉是"最市民化的城市",广州是"最说不清的城市",深圳是"最有欲望的城市",香港是"最辛苦的城市",台北是"最陌生的城市"等等,就未必准确。比方说,对于我们这些无缘"跨过海峡去看一看"的大多数"大陆同胞"来讲,台北无疑是"陌生的"。但,一旦两岸结束敌对状态,海峡变成了通途,去台北和去上海一样便当时,台北便有可能不再陌生。那么,到时候,不再陌生的台北,是不是就会因失去了"陌生感"而同时失去其魅力呢?

事实上,陌生并不是台北的特征,不是台北的"文化品格"和"精神气质"。台北也并不曾着意营造陌生的氛围,或打算使自己成为一个他人眼里陌生的城市。我们对台北的陌生感,其实是两岸的隔阂造成的。所以,即便是去过台北的人,也可能很难用一两句话说清台北。其实,用于广州的那个"头衔"——"最说不清的城市",用在台北身上没准更合适。可不是吗?"这个城市,充满了混杂的风景。""走在街上,你不仅会产生东西南北各种文化空间交织的幻象,而且有古今中外混淆的文化时间错杂感。""台北是温柔的也是暴力的。""在台北,你分不清楚人们是贫是富","也说不清楚是科学或是迷信,草根抑或前卫"。这是一个"处处有活力,处处有怪招,处处有机会与失足,有发财梦与邪恶"的"陷阱"。"什么都绕着你转,却什么都抓不住"(徐学《最陌生的城市:台北》)。是不是有点"说不清"呢?

其实,即便把台北称之为"最说不清的城市",也是不妥的。因为它的"说不清",实际上还是"说得清",只不过很难用一个两个词来概括罢了。如果一定要概括,也许只能用"多样"两个字,称之为"最多样的城市"。我们知道,这个先前叫做"艋舺"的小镇,成为名叫"台北"的大都会,是相当晚近的事情,而这个城市的文化,其实是由移民创造的。中国移民程度最高的城市,有北京、上海、深圳和台北,但移民成分却各不相同。台北的移民,主要有40年代东渡的政治移民,他们来自山东、湖南、四川、东北;有50年代和60年代进城的乡下移民,他们来自台南、花莲、宜兰、屏东;有70年代的国际移民,他们来自菲律宾、马来西亚和拉丁美洲;还有90年代来自中国大陆的经济移民,还有从日本和欧美学成回国的留学生以及他们带回的海外配偶。说得早一点,则还有明清时代的闽粤移民,也许还有日本统治时期留下的某些移民,不折不扣的一支"多国部队"。这些人都有着不同的文化背景和文化观念,他们身上的"文化无意识"也都是根深蒂固的。但他们又都要在台北讨生活谋生存,他们也要通婚并生下第二代第三代。因此这些不同的文化便只能"长期共存,互相监督,肝胆相照,荣辱与共",既对立又交融,既冲突又整合,结果便呈现出新老并存、土洋结合、中西合璧的局面。比方说平剧、舞台剧、现代舞共聚一堂,歌仔戏、脱口秀、摇滚乐同台献艺,或者"早上坐飞机,中午冷气机,下午电算机,晚上找童乩(扶乩算命)"什么的。这种风格,我们不妨称之为"多样"或"驳杂"。当然,如果你愿意,也可以称之为"光怪陆离"或"面目模糊"。

如果说,把台北称之为"最陌生的城市"尚有可取之处,那么,把香港称之为"最辛苦的城市"便未免匪夷所思。陌生也许是一种魅力,辛苦怎么也是魅力呢?谁又会把辛苦看作魅力呢?的确,香港是忙碌的。"东方之珠,整夜未眠,守着沧海桑田变幻的诺言。"然而,在香港忙碌的背后,我们不但看到了辛苦,更看到了活力。

其实,与其把香港称之为"最辛苦的城市",不如称作"最有活力的城市"。80年代,香港政府曾开展过"活力运动",而"活力",则恰恰是香港的魅力所在。谁都知道,香港最让世界瞩目的,就是创造了长期繁荣的经济奇迹。香港的经济自由度名列世界第一,人均外汇储备名列世界第二,贸易量仅次于欧盟、美国、日本,名列世界第四,人均年收入更早已跨过 2 万美元的全球富裕线,而香港不过是面积一千多平方公里、人口不到六百万的"弹丸之地"。如果没有自身的活力,怎么创造得出这样的奇迹?

香港的活力也确实是相当惊人。香港现在当然是财大气粗,然而它的发展却并非一帆风顺。先前有日本帝国主义的侵略和占领,时下则有东南亚金融危机的风波所及,其他时候麻烦也不少。1973 年,香港股市大泻,金融业房地产一片淡风,有人便预言香港将面临沉船之虞灭顶之灾。但是香港全都顶过来了。除因为有祖国大陆作坚强后盾外,也因为香港这个城市充满了活力。显然,正因为有了这活力,东方之珠的风采,才会"浪漫依然"。

事实上香港也是一个生龙活虎的城市。每天都有几十万人走进香港,也有几十万人走出香港。香港把来自东西南北、四面八方,黄白黑棕肤色不同,贵贱贤愚身份不等的人吞进又吐出,留下成功的,送走失败的。但无论成功失败与否,他们都给香港注入了活力。于是小龙腾飞明珠璀璨,于是百业兴旺万象更新。

香港如此地充满活力,如此地吸引着四海移民八方来客,当然因为这里有太多的诱惑。这不仅是指那些美轮美奂的建筑,琳琅满目的商品,应有尽有的设施,无微不至的服务,以及那些吃不完的美食和穿不尽的时装,更指那时时在你面前闪现、看起来人人均等的机会。这里每天都在制造着百万富翁甚至亿万富翁。而且,从身无长物一文不名到腰缠万贯富甲一方,有时也许竟只要一夜工夫。比方说,每次赛马,便至少都要产生一名百万富翁。这种机会,从理论上讲,是人人有份的。于是香港便告诉我们,如果你有好运气,或者你很卖力,当然最好是兼而有之,那么,你就有可能在这个自由的港口跳了龙门。这可真是"挡不住的诱惑"。

正是因了这诱惑,也为了应付那没完没了的账单、信用卡、透支户口、供楼贷款,为了不至于在激烈的竞争中沦为"笋底橙"(垫脚石),一句话,为了生存也为了成功,香港人从小到大都在拚搏。总是在努力争取"搏出位",而且不惜"搏到残"。在香港,一个人兼两份差是家常便饭,有的还会同时注册一家公司。每天工作十几个小时,虽然累,却感到充实。相反,一旦哪天不忙了,反倒心里发虚,惶惶然不可终日,不知道是自己在老板眼里已无油水,要收到"大信封"(辞退信)了,还是自己服务的公司快垮台了。的确,一个充满活力的城市必然是高节奏的。它容不得拖泥带水,更容不得无所事事。一旦出现空闲,也就意味着"出局"。忙,才有安全感,也才证明你还活蹦乱跳。

所以,东奔西走忙忙碌碌的香港人,为了不至于累得吐血或搏得无神而学会了"猫睡"(随时随地都能打盹)的香港人,就既活得辛苦,也活得充实。正是这成千上万努力拚搏的香港人,构成了生机勃勃而且能起死回生的"活力香港"。无疑,香港的活力是被逼出来的,就像被狼追赶的鹿不能不拚命飞跑一样。但,如果没了狼,鹿们岂不也要退化? 与其退化,不如奔跑。

因此,"如果在香港成功了,在世界各地都能成功"(程乃珊《最辛苦的城市:香港》)。但不是因为太辛苦,而是因为有活力。

我也不能同意把上海说成是"最奢华的城市"。上海,怎么是"最奢华的城市"呢? 或者说,上海的城市魅力,怎么能说就是"奢华"呢? 不要说旧上海在纸醉金迷之外尚有着"流浪的三毛",便是现如今,北京、广州、香港、台北等城市奢华起来,只怕也不让上海。只不过,上海的奢华,与北京、广州、香港等等不那么一样罢了。北京的奢华更多地是"摆谱",派头十足,牛气十足。这也不奇怪。北京,毕竟是"最大气的城市"嘛! 一旦奢华,也一定是"大手笔"。广州和香港的奢华,则总让人觉得有点"暴发户"的味道,文化底蕴不足,怎么看怎么像"大金牙"。当然,这么说,也许多少带点偏见。不如说,北京的奢华是居高临下的,广州的奢华是生猛鲜活的,而上海的奢华则是不动声色的。因为上海是"最具绅士风度的城市",而所谓"绅士风度",讲究的就是不动声色。如果张牙舞爪,就不是绅士,也不是上海了。事实上,在上海,越是高层次的人(他们往往也最有条件奢华),就越是绅士风度,也越是不动声色。只有小市民才咋咋呼呼。即便他们,在上海也是不敢咋呼的。他们只有到了外地，在不明底细的外地人面前，才咋呼个没完。

其实，即便"很久以来上海人一直在一些顶尖的享受上花费着他们的开销"，他们追求的也并不就是"奢华"。在上海，并非"贵的就是好的"。不要说节衣缩食讲实惠的上海小市民不这么看，一掷千金"掼派头"的"大市民"也不这么看。正如《最奢华的城市：上海》一文的作者自己所说，一件东西或一种享受要让上海人满意，并不是只要价钱昂贵、能显示身份炫耀财富就行的。它们还"必须好看、精美，有象征的价值，而且是在最小的日常生活细节上"。下面这句话也是对的："这需要修养与品味，而这正是上海让其他城市难以望其项背之处。"

显然，这样一种追求，与其说是"奢华"，不如说是"雅致"，而上海，实在应该称之为"最雅致的城市"。关于上海和上海人的"雅致"，写得最淋漓尽致的，大约就是陈丹燕的《上海的风花雪月》一书。只要翻开第一页，读一读《时代咖啡馆》，就立即能感受到上海人那经过长期熏陶和修养形成的极有品味的"最优雅精致的生活方式"。柔柔的外国轻音乐，有一点异国情调，但不先锋；暖暖的进口咖啡香，也有一点异国情调，但不刺激。领台小姐谦恭而不媚俗，男女客人体面而不骄人。点菜的时候，男人稍微派头一下，女人稍微矜持一下，配合得恰到好处，也都不过分。"这就是上海的气息"，而这个气息就叫做"雅致"。

不要以为这份雅致只属于"资产阶级"。它也是那些住在弄堂里、睡在亭子间干干净净小木床上的女孩子们的作派。有着"女性养成"传统的上海母亲，总是能把她们的女儿调教得那么可人心意，既不乡气，又不张扬，穿着打扮举止言谈都那么得体。这就是雅致。实际上，雅致是上海的情调。它就像空气一样，弥漫在大上海的上空，无孔不入。而这种雅致，尤其是上海小市民的"雅致"，则又是上海人的精明造就的。正是这种精明，使他们能够亦步亦趋地跟上上流社会的雅致，而不会或至少不会在外地人面前露出破绽。可以说，上海，是一个雅致的城市；上海人，则是精明的一族。

当然,上海人的生活是"两面"的。有雅致的一面,也有不那么雅致甚至俗气的一面。就像他们弄堂里的生活,既有邻里间互相关照守望相助的温馨和睦,也不乏"七十二家房客"寸土必争的"两伊战争"。但是,尽管前几年大多数上海人住得还很拥挤,日子过得也还很紧巴,然而一走到淮海路上,便一个个都很体面。精明的上海人,是能够把他们的俗气和窘迫深藏在雅致背后的。而且,即便是在"文化大革命"的年代,他们也仍然能保持和营造整个城市的雅致氛围;即便是走遍海角天涯,他们也能把那份雅致带到那些边远地方,不动声色地体现在自己每一个生活细节中。比方说,在那个流行黄军装和工作服的年代,上海姑娘在领头、袖口和裤脚上做的那些小手脚就是。

上海的雅致其实是很明显的。

上海无疑是中国最大的城市。然而,上海虽然大,却不粗。在上海,无论你是站在摩天大楼下,还是走在逼仄里弄中,都不会有"粗"的感觉。因为上海是按照工业文明最雅致时代的理想模式打造出来的。(图二)如果你能比较细心地在外滩走一走,就一定能感受到上海那种

图二:上海是按照工业文明最雅致时代的理想模式打造出来的。

严志刚摄/新周刊供稿

雅致风格的气派。那些风格各异的西洋建筑,无论古典式的(如上海总会)也好,哥特式的(如通商银行)也好,巴洛克式的(如东方汇理银行)也好,文艺复兴式的(如字林西报馆)也好,都气派而雅致。尤其是如果你能到当年的汇丰银行、现在的浦东开发银行的大堂里去体会一下,则对于所谓"上海风格",对于上海式的"雅致的气派",便会有一个鲜明而深刻的感受。

  这种风格是不同于北京的。北京也是最有气派的城市。但北京的风格不是雅致,而是庄严、雄浑、雍容、华贵、典雅、厚实。这些风格在经历了时光的磨洗和历史的积淀后,就变成了醇和。北京最让人心仪的就是它那醇和的气派。这种醇和的气派里有"王者风范",也有"平民风情",而且是中国风格的,因此让人感到亲切。而上海那种雅致的气派,却让人觉得你是在面对一位衣冠楚楚的英国绅士,必须彬彬有礼地和他保持距离。

  上海当然也有平易近人的雅致,那就是市民生活的雅致。一般地说,上海市民的生活相对其他城市而言是比较雅致的。他们并不富有,但也不显得寒酸。当然,也只是不"显得"而已。比方说,居家,总有一两件像样的家具;出门,总有一两套像样的衣服;吃饭,总有一两道像样的小菜。数量不多,但很精到。这就是雅致了。或者说,是对雅致的追求了。北京没有这份雅致,因此北京的风格是大雅大俗的,北京的市场也是两极分化的。在北京,除非你很有钱,能够穷奢极欲,否则便多半只能享用粗制滥造,甚至假冒伪劣。大体上说,北京只有排场和马虎,没有雅致。好在北京有一种醇和的气派,所以北京人也不在乎。

  上海却有一个广大丰厚的中间消费层,这就是上海的普通市民。他们无缘奢华,也不愿马虎。即便是家常小菜,也要精致一点;即便是路边小店,也得干净一点;即便是吃一碗阳春面,也要吃得文雅一点;即便是穿一件两用衫,也要穿得体面一点。这就是雅致了。有人说这是因为上海人要面子,宁愿吃泡饭也要穿西装。其实,它更多地还是体现了上海人对生活质量和生活方式的追求。何况上海人并不只吃泡饭,他们也吃生煎包子。更何况上海人的泡饭也不马虎。不是极好的朋友,他们还不会请你吃。

最能体现所谓"雅致风格"的也许还是上海人的服饰。这也往往是最能提供"奢华"证据的一个领域。上海人,尤其是上海女人,在穿着方面是舍得下本钱的。他们的全部体面,往往就在那一身衣着上,因此有"不怕天火烧,就怕摔一跤"的说法。但,所谓"穿在上海",却并不在奢华,而在雅致。不是所有的人都能奢华,也不是任何时候都能奢华。50年代后,奢华因为与"资产阶级生活方式"有直接联系而几乎在上海销声匿迹,雅致却因为事关大众而薪尽火传。虽然孙夫人也不得不脱下旗袍换上列宁装,一些穿惯了西装的人也不得不换上中山装,但一些北方南下而又比较敏感的人都发现,即便是列宁装和中山装,上海生产制作的也有一种"上海味"。结果,同样的面料同样的式样,在上海人身上穿出了体面,在自己身上却显出了寒酸。秘密就在于上海的服装总是比北方的多了一份雅致,一种体现在裁剪、做工等方面不经意流露出的、其实是十分考究的雅致。

其实,从"三反五反"到"十年动乱",一直在接受着"改造"的上海和上海人,小心翼翼而又坚忍顽强地守护着的,正是这一份雅致。它默默地雌伏在弄堂里,悄悄地弥漫在街道上,让人觉得不太对劲却又无可指责地体现在领头、袖口、裤脚、纽扣等细微末节上,或者体现在用小碟子盛菜、买两根针也要用纸包一下之类的鸡毛蒜皮上,不动声色却又坚韧不拔地维系着这个城市文化的根系和命脉。

上海的另一种风格是开阔,正如北京的风格是大气。北京大气,上海开阔,这正是两地各有所长之处。北京的大气无疑来自它那独一无二的至尊地位,以及由此而生成的雄视天下、包容四海的气度。上海的开阔则因于它是一个建在长江入海口滩涂地带的"不设防城市"。上海这个城市似乎是没有什么边界的。它好像一直对五湖四海敞开着门户,也一直在壮大着自己。欧风美雨吹拂着它,华夏文化也滋润着它。它是高雅文化的中心,也是通俗文化的渊薮。事实上上海文化和北京文化一样,也是兼容并包的,但又不完全一样:北京兼容并包是因为它大气:堂堂京都,什么包不下? 上海兼容并包则是因为它开阔:坦坦滩涂,什么进不来? 同样,上海和北京都是最能吸纳精英人才的城市。但人们向往北京,是因为欣赏它的大气;看好上海,则是因为喜欢它的开阔。尽管上海有许多眼界和心胸都很狭窄的小市民,但这些人的小市民气并不能遮盖上海的开阔。上海的开阔是毋庸置疑的。在国内众多的城市中,惟有上海,能慷慨地接受无法统计其数量之多的移民,能随和地包容无法形容其内容之杂的文化,甚至不怕泥沙俱下,鱼龙混杂。这恰恰因于其开阔的品格。而且,正是因为上海在本质上有着开阔的品格,它才会在短短一百年间崛起为远东最大的城市。

　　开阔是上海的品质,雅致是上海的情调,精明则是上海人的特征。上海人的精明可以说是全国公认的,上海人自己也不讳言。正是上海人的精明,使上海这个无比开阔的城市有了雅致的情调。开阔、雅致、精明,这大约就是上海和上海人了。北京的品质则是大气,而它的情调则是醇和。因此我们可以说,上海的风格是"开阔雅致",北京的风格是"大气醇和"。北京是"最大气的城市",上海是"最雅致的城市"。

　　广州的风格则是"生猛鲜活",而广州之所以有这样的风格,则又因为广州这个城市整个地就是一个大市场。因此广州可以说是"最市场化的城市"。同时它也是"最忙碌的城市"(虽然可能还忙不过香港)。这个城市是二十四小时不睡觉的,既忙于"揾食"和"炒更",也忙于吃饭和饮茶。所以广州的街上总是被大大小小的车辆塞得满满的,广州的酒楼也总是被熙熙攘攘的食客挤得满满的。不过,广州人忙则忙矣,却仍能忙里偷闲,饮茶茶肆,赏花花城。然而广州人再悠闲,也比不过成都人。成都才是"最悠闲的城市"。成都悠闲,不仅因为它是物产极为丰富、用不着太忙碌就能吃穿不愁的"天府",还因为成都人有一种洒脱的性格。一个成都人,如果身上的一千块钱花了九百,也不会着急,而会高兴地告诉你他还有一百。这就是洒脱了。因为洒脱,不把功名利禄看得太重,这才有了那份闲心。有闲,有趣,又有几个小钱,成都的茶馆里才会坐满了人。

比较一下成都、苏州和扬州,也许是十分有趣的。《元和郡县志》称:"扬州与成都,号为天下繁侈。"唐振常先生则谓苏州和成都,都是"中国地主文化的极至"(李天纲《上海和苏州》)。但在我看来,说苏州是"地主文化",大致不差,成都却只好算作"富裕中农"。苏州文化主要是地主士大夫和退隐的官僚们营造的,成都文化的营造者却主要是介于小土地出租者和小生意人之间的小市民,再加文人才子。因此苏州文化除儒雅外还有些富贵气,成都文化则除儒雅外还有些村野气。苏州多的是园林,成都多的是茶馆。苏州园林的风格是"精致雅丽",成都茶馆的风格则是"悠闲洒脱"。这也是这两个城市的风格。只要分别听听苏州姑娘和成都妹子说话,就不难看出两地文化的"文野之分"(苏州文,成都野)和"小大之别"(苏州小,成都大)。

扬州文化则主要是盐商们营造的。盐商垄断行业,富甲一方,不必劳力如农工,也不必劳心如仕宦,其生活方式,自然有一种世俗的精细。扬州的烹饪、剪纸、装裱、雕刻、绘画、琴曲、盆景、园林、评话,无不工巧而精细,浅近而世俗。不过,扬州文化细则细矣,却细而不弱;浅则浅矣,却浅而不薄。比如扬州学派,便素以笃实宏通著称。因为扬州毕竟在江北。北方的雄风总是会吹进扬州。因此扬州文化除精细之外,还有厚重朴实的特点。厚实,就不会像苏州那样雅丽;精细,就不会像成都那样洒脱。此为扬州与苏州、成都之别,也是扬州文化的魅力所在。可以说,扬州的风格,就是"精细厚实"。

当然,我们还可以对其他城市一一进行这样的定位和描述。城市的魅力总是一个说不完的话题,还是别一口气都说完了吧!

## 三　男性的和女性的

不过,这"茶"喝到这会儿,只怕也该喝出点味儿来了。

这个"味儿",就是城市性格。

事实上，城市和人一样，也是有"人格"或"性格"甚至"性别"的。有的人类学家还极为生动具体地描述了不少城市的人格形象和性别特征。一个比较一致的看法是：中国北方的城市大抵是"男性"的，比如北京是威严而慈祥的父亲，西安、兰州、太原、济南、洛阳、开封，不是"汉子"，便是"大哥"。的确，中国最男性化的城市只可能在华北、西北和东北，而且只会在那里的平原、高原、草原和林海雪原。那是大蒜生紫皮，辣椒挂灯笼，高粱红了一地，苞谷黄了满山的地方；是朔风劲吹，红日高悬，城头旌旗猎猎，大道尘土飞扬的地方；是慷慨悲歌，壮士远行，哥哥走西口，好汉上梁山的地方；是强人落草，响马劫镖，枭雄逐鹿问鼎，豪侠比武论剑的地方；也是架起烧锅大块吃肉，粗瓷海碗大碗喝酒，不以成败论英雄，却以酒量论英雄的地方。这样的地方，当然是男性的；这些地方的城市，当然也多半是男性的。

南方的城市则多半是"女性"的。有人还言之凿凿，说得活灵活现，说什么杭州是大家闺秀，苏州是小家碧玉，南京是侯门诰命，上海是洋场少妇（当然是旧上海）；或成都是宝钗初嫁，重庆是徐娘半老，广州是文君卖酒，武汉是木兰从军，而厦门则是纯情少女，并且似乎还情窦未开等等。总之，南北之分决定了男女之别，北方的粗犷和南方的灵秀，造就了两地城市不同的风貌。

当然也有例外。比如贵阳虽然也在南方，却怎么看怎么不像是女性的。显然，这里还有另一条"原则"：水边的城市多少会有些"女人味"，而山里或平原上的则多半是"汉子"。其实这与前一条"原则"并不矛盾：北方原本多山多平原，而南方则多半是水乡。当你骑着骏马或开着快车在豫西冀中鲁南苏北大平原上驰骋，或站在八达岭上雄视天下时，你的感受与驾着小船在江南小镇里穿行绝对两样。"古道西风瘦马"，山野和平原总是有着阳刚之气；"小桥流水人家"，河流和湖泊则总是有着阴柔之美。所以，夹在成都和昆明之间的贵阳，就只能是"男性的"。"贵州的老子云南的妈，四川的耗子驮盐巴"，多山的贵州，总是不乏男儿的豪雄。想想也是，那"天无三日晴，地无三尺平"的地方，怎么会有"女儿的妩媚"？有的，也只能是"贵州小老虎"的彪彪虎气,或者既有几分"虎气"又有几分"猴气"吧!

照这样说来,某些北方的水边城市,就似乎应该被看作"北地胭脂"了。比如,有着举世闻名的服装节,而且又干净洋派美丽可人的大连,便不妨看作是一位豪爽而不失妩媚的北国姑娘。然而不少人说"不"。他们坚持认为,大连是具有阳刚之气和男性魅力的。只要比较一下大连和厦门的海岸线,就不难看出冷峻与温馨之别。北方大海毕竟不同于江南水乡,赫赫有名的大连海员俱乐部更让人联想到击风搏浪的男儿豪情,何况大连人又是那么地酷爱足球。大连的英雄气质,使这座城市更被看作英俊帅气的北方小伙。

大连、青岛和烟台的魅力也许正在于这种"刚柔相济"。正如"南人北相"或"北人南相"被看作是"贵相"(成功之相)一样,这些北方的水边城市总是那么令人神往。老实说,连那里的人都很漂亮。北方人本来就比较高大,常常下海游泳,又使他们的身材匀称,结果自然是姑娘健美小伙帅气。青岛的年轻人,甚至是可以坦然地穿着泳衣穿过街市走向海滩的。那是一种美的展示,也是一种美的享受,而他们的城市,也像他们一样,健康美丽,落落大方。

相比较而言,贵阳的情况就不那么乐观。不管怎么努力,贵阳似乎都很难进入中国城市魅力的排行榜,尽管它也应该说是"南人北相"的。然而贵阳似乎运气不佳。这个建在大西南高山坝子上的城市,好像哪一头都沾不上:作为高原,它没有拉萨神秘;作为盆地,它没有成都富庶;作为民族地区,它又没有昆明那么多的风情。这使它很委屈地成为西南甚至整个西部地区的"灰姑娘"。但,作为一座典型的高原山城,贵阳其实有着它自己的风采和特色。耸立的山峦,不大的规模,使它颇有些南方精壮汉子的味道;灵秀的黔灵山,绮丽的花溪,又使它很有些山地俊俏姑娘的风情。

贵阳还是值得一去的,虽然它并不是最男性化的城市。

中国最男性化的城市只能在北方。

北方是男子汉们建功立业逐鹿问鼎的地方,也是中国最早建立城市的地方。伏羲的事情不好说。说涿鹿是黄帝建立的都邑，则多半有些可能。至少，夏商周三代的京都和主要都邑是建在北方的。这无疑是中国最古老的城市了。事实上，北方的城市，大多有着悠久得令人咋舌的历史，而且不是帝王之都，就是圣人之乡。就连一些现在看来毫不起眼的县城和县级市，当年也是诸侯国，是威风八面的地方。如果不是"六王毕，四海一"，秦始皇统一了中国，咱们现在要到那些地方去，没准还得签证呢！

这些城市中，"男爷儿们"想必不少，而西安似乎算得上一个。

有句话说："米脂的婆姨绥德的汉。"西安，是"米脂的婆姨"还是"绥德的汉"呢？恐怕还是汉子吧？的确，西安这座城市，是很难被看作婆姨的。秦俑、碑林、大雁塔、钟楼、鼓楼、大差市，都和女人没什么关系。有关系的是骊山脚下的华清池，它记录了一个女人最风流浪漫的故事，可惜这些故事又发生在这座城市的辉煌历史快要谢幕的时候，所以她的名声也就远不如杭州的白娘子那么好。当然，西安还有那位让日月都为之一空的则天皇帝。但她统治的，却又是一个男人的世界，她自己也因此有些男人作派。而且，到最后，她还不得不把政权向男人拱手相让。何况她并不喜欢西安，她喜欢的是洛阳。看来，西安只能是男性的。

把西安看作"最男性化的城市"之一，除了它曾经是男权政治的象征外，在民间这边，也还可以有三条理由：喝西凤，吃泡馍，吼秦腔。这是贾平凹总结出的"关中人的形象"，当然也是西安的风尚和习俗。西凤性烈，泡馍味重，最能表现男子汉的"吃风"。别的不说，光是盛泡馍的那只粗瓷大海碗，就能让南方人看得目瞪口呆，惊叹如果没有一只足够强大健壮的胃，怎么能容纳和消化那么多又那么硬朗的东西。

如果说，能吃能喝，乃是北方人的共性，那么，吼唱秦腔，便是西安人和关中人的特征了。很少有什么地方，会对自己的地方戏像关中人对秦腔那样痴迷，也许只有河南人对豫剧的酷爱才能与之媲美。想想看吧！"八百里秦川黄土飞扬，三千万人民吼唱秦腔"，那是一种怎样恢弘的气势和场面，一点也不比世界杯足球赛逊色的。秦腔，就是关中人和西安人的足球。

事实上,秦腔和足球一样,是很雄性的。里里外外,都透着一股子阳刚之气。它实在是中国最男性化的剧种,就像越剧是最女性化的剧种一样。豫剧虽然也很硬朗(听听常香玉唱的"刘大哥说话理太偏"就知道),但好歹是"唱"出来的。秦腔却是"吼"出来的。民谚有云:"面条像腰带,泡馍大碗卖,辣子也是一道菜,唱戏打鼓吼起来。"这最后一句,说的便是秦腔。作家高亚平说得好:"秦腔的境界在于吼。"无论是谁唱秦腔,也无论是唱什么段子,以及在什么地方唱,"都要用生命的底音"。这声音经过阳光打磨、冷风揉搓,发自肺腑,磨烂喉咙,便有了一种"悲壮的肃杀的气势"(《秦腔》)。

这种肃杀之气也是属于西安的。依照中国传统的五行学说,西方属金,本多肃杀之气,何况又是一座有着青砖高墙的"废都"!的确,提起西安,我们已不大会想到新蒲细柳,曲江丽人,而多半会想到夕阳残照,汉家陵阙。往日的繁华早已了无陈迹,在我们这些外地人心目中,似乎只有"秋风吹渭水,落叶满长安",才是西安的正宗形象。西安和北京一样,都是属于秋天的。但,眼望香山红叶,我们想到的是秋阳;抚摸古城青砖,我们想到的是秋风。历史上的西安,当然有过嘹亮的号角,有过慷慨激越的塞上曲、凉州词、燕歌行,也有过轻歌曼舞,霓裳羽衣,如今,听着那喇叭声咽,我们感到了世事的苍凉。

然而,站在西安保存完好的城墙下,看着那洞开的城门,巍峨的角楼,齐整的垛口,你仍会感到一股豪雄之气从岁月的谷底升起,霎时间便沸腾了你的热血。是啊,面对西安,你会觉得是在和一位老英雄对话,并深深感到那是我们民族的魂魄所系。

西安是很男性的,只是老了点。

中国北方的城市都有点老,很需要冒出个棒小伙子来,才能重振雄风。

中国最女性化的城市当然是在江南水乡。其中最典型的似乎又是杭州。

提起杭州,我们首先想到的是女人,西施啦,白娘子啦,苏小小啦,冯小青啦。即便想到男人,这男人也是女人气的"小男人",比如许仙。"湖山此地曾埋玉",杭州这"天堂"似乎是由女人,而且是由"名女人"和"好女人"构筑的。

同样,提起杭州的景物,我们也会联想到女人:平湖秋月是女人的

图三:美丽的爱情故事似乎最适合在杭州这样一个城市上演。

曾忆城摄/新周刊供稿

含情脉脉,苏堤春晓是女人的妩媚动人,曲院风荷是女人的风姿绰约,柳浪闻莺是女人的娇声嗲气。"云山已作蛾眉浅,山下碧流清似眼",这难道不是女人的形象?的确,杭州的花情柳意、山容水貌,无不透出女人味儿。难怪晚明才子袁中郎要说见到西湖,就像曹植在梦中见到洛神了。此外还有越剧,那个曾经只由女人来演的剧种,也不折不扣是女性化的。杭州,从风景到风俗,从风物到人物,都呈现出一种"东方女性美"。(图三)

于是我们明白了,许仙和白娘子的故事为什么只会发生在杭州,而那个会让别的地方的男人觉得丢脸的"小男人",为什么不会让杭州人反感,反倒津津乐道。的确,杭州是女人的天下女人的世界。女人在这里干出轰轰烈烈的事业来,原本就天经地义,用不着大惊小怪。相反,谁要是出来挡横,或者出来横挑鼻子竖挑眼,那他就会像法海那样,受到人们普遍的仇恨和诅咒。当然,男人相对"窝囊"一点,也就可以"理解"而无需"同情"。谁让他生在杭州城里呢?再说,有这样好的女人爱着护着,还有什么可抱怨的呢?

所以,这样的故事只可能在杭州,在那西施般美丽的西湖上演。不要说把它搬到燕赵平原、秦晋高原、哈萨克草原或闽粤码头根本就不可能,便是放在与杭州齐名的苏州,也不合适。苏州当然也有水,也有桥,然而却没有西湖,也没有那"断桥"。苏州是水墨画,杭州才是仕女图。苏州那地方,不大可能有敢爱能爱为了爱不惜牺牲生命的白素贞,也不大可能有爱憎分明侠气冲天的小青蛇,顶多只会有"私定终身后花园"或"唐伯虎点秋香"。这大概因为虽然同为女性,也有大小不同。"上有天堂,下有苏杭,杭州西湖,苏州山塘。"杭州西湖虽然没有武昌东湖那么大,好歹也要比苏州山塘和园林大气。所以苏州的女人有好心肠,杭州的女人却有好身手。一出"水漫金山",让多少女性扬眉吐气!在一个男尊女卑的国度里,有这样一座尊崇女人的杭州城,是应该拍案叫绝的。难怪鲁迅先生要对雷峰塔的倒掉大喊"活该"了。

杭州让女人大出风头,南京却让女人背上恶名。这当然多半因为那条秦淮河。"烟笼寒水月笼沙,夜泊秦淮近酒家。商女不知亡国恨,隔江犹唱后庭花。"这下子,南京和南京的女人,可是跳进黄河也洗不清了。事实上,由于南方的城市往往被看作是"女性的",所以,六大古都中,南京和杭州的命运和名声,都远远不如在北方的西安、洛阳、开封、北京。北方的四大古都也有亡国的记录,然而却不会被看作是城市本身的罪孽,或被看作是女人带来的"晦气"所致。南京和杭州就不行了。它们必须承担王朝覆灭和政权短命的责任,至少在民间是有这种说法的。就像我们惯常把亡国的责任推到女人身上一样,这些偏安王朝和短命政权的背时倒霉不走运,也被说成是不该在这两个女人气的城市建都。

只要比较一下南京、杭州和开封,就知道舆论有时是何等地不公。南京固然有"千寻铁链沉江底,一片降幡出石头",杭州也固然有"暖风熏得游人醉,直把杭州作汴州",但,开封难道就没有"靖康之难"么?"靖康耻,犹未雪,臣子恨,何时灭",可惜,这笔账,最后还是算到杭州头上去了,没开封什么事。好像徽钦二宗的被虏,不是在开封倒是在杭州;也好像问题的严重不是那两个昏君丢失了江山,而是他们的胆小鬼子弟躲在杭州不思进取不想报仇雪恨。杭州无端地替开封承担着罪责,而提起开封,人们津津乐道的是铁面无私的包大人,和倒拔垂杨柳的鲁智深。有这两位黑脸汉子在那里坐镇,开封是掉不了价的。只要凛然一声"包龙图打座在开封府",开封便豪气冲天了,谁还敢说三道四?

南京和杭州可就得由着人数落,就像长得漂亮的女人总会有人来品头论足一样。其实,南京不是女人气太重,而是文人气太重。与杭州不同,南京从来就不是一个有脂粉气的城市。我们只能说"六朝金粉,秦淮风月",而不能说"六朝脂粉,秦淮风月"。说"六朝脂粉",不但南京人无法接受,我们自己说着听着也别扭。金粉其实也就是脂粉。但用一个"金"字,便多了些阳刚气,少了点女人味。这就像"巾帼",原指女人的头巾和发饰,与"粉黛"一样,也是用服饰指代女人,但"巾帼"就比"粉黛"要硬朗一些。

南京并无多少女人气,却多文人气。自古江南出才子,而才子又多半喜欢南京,即便这些才子不是南京人。这大约与所谓"六朝人物"和"魏晋风度"有关。对于文人来说,自由散漫,吊儿郎当,不愁吃喝也不必负责,又能讲些高深玄远的道理,发些嫉世愤俗的牢骚,比什么都过瘾。南京便最能满足他们这种心理需求,所以文人都喜欢南京。南京,其实是最有希望成为一座儒雅的城市的。

文气一重,就没多少"王气"了。秀才造反,三年不成。别说是逐鹿中原,便是守住那半壁江山,也不容易。中国的事情很有趣。同样是战争,往哪个方向打,说法便不一样:南下、北伐、东进、西征。南方攻打北方总那么艰难,北方拿下南方,却像喝小米稀饭似的,呼呼啦啦就下去了。于是南京和杭州,便总是处在一种挨打的地位。实际上,南京建立的第一个政权东吴,就差点在它的创始人手上丢掉。"东风不与周郎便,铜雀深宫锁二乔",可不玄乎?然而,躲得过初一,躲不过十五。孙皓最后还是自个儿在石头城上摇起了小白旗。"降孙皓三分归一统",一部原本可以让南方人问鼎中原的《三国》,便这样灰溜溜地收场,只留下一段"生子当如孙仲谋"的佳话。可惜,在南京建立政权的,似乎没有几个像孙权。于是以后的南京,便是接二连三地为中国史贡献亡国之君,而且其中不少是才子。"最是仓皇辞庙日,教坊犹奏别离歌,挥泪对宫娥。"不是才子,哪里写得出如此绝唱?

事实上南京也是一个屡遭刀兵的城市,而且南京保卫战也似乎从来就不曾成为军事史上的成功范例,倒是那些断壁残垣新亭旧地,一再成为文人墨客凭吊的对象。在南京怀古是最合适的,而最值得去的地方恰恰是那些陵园:南唐二陵、明孝陵、中山陵、盘谷寺、雨花台。有时你会觉得中国最好的陵园都集中在南京了。这使得我们走进南京会有一种肃穆之感,也会有一种悲壮之感。(图四)南京当然也有过辉煌时代和英雄业绩,但人们却往往记不住。"吴楚地,东南坼;英雄事,曹刘敌。被西风吹尽,了无陈迹。"留下的只是歌舞弦管,文章词赋,是乌衣巷的传说和桃花扇的故事,以及"为爱文章又恋花"的风流儒雅。略带女人味的文人气掩盖了英雄气,使得南京有点"英雄气短,儿女情

图四：中国最好的陵园似乎都在南京。这使得我们在南京很容易地就体验到肃穆之感和悲壮之感。

易海贝摄

长"，有时还有点伤感。

重庆的性格同样复杂。作为南方城市又在水边，重庆似乎应该是"女性的"。何况，还有重庆是"徐娘半老"的说法。但是，作为西南山城，它又和贵阳一样，有着男性的特征。尤其是和成都相比，这个特征就更为明显。"重庆崽儿坨子（拳头）硬，成都妹娃嘴巴狡。"代表着成都的是伶牙俐齿的妹娃，代表着重庆的则是尚武好斗的崽儿，男女之别已很分明。事实上两地人的性格也不相同。成都民性柔顺而重庆民风爽直。成都人觉得重庆人太粗野,重庆人则看不惯成都人的节奏缓慢和讲究虚礼。

把重庆看作"辣妹子",也许是合适的。事实上,重庆这个城市的特点是"火辣"或"火热"而非"火爆"。有名的"麻辣火锅"就是重庆人的发明,后来才风行四川风靡全国的。在国内任何城市,只要一看到"山城火锅"的招牌,我们马上就会想到重庆。重庆也正像这火锅:刚一接触,火辣辣的叫人受不了。然而,慢慢地,就会觉得"味道好极了",而且会感到一种柔情。这样的城市,你说是男性的还是女性的呢?

## 四 我们到底要读什么

其实,把城市区分成"男性的"和"女性的",只不过是一种带有文学性的说法罢了,甚至只是一种朦胧的感觉,不是也不可能是科学的结论。比方说,杭州就不但有小青墓,也有岳王坟;不但出过美艳绝伦的苏小小,也出过一身正气、宁愿粉身碎骨,也要"只留清白在人间"的于谦。杭州人素有"杭铁头"之称,则其硬朗也就可想而知。何况还有钱塘潮。"弄潮儿在船头立,手把红旗旗不湿",岂非男儿气概?同样,人们耳熟能详的"长安一片月,万户捣衣声,秋风吹不尽,总是玉关情",不也是西安女性的柔情么?

显然,"男性的城市"或"女性的城市"云云,不过"姑妄言之"又"姑妄听之"的事情,当不得真,而且很容易被证伪。所以,这些说法准确与否,我们可以姑且不论,也不妨各执己见。但城市像人,则应该不成问题。我甚至还认为,城市就像人一样,也是有"体味"的。这个体味,就是城市的"文化味儿"。敏感的人,只要走进某座城市,一下子就闻到了。

所以,读城,也就是读人。城市并不仅仅是房屋和街道、店铺和城墙。如果没有人,再好的城市,也不过一座"死城",又有什么好读的。

那么,城市里的人又有什么可读的呢?

可读的是他们的"活法"。

城市是人的生存空间。这个生存空间，是由每一个城市的地理位置、周边环境、街道建筑、历史传统和人文氛围构成的。因此，不同城市中的人，就有不同的活法，即生活方式；也有不同的个性，即文化性格。比如北京人大气，上海人精明，杭州人闲适，成都人洒脱，武汉人直爽，厦门人温情等等。这，便正是我们这些读城者特别关注的。

生活方式和文化性格，是互为因果的两个东西。比方说，北京人大气，所以北京人活得潇洒而又马虎。在先前，臭豆腐就贴饼子，再加一锅虾米皮熬白菜，就是好饭。如果那臭豆腐是王致和的，上面又滴了香油，就简直能招待姑奶奶。现在，则一包方便面，两根火腿肠，便可打发一餐。如果一时半会找不着开水来泡面，干啃方便面就凉水，也能对付。但，即便是这种简单的生活，也不乏乐趣。北京人是很会"找乐子"的。"坛墙根儿"和"槐树小院"都是"乐土"，"喊一嗓子"和"听一嗓子"都是"乐子"，而且越是众人喝彩，越是神情散淡（不是装的）。即便不过是小酱萝卜就窝窝头，或者素炸酱面拌黄瓜丝儿，也能吃得有滋有味。没有水果么？"心里美"萝卜就很好。寒冬腊月里，在大白萝卜根儿上挖个小眼儿，塞一粒菜籽儿进去，再浇上点儿水，等那嫩芽发出来，绿盈盈地挂在家里，粗糙简陋的日子便情趣盎然了。

上海人的活法又不一样。上海人精明，所以上海人活得精致而小巧。他们的住房多半面积不大，功能却很齐全。不少家具都是多功能的，而且摆放得恰到好处，既不占地方，又错落有致，显然是经过了精心的设计。衣服也是不多不少的。既不会多得穿不了，压箱底，或开春时没法晾晒，也不会捉襟见肘，弄得没有出门的行头。反正一年四季，都能有体面的一身。这些衣服也不一定要买。不少家庭主妇或"主男"，都是能工巧匠。别人做两条裤子的面料，他能裁出三条来，那款式和做工，也都是专业水平。吃饭当然也不会马虎。即便寻常人家过小日子，每顿饭也得"烧几个小菜吃吃"，而且有荤有素，营养齐全。隔三岔五的，还会上街去，找一家偏僻（因此价格也较便宜）的冷热饮店喝一小杯咖啡或吃一客刨冰；或是在一家干净而又实惠的小店里点几样小菜,喝一杯啤酒;或是在逛街的时候,买一小块奶油蛋糕或一只苹果边走边吃。花钱不多,却照样享受了都市生活,既快乐又实惠,谓之"小乐惠"。

显然,上海人的这种活法,北京人是看不上的。什么"小乐惠"?简直就是"过家家"。同样,北京人的活法,上海人也不以为然。"找乐子"?"穷开心"吧!

这就是城市和城市之间的差异了。这种差异,说到底,也就是文化的差异。什么是文化?文化就是人类生存和发展的方式。说得白一点,就是"活法"。不同的人有不同的活法,不同的城市也有不同的活法。这些活法,就构成了文化。读城,也就是读人,读文化。

就拿"小乐惠"来说,原本是江浙一带的地方方言,本义系指普通老百姓的日常饮食之乐。日常饮食嘛,何况又是平民百姓的,当然不会是大吃大喝,无非虾油卤鸡、葱烤鲫鱼、蒿菜豆腐干、毛豆雪菜煸笋之类,甚或只不过茴香豆、花生米,再加一杯老酒,而且决不会是茅台或 XO,故谓之曰"小"。然而小则小矣,其乐也无穷,其趣也盎然。更何况惠而不费,所以叫"小乐惠"。老作家汪曾祺写作"小乐胃"。江浙一带地方人说话,惠胃不分,而写作"小乐胃",大约是因其主要表现于饮食方面吧?即便如此,我以为也不能叫"小乐胃",而应该叫"小乐味"。因为它追求的,不是"腹之饱",而是"口之乐",快活的是嘴巴而不是肚子,是一小口一小口品茶品菜品酒时的那种自得其乐和有滋有味,怎么好叫做"小乐胃"呢?

江浙一带早已有之的"小乐胃"或"小乐味",到了上海人那里,就成了地地道道的"小乐惠"。江浙人的"小乐味",多半还是农业社会的田园之乐;上海人的"小乐惠",则是现代社会的都市生活。当然,并不是所有对都市生活的享受都好叫做"小乐惠"。比方说,到"百乐门"去挥金如土,就不是;在小摊点上将就着吃一碗阳春面打发一餐,当然也不算。不算的道理也很简单,前者太"大",而后者又并无多少"乐"可言。显然,所谓"小乐惠",必须是"小"而"乐"者。一般地说,它要有以下几个特点。一是小,是"小弄弄"、"小来来";二是精致,喝大碗茶就不算;三是必须属于物质享受,"喊一嗓子"也不算;四则必须是精心计算安排策划的结果,是以尽可能少的代价获得的尽可能多或尽可能好的享受,比方说,质量既高样式又多价钱还便宜等等。所以,不假思索地买一只烧鸡大嚼一顿不算"小乐惠",用同样多(甚至更少)的钱,不但吃了一小碟白斩鸡,还吃了有荤有素好几盘菜外加一小杯可乐或啤酒,便是地道的"小乐惠"。在这里,第四条原则最重要。如果吃得(或玩得、穿得)虽然好,钱却花了许多,被"斩了一记",当了"冤大头",心里"气煞",哪里乐得起来?

第四条原则最重要,还因为它是上海人的"小乐惠"不同于杭州人或其他江浙人"小乐惠"的紧要之处。杭州有民谚云:"工人叔叔,螺蛳吮吮(音"缩");农民伯伯,鸡脚掰掰",正是典型的杭州"小乐惠"。吮螺蛳,掰鸡脚,是很费时间的,然而乐趣也就正在这里了。就那么一点东西,只要你慢慢地啜,细细地品,品到精细处,就不难砸出鲜味来。这滋味既是小菜老酒的,更是人生的。人生在世,有如匆匆过客,难得的是那份自在和悠闲。螺蛳吮吮,鸡脚掰掰,便正是对悠然人生的自我陶醉。也就在这悠然自得中,什么尘世的喧嚣,世道的沧桑,便都忘得干干净净了。正所谓"老酒天天醉,毛主席万万岁",杭州人也天天都活得有滋味,所以还是叫"小乐味"好。杭州"小乐味"既然以自得其乐和与世无争为旨归,就显然与上海"小乐惠"的精心策划算计安排大相异趣。

这就颇有些类似于北京人的"找乐子"了。北京人的"找乐子",也是对人生的一种享受,也是一种自得其乐和与世无争。会鸟、票戏、下棋、摆弄花草,不在乎东西好坏,也不在乎胜败输赢,图的是那份随意、自在、可心、舒坦,看重的是做这些事时的悠然自得和清淡雅致,是那份心境和情趣。(图五)在北京人看来,"乐子"到处都是,就看你会不会"找"。显然,这和杭州人那种"一饮一酌,一醉一醒,一丘一壑也风流"的人生态度是正相一致的。这也不奇怪。北京和杭州,毕竟都是乡土中国的田园都市,而且是有着上千年历史的文化古城。这样的

图五：老北京们会鸟、票戏、下棋、摆弄花草，不在乎东西好坏，也不在乎胜败输赢，图的是那份随意、自在、可心、舒坦，那份心境和情趣。

法　满摄/新周刊供稿

城市，总是会有些散淡和儒雅的。这里的人们，也总是容易把历史和人生看穿看淡，从而变得心气平和、满不在乎和随遇而安。只不过，由于历史和地理的原因，北京的平民更多"京都气派"和"燕赵侠骨"，而杭州平民则不免多少会有点"吴越余韵"和"魏晋风度"罢了。

上海就不一样了。上海不是"田园都市"，因此没有那份"散淡"；上海也不是"文化古城"，因此难得那份"儒雅"。上海是一个拥挤的、嘈杂的、五光十色而又贫富悬殊的现代化商业性城市，上海人大多是生活在这样一个城市中、为奢华享乐所诱惑而又为贫穷窘迫所困惑的小市民。他们的生存环境比北京人差得多，他们的生活要求又比北京人高得多，因为他们受到的物质诱惑也比北京人大得多。这就使他们更加注重实实在在的生活内容和生活质量，也会逼得他们精打细算，尽可能地找窍门、钻空子、走捷径、捡便宜，变得"门槛精来兮"。可以说，占上海人口半数以上的小市民，差不多都是这种活法，而上海的市政管理和商业服务也乐意于为这种活法提供方便，比如印发半两一张的粮票，小吃可以搭配着买，雪花膏可以"零拷"等等。这些做法就保证了收入低微的小市民们也能过上方便、实惠、舒适而又不失体面的生活，而且还能和他们的城市一样雅致。

当然，要过上这样的生活，也有一个条件，那就是必须"精明"。事实上，每个上海人都明白，只有依靠个人的聪明才智和精明能干，才可能在这个社会里求得尽可能好的生活，也才可能在这个社会里活得如鱼得水。所谓"小乐惠"，就是对这种如鱼得水状态的自我欣赏。顺便说一句，这种活法在上海，甚至还能受到别人的尊敬。我的一个上海朋友告诉我，上海最有名的西餐馆"红房子"里有一位常客，每次点的菜点花钱都不多，地地道道的"小乐惠"。然而那里的侍应生对他却极为敬重，服务也极为周到。上海人不是很"势利"吗？怎么会尊重一个没有钱或舍不得花钱的人？不错，上海人也许很在乎你有没有钱，但他们更看重"精明"，更尊重"在行"。事实上，一个大手大脚胡乱花钱的外地人，在上海是不可能得到真正的尊重的。他只会被看作是"戆大"而被上海人在背地里嘲笑。

显然，北京人的"找乐子"也好，上海人的"小乐惠"也好，或者杭州人的"小乐味"也好，都是那些收入不多、家境不宽、手头不富裕而又想活得好一点的普通人的活法，是对单调贫困生活的一种补充和调剂。要之，它们都是"享受人生"，也都是对自己"活法"的一种欣赏。所不同者，在于北京人欣赏的是自己的"大气"，上海人欣赏的是自己的"精明"，而杭州人欣赏的是自己的"闲适"。北京人，生活在天子脚下，皇城根儿，万岁爷这一亩三分地上住着，什么世面没见过？哪在乎生活的粗细，又哪儿不能找到乐子？上海人是国际化大都市里的小市民，外面的世界很精彩，家里的日子很无奈，不算计也得算计，不精明也得精明。何况机会又比较均等，竞争又相对公平，再蠢的人，久而久之，也就磨练出来了。至于杭州人嘛，没的说，"上有天堂，下有苏杭"，还有谁能比他们更贴近自然,更会享受人生?又还有谁能比他们更慵散,更悠闲?不一样,就是不一样噢!

甚至就连这三种活法背后透出的无奈,也不一样。说白了,北京的平民是皇宫王府见多了,又进不去,只好到坛墙根下去"找乐子";上海的市民则是灯红酒绿看多了,又得不到,只好给自己来点"小乐惠"。至于杭州老百姓,生活在"人间天堂",日子却未必真那么好过,便只好"螺蛳壳里做道场,小酒杯中当神仙"。无妨说,北京人的"找乐子"是苦中取乐,杭州人的"小乐味"是忙里偷闲,上海人的"小乐惠"则是实实在在地调剂和充实自己的生活。相比较而言,上海人更"务实",而北京人和杭州人更"审美";上海人更"现代",而北京人和杭州人更"传统"。

这是人与人的差异,也是城市与城市的差异。

因此,读城,就像读人一样。你要想认识一个人,就得把他当作和自己一样的人来看待,将心比心地和他交朋友。认识一个城市也如此。我写《读城记》这本书,目的也在这里:我想通过这本书,像认识我的朋友一样来认识我所到过的这些城市。当然,也想和生活在这些城市里的人,成为朋友。

那么,让我们走进城市。

# 北京城

北京是城。

北京城很大很大。

北京城大得你不知从何读起。

不必一一列举有关部门的统计数字，比如辖地面积多少啦，市区已建成面积多少啦，常住和流动人口又有多少啦，等等。在经济建设飞速发展的今天，这些数字年年都在变，未必比我们的感觉更可靠；而不管是过去，还是现在，几乎所有人对北京的共同感觉都是"大"。差不多每个到过北京的外省人都有这种体会：初到北京，蒙头转向，简直"找不着北"。一天跑下来，腰酸背疼，腿肚子发胀眼发直，能办成一两件事，就算效率不错了。因为北京实在太大太大。一个立交桥绕下来，你打的的士肯定跳表，不折不扣的"看山跑死马"。北京人自己就说得更绝：除非在家猫着，只要出门，就会有一种"永远在路上"的感觉。

其实，北京的大，还不仅仅大在地盘。作为新中国的首都，北京是一个集政治、经济、军事、外交、科技、文化、教育、体育、信息等各种中心于一身的全能型城市。这里有最大的党政军机关，最大的金融商业机构，最大的科研单位，最大的大专院校，最大的信息网络，最大的体育场、出版社、报社、电台、电视台和最大的国际机场。世界各国的大使馆都在这里,世界各国的精英人物和重要信息也都在这里出出进进。别的地方有的,北京都有;别的地方没有的,北京也有;别的地方出不去进不来的,在北京就出得去进得来。光是这容量和吞吐量,北京就大得让别的城市没法比。

更何况,北京不仅是新中国的首都,它也是辽燕京、金中都、元大都和明清的京都。不难想见,在这块土地上,书写的是什么样的历史,上演的是什么样的活剧,集聚的是什么样的人物,积淀的又是什么样的文化啊!这里的每一个街区、每一条胡同、每一座旧宅,甚至每一棵古树,差不多都有一个甚至几个值得细细品味慢慢咀嚼的故事。那些毫不起眼的破旧平房,可能是当年的名流住宅;那些杂乱不堪的荒园大院,也可能是昔日的王府侯门。更遑论闻名遐迩的故宫、景山、天坛、雍和宫、颐和园、圆明园了。即便是那些民间的东西,比如老北京的五行八作、时令习俗、工艺制作、风味小吃、儿歌童谣,也都是一本本读不完的书。

这就是北京:古老而又鲜活,博大而又精深,高远而又亲切,迷人而又难解。它是单纯的,单纯得你一眼就能认出那是北京。它又是多彩的,丰富得你永远无法一言以蔽之。而无论久远深厚的历史也好,生机勃发的现实也好,豪雄浩荡的王气也好,醇厚平和的民风也好,当你一进北京,它们都会向你扑面而来,让你目不暇接,不知从何读起。你可能会惊异于现代都会的日新月异(有人说,三个月不到北京,就会不认得它了),也可能会留连于千年古城的雄厚深沉(有人说,即便在北京住上一辈子,也读不完它的历史遗迹),可能会沉醉于文化名邑的清雅萧远(有人说,只要在北京的高等学府各住上一个月,就等于上了一次大学),也可能会迷恋于民俗舞台的色彩斑斓(有人说,北京整个的就是一个民俗博物馆)。所有这些,都会对每一个初进北京的人产生神奇的魅力,使之心旌摇荡,神志痴迷,不知所以。可以这么说,任何试图读懂北京的人,一开始,都会有一种不得其门而入的感觉。

我们必须找到进入北京的门。

也许,北京的那些气势非凡的门,就是我们应该翻开的第一页。
(图六)

图六:北京那些气势非凡的门,是我们解读北京的入门之门。

严志刚摄/新周刊供稿

## 一 北 京 的 门

北京有很多的门。

打开北京地图,你的第一印象,也许就是北京的门多。尽管这些门大多"徒有虚名"(门被拆掉了),然而那"虚名"却也"永垂不朽"。有几个老北京人不记得这些门呢? 即便是外地人,从未见过它们的,也会知道它们的名字,甚至有些模糊的感觉。因为北京中心区域的主干道,几乎大多都是以这些门(加上东西南北的方位)来命名的。比方说,前门大街、前门西大街、前门东大街,复兴门外大街、内大街、南大街、北大街,建国门外大街、内大街、南大街、北大街,阜成门外大街、内大街、南大街、北大街,朝阳门外大街、内大街、南大街、北大街,西直门外大街、内大街、南大街、北大街,东直门外大街、内大街、南大街、北大街,德胜门外大街、内大街、东大街、西大街,安定门外大街、内大街、东大街、西大街,此外,还有崇文门东大街、宣武门西大街、广安门内外大街、广渠门内外大街等等。所以有人说,到了北京,要找地方,先要找门。如果你知道自己在哪座门周围,要找的地方又在哪座门附近,那么,你就怎么也不会迷路。而且,你在北京问路,北京人也常常会说在某某门附近或奔某某门去。因此,虽然我们现在在北京已看不见多少门,却对北京的门并不"陌生",反倒有几分亲切。

事实上,不少的中国人,都首先是通过北京的门,尤其是通过两座特别有名的门认识北京的。这两座门,就是天安门和大前门。"我爱北京天安门,天安门上太阳升",是几乎每个新中国人都耳熟能详的歌曲;而那些从未到过北京的人,也至少在香烟盒上见识过大前门。记得小时候,大前门还是一种名贵的香烟。能抽大前门香烟的,大都有钱,或很有些身份。能够收集到大前门香烟盒,也是一件有面子的事。当然,能够到北京去,亲眼看看天安门和大前门,在它们前面照一张像,那就更是梦寐以求了。

如果说,天安门是新中国的象征,那么,大前门便是老北京的门面。1984年,侯仁之教授在为一本重要的瑞典学者著作的中译本所作的序中,还这样激动地回忆起半个世纪前他第一次见到大前门(正阳门)时的心情:"当我在暮色苍茫中随着人群走出车站时,巍峨的正阳门城楼和浑厚的城墙蓦然出现在我眼前。一瞬之间,我好像忽然感受到一种历史的真实。从这时起,一粒饱含生机的种子就埋在了我的心田之中。"

这是极为真实而又极为深刻的感受。只有那些对于中国历史和中国文化特别敏感的人,才会有这样的感受,也才会深刻地意识到,北京的城门对于北京这座城市和它所代表的文化,有着什么样的意义。难怪侯仁之教授为之作序的那本重要著作——《北京的城墙和城门》

一书的作者、瑞典学者喜仁龙,要说他之所以写这本书,是因为北京的城门了。在喜仁龙看来,北京的历史和文化,是和它的城门还有城墙连在一起、不可分割的。这些城门和城墙"布满着已逝岁月的痕迹和记录",随时都会向我们讲述那些古老而神奇的故事。

喜仁龙是一个外国人。然而他的感受,却和我们如此相通。我确信,尽管喜仁龙是一位严谨的学者,也尽管他做了大量的调查和考证工作,但如果没有这种感受,他的书就不可能写得那么生动,那么感人,也不可能写得那么深刻。

我们必须有这种感受。有了这种感受,你才能进入北京,也才能读懂北京。

因为北京是城,而且是真正的城。

北京作为城的历史,说起来是很久远的了。

北京城起先叫做"蓟"或"蓟城"。现在我们至少可以肯定它曾是燕国的国都,其址位于现在北京的西北一隅,公元前221年被秦始皇的军队所毁。公元70年左右,东汉王朝在今北京西南角,又建了一座新城,叫"燕",三国时又改名"幽州"。公元938年,辽太宗耶律德光将幽州升格为"南京",又叫"燕京",作为他的四大陪都之一。金贞元年(公元1153年),击败了辽国的金人,将燕京定为他们占领的北部中国的政治中心,是为金中都。又过了一百多年,即公元1272年,统一了中国的元世祖忽必烈,决定将此地作为他庞大帝国的中枢所在,这就是元大都。至此,中国的首都终于由"面东背西"一变而为"坐北朝南"。在此后数百年的漫长岁月里,除短暂的变动外,这个格局基本上没有被打破。

蓟城、幽州、辽燕京、金中都和元大都,这些辉煌一时的巍峨城阙,早就已经"被西风吹尽,了无陈迹"了。现在人们能够记起说起的,实际上是明清时代的北京城;而明清时代的北京城,则是由里外三层的"城"构成的"城之城"。这个"城之城"的里圈,是通常称为"紫禁城"的"宫城",城墙周长6里,开有四门,即午门、神武门、东华门、西华门。

中间一圈是"皇城",城墙周长 18 里,也开有四门,即天安门、地安门、东安门、西安门。它的外围是"京城",分内外两城。内城城墙周长 46 里,开有九门。正中即正阳门,最为高大雄伟。在过去的年代,它是仅供皇帝出入的"正门"。正阳门的东西两面,是崇文门和宣武门,又叫"哈达门"和"顺治门",也叫"景门"(光明昌盛之门)和"死门"(枯竭不祥之门)。景门人人可过,死门则多半走送葬的队伍。北面二门是德胜门和安定门,又叫"修门"(高尚之门)和"生门"(丰裕之门)。皇帝每年一次从生门出城,到地坛祈祷丰年,也祈祷王朝政权稳定、国泰民安,所以叫"安定门"。而凯旋的军队则要从修门班师回城,以宣示皇帝的圣德终于战胜了敌人,所以叫"德胜门"。东边二门是东直门和

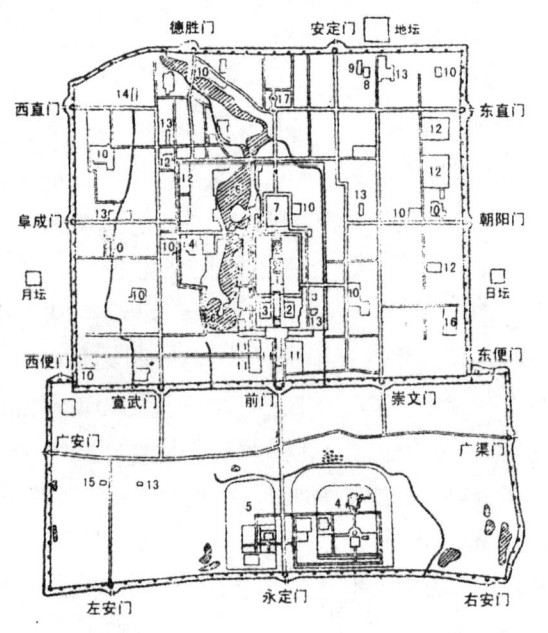

1 宫殿　2 太庙　3 社稷坛　4 天坛　5 先农坛　6 太液池(三海)　7 景山　8 文庙　9 国子监　10 诸王府公主府　11 衙门　12 仓库　13 14 15 寺庙　16 贡院　17 钟鼓楼

图七:明清北京城示意图

朝阳门(齐化门),又叫"商门"(交易之门)和"杜门"(休憩之门)。那里曾经河水涟漪,岸柳成行,无疑是运输和休闲的好去处。西边二门是西直门和阜成门(平则门),又叫"开门"和"惊门",前者意味着"晓喻之门",后者的得名据说是因为附近居民常被皇帝诏令惊扰之故。总之,这些城门,多少都有些特殊的含义和象征。所以,老北京人说起它们来,总还是津津乐道。(图七)

正阳、崇文、宣武、德胜、安定、东直、西直、朝阳、阜成这九门,就是严格意义上的京师之门。所以清代的"首都卫戍司令",便叫"九门提督";而九门当中最南端的正阳门,便是京城内城的正门、前门。它是北京最重要的城门。它的北面,是壁垒森严的皇城和宫城,是金碧辉煌的王府和皇宫,是老百姓可望不可及的地方。它的南面,是北京城的门户地带,拥有最大的交通中心和商业中心。那里的婆娑杨柳、绚丽牌楼、繁忙店铺、喧闹街市,曾是"北京最美妙、最诱人的街景之一"。那里也是帝王禁苑与平民市井之间巨大的中间环节,因此老百姓把正阳门叫做"大前门"。

其实,真正的"前门",说起来应该是永定门。它是京城外城的正门。1553年修建的外城,原来是要环绕内城的,后因经费不足,只修了南城一方,结果整个京城就变成了一个"凸"字形。京城外城周长28里,开有七门。南端正中为永定门,左右两边为左安门、右安门,东西两边则是广渠门、广安门,东北和西北角与内城相接处,又开有两门,即东便门和西便门。"外七内九皇城四",如果再加上围绕外城的护城河和城外岭上的长城,北京城真可谓"门开八面,固若金汤"。除此以外,在天安门外长安街上原有左右长安门(又称青龙门、白虎门)。民国时期,又新辟了和平门(始称兴华门)、建国门(始称启明门)、复兴门(始称长安门)。这些都是大门。至于那些不大上得了"台盘"的中门、小门,就数不胜数。

这就是北京,这也就是北京城。要言之,所谓"北京城",实际上就是由这些一重一重的"墙"和一道一道的"门"构成的。其中,"门"显然又比"墙"更重要。没有墙，固然城而不城，但如果没有门，则城也就是死城。门之于城，不但是出入之口，而且是方位所在，功能所在，意义所在。可以说，把握了北京的"门"，也就差不多把握了北京。

北京诸门之中，最重要的当然是天安门。

天安门是北京的象征。

只要一提起北京，我们中国人，尤其是新中国人，首先想到的便是天安门。每个初到北京的人，第一个要去看的地方，也差不多都是天安门。的确，在中国，又有哪座门，能像天安门那样和北京紧密地联系在一起，并且在中国人民的历史画卷和政治生活中有着举足轻重的地位，起着无可替代的作用呢？举世瞩目、揭开了中国新文化第一页的"五四运动"，就是在天安门广场上爆发的。中华人民共和国的成立，也是毛泽东主席在天安门城楼上宣布的。本世纪许多重大政治事件，也都在天安门前的广场上演出。天安门在每一个热爱祖国、尊重历史的中国人心目中，不可能不地位尊崇。

天安门的地理位置，也很特别。明清时代北京城市规划和城市营造之最突出的特点，就是由一条18里长的南北中轴线贯穿全城。它的南端起点，是永定门；北边终点，则是地安门外的钟鼓楼。从南到北，依次有永定门、正阳门（前门）、中华门、天安门、端门、午门、神武门、地安门等等，天安门恰恰正在这条中轴线的正中。它是京、皇、宫三城中间那个城即"皇城"的正门。门外，南北大道是"御道"，东西大街是"天街"，其地位之重要、特别，已毋庸置疑。如果说，北京的门是我们解读北京的"入门之门"，那么，天安门便是"门中之门"。

其实，即便在封建时代，天安门的地位也非同一般。

天安门原名承天门，清人入关后改为天安门。但不论"奉天承运"也好，"敬天安民"也好，作为皇城的正门，它都是国脉所系、国威所在、国家权力的象征。事实上，天安门历来就是封建王朝举行国家大典的地方。那时，皇帝如果要颁布诏书，就在太和殿登极用宝。用宝后的诏书，要置于"云盘"中，用彩亭奉送天安门城楼，交宣诏官宣读，文武百官则在金水桥南排班聆听。宣诏完毕，诏书用木雕的金凤衔着由城楼上放下，交礼部誊写，诏告天下，谓之"金凤颁诏"。可以说，从那时起，天安门就以其不同寻常的特殊地位而为众望所归。

不过那时的广场，可比现在小得多，只有11公顷，比作为现在天安门广场配套建筑的人民大会堂(占地15公顷)还小。这也没有什么可奇怪的。因为那时国家并不属于人民，有资格恭逢如此盛典，能够到天安门城楼下跪班听诏的，人数极其有限。有11公顷的地方，已经完全够用，而且也足以让地方衙署和小国边邑相形见绌了。新中国成立后，人民成了共和国的主人，如此"弹丸之地"，显然已不敷使用。1949年，为举行开国大典，新中国的奠基者们曾对广场进行了拓展修整。1959年，为庆祝建国十周年，又进行了大规模的改造：三面红墙全部予以拆除，东西两翼拓为通衢大道，革命历史博物馆和人民大会堂分立广场东西两侧(取"左祖右社"之意)，人民英雄纪念碑屹立中央，并向人民群众开放。过去专属帝王使用、严禁庶民涉足的皇家禁区，真正成了"人民的广场"。

于是天安门广场便成了世界上最大、最无与伦比的大广场。它占地面积54公顷，可供50万人进行集体活动。每一个到过那里的人，都无不惊异于她的庄严、肃穆、雄伟、博大。和她相比，西方许多城市的所谓广场，便只好叫做"路口"。北京的"大"，在天安门和天安门广场得到了最好的体现。

天安门的南北，分别是正阳门、中华门和午门。

午门是宫城的正门，正阳门是京城的前门，中华门却不是城门。这是一座单檐歇山顶的砖石结构建筑，与明十三陵和清东西陵的大红门相同，虽然看起来不如内城九门那些"城门楼子"壮观，却最能体现"城头变换大王旗"的意味。因为中华门是真正的"国门"。咱们的国名叫什么，(图八)它就叫什么。明朝的时候，它叫"大明门"；清朝的时候，它叫"大清门"；到了民国时期，就叫"中华门"。换名的办法也很简单：把刻有门名的石匾翻个个儿，重新刻上字，"大明门"就变成了"大清门"。可惜，当民国的人也想用这种省工省料的好办法来更换门

图八：大清帝国时代的"国门"——大清门。门匾由满汉两种文字写成，门外站立着小太监。

法国阿尔伯·肯恩博物馆馆藏照片

图九：民国时代的"国门"——中华门。

匾时,却发现努尔哈赤的子孙早就用过了这个高招,便只好放弃了"颠倒历史"的念头,重新刻了一块木匾,挂在了檐下。(图九)

人民共和国成立后,为了表达对革命先烈的感激和崇敬,在天安门广场建立了人民英雄纪念碑。纪念碑就建在中华门内天安门前。正如姜舜源在《沧桑天安门》一文中所说,这可正好应了陈毅元帅的一句诗:"此头应向国门悬"了。二十多年后的1976年,在中华门旧址上,又兴建了"毛主席纪念堂"。至此,整个天安门广场,已是"旧貌换新颜"。国门拆除了,午门退隐了,前门告老了,人民的广场取代皇家的宫城成了北京的中心,而由东西长安街及其延长线构成的新的中轴线横贯东西,则似乎象征着北京的开放与腾飞。

中华门(或大明门、大清门)的故事,再清楚不过地告诉我们,门对于一座城尤其是一座京城有着一种什么样的意义。它不仅是出入的孔道和防卫的关口,也是一种象征,——国家的和政权的象征。所以,在清代,除正阳门外,其余八门便由八旗分掌:德胜门正黄旗,安定门镶黄旗,东直门正白旗,朝阳门镶白旗,西直门正红旗,阜成门镶红旗,崇文门正蓝旗,宣武门镶蓝旗。八旗分掌八门,既有共享天下之意,也未尝没有相互牵制的用心在内。

的确,"山河千里国,城阙九重门",没有城墙和城门,是不好叫做京城的。唐代长安和北京一样,也有京、皇、宫三城,不同者在于宫城不在皇城里面,而在皇城北面。这三座城,京城十二门,东西南北各三门;皇城七门,南三东二西二,北面无门;宫城南面五门,正中为承天门(明代北京宫城正门也叫承天门,想必即承唐制),北面二门,正门为玄武门,是唐太宗李世民发动政变的地方。汉代洛阳京城内,有南北两座差不多一样的宫城,都开有四门,而且门的名字也都一样,即南朱雀北玄武东苍龙西白虎,京城则开有十二门。宋都开封也有城三重,外京城叫罗城,也叫国城,因其土筑又叫土城,开有十三座城门,七个水门,共二十座门;内京城又叫旧城或阙城,四周共开十门,正南门是朱雀门;宫城亦即大内,又叫皇城,开有六门,正中为乾元门。开封城一共三十六座门,差不多是门最多的一座古都。南宋的都城临安(杭州)

只有内外两城，内城又叫子城，开有四门，乃大内所在；外城又叫罗城，开有十三座城门，并不呈对称状。杭州城门的特点，是它们的名字，多不似北方古都的典雅庄重，而更多山川灵秀。"候潮听得清波响，涌金钱塘定太平"，这两句诗中，就包括了杭州五座城门的名称。明初首都南京，规模极为宏大，里里外外共有四城。外郭城周长180里，开有十六座城门；应天府城周长67里，是当时国内第一大城（次为北京），也是世界第一大城（次为巴黎），共有十三座城门；此外皇城六门，宫城十二门，加起来比开封还多。

显然，这些城市，也都是由"墙"和"门"构成的。

这是中国极具典型意义的一类城市。

它们的秘密，是中国文化的秘密。

当然，也是中国城市的秘密。

## 二　城　与　市

城墙和城门把我们带进中国的城市。

事实上，在漫长的古代社会，几乎所有的中国城市都是由那一重重的"墙"和一道道的"门"来构成的。在中国古代，人们无法设想没有城墙和城门的城市，就像无法设想没有屋顶和门窗的房子一样。任何一座真正的城市都必须有城墙和城门，而且这些城墙和城门越是高大越是多，则这座城市的地位和规格也就越高，人们也就越承认它是"城"。因此，像上海这样没有什么像样城墙城门的城市，就不能叫做"城"，而也许只能叫做"市"。

在中国，"城"和"市"不但意义不同，而且地位、大小也不同。

什么是"城"或"城市"？从文化人类学的角度看，所谓"城"或"城市"，无非是人类社会三种主要的社区类型之一。这三种主要的社区类型是国家、城市和乡村。这三种社区，都可以叫做"邑"。上古所谓"国"，范围不大，数量很多。在诸侯林立的时代，不少的所谓"国"，也就一"邑"而已。"邑"这个字，上面是一个"口"，下面是变体的"人"

字。有"人"有"口",当然是社区。也有人说上面那个"口"是围墙、圈子、范围的意思:"有土有人,斯成一邑。"不管怎么说,这个既有一定范围,又有一定人口的"邑",就是"社区"。

中国古代的社区(邑)有许多种,也有许多名称,比如邦、都、乡,以及郊、鄙等。其中"邦"相当于国家(故又称"邦国"),"都"相当于城市(故又称"都市"),"乡"当然就是村落(故又称"乡村")。此外,"郊"就是附庸于城市的社区(郊区),"鄙"就是远离于中心的社区(边鄙),而社区与社区之间就叫"邻"(邻里)。所有这些字,都从"邑"(乡字繁体从邑,写作"鄉";村字别体也从邑,写作"邨"),可见"邑"就是社区。不过,一般地说,"邑"主要指城市,比如"都邑"一词,就是大小城市的总称(大曰都,小曰邑;或"二年成邑,三年成都")。由此又可见,城市乃是最重要的社区。

然而城市却不是最古老的社区。最古老的社区是乡村。乡村是从原始氏族的集聚地转化而来的。"鄉"这个字,无论金文甲骨文,都是像"两人相向对坐共食一簋"之形。也就是说,"鄉"的字形,就是两个人面对面坐着,当中放一个饭桶。所以杨宽先生在《古史新探》中说,乡这个字,"是用来指自己那些共同饮食的氏族聚落的"。

后来,阶级分化了,氏族变成了国家,尊贵的老爷天子、诸侯、大夫们也不再和自己的"子民"们共一个饭桶吃饭。他们(当然要带上自己的奴仆)另择"风水宝地"而居,或在原居住地划出一个圈子,形成一个新的社区,并用高高大大的墙把这个新的社区和旧社区乡村隔离开来。这个用墙划出的社区,就叫做"城",也叫"都"或"邑",而那墙就叫城墙。要之,就起源而言,所谓"城",就是古代的王朝国都、诸侯封地、大夫采邑。或者准确一点说,是它们的中心区域。城墙之外的地方,就叫"郊",就叫"野",更远的地方则叫"鄙",是乡村社区的所在地。一墙之隔,尊卑判然;大门内外,贵贱不一。这就是传统意义上的城市。或者准确一点说,就是传统意义上的"城"。它一开始就是和门和墙共生的。没有城墙和城门,也就没有所谓"城"。恰如喜仁龙所说:"正是那一道道、一重重的墙垣,组成了每一座中国城市的骨架或结构。"因此，当我们突然发现一座圮败的废城时，能够看到的往往只有城墙，比如吐鲁番郊外的高昌和交河古城就是。

当一座座城邑或城堡被高高的墙和大大的门圈围起来时，城与乡，就成了中国古代两种最主要的社区。介乎其中的则是"市"。所谓"市"，就是集中进行买卖交易的场所。因为老爷大人们虽然高贵，也要吃饭，而且要吃好的、新鲜的，光靠进贡，似乎不够；乡民小人们虽然卑贱，也要零花钱，也想买点城里的好东西。城里的精品要出去，乡里的时鲜要进来，这就要"城乡互市"，也就要有"互市"的地方。这个专门用来做交易买卖的地方，就叫"市"。

毫无疑问，这种交易买卖，是必须一方迁就于另一方的。老爷大人们当然不会屈尊下乡去采购，他们的仆人也沾光不会屈尊，自然只能由乡里人进城来交易。乡里人原本"卑贱"，摆不起谱；乡里人又很"好奇"，愿意进城。何况，乡村广阔分散，也不便于集中贸易。所以，"市"便主要设在城的周边，成为城的附庸和派生物，以及沟通城乡的中介。它的地位，当然十分卑微。可见，城与市的高低贵贱之别，几乎可以说是"从娘胎里带来的"。

开始的时候，作为"城"之附庸和派生物的"市"，并不是什么社区，而是一种临时性的场所。上古的商业，并非经常性的行为，或三日一市，或五日一市。这时，四方乡民纷纷赶来交易。交易的场所，就成为"市"。交易一结束，这个地方也就什么都不是。直到现在，我国许多乡镇还保留着这种习俗，叫做"赶集"。但后来，贸易成了经常性的行为，也有了专门从事贸易的商人，临时性的"集"就变成了常规性的"市"，不但供交易所用，也供商人居住，而且也和"城"一样，有了自己的"土围子"。于是，"市"便成了社区。

不过，这个社区，是不敢望"城"之项背的。围"城"的是"墙"，围"市"的则是"垣"。垣也就是矮墙，叫："卑曰垣，高曰墙。"城墙高大魁伟，里面居住着王公贵族、高官名士；市垣低矮简陋，里面充斥着工匠商贾、贩夫走卒。这样的两个社区，当然也就不可同日而语。甚至"市区"的位置,在中国古代城市规划中也有一定之规:或在城南,或在城北,总之是不能进入中心地段,只能卑贱地匍伏在"城"的脚下,仰"城"之鼻息而生存。但,卑贱的"市"好歹总算进了"城"。这样,"城"与"市"就终于合为一体,变成了"城市"。

然而进城之"市"却仍然保留着它的个性。这使我们一眼就能把"城"与"市"区分开来:城区的建筑是封闭型的,不是院落,就是高墙,要不然就是一张张紧闭的门。在这些院落、高墙和大门之间,留出的是仅供通行的道路。这些道路除了行走别无用处,因此只能叫"通道",不能叫"街道"。市区中的街道却不同。它不但供人行走,更供人浏览。街道两旁的店铺,也都一律开放着自己的门户,敞开着自己的门面,以确保里面陈列的商品一览无余。只有在收市打烊以后,才会关上活动的门板,有的(如药铺)还随时可以叫开。当然,这些店铺也绝无封闭的围墙。相反,有的店铺门口还会搭起遮阳避雨的屋檐,或竹架苇席的凉棚,更加具有开放性。这就是"城"与"市"的区别,也是"街"与"路"的区别。所以,我们只能说"逛街"、"上街"、"赶街"(赶集)或"街市",不能说"逛路"、"上路"、"赶路"、"路市"。"上路"、"赶路"是到别的地方去,"上街"、"赶街"才是去买东西。

事实上,城中之路不但是通道,也是界限。它们和院墙一起,把一个一个的圈子划分隔离开来。可以说,城区是由路和路旁的院墙构成的,市区则是由街和街边的铺面构成的。因为"市"乃因商业的需要而建立,所以市的名称总是表现出商业性,比如米市、菜市、肉市、煤市、花市、鸟市、骡马市等。它们也能用来做地名,比如北京就有菜市口、灯市口、东西花市大街和花市东斜街等。建"城"的需要却多半是政治性或军事性的。所以我们说起城来,便总是说京城、省城、县城,或冠之以地理、历史、文化的特征,如山城、江城、古城、新城、石城、龙城等等。城与市,不一样,就是不一样噢!

其实,不但"市"与"城"不可相提并论,而且"城"与"城"也并非就可以等量齐观。

前已说过，上古的城，主要是王朝国都、诸侯封地、大夫采邑的中心区域。显然，它们的地位，也不可能一样。《左传》称："天子之城方九里，诸侯礼为降杀，则知公七里，侯伯五里，子男三里。"不但面积规模有大小之别，而且名词称谓也有尊卑之分。也就是说，尽管王朝国都、诸侯封地、大夫采邑都可以称为"都邑"，但一般地说，只有诸侯的封地才可以叫"都"（国都），大夫的封地则只好叫"邑"（采邑）。"都"之中，又只有天子之城才可以称为"京"。所谓"京"，也就是"人工筑起的高丘"。（《说文》："京，人所为绝高丘也。"）天子之城曰"京"，无非取其"绝高"之意，当然其地基和城墙也会特别地高。这样的大城，普天之下当然只能有一个。所以，当年国民政府定都南京后，即沿明初成例，改"北京"为"北平"，便是表示"京"必须"独一无二"的意思。

"京"只能有一个，"都"则可以多一点。所谓"都"，也就是通常说的"大城市"，叫"邑之大者曰都"。它们往往也是旧的京城，或王朝祖庙所在地，叫"有先君之旧宗庙曰都"。当然，也有自然而然形成的，叫"一年成聚，二年成邑，三年成都"。不过，"都"再大，也不能大过"京"，若依周制，最多也就只能相当于"京"的三分之一那么大。因为"京"是"首都"，也就是"第一都邑"，当然得如北京人所说是"盖了帽"，或如上海人所说是"一只鼎"了。

北京是"城"，又是"京城"，而且有差不多连续八百年的"京城首都史"，所以北京不大也得大。当然，作为中国最大的城，它也必须有最高的墙和最大的门。事实上，北京的门不但多，而且大。北京内城九门和外城七门，都是由箭楼和门楼构成的双重城楼的巍峨建筑。箭楼有如城堡居高临下，门楼却大多是双层三檐的巨大楼阁或殿堂（惟东西便门例外）。两楼之间，则是一个由城墙围成的巨大瓮城。瓮城面积很大，不少瓮城里面建有寺庙或寺院，也多半有街面、店铺和树木。这可真是城外有门，门内有城，实在堪称建筑史上之奇观。

可惜，这种奇观现在我们是再也看不到了。几乎所有城门连同它们的那些瓮城都已先后被拆掉，只剩下正阳门城楼和德胜门箭楼在一片车水马龙中形影相吊。但即便是这样"残缺"和"孤立"的门楼，也足以让我们叹为观止,更何况它们当年是在一片式样相同的低矮建筑之上拔地而起?七十多年前,喜仁龙曾这样描述永定门的壮观和美丽:"宽阔的护城河旁,芦苇挺立,垂柳婆娑。城楼和瓮城的轮廓线一直延续到门楼,在雄厚的城墙和城台之上,门楼那如翼的宽大飞檐,似乎使它秀插云霄,凌空欲飞。这些建筑在水中的倒影也像实物一样清晰。但当清风从柔软的柳枝中梳过时,城楼的飞檐就开始颤动,垛墙就开始晃动并破碎。"我相信,无论是谁读到这段文字,都不会无动于衷吧!

难怪喜仁龙对北京的城门和城墙充满了敬意。他在写到西直门时曾这样说:"乘着飞驰的汽车经由此门前往颐和园和西山参观的游人,到了这里会不由自主地降低车速,慢慢驶过这个脆弱易逝的古老门面。因为,这些场面比起颐和园和卧佛寺来,毕竟能够提供关于古老中国日常生活更为真切的印象。"他甚至还认为,北京的城门和城墙,是最雄伟壮观和最动人心魄的古迹。因为它们"幅员辽阔,沉稳雄劲,有一种高屋建瓴、睥睨四邻的气派"。

喜仁龙实在太敏锐了。他在这些城墙和城门那里看到的,便正是北京的气派。

北京的城门楼子是拆得掉的,北京的气派是拆不掉的。

## 三　有　容　乃　大

北京的气派,一言以蔽之曰"大"。

北京并不是中国惟一的大城市。除北京外,中国的大城市还有天津、成都、武汉、沈阳等。但这些大城市,不管是论人口,还是论地盘,都比不上北京。惟一可以和北京"较劲"的是上海。上海的人口就比北京多。而且,随着浦东的开发和建设,地盘也不见得比北京小。更何况,上海的"大",还远远不止于此。比方说,它是(或至少曾经是)中国最大的外贸口岸、金融中心、工业基地、商贸市场、利税大户,甚至全国最大的文化城和人才库。建国前上海的报刊和出版社之多,建国后上海向外地输送技术力量之多,可都是全国第一。正因为上海如此之"大",所以才被称为"大上海"。在中国,有几个城市的市名前曾被或能被冠以"大"字呢?也就是上海吧!

然而,上海再大,也"大"不过北京。上海还得在自己的市名前冠一个"大"字,才成为"大上海",北京却大得根本不必自称什么"大北京"。你什么时候听说过"大北京"这种说法的?没有。北京人不这么说,外地人也不这么说。可见在全中国人的心目中,北京之大,已不言而喻,实在不必添此"蛇足"。这可真是"大音希声,大象无形",大城不"大"。北京,大概是中国惟一一座"不必言大而自大"的城市。

难怪"大上海"在"不大"的北京面前,也不敢"装大"。一般地说,上海人都不大看得起外地人,却惟独不敢"小"看北京人。上海作家王安忆就说得更绝。她说就连北京上海两地的风,都有大小之别。"刮风的日子,风在北京的天空浩浩荡荡地行军,它们看上去就像是没有似的,不动声色的。然而透明的空气却变成颗粒状的,有些沙沙的,还有,天地间充满着一股鸣声,无所不在的。上海的风则要琐细得多,它们在狭窄的街道与弄堂索索地穿行,在巴掌大的空地上盘旋,将纸屑和落叶吹得溜溜转,行道树的枝叶也在乱摇。当它们从两幢楼之间挤身而过时,便使劲地冲击了一下,带了点撩拨的意思。"(《两个大都市》)

的确,北京不管怎么看,都让人感觉比上海大。

首先是"容量大"。初到北京的人,几乎无不惊异于它的容量。那么大的广场,那么宽的街道,那么多的空地方,该可以装多少人哪!上海虽然也大,但却太挤。不要说拥挤狭窄的街道里弄,便是人民广场,也显得挤巴巴的,好像人都要溢出来了,哪里还能装下什么东西?所以有人说,到了上海,除了看见看不完的上海人以外,什么也看不到。

北京就不会给你这种感觉。北京虽大却不挤。北京的交通虽然也堵得厉害,但最拥挤的地方也仍能给你开阔之感,因为那地方本来就很大。其实,这也正是北京城市规划和城市建设的一个特点:宽松、疏阔、大处着墨、纵横挥洒,充分表现出帝都京师独有的那种"大气"。

不要说9平方公里偌大一个宫城才住了皇帝"一家人"（所以金庸小说《鹿鼎记》里那个妓院长大的韦小宝一进皇宫便惊叹："这么大的院子，能装多少姑娘"），便是最不起眼的"四合院"（当然不是现在看到的），也疏落有致、颇多空间。老舍先生说："北平的好处不在处处设备得完全，而在它处处有空儿，可以使人自由地喘气；不在有好些美丽的建筑，而在建筑的周围都有空闲的地方，使它们成为美景。"这是说得十分地道又十分在理的。北京和上海（浦西）城市建设最大的区别，就在于寸金之地的上海，首先考虑的是尽可能地利用地皮节约成本，而满不在乎的北京，则"透气孔"特别多。景山、北海、什刹海、天坛、地坛、日月坛，陶然亭、紫竹院、龙潭湖、玉渊潭，哪个城市能有这么多公园哪！甚至你根本也用不着上什么公园。过去自家的小院，现在小区的街心，就足够你遛弯儿、会鸟儿、练功夫、找乐子的了。住在这样的城市里，不管怎么着，也不会觉得"憋气"。

但，更重要的，还在于北京固有的"兼容性"。

这一特点同样体现于建筑。北京，可能是中国城市中建筑样式最多的一座。城池宫殿、坛社苑林、部院衙署、庙宇观寺、府邸宅园、市井民居，次第排列，纵横展开，错落有致，就像一支和谐的乐曲。以皇宫为中心、纵贯南北的中轴线当然是"主旋律"，但文人墨客、市井小民也并非没有自己的乐土和家园。甚至那些在别处多半会躲入深山老林的名寺古刹，在北京也进了城。北京是那样地疏阔、大气，任何存在都不会在这里找不到自己的空间。所以，不但人力车和凯迪拉克街上跑没人感到怪异，便是骡马大车进了城，也不稀罕。（图十）

北京的容量不仅在于建筑空间，更在于文化空间。北京从来就是汉胡杂糅、五方杂处的地方。三教九流、五湖四海、汉满蒙回藏、儒道释景（基督教）回（伊斯兰教），各路人马都在这里出入、汇集、发展，各种文化都在这里交流、碰撞、融合。北京对此，都居高临下地一视同仁，决无文化偏见，也没有种族偏见，甚至没有其他地方通常都会有的那种执拗顽固"不可入"的"区域文化性"。相反，江南的丝雨北国的

图十：北京是兼容的。它是那样地疏阔大气，没有它容不下的，什么事发生在北京也不稀罕。

严志刚摄/新周刊供稿

风，西域的新月东海的波，都在这里交汇、集结、消融，共同构成北京博大雄浑的非凡气象。北京当然是等级森严的，但因为空间大、距离远，彼此之间，也就不会觉得有什么"挤兑"。王侯勋贵、鼎辅重臣、学子文士、贩夫走卒，各有各的活法，而且在各自的"圈子"里，也都活得既自在，又滋润。直到现在北京也仍是这样：一个外地人，只要他不是"太差劲"，那么，他到了北京，也就不会感到别扭，感到"格格不入"。如果他很随和，还会说几句普通话（不必太标准），那么，用不了几天，他几乎就会觉得自己也是北京人了。

北京,几乎是可以容得下全中国人甚至全世界人的。

其实,这也是"城文化"的特点。《说文》曰:"城以盛民也",正是突出了它容量上的特征。作为可以"盛民"的人工生存环境,城市与乡村最大的区别,就在于它的"兼容性"。乡村虽然地域辽阔、没有城墙,似乎是一个"开放"的体系,但其实,乡村的开放度和兼容性都很差。异质文化很难在这里得到传播,外来人口也很难在这里落脚谋生。乡村几乎只相信"土生土长"和"本乡本土"的东西,对于"外来户"和"外乡人"总是持怀疑态度。顽固地保留乡音土话,便是证明。

城市就不一样了。城市是这样的一种社区,它的职能和功能从来就不是单一的。而且,城市的职能越多,功能越齐全,它的"城市化水平"就越高,城市也就越"大"。上海之所以"大"不过北京,就因为它的职能没有北京那么多,它不是也不可能是全国政治文化的中心。同理,城市的职能越是多样,功能就必须越齐全;功能越齐全,城市就必须越能兼容。其结果,便正如天津人所说,"嘛大的林子,嘛鸟都有",连"市"也最终搬进"城"里,并与"城"合二而一,成为"城市"。

所以,城市从来就是开放和兼容的,尽管城市与城市之间,开放程度和兼容程度并不一样。但再封闭的城市,也比乡村开放;再保守的城市,也比乡村兼容。中国古代的城,虽然无一例外的都有城墙,但是这些城墙却并不妨碍城市的开放,而且似乎更有利于它的兼容。这就好比盘子装不了什么东西,而碗却更能"容纳"一样。一个完全没有空间间隔的地方是无所谓容不容的。城墙的建立,恰恰正好为人类提供了一个具有"可容性"的空间。从这个意义上讲,所谓"城以盛民也",便说得十分到位,尽管它仅仅只说到了"盛民"。但文化是人创造的。城市既然能够容纳人民,当然也就能够容纳人民创造的文化。

城市之所以必须开放和兼容,还因为城市的主要文化功能是"交往"。

的确,没有哪个社区能像城市这样充分地满足人们交往的需求了。因为城乡这两个社区的重要区别之一,就在于其居民的异质性程度。乡村居民基本上是同质的,端的称得上是"同祖同宗,同种同文(方言)"。而且,乡村居民还特别看重这种"同质性",看重"乡里乡亲"、"土生土长",或者"吃一口井的水长大的"等等。城市居民则大多没有这种心态。他们既不可能只吃"同一口井的水",也不可能只买"同一家店的布",当然也不会"干同一样的活"。他们籍贯不同,出身不同,来历不同,职业不同,活法也不同,却共生共存于城市。于是,城市便为不同的人共同地提供了表演的舞台和交往的机会。

也许,正是这种交往的机会,诱使一批又一批的人"离乡背井",来到城市;也正是这种交往的机会,使城市的文化水平和文化氛围远远优于乡村。

有机会,还要有条件。这个条件,就是作为交往重要工具之一的语言,必须具有开放性和兼容性,这才有可能成为人际交往的"硬通货"。"城里话"比"乡里话"好懂,原因就在这里。除北京外,我国各大城市都有自己的"方言"。但细心的人不难发现,省会的方言总是相对地、县的方言好懂,而地、县的方言又总是相对乡村的方言好懂。也就是说,由于城市的开放性和兼容性,连社区的语言也相对开放和兼容,这才让外地人觉得相对比较"好懂"。

北京是全中国人表演交往的舞台和场所,或者借用日本学者铃木荣太郎的概念,是全中国人"社会交往的结节机关",当然是可以而且应该兼容全国的。所以,一来二去,北京话便几几乎成了咱们的"国语"(普通话)。

同样,开放也是城市的天性。从古到今,城市从来就是作为"中心社区"而存在的。它们或者是全国的中心(首都),或者是区域性的中心(省会、州府、县城等)。既然是中心,就必须向它的周边区域开放,既吸收又辐射,既统领又兼容。所以,北京不但"包容量"大,而且"吞吐量"也大。有一个数字颇能说明问题:现在的北京人,有四分之三是建国以后才进入北京的外地人及其子女。也就是说,不到半个世纪,所谓"北京人"这支队伍,就换了四分之三的"血"。至于北京向外地

"输"了多少"血",似乎不好统计,但相信也不在少数。

然而,北京的这种开放和兼容,似乎还不是或不完全是现代意义上那种城市与城市、人与人之间自由平等的交往与交流。它似乎还更多地是以一种"天朝帝都"的雍容气度或"政治中心"的文化特权,居高临下地吸收和兼容着外来文化和外来人口。较之上海和广州,它更像一个开明的君主或宽和的老人,以一种无所不包和见惯不怪的从容、淡泊、宽舒和自信,集天下之大成而蔚为壮观,但当其绚烂之极时却又归于平淡。我们在后面还会看到,"大气"与"平和",正是北京文化的一个显著的特征,它甚至几乎遍及于每个北京人,成为北京人的一种"文化性格"。

但不管怎么说,北京毕竟是文化生态环境最好的城市。它很像一个自然形成、得天独厚的大森林,乔木、灌木、奇花、野草,共生于其间,层次分明而又相得益彰,错落有致而又浑然一体。它是帝王之都,也是文人之乡和民众之乐土。如果说,雍容华贵的皇家气派,勇敢自尊的学人风范,敦厚朴实的民俗风情,曾经共同形成了老北京那种既"典丽堂皇"又"幽闲清妙"的文化品格;那么,高瞻远瞩的改革开放,居高临下的兼收并容,独一无二的文化优势,便构成了新北京的非凡气象。

北京的"大气",就大在这里。

## 四 霸气与和气

北京的"大",几乎使每个到北京的人,都会觉得自己"小"。

有句话说:"到了北京才知道自己的官小,到了广州才知道自己的钱少,到了深圳才知道自己的人老。"其实,到了北京,又岂止是觉得自己官小,简直是连人都很小。那么大的北京,一个两个人走了进去,就像水珠融进了大海,看都看不见,影儿都没有一个。这其实也是北京容量太大所使然。一个空间,如果容量太大,纳入其中的事物就显不出"体积"来。不要说人了,就连摩天大楼立交桥那些庞然大物,在北京也显不出有多大。

更何况,北京,又是怎样一个藏龙卧虎的地方啊!那个衣着朴素、神态安详、满不起眼的遛鸟老头,没准是大清王朝皇族后裔,大小是个"贝勒爷";而那个坐在小摊上喝豆汁、吃火烧或者炒肝儿,吃完喝完一抹嘴就骑上自行车去上班的中年人,也很可能是一位什么重要部门的什么长,大笔一挥就能批个十万八万甚至上百万。这些人,在北京都很普通,就像他们说的话都是"普通话"一样。北京,毕竟太大太大,再大的人物,在北京也不大容易"大"得起来,久而久之,自然也就会变得普普通通。

北京的官们大多"不大"(真正的"大官"你见不到),北京的市民却多半"不小"。有人说上海是"大城市,小市民",北京却绝对没有"小市民"。北京的市民都是"大市民":派头大,口气大,架子(或者礼性)也大。"大气",可以说是北京人的一种普遍特征。他们的生活方式,几乎无不带有"大"的味道:干大事,说大话,讲大道理,讨论大问题。就连聊天,也叫"侃大山"(先前则叫"神吹海哨",也有"大"的意思)。就连喝茶,也钟爱"大碗茶"。他们对于小打小闹不感兴趣,对于小模小样看不上眼,向往的是成为"大腕"、"大款",当然最好是"大官"。就连找媳妇,也不大喜欢"小家碧玉"式的。至于喝啤酒,当然更得论"扎"。如果一小杯一小杯地来,一小口一小口地抿,那还叫喝酒吗?

北京人的大气,与燕赵遗风,或者说,与北中国的豪雄之气不无关系。这种豪雄之气以山东、东北两地为最多,而在全国,最喜欢北京人、最容易和北京人认同的,也恰恰是山东人和东北人。山东出响马,东北出胡子(土匪),"大碗喝酒,大块吃肉"的豪爽是少不了的,"为朋友两肋插刀"的义气也是少不了的。这些北京也都有,只不过大碗喝酒仅限于喝啤酒,大块吃肉一般是涮羊肉,两肋插刀则多半是豪言壮语。但不管怎么说,北京人毕竟是崇尚豪雄和讲义气的。他们推崇的是"不吝"、"豁得出去",古道热肠和侠肝义胆在北京也总是受到好评。"不吝"并不简单地只是"不吝啬"。依照杨东平的解释,它至少还有满不在乎、敢做敢为、超拔洒脱、大大咧咧甚至不修边幅等意思在内。在各地方言中，大概只有武汉人的"不啫"与之相似。不过武汉人的"不啫"重在"直"，北京人的"不吝"则重在"爽"。所以武汉人极其憎恶"鬼做"，而北京人的"不吝"则很可能具有表演性，变成一种"作派"。

这种作派常常被称作"狂"或"匪"。这是一种由服饰、举止、口气、派头等综合因素构成的气势。它既以"狂匪"名之，就不能有"奶气"，因此不但不能精巧雅致，反倒要"粗"一点才好。事实上豪爽往往是和马虎难解难分的，精致则难免因过分注意细节而显得"小家子气"。"小心翼翼"则不"豪"，"精雕细琢"则不"爽"，简单粗疏反倒自然洒脱。北方人（尤其北方农村）的生活原本就比较粗放，这种粗放经过北京文化的洗礼，就变成了"大气"。而"大气"一旦成为北京人的标志性品格，粗放就会变成一种刻意的追求。所以，诸如抠门、松货、软蛋、面瓜之类统统都是贬义词，不拘小节马马虎虎则不会受到恶评。于是，为了追求大气豪爽的效果，就要装得大大咧咧、随随便便、满不在乎，甚至不修边幅，比方说，衣衫褴褛胡子拉碴，身上贴着假胸毛，胳肢窝火臭等。

显然，北京人不是不讲究，而是特讲究。他们讲究的不是我们通常所谓"生活质量"，而是"份儿"和"派儿"。怎样做"有派"，能够"拔份"，他们就怎样做。比方说，在满街"蓝蚂蚁"的年代，穿一身将校呢的旧军装，是"派儿"；当满街都是西装革履新潮名牌时，着圆领汗衫翻毛皮鞋反倒"拔份儿"。这种服饰符号背后的潜台词是：我就敢不随时尚，就敢对着来，怎么着？因此是"特狂"、"特匪"、"特不吝"。

这恰恰是一种京都意识。"京都人"与"地方上"的，如果说有什么不同，那就是"京都人"是超群脱俗、高人一等、与众不同的。这种"卓异"或"特异"，表现于老北京，是恬谈平和、见惯不怪；表现于知识界，是俯视天下、语惊四座；表现于小青年，则可能是狂痞匪气、街头拔份。无论何种表现，其背景都一样，即北京人特有的大气。因为他们是这个全国最大的城市中之一员，他们不大也得大。

的确，北京市民的"大"，是以北京的"大"为依托和背景的。

不管在明面儿上是否表现出来，几乎每个北京市民都无不以自己是一个"北京人"而自豪。最老派的北京人会以一种"华夏"看"夷狄"的眼光看外地：除了北京，"天津、汉口、上海，连巴黎、伦敦，都算在内，通通是乡下"。即便不把北京看作惟一的都市，自豪感也不会因此而稍减，因为只有北京人，才"能说全国遵为国语的话，能拿皇帝建造的御苑坛社作为公园，能看到珍本的书籍，能听到最有见解的言论"（均为老舍作品中人物的观点）。在他们看来，就连北京的熬大白菜，也比别处的好吃。为什么？五味神在北京嘛！五味神是何方神圣？没人知道。但万岁爷既然在北京，那么，不管他是谁，也得到驾前伺候。（图十一）

图十一：显然，只有北京的孩子，才能这么随意地、满不当回事地在当年万岁爷的寝官外面玩。

卢业君摄/新周刊供稿

这种自豪感因为北京成为新中国的首都，又在新一代北京人身上得到了加强。他们都是"中央的人"，相对"地方上的"，优越感也就自不待言。这里说的新北京人，也包括那些出生在外地工作在北京的年轻人。他们之所以能够在北京工作，多半是大学毕业后因"品学兼优"留京或分配来京。优秀的大学毕业生原本就是"天之骄子"，而他们所在的单位，又多半是大专院校和国家机关，比起老北京人中那些"引车卖浆者流"来，还更为贴近"中央"，消息的来路也更可靠。所以这些人聚在一起，没有一个不"牛皮哄哄"。

其实"板儿爷"们又何尝含糊！他们聚在一起，高谈阔论的同样是国家大事，消息也同样是国务院部委办传出来的。好歹都在中央这地面上住着，怎么也听得到一点风吹草动吧？不妨这么说：上海人是人人都很体面。也许他晚上要在亭子间架床，早上要早早起来倒马桶，但只要走在街上，就一定是衣冠楚楚人模狗样。北京人是个个都很牛皮，也许他根本就没有什么正式工作，一日三餐不过棒子面窝窝头，但只要一开口，就一定是国家大事世界风云，而且话里面决没有窝窝头味儿。

对政治的空前热情，正是北京人"大气"的一个重要表现。外地人对北京的一个相当一致的看法是："北京人人都是政治家。"对于政治生活中的大事，从海湾战争到王府井的改造，从克林顿访华到科索沃冲突，差不多每个北京人都有自己一整套看法，而且说得口若悬河头头是道，让人觉得他们不是的士司机、店员、鞋匠或卖西瓜大碗茶的，而是中央政治局的顾问或智囊。北京的政治民谣和政治笑话也特别多，你往往能一下子听到好几种版本，让你忍俊不禁。但如果要说"正格的"，他们也能慷慨陈词，说理充分，使用政治话语或引用名人名言也娴熟自如，让你不能不佩服他们的政治抱负、政治理想、政治敏感和政治才能。这实在是北京人"大气"的最好注脚。是啊！天底下，难道还有比政治，比天下兴亡、民族盛衰更"大"的事吗？可以说，正是对政治的空前热情，使北京人成为"大市民"。

北京人既然都是"大市民"，那派头当然也小不了。

与之相对应的一个让全国各地人都极感愤怒的事实是：北京各服务行业的服务态度和质量都极差（据说现在已有改观，但时至1999年

2月,《中国质量万里行》仍发表了消费者的批评文章,诉说他们在北京某老字号所受的窝囊气),以至于差不多每次人大政协会上都有代表委员提出意见,甚至有人尖锐地批评说,北京是"气象平凡,诸多不便"。"气象平凡"并不准确,"诸多不便"却是事实。1997年我在北京,住的是"标准间",却常常因错过规定的时间而洗不上澡。本应提供的信息服务,在服务员那里也是一问三不知。至于饭菜质量,就不好说了。前面说过,北京人的生活原本是比较马虎的。你当然不能要求一个自己天天吃熬白菜或臭豆腐咸菜就贴饼子的人,为你做出精致的小菜来。

让人受不了的还是那爱理不理或颐指气使的态度。"过来过来,你给我过来!""一边排队去!"这些都是我们在北京的服务窗口常常可以听见的声音,而且多半是女高音。北京的服务员好像不是"大哥大",就是"大姐大",在顾客面前有着摆不完的谱。你向他问价,他让你自己看。自己看就自己看吧,他还要损你:"长俩眼睛干嘛的,出气呀!"请他快一点,就更不得了:"嚷嚷什么!没看见我忙着啦!"难怪龙应台一进北京就要吵架了,能不吵架吗?

在某些人看来,这似乎也很"正常"。北京嘛,什么人没有?那个卖针头线脑、咸菜酱瓜的女售货员,说不定是个"格格"呢(其实当然多半不是)!即便她不是什么"格格"吧,又什么样的人没见过(其实当然未必见过)?老舍先生来买酱瓜,还客客气气呢(其实当然未必买过)!那么,请问你算老几?老话说:"客大欺店,店大欺客",对不起,咱北京就是欺客的地儿!不满意?别来呀!爱来不来的,谁请你啦?

显然,这就不是"大气",而是"霸气"了。这决不是北京应该有的气象,这也决非"正宗"的北京做派。正宗的北京人,老派的北京人,尤其是又老派又正宗的北京生意人,是不作兴这样对待顾客的。在老舍、郁达夫、林语堂等人的笔下,老北京人是无论身份高低贵贱,都一样"有一技之长,无憎人之貌"。至于生意人的"一团和气",简直就像是天生的,岂有慢待顾客、爱理不理,甚或拿顾客"撒气"的道理?

上海就不会这样。上海的服务行业,即便在"十年动乱"时期,生意做得也十分规矩。那时,哪怕只是拿三分钱买两根针,店员也会用一小张纸包好了递给你。在餐馆里点菜吃饭,也不会被服务员吆喝着自己去端盘子。当然,上海的店员也常常被批评为"歧视外地人",但他们至少不歧视上海人。只有北京的售货员,才公然不管你是外地人、北京人、中国人、外国人,哪怕皇亲国戚、天王老子,一律采取"本大爷"或"老姑奶奶"恕不伺候的态度。

这似乎有些不好理解。

其实,只要比较一下,就不难发现,即便两地最好的店员,也"好"得颇不相同。要之,北京店员好在"和气",上海店员则好在"周到"。老北京的店员或小贩,在找零钱时,如果又是钞票又是铜板(或"钢蹦儿"),便会脸上堆满了笑,说:"两搀儿,花着方便。"这话听着让人觉得舒坦、熨帖。至于是不是真方便,那就只有天知道了。上海店员的周到却是真能给你提供方便甚至实惠。比方说,告诉你这条裤料其实可以省下一寸,或者买另一种牌子的其实更合算。必须提供的一应商业服务,比如包装、熨烫等,当然都会达标到位,不会"缺斤短两"。但他们决不会为"找头"的零碎而表示歉意,因为这属于买卖中的正常现象,而且与是否实惠也没有什么关系。大体上似乎可以这么说:北京的态度是"务虚"的,它讲究的是"礼仪之邦"不可或缺的"礼数"和"人情";上海的态度则是"务实"的,它似乎是基于这样一种纯粹"上海式"的思维方式:顾客来买的是实实在在的商品和服务,而不是什么不能吃不能喝不能当钱使的"客气"和"礼貌"。

两地风格的孰优孰劣,在这里很难评说。但有一点则似乎是共同的,那就是北京的"和气"也好,上海的"周到"或"实惠"也好,其实都远远超出了商业行为本身,而具有一种文化上的意义。上海的"周到服务"表现出来的其实是上海人的"精明"。这种"精明"是需要认同的。也就是说,当上海的店员为顾客精打细算或精心服务时,他们往往会在潜意识中要求对方是一个有资格享受这种服务的人。这里说的"资格",主要就是精明与否,包括对"精明"是否敏锐和能否欣赏。

在他们看来，顾客的计算能力和速度即便不能超过自己，至少也要和自己等值或相同。所以，上海的店员一旦碰到了被他们认为是"不懂经"、"拎不清"、"反应慢"的外地人，便会一肚子的不屑，一脸的不耐烦，甚至懒得搭理。

北京的"和气生财"却来自北京文化的"大气"。也就是说，老北京生意人的"和气"，根本就不是什么"服务态度"，而是一种"文化教养"。它是天朝大国的雍容气度，是世纪老人的闲适安详，是"大人不记小人过"的仁和谦让，是一个正宗北京人应有的教养或者说"礼数"。一个有教养的人是不该生气的。即便对方无礼，有教养的北京人也不该失礼，反倒应该更加和气。自己越是和气，就越是显得对方没有教养。这不是"丢份儿"，而是"拔份儿"；是宽以待人，也是自尊自重。不管是做生意，还是做别的什么，都这样。有人说，北京的各行各业"咸近士风"，便正是看到了这种"和气"不但普遍，而且与"知书达礼"相关，有一种儒雅的底蕴，甚或是一种"书卷气"。所以，一旦这种"礼数"、"教养"或"书卷气"没了，事情也就会变成完全不同的另一个样子。

北京人的这种礼数、教养、儒雅风范和雍容气度，可以从他们对待外地人的态度上看出。

一般地说，北京人，尤其是老派正宗的北京人，是不会歧视和欺侮外地人的。比方说，你在北京，如果向老北京人问路，得到的几乎必定是极为清楚、详尽、和气而又有人情味的回答。那神情、那口气、那份熨帖，就像对待一个迷路的孩子。然而这种"和气"的内涵，恰恰是惟独北京人才会有的"京都意识"：咱北京是"天子脚下，首善之区"，北京人在"礼数"上，当然应该是全体国民的表率。北京人最值得自豪的，不就是比别人更懂礼么？如果咱们礼貌不周，那就是在全国人民面前"丢份儿"啦！再说了，咱北京是全国的首都，外地人不过是分家出去单过的小兄弟罢了。现在他们回家来，不认路了，咱当大哥的，不帮他一把，行么？

所以，在北京，如果不和服务行业打交道，我们不大容易明显地感受到对外地人的歧视和不屑一顾,而这种感觉我们在上海、广州等地却时有体会。北京人其实是自我感觉太好了,好得不必摆出一副惟我独尊的派头,就像不必在北京二字前冠以"大"字一样。

显然,北京人的自豪感,毋宁说是一种民族自豪感,而非地域或社区自豪感。北京人,可能是中国人中最少"地域文化心理狭隘性"的一群。因为他们不是某个地方或某一区域的人,而是"中央的人"。中央只不过高于地方,却并不与地方对立,更不排斥。所以北京人并不"排外"。既不排斥外地人,也不排斥外国人,甚至也不(像上海人那样)鄙夷乡下人。他们不大在乎别人说自己"土气"、"乡气"(尽管北京也有"土老冒"之类的词儿)。相反,他们对于乡村还天然地有一种亲切感(比如把"心里美"萝卜当水果吃)。足以让他们感到自豪的是,富丽堂皇、雍容华贵的北京城内,也不乏乡情野趣之地。那里野旷人稀、风物长静,可以体味到人与自然的亲近。这当然是一个农业大国的京都人才会有的情感,决非那些在拥挤狭窄的水泥弄堂里长大的上海人所能理解。

## 五 平民与市民

的确,北京城在本质上是属于"乡土中国"的。

和中国其他古都一样,北京城也十分乐意地保持着它与广大农村的密切联系,而不是像上海滩那样,把自己和农村对立起来。尽管北京有着高大的城门和城墙,但它们与其说是城乡之间的界限,不如说是城乡之间的纽带。在北京城城墙大体完好、城楼巍然高耸的年代,古朴的城门把庄严的首都和恬静的乡村浑然一体地联系起来。巍峨的城墙下,是"我们的田野",是河流和湖泊,是羊只和鸭群们的天地。那里浓荫密布,岸柳低垂,芦苇丛生,荷花盛开,充满了田园诗般的情调,而这种情调"在北京各城门附近是屡见不鲜的"。登上箭楼远眺田畴,一马平川的华北大平原尽收眼底,古老帝国的悠长韵味便在你胸中回肠荡气了。难怪喜仁龙要感慨万千。是啊,"世界上有几个古都可以提供如此开阔的无建筑地面,可以在其城区内看到如此纯粹的田园生活"呢?

这种田园风光我们现在是不大容易看到了。尽管我们在北京的某些街区还能看到进城的农民,看到他们拉来的新鲜蔬菜和瓜果,看到拉这些蔬菜瓜果的木头车子和拉车的骡马(不知还能不能看到骆驼),但总的来说,我们已只能从一些老街老巷的名称那里寻觅当年"田园都市"的蛛丝马迹。北京的地名是很有风味的:三里屯、四眼井、竹竿巷、钓鱼台、樱桃斜街、烟袋斜街、香饵胡同、石雀胡同。不管这些地名是怎么起的,都有浓浓的乡土气息和人情味儿。事实上北京的地名大多非常生活化,比如柴棒胡同、米市胡同、油坊胡同、盐店胡同、酱坊胡同、醋章胡同、茶儿胡同,连起来就是柴米油盐酱醋茶。又比方说,拐弯多的街巷,就叫它八道湾九道湾,或者骆驼脖儿胡同、辘轳把儿胡同;圆圈形的,叫罗圈胡同、磨盘院胡同;口小肚儿大的,叫闷葫芦罐儿、驴蹄胡同、茄子胡同;扁长条的,叫扁担胡同;细长条的,叫笔管胡同、箭杆胡同、豆芽菜胡同、狗尾巴胡同;弯曲状的,叫月牙儿胡同、藕芽儿胡同;一头细长一头宽的,叫耳挖勺胡同、小喇叭胡同;如果胡同较短,就干脆叫一溜儿胡同或一尺大街。

读着这些地名,我们不难体验到一种亲切感。《北京的胡同》一书作者翁立认为,胡同名儿之所以如此通俗化和世俗化,一是因为"北京人直爽实在",所以起名也实实在在,直截了当;二是因为一个地名只有通俗、上口、好记,让人一听就明白,才叫得响、传得开。这当然并不错。但我同时也认为,它们恰好证明了北京是一个"田园都市"。否则,就不会有扁担胡同、椿树胡同、辘轳把胡同、磨盘院胡同了。这些带有浓浓的乡土气息的胡同名,被认为是上口好记叫得响的,岂非恰好说明北京人的内心深处,有一种"乡土情结"?

北京人的这种心理和这份情感,更像是"平民的",而非"市民的"。平民和市民是两个概念。市民是"工商城市"的小民,平民则是"田园都市"的小民。所以,平民更接近农民。老北京的平民,是相当"农民化"的。他们爱吃的是硬面饽饽荞麦饼,是冰糖葫芦豌豆黄,而不是奶油蛋糕冰淇淋;爱喝的是二锅头和大碗茶,而不是威士忌和咖啡;爱过的是清明端午重阳节,正月十五挂红灯,而不是圣诞节和情人节;爱玩的是养鱼养鸟养蛐蛐儿,是逮蜻蜓、黏知了、放风筝,是那些让人亲近自然亲近土地的娱乐活动。甚至他们爱听的也是那些带有泥土味的吆喝声:"栗子味儿的白薯","萝卜——赛梨"。

北京人生活中的这些平民味儿现在是日渐稀薄了。但是,几乎所有人都认为,只有这种平民味儿,才是正宗的北京味儿。它也是北京最让人怀念和难以忘怀的东西。没有太多的人在乎北京的皇帝、官僚和学者(个别特别有名的例外),也没有多少人记得满汉全席(也许根本就没吃过),但记得天桥的把式、厂甸的庙会、隆福寺那些可心又便宜的东西,记得八月十五的兔儿爷,记得豆汁儿、灌肠、艾窝窝和炒肝儿。北京,在某种意义上其实是属于平民的。

平民的北京之所以风味醇厚让人怀念,不仅因为其中保留着大量城里人久违的乡土气息和田园情调,而且因为其中有厚重的文化积淀,有着其他城市没有的贵族气派和贵族精神。

平民,是王朝时代的概念,系相对"贵族"而言者。北京是贵族集中的地方,当然也是平民最多的地方。所以北京的贵族派头最足,平民趣味也最多。作为明清两代的京都和当时中国最大的城市,北京给这两大阶级都设计和安排了足够的空间。贵族们固然能在这里养尊处优作威作福,平民们在这里也如鱼得水活得滋润。现在,贵族阶级和平民阶级作为历史虽因革命而消失,但贵族精神和平民趣味作为一种文化,却并不因此而消亡。反倒是,"旧时王谢堂前燕,飞入寻常百姓家"。革命以后,大批的贵族带着他们的文化修养和文物收藏流落民间,大大拉近了这两个阶层的距离,在使自己平民化的同时,也增加了平民文化的贵族气和书卷气。

其实,北京的平民,原本就非同一般。帝辇之下,皇都之中,万岁爷这一亩三分地上住着,没吃过猪肉,也见过猪哼哼。耳濡目染,潜移默化,自然就会有几分华贵,几分儒雅。这差不多也是西安、南京这些古都的共同特点。不过西安因历史故，较之北京更为古朴厚重；南京则因地理故，较之北京便多了几分隽秀水灵。北京的民风是"大气"：粗犷、豪爽、质朴、落落大方、小处见大而又礼数周全。老北京人就尤其如此。他们的生活大多十分简朴，甚至可以说是粗陋，但却决不会因为贫穷而失了身份，丢了体面。即便不过一碗老豆腐，二两烧刀子，也会慢慢地喝，细细地品，一点一滴都咂了下去。那神情，那气度，那派头，有如面对一桌满汉全席。就是这样简陋的酒菜，如果来了朋友、熟人，也要礼让，然后坐下，慢慢品尝，一面悠然而又不失文雅地"海聊"。要之，他们更看重的不是那酒那菜那茶水本身，而是饮酒喝茶时的悠然自得和清淡典雅，是那份心境和情趣。（图十二）

图十二：在北京呆上一阵子，就连"老外"也会有了北京人那种悠然自得的心境和清淡典雅的情趣。

　　　　　　　　　　　　　　　法　满摄/新周刊供稿

　　无疑，这是一种文人情趣和贵族派头。事实上，中国的"贵族精神"中从来就不乏"平民趣味"。孔子无疑是贵族（尽管也许是"破落的"）。但孔子激赏的审美境界，却是暮春三月，与三五友人、六七童子,沐浴于沂水,在舞雩台上吹干了头发,唱着歌儿回来。贾府无疑也是贵族(而且是"皇亲国戚")。但为迎接贵妃娘娘而修建的"大观园"里,也不忘设一"稻香村"(倘无此村,则枉曰"大观")。尽管贾府的做法未免"矫情",但即便这"矫情",却也是文化所使然。因为传统的中国是"乡土的中国",而中国文化的美学原则是"白贲无咎"、"反朴归真"。所以,北京城里最可人之处,不是巍峨富丽的城阙宫殿(尽管它们关乎朝廷体制,不可或缺),而是不经意地流露出野趣的城西北角和什刹三海,甚至四城之外的那些废宇颓基、荒园古庙、老树小桥。同样,钟鸣鼎食、海味山珍、轻车暖裘也不是真正的排场,"粗茶淡饭布衣裳,这等福老夫享了;齐家治国平天下,那些事儿辈承当",才是最大的排场。

这样一来,最寻常处往往也就是最不寻常处,而要在最寻常处看出不寻常来,是要有文化教养的。这种文化教养当然并非只是北京人才有,但似乎只有北京人(当然是老北京人),才会表现得那么大方和自然。如前所述,北京人是很会"找乐子"的。对于北京人来说,"坛墙根儿"和"槐树小院"都是"乐土","喊一嗓子"和"听一嗓子"都是"乐子",而且越是众人喝彩,越是神情散淡。有谁能像老北京人这样深得中国文化和中国美学之神韵呢? 我们实在很难说这种心境和情趣究竟是贵族的还是平民的,毋宁说是一种"贵族气的平民趣味"或"平民化的贵族精神"吧!

于是,在老北京人这里,我们看到的是平静安详、宽和礼让、恬淡闲散、诙谐幽默。他们在茶馆里听戏,在园子里会鸟,在皇城根儿溜弯,在大槐树下纳凉,全都有一种不紧不慢的节奏。比方说,纳凉,讲究的就是"沏一壶不浓不淡的茶,聚几个不衫不履的人,说些子无拘无束的话"。再比方说,溜弯儿,讲究的也是从容不迫。北京人的"溜达溜达",与上海人的"逛街"、"压马路"是大相异趣的。"逛街"和"压马路"不是为了享受都市生活,就是没地方可去,只好在街上走,溜弯儿却是为了享受那份怡然自得,纯粹是散步和散心。

这显然是一种讲究,而且是一种"穷讲究"。大城市里的人,多少都有些讲究。没有这些讲究,也就和"乡下人"差不多了。事实上,农民进城,最不习惯的也正是这些讲究,比如进门要换鞋,饭前要洗手,吃饭要用公筷,睡觉前要洗脚,不可随地吐痰等等。这些讲究,即便最普通的平民和市民,也有。而且,穷归穷,讲究归讲究,所以叫"穷讲究"。但,各地的讲究,也不大一样。比方说,北京和上海就不一样。北京更讲究"礼",上海则更讲究"貌"。上海人是"不怕天火烧,就怕摔一跤",最怕"衣冠不整",被人看不起。北京人的讲究则是"倒驴不倒架",最怕因"丢份"而被人"小瞧"。所以,"四十来岁的下岗女工去菜市场买菜,跟相熟的摊主还是不好意思太斤斤计较。不过,主张和气生财的摊主也会给一点小小的优惠。这些北京近郊的农民很快就知道了应当怎么同北京人做生意,就是'人敬我一尺,我敬人一丈'"(静言《最大气的城市:北京》)。

所谓"人敬我一尺,我敬人一丈",就是礼。或者说,礼数。我在《闲话中国人》一书中说过,礼的一个重要内容,就是人情及其回报,即所谓"礼尚往来,来而不往非礼也"。这种往来,不仅是指物质上的,比如你送我酱黄瓜我还你腌萝卜之类胡同四合院里常有的人情礼数,更是精神上的,即对对方人格的尊重。这就是礼。如果"失礼",不但别人不"待见",自己也"跌份儿"。可见要得到别人的尊重,首先要尊重别人;而要尊重别人,又首先得学会尊重自己。如果自己先不先丢了"份儿",也就没有资格敬重别人了。

自重,正是北京平民的贵族精神,包括不自轻自贱,不妄自菲薄,不见风使舵,不见钱眼开等等。生活在一个饭要钱买的社会里,尽管谁都知道"一文钱难死好汉",但既然要坚持贵族精神,就得坚持"人穷志不短",不能因那么一点蝇头小利而让人小瞧了去。这正是前述下岗女工尽管生活窘迫,却仍不肯显得太"抠门"的心理原因所在。这里面固然有"贫贱不能移"的品格,也未尝没有一点"打肿脸充胖子"的矫饰,当然亦不乏北京人固有的大气和大度。不过,直接的原因,还是"磨不开脸"。脸面,对于北京人来说,实在是太重要了。

什么叫"磨不开脸"？也就是落不下架子放不下身份。北京的平民又有什么身份架子呢？也就是那么一点精神吧！人是要有一点精神的。正是这种精神，使人高贵，并提升着北京平民的人生境界。说实在的，上海人缺的，正是这"境界"二字。上海人的不足，是有风度无境界，有教养无底蕴，正如北京人的毛病是过于看重身份面子和过分强调精神作用，因而喜欢摆谱、讲排场、充胖子和夸夸其谈一样，都无关乎他们的个人品质，而是他们城市的性质所使然。的确，过分地强调精神难免变成空谈，过分地讲究礼数也可能变成繁文缛节，变成"臭规矩"和"矫情"。但，大气的北京毕竟不是夜郎。它能赋予北京的平民以一颗平常心，也能教给他们以种种人生哲学和处世方法。这些教导往往都是实实在在和可操作的。因此，如果你运用自如，得心应手，技巧和教养就会变成趣味。我们通常说的北京味儿，便多半是指这种趣味。

能有这样的"趣味"固然需要培养，能有这样的"活法"则更要有条件。这条件有二，一是环境，二是氛围。就环境而言，必须是"田园都市"；就氛围而言，必须是"文化古城"。上海没有这些条件，上海人也就不是这种"活法"。

上海人的活法更是"市民的"。

上海是一个工商业城市，商品和商业是上海的命脉所系。所以，上海人是地地道道的市民，上海则是地地道道的市民社会。市民社会的特点是：作为市民，是没有高低贵贱之分的；而商业社会的特点，则是认钱不认人，市场面前人人平等。任何人都没有天生的高贵，任何人的价值也都要随行就市。流氓做大了也是爷，贵族没有钱，就什么也不是。当年，上海滩上，许多赫赫有名的大亨都出身贫寒，而那些白俄贵族小姐们，却只好去做舞女。不管是什么人，如果没有足够的实力（它往往货币化为金钱），那他就别想在上海滩上摆什么谱。

这就和北京不一样。老北京的那些破落贵族，虽然也会感到"落毛的凤凰不如鸡"，但仍不难通过别的东西，比如自己的气质、风度、本事,赢得他人的尊重。哪怕这本事只不过是会看点儿风水,批个八字儿,唱几段京剧或单弦牌子曲,懂得养鸽子养鸟养金鱼的章法,也能让他不失体面地活人,在吃棒子面窝窝头就咸菜喝粥时不觉得"跌份"。正如赵园所说,老北京就像"一个久历世故的人,或者不如说像破落的旧家,即使破敝也仍能维持其气度的雍容高贵",而少有暴发户的虚骄和势利(《北京:城与人》)。然而这种活法在上海就行不通。如果说,老北京人讲究的是"倒驴不倒架",那么,旧上海的信条则是"笑贫不笑娼"。正如鲁迅先生所言,在旧上海,如果你穿戴不齐整,衣服不光鲜,那么,"公共电车的车掌会不照你的话停车,公园看守会格外认真地检查入门券,大宅子或大公寓的门丁会不许你走正门。"(《上海的少女》)这时,声称自己姓罗曼诺夫或爱新觉罗是没有用的,那只会引起哄堂大笑。

所以,上海人不会像北京人那样"耻于言利",也不会像北京人那样从骨子里看不起暴发户,在内心深处憎恶买办气和市侩气,或装作对挣钱不以为然,对钞票满不在乎。上海人并不讳言钱是个好东西,也不认为通过正当途径为自己多挣点钱有什么不好。当政策允许一部分人通过诚实劳动"先富起来","第二职业"也为社会认可时,上海人立即就动作了起来,并像广州人发明了"炒更"一词一样,发明了"扒分"这个词。然而,北京人虽然也油嘴滑舌地说什么"金钱不是万能的,没有钱就万万不能",却仍有不少人宁肯把这种认识停留在嘴皮子上而自居"还有一亿在观望"中之一员。大约正是由于这个原因,在新词汇的发明创造方面一贯领先的北京人,至今没有发明出"炒更"和"扒分"的北京版。

但,如果你认为上海是一个"金钱至上"的社会,可就大错特错了。一个"金钱至上"的社会肯定是庸俗不堪的,上海却并非如此。上海人"不耻言利",也不"惟利是图"。作为整个城市的社会风尚,上海人真正崇尚的,毋宁说是精明。这也正是一个真正市民社会的特征。在一个真正的市民社会里,财大气粗和一夜暴富者总是极少数,绝大多数则是被我们称作"小市民"的人。他们"小",所以他们"牛"不起来;他们又是"市民",因此知道什么是"都市生活"。总之,他们是一些既不十分富有,又不至于一文不名,而且还想过好日子的普通人。他们的惟一本钱,就是精明。因为,在这个市民社会和商品社会里,所有的物质产品和精神产品、物质享受和精神享受固然都要用钱买,但那价格却随行就市,而且能讨价还价,至少也能货比三家。也就是说,同样多(或同样少)的钱,可能会买来不同值的商品或享受。这样,一个人过得好不好,就不但取决于他"有没有钱",更取决于他"会不会过",而后者对大多数小市民来说显然更现实。在计划经济的年代,当所有人的工资收入都相差不远时,就更是如此。所以,如果说上海也有什么"拜物教"的话,那就决不是"金钱拜物教",只会是"精明拜物教"。

因此,与北京"大市民"的好高骛远和夸夸其谈相反,上海小市民的活法是精明实惠和稳扎稳打的。他们对不会带来任何实际利益的政治活动不感兴趣,也不会轻易地被某种政治激情所煽动,或盲从某种政治观点,而宁肯对政治采取一种敬而远之的态度。即便要参加政治运动,也会同时考虑经济利益,或把政治要求变成经济要求。比如"文革"中,对"走资派"的批判就往往"落实"为奖金的发放问题。那时,北京人关心的是"谁上谁下",上海人关心的则是"给多给少"。谁能给上海人带来实惠,上海人就会从内心里拥护谁。

实惠,是上海的一个重要概念,也是一个使用频率极高的词。它包括两个方面,即"实在"与"优惠"。"实在"就是货真价实,"优惠"就是价廉物美,总之是"低投入,高产出;低成本,高效益"。这是一种典型的工商业城市的价值观念和价值系统,也是上海人居家过日子的基本原则。虽然它往往被视为斤斤计较、鼠目寸光、小家子气,被许多人(尤其是北方人)看不起,却能给上海人的生活带来实实在在的好处,使上海人的生活有较高的质量。

较之北京人,上海人的生活质量的确是比较高的。因为上海人的所谓实惠,不仅包括货真和价廉,还包括物美;而所谓物美,又不仅是东西实在,还包括品种多、服务好。去年我在上海还吃过不到 10 元一份的盖交饭,那一荤一素两个菜,竟是现炒的。3元一客的小馄饨,则是用小砂锅煮的,汤里还有紫菜和虾皮。这就不仅是实惠,也是精致了。这样的事,在北京就匪夷所思。北京没有实惠和精致,只有排场和马虎。不是贵得吓人,就是差得要命;不是价不廉,就是物不美,甚至物不美价也不廉。

就拿小吃来说。上海的小吃和点心少说恐怕也有上百个品种,小吃店和点心店也遍地开花到处都有,而且没有只卖早点一说。不少小店到了中午和晚间,是既卖炒菜米饭,又卖小吃点心的。店面、器皿和食品多半清爽利落,经营也很灵活。比如面上的浇头是可以加份的。你可以要一碗雪菜面再加荷包蛋,或者大排面加笋丝,不像别的许多城市,吃牛肉面就只能吃到牛肉,吃鸡丝面就只能吃到鸡丝,而且那牛肉和鸡丝还未必可口。这些都是实惠,也是方便。北京就没有这么方便。这些年,北京"吃饭难"的问题总算是得到了缓解,花几块钱填饱肚子也不太困难,可遍布全城的"京味小吃"却多半是外地民工的"杰作",自产的点心也不敢恭维。北京最经典的"段子"是:一块月饼掉在马路上,被汽车碾进路面拿不出来。围观者七嘴八舌献计献策,说只好再买一根麻花把它撬出来了。

这当然是笑话,也是小事,不过小中可以见大。事实上,一个城市的小吃,最能体现这个城市中市民的活法。可以说,正如有什么样的臣民就有什么样的政府,有什么样的市民也就有什么样的小吃。北京的小吃正体现了北京人的活法:马马虎虎、大大咧咧、嘻嘻哈哈,——马大哈。上海却没有"马大哈",只有"马大嫂"。"马大嫂"是上海话买(采购)、汰(洗涤)和烧(烹调)的谐音。在上海人看来,居家过日子是很实在的事,也离不开买、汰、烧。这事女人可以做,男人也没有什么做不得。相反,一个男人家,在外面也许要摆摆架子,在家里摆谱当爷们,就没有意义,还不如买买菜、洗洗衣、烧烧饭来得实惠。因此有人说,北京是爷们(马大哈)的活法,上海是娘们(马大嫂)的活法。北京浪漫,上海实际。

## 六 两种世故

因此,上海和北京就有两种不同的世故。

世故,是中国人的生存之道。生活在现实中的中国人,是不能一点世故也没有的。不过同为世故,也不尽相同。大体上说,北京人的世故是悟出来的,上海人的世故则是算出来的。在北京,没有人教你世故,全看你有没有悟性,会不会悟。会悟的人,浑身都是机关都是消息儿。眼皮子微微一抬,眼角不动声色地那么一扫,周围人的尊卑贵贱、远近亲疏、善恶好坏,就能猜个八九不离十。然后,该热乎的热乎,该冷淡的冷淡,该应付的应付,总不会吃了亏去。这正是一个礼教社会的世故,也是一个官僚社会的世故。官场上那些老谋深算或老奸巨滑的不倒翁们,都有这种察言观色的本事。即便是再愚钝的人,如果久历官场,也多半会磨练出来。北京人虽然并非都是官,但官场既为"场",就有"场效应"。北京既然是一个大官场,则场效应也就小不了。北京人生活在这样一个官气弥漫的世俗社会里,耳濡目染是免不了的。只要在皇城根下转个圈,听听那些街谈巷议飞短流长,那世故也就几乎用不着学了。

在这样一种氛围里启蒙开悟的北京人,首先学会的是如何处理人际关系。一个人,在官场里混得好不好,靠的是什么?是人缘。只有上司赏识、同僚捧场,才混得下去,并获得升迁和提拔。其实,不但官场,其他地方也一样。所以,学会世故,首先要学会"处人",而处人之道,又无非面子人情。北京人最懂这一套。比方说,溜弯儿时见了熟人,都要请安问好。"老没见您哪!多谢您哪!回见您哪!多穿件衣服别着了凉您哪!"这就叫礼数,也叫和气,因此不会有人嫌啰嗦。这种礼数也是胡同四合院里训练熏陶出来的。老北京人都讲究"处街坊"。街坊里道的,谁家有个红白喜事、婚丧嫁娶,都要随个"份子",道个喜或道个恼。自家有个什么新鲜好吃的,也愿意街坊邻里尝一口,"是个心意,也是个礼数"。虽然有时不免有些程式化,但仍透出浓浓的人情味来。

这礼数是人情,也是世故。人情世故,在老北京人这里原本是俱为一体的。"您来点什么?""您猜怎么着?""您在这儿听是不?""您又棒锤了不是?"都说北京人说话委婉,其实这委婉正是北京人的人情世故所使然。因为只有这么说,才显得对对方尊重,而且尊重里还透着关切,透着亲热,这就是人情。同样,也只有这么说,听的人才不觉得突兀,也才听得进去。即便说的是不同意见,也不会恼怒,说的人也就不会得罪了对方,这就是世故。毕竟,"拳头不打笑脸","礼多人不怪",多点儿礼数,没什么不好没什么错。

所以,老北京人是不作兴像上海人那样直呼其名,也不作兴像上海人那样直统统地问人家"侬几岁"的。只有对怀里抱着的小娃娃,才可以这么问。即便问这样的小娃娃,语气也不会是直统统的,而多半会笑眯眯地问:"小朋友,告诉爷爷,几岁啦?"如果是问上中学的孩子,就得问"十几啦"?问中年人,得问"贵庚";问老年人,得问"高寿"。这里面讲究大了。这讲究,也是世故。中国传统社会是一个尊老的社会,最怕的,是把人家说"小"了,同西方人生怕被说老了正好相反。"几岁",是"十岁以下"的意思。这么问,岂非把人家当成了"毛头小囡"?长辈对晚辈尚且不可有此一问,如果晚辈这样问长辈,那就真是没大没小了。

没大没小,也就是不懂礼数,而不懂礼数,也就是不会做人。正宗的北京人,是不能不懂礼数的。他们的一举一动,都归礼数管着,包括说话,也包括别的什么。所以,即便发生冲突,也不能骂人,只能"损"。比方说,骑车撞了人,在外地,就会骂起来:"瞎眼啦!"或者说:"不会骑车就别骑!"北京人就不会这么说,而会说:"哟,别在这儿练车呀!"都说北京人说话"损",或说话"艺术",却不知这艺术是礼数造就的。因为礼数规定了不能骂人,可不骂心里又憋得慌,于是"骂"便变成了"损"。或者说,变成了骂人的艺术。

的确,礼数这玩意,是多少有些艺术性的。比方说,懂礼数的人,都有"眼色"。所谓"有眼色",也就是懂得什么事可做什么事不可做,什么话可讲什么话不可讲,以及什么事该什么时候做,什么话该什么时候讲等等。掌握其中的分寸,是一门大学问,也是一门艺术。北京话的特点,就是分寸感特强。萧乾先生在《北京城杂忆》中就曾谈到这一点。比方说,"三十来岁"和"三十几岁"就不是一码事,和"三十好几"就更不一样。它们分别是二十七八、三十出头和三十五六的意思。同样,劳驾、费心、借光、破费,虽然都是"文明用语",都用于向人道谢或道乏,用处和用法也都不一样。这种细微的区别,就是分寸感。

实际上,人情世故,都要适度,才合于礼。过度的客气显得生分,过度的关切则难免谄媚,而恰如其分则是一门生活的艺术。这就要费心思、勤琢磨,还要有教养。不过,最重要的,还是要知道天有多高地有多厚,知道自己有多少斤两,然后可着尺寸做人过日子。

显然,北京人的这种生活艺术,是有他们的人生哲学来打底子的。这种活法讲究的是心眼儿活泛,心里面透亮。活泛就不死心眼儿,透亮就不缺心眼儿。当然,也不认死理。老北京人相信,天下没有不散的筵席。没有一个人吃得完的饭,也没有过不去的桥。无论好事坏事,还能一个人包了圆啦?所以,露了脸,用不着扬铃打鼓;背了时,也不必蔫里巴叽。三十年河东四十年河西,老黄河还兴改道儿呢,人世间的事,哪有个准数?风水轮流转,没准明儿个转到哪,瞎折腾什么呢?消停些吧!就是瞪着两眼数星星,也比折腾那没谱的事儿强。

别折腾,也别较真。较真,就是死心眼儿。天底下,哪有"真事儿"?不过"汤儿事"罢了。所以,不管干什么,也就是个"对付劲儿"。北京人有句口头禅,叫"混";还有个常用的词,叫"不赖"。在他们看来,人生在世,也就是个"混"字。比方说,混日子、混事儿、混口饭吃等等。所有的人都是混,所有的事也都是混。要说有区别,也就是"一个人混"还是"哥几个一起混",混得好还是混不好。混得好的,能混个一官半职;混得差点,也能混个肚儿圆。但不论好歹,能混下去,就不赖。难怪北京人吃喝不讲究,活得那么马虎了,对付嘛!

显然,这种世故,是古都的智慧,也是农民的智慧。农业生产周期长,要能等;京城官场变故多,要能忍;而面对风云变幻、世事沧桑,要能对付。京都之中,帝辇之下,人们看得最多的是"城头变幻大王旗",看得最透的是仕途险恶、天威难测、官运无常。今儿个,新科状元金榜题名,"春风得意马蹄疾,一日看尽长安花";明儿个,菜市口人头落地,大观园底儿朝天,"眼见他起高楼,眼见他楼塌了"。这就不能不让北京人世故起来。北京人的世故是他们久历沧桑的结果。这种久历沧桑使他们"身居台风眼处而能保有几分超然",使他们在静观中养成了"多看两步棋"的世故和通达,也使他们学会了忍耐。专制体制毕竟太强大,这种体制下的小民也毕竟太微不足道。强大的皇权要消灭他们,比碾死只蚂蚁还便当。他们不能不学会忍耐。忍耐,正是老北京式的世故的要害和精义。"穷忍着,富耐着,睡不着眯着。"有这份世故和耐力,就没有过不去的坎儿,也没有活不了的人。(图十三)

正是这忍耐造就了平和,而平和的背后是信命和认命。老北京人的信条是:"命里只有八尺,就别攀着一丈。人,还能大过天去吗?"既

图十三:这位卖报的大爷,有什么事没经历过没见过呢?他肚子里的故事,比报上的要多得多吧?

法 满摄/新周刊供稿

然"命里有的躲不掉,命里没的求不来",那么,就没有必要去争、去抢,也没有必要因为别人怎么怎么了而自己没能怎么怎么,就浑身不自在,一肚子的别扭。这就是自个儿和自个儿过不去了。要知道,"一个人能吃几碗干饭自己清楚,别人也清楚",而"和年头儿叫劲,简直是和自己找别扭"。再说,就算怎么怎么了,又怎么样呢?也不怎么样。"做得人上人,滋味又如何?"当老板,来钱多,事儿还多哪!还是混吧。显然,正如赵园所说,正派北京人的世故里,有着"阅事太多见事太明的悲愤沉痛。看透了,又无可奈何"。于是,无可奈何到了极点,反倒变成了平和。

平和也造就了幽默。

诙谐幽默,几乎是北京人的标志性品格。谁都知道,北京人说话特"逗"。普普通通的事情普普通通的话,到了他们嘴里,就可笑、可乐。比如脸上有雀斑叫"洒了把茶叶末",就又形象又生动,怎么想怎么可乐。难怪有人说听北京人说话就像听相声了。要论说话俏皮,北京人可真是没得比的。

北京人为什么特别会说话呢?这就说来话长了。我想,除了北京是个古都,历史悠久积淀深厚,宫廷语言和市井语言雅俗兼备外,长期保持着和周边农村以及少数民族的联系,也是一个重要原因。我们知道,农村语言、民间语言和少数民族语言,往往比官方语言和文人语言更生动鲜活,而这也正是北京话的特点。比如,说"窝心"就比说"难受"好;说"蒙席盖井",就比说"隐瞒"生动得多;说一个人不爱回家是"没脚后跟",就不但生动,而且俏皮了。事实上,北京话当中那些最形象生动、鲜活来劲的词汇和说法,比如擦黑(黄昏)、撺掇(怂恿)、保不齐(无法预料)、牌儿亮(脸蛋漂亮)等等,便不是来自农村,就是来自少数民族。比方说,打发、巴不得、悄没声儿,就是满语;而找茬儿(挑毛病、找麻烦)、护犊子(袒护自家孩子)、车轱辘话(来回诉说),则无疑来自农村。萧乾先生曾激赏"瞧您这闺女模样儿出落得多水灵啊"这句话,认为"出落"带有"发展中"的含义,"水灵"则除了静态的美外,还有雅、娇、甜、嫩等素质。但,不难看出,出落也好,水灵也好,都是农民的语言。尤其是"水灵",马上让人联想到带着露珠的鲜嫩瓜菜。也许正是因为善于向人民群众和少数民族学习,所以,尽管北京是中国最大的官场,可北京人说起话来,却并没有官气。

如果说生动鲜活是向农民和少数民族学习的结果,那么,诙谐幽默则源自北京人的世故与平和。幽默是要以平和为前提的,浮躁的人就幽默不起来。因为幽默是不紧不慢的。它需要铺垫、打底子,"包袱"才抖得开。会说笑话的人都知道,说笑话时,不能紧张,必须他急你不急,他笑你不笑。如果别人还没笑,你自己先笑起来,那就叫犯傻。如果心急火燎,打机关枪式地把话一口气说出来,别人听不清楚,反应不过来,又怎么会笑?

更重要的是,幽默是一种心态。这种心态,就是平和。只有心平气和,坦然面对人生,才会产生幽默,也才幽默得起来。我们无法想象一个整天愁眉苦脸的人会幽默,无法想象一个事事斤斤计较的人会幽默,也无法想象一个时时处于提防状态的人会幽默。说到底,幽默也是一种"大气"。只有大气的人,才能微笑着看待一切,包括苦恼和不幸。同样,也只有大气的人,才能含笑向自己的过去告别。总之,只有大气才会幽默。北京人大气,所以北京人幽默。

其实,北京式幽默中的大气是不难体会到的。它往往表现为大大咧咧、嘻嘻哈哈、满不在乎甚至没大没小。比方说,称邓小平为老邓,称戈尔巴乔夫为老戈,就像称呼自己单位上同级平辈的同事;称倒腾商品的小贩为"倒爷",称骑平板车拉客者为"板儿爷"(其车则被称为"板的"),就像称呼"王爷"、"万岁爷"。这可真是"掉了个儿"。如果说,前者和天安门广场上打出"小平你好"的标语一样,多少表现出一种"民主意识"和"平民意识",那么,后者就多半是一种调侃了。但,不管怎么说,这种不合礼数的"倒错",都只能是北京式的。它表现的正是北京人什么都无所谓、什么都敢说的"气度",而所谓"什么话都敢说",则是不但包括"说什么",也包括"怎么说"的。事实上,正是在这种调侃中,北京人消解了神圣。礼数不是最神圣的吗?如果礼数可以消解,那还有什么该在乎?

但,似乎很少有人想到这里面还有苦涩、无奈和世故。

北京人的幽默,大体上可以归结为三种类型,或三种手法,即调侃挖苦、装傻充愣、玩世不恭。前面说过,北京人是很会"损人"、"挤兑人"的,比如"别以为全中国三分之二的男性都憋着娶你,多晚你走在大街上也不会出事"等等。然而问题在于,他们不但损别人、挤兑别人,也糟践自己。比如葛优就曾说自己"脱了衣服跟一条反动标语似的"。最典型的还是杨东平讲过的一则笑话:一个小伙子因为犯规,被警察扣住不放,情急无奈之中,竟冒出这么一句话:"您就把我当个屁给放了吧!"结果,围观者哄堂大笑,警察也只好放人(《城市季风》)。另一个有异曲同工之妙的故事是:一个平时怕老婆的人,偶然和老婆顶了起来。老婆大怒:"反了你小子!"该人马上赔不是:"哪敢呀!这两天,也就是有了两个臭钱,就像耗子腰里别了杆枪,起了打猫的心思。"老婆也只好一笑了之。显然,在这里,两个当事人都表现出一种装傻充愣自我作践的态度。这种态度,用王朔的话说,就是"千万别把我当人"。

这就是世故了。事实上,只有世故的人,才能装傻充愣。因为装傻充愣的背后,实际上是玩世不恭:人生在世,也就那么回事。谁也别太当回事,谁也别叫真。所以,谁也别太把自己当人。何况,我不是人,你也不会是人。当我不把自己当人时,我其实也没把别的什么人当人。想想看吧,一个连自己都不看作是人的人,还会把别人当人看吗?就拿前面那个笑话来说,便推敲不得。表面上看,那个小青年是在作践自己,仔细一琢磨,却又不知道是在作践谁。因为"我"固然是个"屁",然而这个"屁"却是警察"放"的。说了归齐,还是"警察放屁"。结果,谁都挨了骂,也就谁都不吃亏。因此,当一个北京人(尤其是王朔式的北京人)在你面前"装孙子"时,你可千万别上当,以为你真是"大爷"。

当然,这个小青年当时也许并没有想那么多。他的话,不过脱口而出。但,他的脱口而出,又显然有北京人世故的耳濡目染和长期熏陶作背景。而且,这种世故也完全是平民的。咱一介平民,没权没势的,谁也糟践不了,那么,自个儿作践自个儿,还不行吗?

于是我们就品出苦涩来了。北京平民的幽默中,是不乏苦涩的。就拿把雀斑说成是"茶叶末"来说,便透着苦涩。因为只有贫穷的小民,才喝这种末等茶叶。其实,就连北京平民的幽默本身,也是"苦恼人的笑"。平民嘛,一无所有,要啥没啥,既没什么可乐和的,也没什么可得意的,就剩下一张嘴,再不让它快活快活,那日子还能过吗?再说,耍贫嘴又不要钱,也就不说白不说。即便不能损别人,拿自己开涮总是可以的。只要嘴巴闲不下,就不赖。

显然,正如"长歌当哭,要在痛定之后",苦涩也只有经过平和的过滤才能变成幽默,而平和的背后则是世故。也就是说,只有一切都看穿看透,才会满不在乎。于是,无奈到了极点,反倒心气平和。因为一切都无所谓了。比方说,不就是找不到单位找不到工作吗?那就"练摊"呗!顺便说一句:"练摊"这两字,也表现出一种世故和人生哲学:哥们不过是操练操练,玩一把罢了,较什么真呀!

正因为不必较真,所以,在北京式(尤其是王朔式)的幽默里,越是正儿八经的东西,就越要弄得荒唐可笑;而越是不当回事,则越要一本正经。比如,在王朔的一部小说中,一个名叫马青的人就这样"语重心长"地对他的"哥儿们"说:"你就别一个人混了,咱们还是一起混吧!人多力量大,敢教日月换新天。人心齐泰山移,蚂蚱还有四两肉,一个萝卜一个坑,咱们怎么就不能从无到有,从小到大,由弱变强呢?"(王朔《一点正经没有》)这种把豪言壮语和俚词俗语糅在一起混说,而且说得不动声色的说法,最得调侃之神韵。而且,这段话,还非得葛优来说,才能说得风味纯正,说出王朔式的"语重心长"来。

总之,北京人的幽默,表面是风趣,内里是世故,这才有了如张辛欣所说的那种"经蹬又经拽,经洗又经晒"的韧劲儿。

这种幽默上海是没有的,也是不会有的。

如果说，北京人的世故表现为稳健平和、苦乐随缘、安贫乐道，外加一点幽默诙谐作调剂，那么，上海人的世故就表现为精打细算、讨巧卖乖、明哲保身，外加一点可能范围内的积极进取。上海人的确"门槛精来兮"。他们深知"老虎胡须摸不得，刺毛毛虫惹不得，没干的生漆碰不得，过时的皇历翻不得，六月的扇子借不得"等道理，并牢记"病从口入，祸从口出"的古训，因此决不乱吃，也决不多言，不惹是生非，不没事找事，当然也就既不会油嘴滑舌挖苦别人，也不会装傻充愣调侃自己。挖苦别人会得罪人，自己也没什么实际的好处；而装傻充愣则无异于丑化自己给别人当笑料，那才叫"戆"呐！精明的上海人，哪有当"戆大"的道理？于人不利，于己无补，这种"不合算"的事，上海人才不会去做。

的确，合算不合算，是上海人决定自己行为的价值取向。上海人的行动是经过精密计算的，他们的世故也是经过精密计算的。凡是不合算的事，即便有趣，他们也不干；凡是没有用的东西，即便好看，他们也不买。当然，他们买东西，并不只考虑有用，也要好看。因为一件东西既然可以又好看又有用，如果只买了有用的部分，同样是不合算的。那么，装饰品之类"没用"的东西，就不买么？买的。因为它们也有用，或被看作有用。比方说，可以提高档次、表现品味、附庸风雅、显示气派等等。总之，上海人的思维方式是数学的，行为准则是实在的。

所以，上海市民和北京平民一样，都不作"非份之想"（这也是中国人的共性），但理解不同。北京人理解的"非份之想"是"命里没有"，上海人理解的"非份之想"是"不可操作"。只要做得到，而且有实惠，他们就会去做。做的时候，也有个尺度，就是不能惹麻烦。他们的目的很明确：现有的生活秩序能不破坏就不破坏，现有的生活水平能提高多少就提高多少。但是，这种提高有个前提，就是不能失去已有的好处。因此不能革命，只能改良，不能"大破大立"，只能"小打小闹"。这便是上海式的世故。出于这种世故，上海人和北京人一样，也能忍（这同样是中国人的共性），但忍而不受。如果说北京人的人生哲学是"穷忍着，富耐着，睡不着眯着"，那么，上海人的态度则是"穷不忍,富不耐,睡不着就想发财",发不了财就到乡下人那里找平衡。这话也许说过分了一点,但至少,在忍耐中,他们会积极地想办法,以便在绝境中找出路,在夹缝中求生存。比方说,开不了源,就节流;小脚裤和喇叭裤都不准穿,就发明直筒裤。这便正是上海式的乖巧。显然,同为忍耐,也不相同。北京是忍,上海是磨。北京人越忍越懒(甚至"懒得离婚"),上海人越磨越精。上海的世故比北京的积极。

上海的世故也比北京的可取。因为它为人的欲望开了个小口子,使之能在不危害社会的前提下得到适当的满足。有此满足,上海人心理也就平衡了。北京人没有这个口子,就只能强忍;而一旦忍不住,礼数什么的,就不再谈得上。结果,不爱钱的北京人一旦伸出手去,便黑得厉害。所以,小贪官全国都有,大贪官却只会出在北京,不会出在上海。上海人没有那么大的"胆",也没有那么"坏"。上海人的做法,总体上是"利己不损人";即便坏,也"小奸无大恶"。他们是在上海的空气中熏陶出来的,而上海的世故教给他们的,则是这样一条原则:在为自己谋利益的时候,应以尽可能不犯规、不损害社会和他人利益为前提,因为那只会最终导致自己利益的丧失殆尽。这当然并不合算。

其实,上海的这种世故不能叫世故,只能叫精明。同样,上海的幽默也不能叫幽默,只能叫滑稽。滑稽和幽默不是一回事。幽默是一种人生状态和境界,它需要"玩深沉";滑稽则是一种肤浅的、一次性的搞笑,不必费太多的事(成本较低),就能立竿见影地快活一下,还能反衬自己的精明。因此,它最对上海人的胃口,也最让北京人看不起。

## 七　北京人与上海人

不可否认,这里确有境界之别。

如果说,前述上海人感觉到的,主要是生活的窘迫(上海人的典型说法是"拆了棉花当大褂穿"),那么,前述北京人体验到的,便多少可以说是人生的苦涩(北京人的典型说法是"有牙的时候,没有花生仁,好容易有了花生仁,又都没了牙")。感觉和体验,是层次不同的两种心理;而生活和人生,更是大小不同的两个课题。感觉总归是暂时的,可以改变的,何况我们的生活正在一天天变得好起来。随着生活的蒸蒸日上,相信务实的上海人,自我感觉也会一天比一天好。总之,他们的问题,似乎相对比较好解决。北京人的问题就麻烦多了。对人生苦涩的体验及其超越,似乎是属于所谓"终极关怀"一类的问题。当然并非所有的北京人都是哲学家,但北京作为世纪老人,却似乎总是和哲学脱不了干系。那种历史的沧桑感和人生的变幻感,总是无法躲避地会伴随着北京人;而关怀文化的演进和国家的命运,也无可避免地会是北京这类城市的宿命。

因此,北京人的活法是哲学的,也是诗意的。因为中国哲学是一种人生哲学。它并不来自逻辑推理,而来自人生体验。体验只能用诗来表达,生活也只有诗化以后才有艺术性。北京人的生活之所以充满艺术性,就因为他们总在做诗。或者说,总在做梦。做诗和做梦,有时并没有太大的区别。如果说有区别,也就是梦有恶梦,而诗则多半是美好的。北京人便多半是生活在美梦和史诗之中。这使他们虽然难免不切实际,但也确乎大气磅礴;虽然难免自以为是,但也确乎圆润浑成。北京人是有点油,但不浅薄。他们也不避俗,但俗中有雅,而且是典雅和高雅。即便是最俗的俏皮话,也有历史典故打底子;即便是最底层的市井小民,也显得(当然也只是显得)相当有智慧有学问。甚至就连他们的世故,也因为是哲学诗,以至于最世故处反倒显不出世故来。岂止是显不出世故?没准还有几分天真可爱。北京人毕竟是古老文明最正宗的承传者。瘦死的骆驼比马大,他们怎么也掉不了价。

上海人就两样了。他们的生活是世俗的、实在的、精打细算和稳扎稳打的,是埋头做生计和精心过日子的,是"螺蛳壳里做道场"的。他们生活在一个职员和市民的社会里,一切都是裸露直白和谨小慎微的。他们直统统地问人家"侬几岁",也赤裸裸地用"合算不合算"来表示他们的选择。当他们斥责别人是"外地人"或"乡下人"时,丝毫也不掩饰自己对贫穷和乡气的蔑视。他们把交朋友叫做"轧朋友",把不负责叫做"拆烂污",把看重外貌叫做"吃卖相",把假冒伪劣叫做

"开大兴"，世俗气十足，一点也不高雅。他们骂起人来也不好听，不像北京人损人那么艺术，让人忍俊不禁。他们的娱乐也充满了市民气，而偌大一个上海简直就没有什么好玩的地方，只有密密麻麻的楼房，密密麻麻的街道，许许多多的上海人，和许许多多手里拎着大包小包不得要领地窜来窜去的外地人。

总之，上海是一点诗意也没有的。上海从来就和诗"不搭界"，上海的诗人也从来就成不了什么气候。上海现在刮起了一股浓浓的怀旧风。老房子、老公寓、老门牌，里弄门口 AD1930 的字样，有着牵牛花般大喇叭的老式留声机，黑色的密纹唱片，美人头月份牌，装生发油的玻璃瓶，老上海盐汽水，沙利文小圆饼干，这些东西都牵动着上海人的情丝。甚至就连上海有线音乐频道的广告，都做成了三十年代的风格，中间是周璇的着色相片，下面写着"全天播放摩登流行，全面展示都会时尚"，只不过是简体字。上海人和北京人一样开始做梦了，而且是"鸳梦重温"。但我并看不出这里面有什么诗意，不像北京一怀旧就诗意盎然。上海有多少旧好怀呢？能怀的又是什么旧呢？甚至就连他们的绅士风度淑女风范，也是在短短一百多年中速成的。这就显得底气不足眼界不高。所以我说上海是有风度无境界，有教养无底蕴。上海毕竟只有百多年的历史，哪比得上北京的悠悠岁月！

但，我却并不认为北京人就有理由看不起上海人。

北京人和上海人的关系有点微妙。上海人是自我感觉良好的。他们几乎看不起所有的外地人，但惟独不敢小看北京人。北京人则是比较宽厚的。他们并不特别看不起外地人，却偏偏看不起上海人，以至于一个上海人在北京得到的最高评价，竟是"你不像个上海人"。（图十四）

北京人的这种态度很没有道理。

不错，上海人是有毛病。但，北京人就没有么？北京人是很大气，但这大气常常变成霸气；北京人是很平和，但这平和可能变成平庸；北京人是很达观，但这达观往往成为不思进取的托词；北京人是很幽默，

图十四：其实，北京人对上海还是挺向往的。谁也想不到，这个假的"30年代夜上海"是北京人打造的。

法　满摄/新周刊供稿

但这幽默弄不好就变成了油嘴滑舌。北京人，也不是完美无缺的。比方说，你在北京问路，如果不先叫一声"大爷"，得到的回答便很可能是："自个儿找去吧，您哪！"没什么无私奉献热情好客的事。

甚至北京人最引以为自豪的礼数和豪爽，也可能变成虚套和假模假式。一个朋友这样向我描述他对北京人的感受：北京人不是很热情很豪爽么？见面三分钟，如果你们很投缘，他立马就会和你拍肩打背，成了"哥们"。如果你到他家里去，神吹海哨聊得起劲，他会坚持留你吃饭。如果你要走，他会生气说："哥们别走！我锅都给你刷了！"可你要真留下来吃饭，那就麻烦了。"哟！哥们，您可把我坑啦！""你不是连锅都刷了吗？""锅是刷了，可面还没买哪！"

上海人就不会这样。上海人确实不会轻易和别人成为朋友。他们在和陌生人接触时,甚至会很冷淡,至少是"敬鬼事神而远之"。彬彬有礼客客气气的后面,是可以感觉到的警惕和疏远。所以,同上海人成为朋友并不容易。但一旦成为朋友,就相当可靠,甚至终身可靠。我在上海有不少朋友。平时我们"相忘于江湖",然而但凡有托,都十分到位。他们答应的事情,很少有失信的。我在上海的一个朋友(准确地说是朋友的朋友),为了帮我一个忙,三次和我约会,每次都准时到达。这种守时守信的作风,也是大多数上海行业和不少上海人都有的。我想,这与商业社会重信誉守合同的传统不无关系。

上海人甚至还有一般外地人想象不到的正气。一般地说,上海人是比较胆小怕事,但并不等于说他们就没有正义感。事实上,由于上海人精明过人,他们对是非往往比一般人看得更清楚,只不过多半不愿意说罢了。然而他们会通过其他方式来表示。文革中,我因为同林彪死党丁盛一伙的走狗唱对台戏而遭批斗。每次批斗会回来,都有一个人立即打来一盆热水给我洗脸。这是一位上海知青,名叫许继勋。平时,我们来往不多。而且,据他后来说,他先前对我是很有些不以为然的。然而,在许多人对我都避之惟恐不及的时候,他却用一盆盆的热水为我洗刷冤屈,而他又历来是谨言慎行不问政治的。二十多年后,他对我说:"你当年其实是替我们全体知青在受难。"也就是说,他对我的帮助,并非出于个人恩怨,而是出于正义感。另一位上海知青王衍中的做法则是:趁"革命群众"看电影受教育(牛鬼蛇神无此资格)时,偷偷溜进我房里通报一些秘密情报,包括中央文件和小道消息。

谁说上海人不会"路见不平,拔刀相助"?方式不同罢了。

实际上,上海人有很多优点是和北京人一样的。比方说,素质好、品味高、有文化、有教养等等。上海和北京毕竟是中国最大的两个城市,而且是精英人物集中的地方,不可能不高人一筹。何况,上海人还有许多北京人没有的优点,比方说,节俭、勤快、守信、守时、讲效率,有敬业精神、契约观念和职业道德等。再说,上海人虽然有"看不起外地人"的恶名,但至少不会看不起北京人。所以,北京人看不起上海人,并没有道理。

比较一下北京人和上海人的优缺点,将是一个有趣的话题。

北京人最可贵的,是他们的贵族精神。什么是"贵族精神"?依照陈独秀在《敬告青年》一文中的说法,"有独立心而勇敢者曰贵族道德"。显然,所谓"贵族精神",指的是一种高尚的人格理想、高贵的精神气质和高雅的审美情趣。其中,人格又最为重要。所以,贵族精神其实无关乎门第和血统,也无关乎身份和地位。比如在危难关头挺身而出的曹刿,虽无官衔爵位,却有贵族精神;而那个在俘虏营里"乐不思蜀"的刘禅,虽然是凤子龙孙,却与贵族精神无缘。

然而,贵族精神既名之曰"贵族",也就并非轻易可以养成。它多半是在优势的文化教育环境中熏陶出来的。所以,它不大可能产生在乡村,而基本上只会是城市文化、上层文化和精英文化的对应物。北京是中国最大最高贵的城市,北京当然会有贵族精神。

事实上,正如雅致是上海的空气,贵族精神也可以说是北京的灵魂。正是由于这种精神,北京才成为中国最大气的城市。北京从来就是一个敢于独立思考同时也敢于发表这些思考的城市。惟其如此,它才会成为五四运动和中国新文化运动的策源地,才会有那么多热血青年在天安门广场为真理而献身。就连所谓"北京人什么话都敢说",也有这种精神在内。它甚至使北京人的贫嘴不那么让人讨厌,反倒有时会有几分可爱。

同样,正是这种精神,使北京虽有粗俗粗鄙却不致沉沦。北京是不乏粗俗粗鄙的(比如"丫挺""傻B"之类的"市骂")。它往往表现为北京特有的一种痞气,我在下面还要讲到。而且,正如北京的科学技术、文学艺术是第一流的,北京的痞气也是第一流的。如果要和北京人比一比看谁更痞,相信没有人比得过。但,北京却不会因此而变成一个"痞子城市"。因为贵族精神是北京的灵魂。所以北京人即便痞,也痞得帅、痞得派、痞得俏皮,痞得有艺术性,甚至干脆就痞成艺术品。

无疑,贵族精神不是一朝一夕所能产生。它需要长时间的培养、积累与熏陶。尤其趣味的培养和生成,更非一日之功。它也需要坚实的文化基础和雄厚的精神资本,否则就只会产生"伪贵族",就像上海那些"贫血"的绅士一样。北京恰恰有这样的条件。这也正是北京人自以为有资格看不起上海人的地方。北京人看上海,确有英国人看美国的味道,也有世家子看暴发户的味道(现在的上海人则以同样的态度和眼光看深圳)。毕竟,上海虽然不是"文化沙漠",但要论历史悠久积淀深厚,总不敢望北京之项背。

　　不过,贵族精神可取,贵族派头则不可取,尤其是在今天。包括北京学人身上的某些士大夫气,也不完全可取。可取的是其人格精神,不可取的是其现实态度。一方面,这种士大夫气总是不免半农村文化和遗老遗少的味道。北京某学人刊物就有很重的这种味道。传统当然是宝贵的,田园诗也很美,但不要忘记它们和"封建社会"总是有着不解之缘。另一方面,正如下面将要讲到的,北京现在也少有田园诗般的情调,北京的学术界现在也相当浮躁。由某些特别浮躁的人来提倡士大夫气,便不免让人怀疑其中有什么"猫腻"。至少,正如北京的某些建筑给人以穿西装戴瓜皮帽的感觉,北京某些人的贵族派头和士大夫气,也让人觉得是孔乙己不肯脱下长衫。如果那长衫竟是为了把"尾巴"①遮住,就更加不敢恭维了。

　　这也未必就是杞忧。事实上,"君子之泽,五世而斩"。没有永远的贵族,也没有什么永恒不变的东西。从庄子到阿Q,有时也只有一步之遥。事实上,不少北京人就不乏阿Q精神。比如"打肿脸充胖子",就是他们的拿手好戏。前面已多次讲过,北京人的毛病,就是虚,喜欢摆谱、讲排场、充胖子和夸夸其谈。就连他们最看重的礼数,也透着一股子虚气。所谓"倒驴不倒架",便很可能驴没了,只剩下架子;贵

---

① 尾巴,典出曹聚仁先生《续谈"海派"》一文:"知道不能掩饰了,索性把尾巴拖出来,这是'海派';扭扭捏捏,还想把外衣加长,把尾巴盖住,这是'京派'。"

族精神没了,只剩下派头,而且还是塑料纸包装的。无疑,矛盾对立的双方,总是会转化的。崇高会变成滑稽,勇敢会变成粗鲁,巧智会变成油滑,大度会变成马虎,贵族精神也会变成痞子作风,此之为北京人所需警惕者。

与北京相反,上海人最可贵的,不是绅士风度,而是理性精神。尽管上海人很看重他们的绅士风度,但这种风度多少有点来历不明。即便不是假冒伪劣,至少也是速成的,因此有点飘忽,远不如他们的理性精神来得实在。

理性精神在上海也是无所不在的。就拿乘坐公共汽车来说。北京的做法是一哄而上,然后由售票员在车上大声嚷嚷:"哪位乘客给这位大爷让个座儿!同志们,一个人做点儿好事并不难,只要站起来就行了。"有没有用呢?全靠自觉了。上海的做法则是在起点站设"坐队"和"站队",请退休工人当纠察队员,谁坐谁站,全凭先来后到,一视同仁,人人平等,个别需要重点照顾的残疾人老年人则安排到"坐队"的前面。显然,北京的做法靠道德,上海的做法靠科学。前者基于人情礼数,后者基于理性精神。

又比方说,自行车带人,这本来是违反交通规则的。可如果上下班时不让带孩子,则孩子和自己都得迟到,因此又不能不通融通融。北京的做法是睁只眼闭只眼,成都的做法则是钻政策的空子。交通规则只规定"不许带人",没说"不许背人"是不是?那我们就背着。成都人本来就有背孩子的习惯,现在则让孩子站在自行车后座上,再拿根带子绑在自己身上。你说是带人,我说是背。上海的做法显然明智得多:干脆规定在某些时候某些路段可以带学龄前儿童。这就既保证了交通安全,又解决了实际问题,无疑是理智的。

理性精神使上海人在管理公共事务时井然有序,并能尽可能地做到公平合理。比方说,只要有排队的事,上海人或者就会有上海人主动出来维持秩序,按照先来后到的次序给每个人发号,隔三差五还要点名核实,以保证每个先来而又认真排队的人享有本应享有的优先权,不管是买股票,还是办签证,都如此。这实在是比凭力气往前挤和靠关系走后门合理多了。

上海人的这种理性无疑是一种"实用理性"。它是基于实用价值并为实用服务的。这就使上海人能获得更多的实惠。但,如果把所有的事务和关系都泛实用化,则理性也就会变成算计。这也正是上海人颇遭物议之处。上海人给人的感觉,是什么事都讲实用、讲实惠、讲合算不合算,包括接人待物。比方说交朋友。北京人多半看感觉。如果感觉好,对脾气,那么,不管你是什么人,也能成为"哥们"。上海人则多半会要讲实惠,即要看交你这个朋友有没有用。如果有用,则交,甚至不惜鞍前马后。如果没用,则多半会客客气气把你打发了。

不过北京人也犯不着因此就特别看不起上海人。就算上海人自私、小气、市侩、算计、不仗义、不可交(其实并不尽然)吧,又碍你什么事呢?上海人又没有一定要同你交朋友。

其实,北京人对上海人的这种态度,在我看来,似乎主要是基于一种陈腐的传统观念。依照这种概念,人与人是有差等的。这个差等,就是"士农工商"。北京是士农的城,上海是工商的市,这本身就有高下之别。士当中,地位最高的是官;商当中,地位最低的是贩。北京冠盖如云而上海小贩成堆,北京当然看不起上海。你想吧,哪有官员"待见"职员的道理?而且,如果上海像广州(一个更是市场的"市")那样,悄没声地躲在天荒地远自说自话,倒也罢了。可上海偏偏又成了"大上海",处处都和北京较劲,这就不能不让北京人心里有点那个。

明白了这一点,我们也就大致能弄清北京人霸气的来历了。

## 八 官气与痞气

北京人的霸气,说穿了就是官气。

读者如有兴趣,不妨读读龙应台的《吵架》一文。这篇文章原载1993年10月31日《文汇报》的"笔会"版,同年12月10日《北京晚报》转载,现在收在《啊,上海男人》(学林出版社1998年版)一书中。

这本书一共四辑,即上海、北京、星洲、思路。《啊,上海男人》是"上海"那一辑的核心,《还好我不是新加坡人》是"星洲"那一辑的核心,而北京这一辑的核心竟是《吵架》。

龙应台的确没法不吵架。

按照龙应台自己的说法,她这个因"生气"而出名的中国人,动身之前就一再告诫自己"到了北京不要生气",因为至少有三条理由告诉她不能生气不该生气而且不必生气。可惜,"树欲静而风不止"。一到北京,北京人就给了她一个下马威,使她不得不起而应战。"你!"一个凌厉的声音高亢地说,"就是你!"这时人潮正挤过检疫口,坐在关口的公务人员,一个穿着制服的中年妇女,手指穿过人群直指龙应台:"过来过来,你给我过来!"牵着孩子的手,龙应台乖乖地挤过去,只觉得那个女人说话的声调、气势,就像一条抽得出血的鞭子。"才踏上北京的土地就来了",龙应台想。"证件!"女人不多浪费一个字。龙应台递上证件,那女人立即像泄了气的球,松了下来。可是,龙应台的孩子,七岁多的安安,脸都白了。

这一架好歹没吵起来,但后来,龙应台终于忍无可忍。

问题是,检疫口的那个女人,为什么偏偏要和龙应台过不去? 也不为什么,就因为她是中国人,而她乘坐的是德航班机。于是,那女人便轻而易举地把她从一群白人中挑出来了。

是中国人就可以凶,这就是那个女人的逻辑。

那么,后来为什么又像泄了气的球呢? 因为龙应台虽然是中国人,却又是"台湾同胞"。要对"台湾同胞"也颐指气使凶神恶煞,得到两岸和平统一之后。现在,谅她还不敢!

不难设想,如果龙应台"有幸"是一位"大陆同胞",后面还将受到什么样的"礼遇"。这种"礼遇"我们在北京可是受得多了,以至于一位读者写信给《北京晚报》说,龙应台这"气"生得实在不值当。因为这些事情咱们早就司空见惯,想气都气不起来。这位读者还说,其实顾客并没有那么大的野心想当什么"上帝"。"要求低的也就想当个街坊邻居,要求高些的也就想当个熟人朋友。"但照我看来,这位读者真是"痴心妄想"。当街坊邻居？当熟人朋友？没门儿！

为什么没门儿？因为她是"官"呀！而且是"检查官"。要想"官儿"同你当街坊邻居熟人朋友，除非你也是官。或许有人会说，那个女人其实也不算什么官。是不算什么官，可她有权是不是？有权就行了。她既然有权决定你通过还是通不过，走过去还是停下来，那她就有资格在你面前要态度抖威风。没听说过"不怕官，就怕管"吗？管，有时候比"官"还厉害。所以，即便是真的官（比如地方官）来了，她也会这样。除非官大得可以坐专机，或者可以走特别通道，否则，就算你有个县团级、司局级的职务官衔，也得听她喝斥："你！就是你！你给我过来！"只有对"台湾同胞"她没办法。因为她这个"官"，暂时还管不到"台湾同胞"的头上。那女人倒霉就倒霉在她"不幸"碰到了一位"台湾同胞"，不但立马威风不起来，而且那同胞还有权把自己的遭遇公之于众。这一回，她可是"搬起石头砸了自己的脚"。

或许还会有人问：好吧，就算她是官、她有权吧，也用不着那么凶呀？这你就不懂了。像她那样的"弼马温"，不凶，怎么显出是个人物来？要不，怎么叫"拿着鸡毛当令箭"呢？

那么，北京的售货员、服务员呢？也是官么？当然不是。可他们是"北京的"售货员、服务员。不但是"官商"，而且那"官"还是"京官"。有句话说："广东人看外地人，都是北方人；上海人看外地人，都是乡下人；北京人看外地人，都是下级，都是小地方人。"这就叫"长安的和尚潼关的将"。北京人在外地人面前都是官，而且"见官高三级"。（图十五）

官气流落到市井，就变成了痞气。

什么是官气？说到底，官气就是骄虚之气。骄，因为是官，高人一等；虚，则多因底气不足。为什么底气不足呢？因为官们自己也知道，官也好，民也好，都是人，都要吃饭穿衣拉屎放屁。如果不是头上这顶乌纱帽，他和平民百姓也没有什么两样。所以，为了表示自己高人一等，就必须摆谱。比方说，出门时鸣锣开道，打出"严肃回避"的牌子

图十五：北京人见官高三级，外地人到了北京，当然也得过把"皇帝瘾"。

李建泉摄/新周刊供稿

等等。

痞气亦然，也是骄虚之气，只不过骄不足而虚有余。因为痞子比官员更没有资格骄人。但为面子故，又不能不骄。结果，摆谱就变成了耍赖。

事实上，正如座山雕的时代"兵匪一家"，王朝时代的北京城也"官痞不分"。朝廷里固然有"韦小宝"，市井中也不乏"高衙内"。"高衙内"仗势欺人，靠的是官威，摆的是官谱；"韦小宝"官运亨通，则无非因为油嘴滑舌外加死皮赖脸。封建社会的官场作为最肮脏龌龊的地方，从来就不乏痞气，只不过多有遮掩而已。一旦沦为平民，不必遮掩，那痞气便暴露无遗了。

所以，北京"官商"中态度恶劣者"霸"，"私商"中态度恶劣者"痞"。比如龙应台在"官商"地盘里（首都机场）体验到的便是霸气，在"私商"地面上（日坛市场）体验到的则是痞气。不过表现虽不同，性质却一样，即都是蛮横无理。而且，这种蛮横无理心理内容也是一样的,即都是因处于权力中心而产生的对他人(尤其是外地人)的蔑视:你算老几? 你有什么了不起? 我就不把你放在眼里,你又能怎么着? 如果你不能怎么着,这种蔑视就直接表现为霸道;如果你还真能怎么着,这种蔑视就会转化为赖皮。不要以为耍赖就是服输。它的深层心理仍是不把你放在眼里:我连自己都不放在眼里了,你又算什么东西?

这其实又是封建社会的官场病毒。封建社会的官场斗争,从来就是"打得赢就打,打不赢就赖"的。表面上的认输服软,是为了东山再起、卷土重来、报仇雪恨。而长期的"奴化教育",则养成了不以作践自己(比如自称奴才自打耳光)为耻的变态心理。因此,北京城内不但有着精忠报国的凛然正气,慷慨赴难的燕赵侠骨,忧国忧民的志士情怀,雍容华贵的大家风范,平和恬谈的贵族气度,温柔敦厚的京都民风,也有骄虚的官气和鄙俗的痞气。事实上,只有那些远离城市的地方才会有纯朴的道德,但却又不会有雍容气度和开阔眼界。

当然,痞气更多的是一种市井气。因为市井小民无权无势,没什么本钱与人抗争,也没有多少能力保护自己。为了求得老小平安,也为了找个心理平衡,他们不能不学会世故和圆滑,甚至学会损人和耍赖。北京的平民比谁都清楚"硬抗不如软磨"的道理,也深知嬉皮笑脸有时比义正词严更管用。久而久之,无奈就变成了无赖,圆滑就变成了油滑。同时,粗犷和粗糙也变成了粗鲁和粗俗。再加上北京人的能说会道,就构成了痞气。

痞气本是一种病态:"脾之积名曰痞气。"但在北京,它又是一种生存之道。所以北京人甚至不忌讳痞。北京的孩子在自家阳台上看见街上自行车带人,会高声唱道:"自己车,自己骑,不许公驴带母驴。"遇到这种情况,上海的家长会把孩子叫回来,训道:"关侬啥事体!"北京的家长则会不无欣赏地笑骂一句:"丫挺的!"

因此,北京人的痞气甚至能"上升"为艺术,比如红极一时的"痞子文学"就是。这种文学的产生,除这里不能细说的时代原因外,与北京城的城市特征也不无关系。即:一,北京本来就是一个大雅大俗的城市,再俗的东西,在这里也有容身之地;二,北京的大气和厚重,使任何东西都能在这里得到升华;三,北京人本来就多少有点欣赏痞气,如果痞得有味道还有内涵,那就更能大行其道。杨宪益先生诗云:"痞儿走运称王朔,浪子回头笑范曾。"不管我们对这两个人作何评价(本书无意褒贬),都可以肯定他们只会出在北京。

如果说,官气在朝痞气在野,那么,又有官气又有痞气的,就在朝野之间。

这个介乎朝野之间的所在,就是学术界。

北京的学术界无疑是全中国最优秀的。北京有国家科学院和社会科学院,有全国最好的高等学府,那里精英辈出,泰斗云集;有国家图书馆和博物馆,那里馆藏丰富,积累深厚;有国家出版社、国家电视台和最权威的学术刊物,能为学术成果的发表提供最好的园地;何况北京位居中央,居高临下,四通八达,消息灵通,发言权威,总能得风气之先,居全国之首。北京的学术界,不能不优秀。事实上,中国最权威的学术成果出在北京,中国最杰出的学术人才出在北京,"五四"以来一直被全国视为楷模的学术传统也出在北京。

然而,北京的学术界并不是世外桃源。它同样未能免俗地有着官气和痞气。

鲁迅先生说过:"文人之在京者近官,没海者近商,近官者在使官得名,近商者在使商获利,而自己也赖以餬口。"(《"京派"与"海派"》)所以,北京学术界历来就有"近官"甚至"进官"的传统,而于今尤甚。如果说,过去北京学术界尚有"高士",那么,时下则颇多"官迷"。表现之一,便是特别热衷于操作各类学会协会。为学术交流故,成立学会,展开讨论,从来就是必要的。可惜,不少人的心思,却是"醉翁之意不在酒";他们的做法,也"项庄舞剑,意在沛公"。"沛公"者何? 学会协会中会长理事之类"一官半职"是也。先师吴林伯教授曾总结概括各类学术讨论会的四项任务,曰"封官、办刊、会餐、爬山",于是它便往往变成一种为少数人蟾宫折桂提供舞台,为多数人公费旅游提供机会的活动。所以,每到学会换届之时,你便总能听到一些喊喊喳喳的声音,看见一些上窜下跳的影子,而这些声音和影子,又多有京味。当然,说有此念头的只是北京学人,是冤枉的;说北京学人只有这种念头,也是冤枉的。他们的标的,可能并非区区理事,而是"学界的领袖地位或人民大会堂的红地毯"(凌宇《从"京派"与"海派"之争说起》)。

我十分赞成学者科学家参政议政,甚至并不反对"学而优则仕"。官总要有人做。做官并不丢人,就像做工、种田、教书、做买卖并不丢人一样。但,"在商言商,在官言官",在学就该言学,不能吃着碗里想着锅里,更不能做着学者却想着摆官谱过官瘾。然而北京学术界却真有这样的人,我就曾亲眼目睹。1997年,我在北京海淀区某民营书店里偶遇一场民间举办的作品讨论会。民间活动,又在民营书店举行,应该颇多"民气"吧?然而不,官气十足。巴掌大的一块地方,竟安排了主席、列席、与会、旁听四个区位。主席台上,依官方会议例,摆了写着姓名的牌子,几个文坛领袖、学界泰斗、社会名流仿佛登坛作法似的,严格按照左昭右穆的序列对号入座,一个秘书长之类的人物则煞有介事地宣读官腔十足的贺信贺词。说实在的,我当时真有哭笑不得的感觉。也许,会议组织者的本意是好的,是为了表示讨论会的郑重其事和对那几位头面人物的尊重,但实际效果却适得其反:吓!他们竟然下作到跑到民营书店过官瘾来了,这同在街头捡烟屁股过烟瘾有什么两样?

当然还有更下作的。比如卖论求官、落井下石、拉帮结派、自吹自擂等等。总之是登龙有术,治学无心,因此投机取巧,见风使舵,东食西宿,朝秦暮楚。"前数日尚在追赶时髦,鼓吹西方当代文学思潮,数日后即摇身一变,大张批判旗帜,俨乎东方真理之斗士"(凌宇《从"京派"与"海派"之争说起》);或者东拼西凑抄抄剪剪炮制"巨著",被人发现硬伤又厚着脸皮死不认账,还要倒打一耙。这就不是官气,而是痞气了。这些毛病,自然并非北京学术界的"专利",但,似以北京为尤甚。

北京学术界的这种毛病，说到底，就是浮躁之气。

许多人都发现，现在的北京人，已经少了许多儒雅，多了几分粗俗；少了许多平和，多了几分浮躁。就拿和龙应台"吵架"的那个"着汗衫的年轻胖子"来说，人家不过是用带上海腔的普通话叫了一声"同志"，就大为光火，挑衅地问："称呼谁呀？谁是同志呀？"犯得着吗？

如果说粗俗多见于市井，那么，浮躁便多见于学界。早就有人指出：浮躁，或者说，表面化、轻浮、躁动，是八九十年代京师文化的特征。浮躁之风改变了北京学术界风气。一些人急于成名，大部头的"专著"频频问世，但只要轻轻一拧，那水分就会像打开了自来水龙头一样哗哗往外流。一些人热衷于当"主编"，实际上不过是邀集些"枪手"，或招集些学生，"编辑"（实为拼凑）有"卖点"的"丛书"。另一些人则被各种飞扬浮躁的东西冲昏了头脑，"项目、资金、论著量、引用量等形式化指标满天飞，取代了对真正学术目标的追求，真正关心人类命运、宇宙本质和学术真理的头脑为浮躁的学风压倒"（郑刚《岭南文化的风格》）。

我不知道现在还有多少人信守"板凳要坐十年冷，文章不写半句空"准则，只知道北京的学术舞台上隔三差五就有闹剧开场，隔三差五就有新星升起。新名词、新概念、新口号、新主张、新提法被频繁地制造出来，然后迅速推向全国，而外省那些做梦也想"跑步进京"的风派学人们，则趋之惟恐不及。但如果我们对这些年北京学术界张扬的种种新名词、新概念、新口号、新主张、新提法一一推敲一遍，便不难发现其中固然有思想解放观念更新，同时也不乏哗众取宠标新立异。一些新名词、新概念、新口号、新主张、新提法，其实不提也罢，并不妨碍学术研究的深入进行。甚至可以说，某些新名词、新概念、新口号、新主张、新提法，根本就没有多少新内容，只不过把赵丽蓉变成了"麻辣鸡丝"，或者像北京某学人那样把孟子（Mencius）译成了"门修斯"。相反，倒是一些老名词、老概念、老口号、老主张、老提法，很需要有人进行一番认真的清理，因为它们几乎从来没有真正弄清过。但没有人来做这种工作。因为做这种工作出不了风头出不了名,与"学界的领袖地位或人民大会堂的红地毯"也没什么关系。

看来,北京学术界由平和而浮躁,并非完全因为这座城市变化太多太大太快所致,而是这座城市原本就有的官气和痞气在作祟。就拿前面提到的由"追赶时髦,鼓吹西方当代文学思潮"一变而为"大张批判旗帜,俨乎东方真理之斗士"来说,就决非胆小怕事或见风使舵,而是认准了一条道儿:"要做官,杀人放火受招安。"

明白了这一点,我们就不难理解"新京派"为什么有点像"老海派"了。"海派文化与京派文化的反置",确乎是一个值得研究的现象,而且也已经引起了学术界的注意,比如顾晓鸣在《上海文化》1995年第1期上发表的文章便是以此为题的。所谓"反置",表现在学界,大约也就是北京学人变得浮躁,有些哗众取宠;上海学人则相对沉稳,显得治学严谨。不过,在我看来,那其实不过是一块硬币掉了个面而已。骨子里透出的,还是这两座城市固有的文化性格。正如杨东平所说,上海学人在研讨会上发言讲话极有分寸,就"不仅是为了政治保险,有时也是怕自己的观点被别人剽窃"(《城市季风》)。这显然是上海人特有的那种谨慎,即商业社会中人不想在政治上惹是生非和不愿泄露商业机密的习惯所致。北京的学人则相反。他们当惯了中心当惯了老大,习惯了"登高一呼,应者云集","号令一出,天下披靡"。因此一旦"群雄割据,诸侯林立",风光不再,众望不归,便不免失落。而一些新进人物又功利心切,急于"崭露头角",巴不得"立竿见影"。失落感加功利心,就使得他们不甘寂寞,急于重建中心地位和正统地位。这就要制造热点,制造话题,制造明星人物,制造轰动效应,甚至不惜为此动用当年的"海派手法"。所谓"新京派像老海派",原因便在于此。但,在京者近官意在名,没海者近商意在利,"新京派"并变不成"老海派"。更何况,老海派除"商业竞卖"之外,毕竟还有"名士才情",是"名士才情"再加"商业竞卖",新京派却是"商业竞卖"再加"政治投机",一点才情和趣味都没有的。

## 九　我　爱　北　京

说了不少北京人的"坏话",好像挺不喜欢北京。其实,我爱北京。

我爱北京,这是许多中国人都会说的话。中国人对北京和上海这两座城市的态度也是微妙的。我们会说"我爱北京",却不大会说"我爱上海",只会说"我喜欢上海"。说"我爱上海",说的人别扭,听的人也别扭。说"我爱北京",说的人顺口,听的人也顺耳。

这当然首先因为北京是新中国的首都,同时也因为北京是中国人的根,是中国和中国文化的象征。爱北京,也就是爱中国,爱中国文化。

北京也许是最能代表中国文化的城市了。西安太老,洛阳、开封、曲阜、江陵太小,南京和杭州总让人联想到偏安江左、纸醉金迷,况且屡遭兵火,也元气大伤。只有北京,曾经是元明清时代帝国京都和民国时期文化首府的北京,才集中了中国文化的精华,最能代表中国。

因此,任何中国人,尤其是上了点年纪的人到了北京,都会有回家的感觉,不像在上海那样感到陌生,在广州那样感到怪异,在深圳那样感到不属于自己。这种感觉会使你忍受甚至宽容北京各窗口行业明显劣于上海、广州、深圳的服务态度(也许这也是这些行业屡教不改的原因之一)。同样,那些在北京学习工作过的人,尽管总在抱怨北京风沙大,气候干燥,空气污染严重,服务态度恶劣,街上找不着电话,不管上哪儿都远,出门只敢打一"小面"还老打不着(以后就更打不着了,因为据说北京的"面的"都要换成"中华子弹头");或者总在抱怨北京变得越来越不像北京,茶馆、胡同、四合院以及院里的金鱼缸石榴树肥狗胖丫头一个个都不见了,CHINA 变成了"拆哪",而门脸儿都"恢复"了旧时模样的前门大栅栏又怎么逛怎么觉着别扭,名满天下的"京味小吃"也都是"民工味儿";但他们一旦离开北京,就会想念北京,有时那思念竟会超过乡愁。

说来也是,有哪个城市能比得上北京呢?西安是历史悠久的,却少了点儿生气;深圳是生机勃勃的,又少了点积淀;成都是积累丰富的,却少了点儿气度;武汉是气吞云梦的,又少了点儿风味;广州是风味独异的,却少了点儿情调;苏州什么的倒有情调,可又不成气候。何况它们都没有北京"大"。上海倒是国际化大都市,却又没多少历史,很难代表中国文化。只有在北京,你才会真正感受到中国文化的不同凡响和气势磅礴,悠远凝重和博大宽宏,并找到一种既在世界又在中国、既能与先贤交往又能与未来对话的感觉。如果说,在本世纪前半叶,没有哪个城市能比北平"更能慰藉处在社会和文化剧变中的知识分子那种迷惘失落的情怀"(杨东平《城市季风》),那么,在今天,也没有哪座城市比北京更能让人感受到新中国跳动的脉搏和前进的步伐。难怪有那么多文化人都希望到北京去发展自己了。只有在北京,他们才能确保自己根深叶茂。

的确,北京是中国知识分子的精神家园。正如在所有的城市中,北京最像首都,北京的大学也最像大学。以清华北大为代表,这些建在王府旧址或废园的京师"大学堂"(如中国大学郑王府,民国大学醇王府,华北大学礼王府,协和医大豫王府,燕京大学睿王园,清华园则是淳王的"小五爷园"),有着最纯正的学风、最高雅的品味和最自由的空气。左边红帽子(陈独秀),右边黄马褂(辜鸿铭),国子监、翰林院的传统和牛津剑桥、哈佛耶鲁式的教育奇妙地结合在一起,使北京的大学一度成为精英文化的大本营、思想学术的制高点和社会发展的思想库,也使北京成为最有学术氛围和人文精神的地方。尽管北京的大学已几经变迁,清华国学研究院四大导师(王国维、梁启超、陈寅恪、赵元任)和众多大师、名士的风采我们已无由瞻仰,但蔡(元培)校长时代的北大却仍是中国知识分子心中精神偶像,发韧倡导于北京的、以科学和民主为号召的新思想和新风气也仍是他们的精神支柱。同样,尽管近些年来,由于个别人(即所谓"新京派")的原因,北京学术界已显得有些浮躁,但北京仍有许多真正的读书人。他们靠微薄的薪资维持贫寒的生活,居陋室,着布衣,粗茶淡饭,家徒四壁,却将学术研究作为生命之寄托,坚持着极为罕见、难得和可贵的书生意气,守护着我们的精神家园。显然,有北京在,中国数千年的学术传统就会薪尽火传。

我不知道这种书卷气是否也像胡同四合院里的大爷气一样在北京的空气中日见稀薄,也不知道席珍流布的木铎之声是否也会像"小小子儿,坐门墩儿"的歌谣一样随风飘逝。古老的文化如今秋阳般暖暖也懒懒地洒落在京城不起眼的各个角落里,任凭有心人去捡拾那些碎宝流金。新生活和新文化正雨后春笋般带着湿漉漉的春意拔地而起,早已不是"草色遥看近却无"。但我却更迷恋北京的秋天。我总以为,北京是属于秋天的。北京是秋天的诗,是秋天绵长、醇厚、博大、雄浑的诗。郁达夫先生曾用他美妙的文笔描绘过北京的四季:冬季有户外呼啸的北风和室内堪恋的温软,春天有城厢内外"洪水似的新绿",夏日有葡萄架下藤花阴处的冰茶雪藕、盲人鼓词和柳上蝉鸣,而秋天则更是一部"百读不厌的奇书"。尤其是京郊那草木摇落金风肃杀之感,真能让人感动至极而涕零(《北京的四季》)。的确,北京最壮观的是门,最耐看的是秋。只有在秋天,你才能真正体味华北平原的遒劲雄风,燕山脚下的浩荡王气,文化古城的萧散悠远,田园都市的恬淡平和。同样,也只有在北京,你才能真正体味到秋天的成熟与丰满、爽朗与澄明、静谧与深沉、悠长与隽永、色彩斑斓与硕果累累,体验到"萧瑟秋风今又是,换了人间"的意境。

"庾信文章老更成。"换了人间的北京,当会更加诗意盎然吧!

# 上海滩

上海是滩。

上海滩很开阔。

开阔的上海滩有着非凡的气派。

的确,上海不但是中国最大的城市,也是中国最好最气派的城市之一,或者说,是中国最"像"城市的城市。和北京一样,上海也是全国人民最向往的地方。在全国许多地方,差不多都有所谓"小上海"。这种称号无疑是一种"桂冠",只能加冕于那些比较富庶、新潮、文明的城镇、街道和社区头上,就像当年把上海称为"小苏州"一样。不过,"小苏州"好像只有上海一家,"小上海"却遍布全国,到处都是。今日之上海,毕竟比当年的苏州,要风光得多。

然而,"小上海"毕竟不是"大上海"。领略了"小上海"种种好处的外地人,便都向往着能够亲自到上海去看一看。很多年来,能够被领导派到上海去办一点公事,差不多一直被视为一次"美差"。在物质匮乏、供应极差的那些年代,就更是如此。即便是现在,对于从未去过上海的人来说,上海无论如何也仍是值得一去的地方,尽管当真去了以后,也许有的人会失望。

但,失望归失望,向往归向往。没去过上海的人,还是想去一去,尤其是那些比较"老派"的人。在上了点年纪的中国人的心目中,上海总是代表着优秀和先进,代表着最正宗的现代工业文明,代表着这个文明"雅致的时代"。这是他们从"上海货"那里最直观地获得的感受和结论,比什么书面的说教都更靠得住。的确,在那个物质匮乏的年代,我们生活中差不多每一点小小的改善都是上海和上海货赋予的。那时,能拥有一块上海牌手表、一辆永久牌自行车或一架蝴蝶牌缝纫机,是很能让人羡慕不已的;请别人吃一块上海奶油蛋糕或大白兔奶糖,也比现在请吃生猛海鲜还有面子。这不仅因为东西稀罕,还因为东西好;也不仅是质量好,经久耐用,还因为它们都很精致,有一种特别的味道和情调,一种让人怦然心动的雅致。更何况上海又是多么大啊!在他们看来,真正所谓"现代国际大都市",首屈一指的还是上海,尽管这几年深圳的风头颇健。不过,新型的深圳怎么比得上老到的上海?上海的商品也许比不上广州或深圳新潮,但质量,却让人放心得多,因为上海的基础要厚重得多。

上海,在全中国毕竟是深得人心的。几乎每个中国人都知道,正如美国不能没有纽约,中国也不能没有上海。上海是长江流域的龙头,而长江流域则是中国经济的脊梁。更何况中国的现代化正是从上海起步的。1953年,美国学者罗兹·墨菲在他的一本关于上海的著作中,把上海称之为"现代中国的钥匙",认为现代中国正是诞生于上海。现在,越来越多的外国投资者则用他们的实际行动,表明他们更加看重看好上海。这不仅因为上海的投资环境好,比方说劳动者和管理者的基本素质和整体文化水平较高,在长期的经济社会生活中养成了一整套适合市场经济的价值观念、行为规范和文化准则等等,还因为上海能给他们以"家园之感"。对于许多外国人(不管是投资者还是观光客)来说,北京让他们感到神秘,而上海让他们感到亲切。(图十六)静安寺对面的万国公墓(现已迁走)里,埋葬着他们的先辈和同胞;而开在过去欧式老房子里的酒吧,又让他们想起百十年前的欧洲。上海,不论在中国人还是外国人眼里,都是好地方。

总之,上海实在是太重要了。它不但是中国首屈一指的"国际化

图十六：对于许多旅居中国的西方人而言，上海是最让他们感到亲切的中国城市。他们热爱上海，就像热爱自己的故土和家园。

潘文龙摄/新周刊供稿

大都市"，是足以影响国民经济的"大龙头"和"排头兵"，是反映中国政治经济变化的"大窗口"和"晴雨表"，也是完全不同于北京的一类新型城市的典型。

上海的秘密，是城市的又一种秘密。

为了弄清这些秘密，我们还是从外地人对上海的看法说起。

## 一　外地人与上海人

在外地人的心目中,上海虽然"老嗲咯",上海滩的名声却似乎不大好。

对于上海,人们习惯性地有两种说法。当他们要对上海表示好感时,便称它为"大上海";而当他们要对上海表示不满时,则称它为"上海滩"。因为一提起"上海滩",一般人马上想到的便是流氓、阿飞、小开、妓女、殖民者、暴发户、青红帮。人们形成这种概念,不知是因为上海滩原本就是这类人物的世界,还是影视传媒的着意渲染所使然?大约是兼而有之吧。

但不管怎么说,上海滩的名声不太好,却总归是事实。它被称为"十里洋场"(最早则被称为"十里夷场")、"冒险家的乐园",此外还有"东方魔都"、"千面女郎"、"洋场荡妇"、"鬼蜮世界"等"雅号"。以后又被称为"资产阶级的大染缸",被看成革命和改造的对象。比起北京之被称为"帝都"、"京师"、"伟大的首都"、"红太阳升起的地方",那名声可是差远了。

人们对待北京和上海的态度也不一样。在改革开放以前的那些年代,能够到北京去,是一件很光荣的事。这种光荣往往只属于战斗英雄、劳动模范、先进人物或政治上特别可靠、组织上信得过的人。人们怀着崇敬和羡慕的心情目送他们登车而去,期待他们带回可以分享的光荣,比如和中央领导的合影或毛主席握过的手。即便没有这份光荣,能去看看天安门,看看慕名已久的故宫、颐和园,也是令人羡慕的。如果有人到上海出差,情况又不同。他的亲朋好友会一齐来看他,一面掏出多年的积蓄,托他买这买那,一面又谆谆嘱咐,叫他小心谨慎,不要在那个"花花世界"迷失本性,上当受骗,吃了坏人的亏。去上海的人也会不虚此行。他会肩挑手提地带回许多在内地买不到的东西。这些东西不但质量好,样子新,而且价钱便宜,让人实实在在地感到上海到底是大上海,是足以让自己那个"小地方"自愧不如的大城市。当然,他在带回对上海啧啧赞美的同时,也会带回对上海的种种不满和抱怨。

的确,外地人对上海的态度是复杂和矛盾的。几乎全中国人都公认北京好,但却只有苏州、无锡等少数几个地方的人才会说上海好。其他地方人虽然心里也承认上海好,却不大愿意公开说出来。或者即便认为上海好,也是有保留的。他们宁肯对上海采取一种敬而远之的态度,而不是像对北京那样敬而亲之。要他们喜欢上海,就更难。许多从外地考入上海的大学生、研究生在毕业离沪时会这样说:"其实我并不怎么喜欢上海,可没能留下来似乎还是有点遗憾。"同样,外地人虽然有点畏忌上海,但如果让他们到上海出差,则多半也会兴高采烈。总之,正如《上海:记忆与想象》一书编者马逢洋所说,上海既是众望所归,又是众矢之的。

上海很早就是众望所归。早在1904年,蔡元培等人主编的《警钟日报》便发表题为《新上海》的社论,盛赞上海是黑暗世界中"光焰夺目之新世界";1911年,资产阶级革命党人主持的《民立报》也发表署名田光的文章《上海之今昔感》,认为上海"为全国之所企望,直负有新中国模型之资格"。新中国成立后,上海因产业工人最多和对国家经济贡献最大而卓有威望,只是由于后来出了个声名狼藉的祸国殃民小集团,又弄得有点灰头灰脸。党中央作出开发开放浦东新区的英明决策后,上海再次成为众望所归。包括国内外商业精英和文化精英在内的众多有识之士,已越来越看好上海。他们认为,上海是最具有成为"国际性现代化大都市"资质和条件的城市。上海一旦崛起,全世界都将刮目相看。

上海也很早就是众矢之的。早在五四运动前后,陈独秀就一连发表四篇评论文章,力陈上海社会之丑恶、黑暗、肮脏(《独秀文存》);傅斯年则说上海臭气熏天,竟以模仿妓女为能事(《致新潮社》);后来周作人也说上海只有"买办流氓与妓女的文化"(《上海气》);钱钟书则用挖苦的口气说,如果上海也能产生艺术和文化,"正像说头脑以外的手或足或腰腹也会思想一样的可笑"(《猫》)。总之,在他们的眼里笔下，上海滩是一个藏污纳垢之所，为非作歹之地，而沈从文等人所谓"海派"，则谁都知道是一个恶谥和贬义词。熊月之在《海派散论》一文中曾透彻地分析过这种观念产生的原因，比如民族主义、阶级分析、西方文化价值受到怀疑等等，但不管怎么说，自二三十年代起，上海滩的名声便一直弄得不太好。

上海滩的名声不太好，上海人的名声也不太好。余秋雨说："全国有点离不开上海人，又都讨厌着上海人。"（《文化苦旅》）这话说得不完全准确。准确的说法应该是：全国都离不开上海，又都有点讨厌上海人；全国都向往着上海，又都有点忌恨上海人。"上海人"这个称谓，在外地人心目中，有时简直就是诸如小气、精明、算计、虚荣、市侩、不厚道、赶时髦、耍滑头、小心眼、难相处等等"毛病"的代名词。常常会有这样的情况：当人们议论某某人如何有着上述毛病极难相处时，就会有人总结性地发言说："上海人嘛！"后面的话也就不言而喻，而听众也就释然。似乎上海人就得有这些毛病，没有反倒不正常。所以，如果一个男孩子或女孩子的恋人是上海人，亲朋好友便会大惊小怪对他们的父母说："他怎么找个上海人！"甚至还有这样的事：某单位提拔干部，上面原本看中了某同志，但有人向组织部门反映，说"他是上海人呀！"结果该同志便不能得到提拔。外地人对上海人的忌讳和提防，由此可见一斑。

这当然并不公平，也不准确。事实上，上海人并不像外地人说的那么"坏"，那么让人"讨厌"。那些真正和上海人接触多、对上海人了解多的人，都会觉得从某种意义上讲，上海人其实是很好相处的，只要你也按上海人那一套作派和法则来处世就行。我女儿到上海上大学，去之前心里也有点惴惴的（尽管我们事先也作了"正面宣传"），但半年后回来，便兴高采烈地说："上海同学蛮好的呀！"当然"蛮好的"。上海人，本来就不坏。

但可惜，持这种观点的人，似乎并不太多。

事实上，对上海人的反感和讨厌，几乎可以说是长期性的和普遍性的。正如全国各地都有"小上海",全国各地也都有对上海人的"微词"和关于上海人的"笑话"。在远离上海的贵州省施秉县(一个边远的小县城,那里有一条美丽的潕阳河可供漂流),旅行社的朋友一提起上海人,差不多每个人都有一肚子笑话可说。有一个笑话是这样说的:一次漂流前,导游交待大家,如果有贵重物品,务必交给护航员,以免丢失。然而一个上海人却不肯。他把一叠钞票含在嘴里就下了水。结果,漂到半路,船翻了,上海人大喊救命。其实,漂流中翻船是在所难免和有惊无险的,甚至还能增加漂流的乐趣。因此,不少人还会故意把船弄翻,然后和护航员一起哈哈大笑。这个大喊救命的上海人当然很快就重新回到了他的船上,只是他那一叠钞票,也就被河水冲得无影无踪了。显然,这个笑话并不"专属"上海人,它完全可能发生在别的什么地方人身上。但,不管是说的人,还是听的人,大家都觉得只有说是上海人,才特别"像"。

  关于上海人的笑话真是五花八门数不胜数。比方说,"上海的男人喝醪糟都上脸",或"上海的女人买牙膏都要磅一磅,看看是买大支的合算,还是买小支的合算"等等。在一个小品节目中,一个北方籍的妻子就这样数落她的上海籍丈夫:"那么小一块蛋糕,我睡觉前他就在吃,等我一觉睡醒来,他还在吃。"总之,这类笑话特别多,特别离奇,讲起来也特别放肆,而别的什么地方的人,是没有也不可能有这么多笑话的。比方说,我们就不大容易听到北京人的笑话。北京人也不是没有毛病,但北京人的毛病好像只可气,不可笑。别的地方人也一样。他们即便有笑话,流传的范围也有限,讲起来也有顾忌。似乎偌大一个中国,惟独上海人,是可以肆无忌惮任意加以嘲笑的一群,或者是特别值得笑话的一群。

  这些笑话中当然难免夸大不实之词,但也并非完全没有道理。事实上,外地人讨厌上海人的"理由"似乎很多。除了前面说那些"毛病"外,上海人让人讨厌的地方还很不少,比如自私、排外、对人冷淡等。在旅行途中,不顾别人是否要休息而大声讲话的,多半是上海人;在旅游胜地,抢占景点照相的,也多半是上海人。最可气的是,他们抢占了座位和景点后,还要呼朋引类(当然被呼叫的也是上海人),完全不把别人放在眼里,似乎只有他们才最有资格享受这些座位和景点。上海人之最让人讨厌之处,往往就在这些场合。

不过,外地人讨厌上海人的直接原因,还是他们说上海话。

这似乎没有道理。上海人嘛,不说上海话说什么话?再说,全国各地都有自己的方言,就连北京也有。为什么别人说得,惟独上海人就说不得?未必上海话是全中国最难听的话不成?问题并不在于上海话本身,而在于上海人讲上海话时那种"旁若无人"的态度。的确,最让外地人讨厌的,就是只要有两个以上的上海人凑在一起,他们便会旁若无人地大讲其上海话(而且往往嗓门还很大)。这时,被"晾"在一边的外地人,就会向他们投去反感厌恶的目光,至少也会大皱其眉头。可以肯定,当着外地人讲只有自己才懂的话,确实是极不礼貌的行为。但是,这种行为外地人也有。那些外地人凑在一起,也会讲他们的本地话,也会忘掉旁边还有别的地方人。为什么外地人这样做,就不会引起反感(至少不那么让人讨厌),而上海人这样做,就特别让人不能容忍呢?

原因也许就在"有意"与"无意"之别。

一般地说,外地人都不大会说普通话。其中,水平最差的是广东人。一个广东地方干部陪同外地干部到城郊参观,兴高采烈地说:"坐在船头看郊区,越看越美丽",结果外地同志听成了"坐在床头看娇妻",一个个掩嘴窃笑。因此有句俗话,叫"天不怕,地不怕,就怕广东人说官话"。广东人讲普通话的那种别扭,不但他自己讲得费劲,别人听得也难受。有个笑话是讽刺广东人讲官话的。那笑话说,一个广东人到北京的餐馆吃饭,问:"小姐,水饺多少钱一碗?"结果服务员听成了"睡觉多少钱一晚",便愤怒地骂了一声"流氓"。没想到这个广东人的普通话水平实在太差,竟高兴地说:"六毛?两碗啦!"此外,四川人讲普通话也比较困难,自然能不讲,就不讲。其他地方人,讲不好或讲不来的也大有人在。所以,他们讲方言或不讲普通话,就可以原谅。

再说,四川话、河南话、陕西话等等都不算太难懂,而广东人无论说"官话"(普通话)还是说"白话"(广州话)反正都一样难听,也就无所谓。

上海人就不一样了。他们语言能力都比较强(上海的英语水平普遍高于其他城市,就是证明),除浦东土著外,差不多个个都会说普通话。即便说得不太标准,也决不会像广东人说官话那么难听,甚至可能还别有韵味。有此能力的还有厦门人,也是个个都会说国语。会说而不说,当然是"故意"的(闽南人语言能力又较上海人为低,则故意程度也略低)。何况,上海话和闽南话(厦门方言)又是中国最难懂的几种方言之一。当着外地人讲这种谁也不懂的"鬼话"、"鸟语",不是存心不让人听、不把别人放在眼里,又是什么?

为什么不把别人放在眼里呢?因为上海人自认为是"高等华人",是全中国最优秀最高贵的人种。上海话,就是这个优秀高贵人种的标志,也是和"低等华人"(外地人)划清界限的重要手段之一。因此,只要有机会,他们就一定要说上海话,而且要大声地、尖嗓门地、无休止地讲。如果没有这个机会,也要想办法创造一个,就像暴发户们一定要想办法掏出"大哥大"在众人面前哇啦一顿以示牛气一样。

所以,上海人在外地,可能会比他们在上海还更爱讲上海话。在上海,他们反倒有时是爱讲讲普通话的,因为那是一种"有文化"的表现。但到了外地,尤其是五湖四海云集、三教九流混杂的地方(如火车上或旅游区),他们就一定要讲上海话。因为他们不能容忍当地人不加区别地把他们混同于一般的"外地人",也不能容忍别的外地人不加区别地把他们"引为同类",当然更不能容忍其他上海人把自己也看成了"外地人"。因此,只要有一个上海人开了头,其他上海人便会立即响应,兴奋而热烈地大讲其上海话。这种心态,老实说,已成为上海人一种"集体文化无意识",以至于连他们自己,也不会觉得是"故意的"。

但在外地人看来,这就是"故意的"。你们上海人不是很"文雅"吗?不是很"秀气"吗?不是连吃东西,都只吃"一眼眼"吗?怎么说起上海话来,就一点也不"文雅",一点也不"秀气",不只说"一眼眼"就拉倒呢?还不是为了向世界向别人宣布你们是"上海人"!

的确,上海人在内心深处,是不大看得起"外地人"。

在上海,"外地人"这个概念,显然带有贬义,或者带有对其文化不以为然的意思,起码也表现了上海人的一种文化优越感。1998年,我在上海博物馆参观赵无极画展,中午出去吃饭,依例要在手上绑一根纸条。对过小卖部的店员一见大为惊诧,问其所以,我如实相告说这样就能证明我是中途外出,再进门时就不用买票云云。于是这位女店员便回过头去用上海话对店里的人大发议论,无非说外地人到上海真是可怜,上海人如此欺负外地人也太不像话。其实,只要是中途外出,不论外地人还是上海人,一样咯统统都要扎纸条的。上海博物馆并无歧视外地人之意,这位店员的议论也未免有点无的放矢。但即便在这种对外地人最善意友好的态度中,我们仍不难体味到上海人不经意流露出的优越感。

这种优越感其实是显而易见的。你想,如果大家都一样,没有高低贵贱之分,也没有是非对错之别,又有什么必要区分本地外地呢?事实上,上海人确实往往是在表示鄙夷时才使用"外地人"这个概念的。它往往意味着戆大、洋盘、阿木林、十三点、猪头三、拎不清、搞七廿三、脱藤落攀等等含义。比方说,上海人一般都会挤公共汽车(他们挤惯了),有一整套动作程序和坐站规矩。外地人当然不懂这些,上车之后,难免横七竖八、磕磕绊绊。这时,上海人往往就会嘟囔一句:"外地人。"这句嘟囔,就带有鄙夷的味道。上海人文明,一般不会骂"他妈的",则这时的"外地人",也就相当于"他妈的"了。所以,在外地人看来,上海人嘴里的"外地人",就是骂人的话,至少也表现了上海人对外地人的鄙夷和不满。

用"外地人"这个词来"骂人"(其实不过是不大看得起罢了),这在全国可是绝无仅有。上海以外的其他地方,当然也有本地人外地人的说法。但那多半只是表明一种事实,不带情感色彩,也不带价值判断,顶多有远近亲疏之别罢了。也就是说,他们可能疏远外地人,却一般不会鄙视外地人。即便鄙视,也只是鄙视某些外地人(比如武汉人之鄙视河南人),不会鄙视"一切"外地人,更不会把所有的外地人都看作低能儿或冤大头,看作不可与言的"低等华人"。

在这一点上,和上海人多少有些相似的,是北京人和广州人。

北京人和广州人也都多少有点看不起外地人。不过,北京人,尤其是新北京人,一般都不大喜欢使用"外地人"这个概念,而更多地是称他们为"地方上"。这当然盖因北京位居"中央",乃"首善之区"故。北京既然是"中央",则北京人,也就当然地成了"中央的人"。"中央"要吹什么风,首先就会吹到北京人那里,而北京人当然也就"得风气之先",至少也会听到许多外地人不足与闻的"小道消息"。这就足以让北京人对"地方上"持一种"居高临下"的态度。要言之,北京人的"派",主要是一种政治上的优越感,并不带社区优越的性质。所以,北京人一旦长期离开了北京,多半就不再有什么优越感,反倒会因为他们的豪爽大度,而和当地人"打成一片"。

广州人同样也不大使用"外地人"的概念,而往往称他们为"北方人"或"内地人"。其使用范围,包括"五岭"以北的所有地区,当然也包括上海与北京。显然,这首先是一个地理概念,其次是一个文化概念。在使用这个概念时,广州人显然是不会把他们的广东老乡也纳入其范围之中的。也就是说,他们更看重的是文化的认同,而非等级的高卑。更何况,称外地人为"内地人",岂非自认"边鄙"?可见,这一概念,并无文化歧视的意味在内,甚至多少还有点自惭形秽。只不过,这些年来,广东较之内地,大大地富起来了。于是,广东人嘴里的"内地人"或"北方人",就多少有些相当于"穷人"的意思。总之,广州人或广东人的"靓",主要是经济上的优越感,也不带社区优越的性质。

北京人有政治优势,广东人有经济实力,他们当然都有理由在外地人面前"摆谱",牛气一下。那么,上海人的鄙夷外地人,又有什么"正当理由"呢?没有。

其实,这也是外地人最不服气的地方:你上海人有什么了不起嘛!

是官比我大,还是钱比我多?你们的"本钱",也就是你们自以为得计的所谓"聪明"或"精明"。然而,那又是多么可笑的聪明和精明啊!无非是会套裁裤子节约布料,或者是会选择路线节约车钱,而且是公共汽车钱!这几个小钱,我少抽两包"红塔山"就省下了。当然,上海人也特别会挤公共汽车(那也是上海人嘟囔外地人次数最多的地方),会在公共汽车站设立"站队"和"坐队"。可我们那里公共汽车根本就不挤,随随便便上车就有座,的士也招手即来,还不贵,到底谁优越来着?

尽管在外地人看来,上海人并没有多少资格自高自大,然而上海人偏偏比"天子脚下"的北京人和"财大气粗"的广东人更看不起外地人。上海话中有许多歧视、蔑视外地人的专用词汇和语言,其中又尤以歧视、蔑视苏北人为最,他们甚至被称为"江北赤佬"(或小赤佬)、"江北猪猡"(或猪头三)。过去上海滑稽戏(这是上海市民特别喜爱的一个剧种)的主要题材之一,便是讽刺嘲笑外地人、乡下人到上海后的种种"洋相"。上海人(当然主要是上海小市民)津津有味地观看这些"洋相",并在哄堂大笑中充分地体验自己的优越感。一来二去,"外地人"在上海人的"圈子"里,竟成了显示上海人优越性和优越感的"陪衬人"。

更何况,上海人对外地人的鄙夷和蔑视,几乎是普遍性和不加区别的。比方说,一个上海人要对另一个上海人的"不懂经"、"拎勿清"或"不识相"表示愤怒和不可理解,便会怒斥或质问:"侬外地人呀?"似乎只要是外地人,不管他是什么地方的,都一样低能。上海人对外地人的这种"一视同仁",就特别容易激起那些也有自己优越感的某些外地人的勃然大怒。

于是,上海人就在无意之中把自己和所有的外地人都对立起来了。这就简直无异于"自绝于人民",当然会犯了"众怒"。也许正是由于这个原因,外地人对上海人的反感程度,要远远大于他们之对广东人。广东人虽然也有"排外"的恶评,但广东人与外地人交流,毕竟确有语言的障碍,况且广东人虽"排外",却不"蔑外",而上海人岂止是"菱外",有的时候,简直是把外地人当作了麻风病人。否则,为什么要用上海话把自己和外地人"隔离"开来?这就不能不引起外地人对上海人的反感和不满,而这些反感和不满久而久之便成了"积怨"。终于有一天,积怨爆发了。几乎在一夜之间,舞台和荧屏上那些斤斤计较、小里小气、迂腐可笑、弄巧成拙的形象,青一色地操起了一口上海普通话。向以嘲笑"外地人"为能事的上海人,终于成为外地人共同嘲笑的对象;而历来用于体现上海人社区优越性的上海话,则成了嘲笑讽刺上海人最得心应手的工具。

然而上海人对此似乎无动于衷。他们似乎并未勃然大怒,群起而攻之,就像当年扬州人攻击易君左的《闲话扬州》一样。当然,对于外地人的种种非难,上海人心里是不服气的:你们只知道说上海人精明、小气,但你们知不知道我们上海人住得有多挤?一家几口挤在一间房子里,马桶旁边要吃饭的,不精明不小气怎么办?我们上海人做生活规矩、巴结,又不笨,谁也没有我们上海人对新中国建设的贡献大,凭什么该住这么挤?不过,这些话,上海人也只是私下里嘀咕,并不公开说出来。上海人似乎根本无意于和别人争个是非高低,辩个你死我活。外地人对上海和上海人褒也好,贬也好,上海人都不会在乎。最后落了下风的,还是外地人。

于是外地人就更加想不通了。他们实在想不通上海人为什么会有那么强烈的社区优越感。一个有钱有势有文化的上海人,固然会看不起没钱没势没文化的外地人(这好理解),而一个没钱没势没文化的上海人,也居然会看不起有钱有势有文化的外地人(尽管势利的上海人在表面上也会作尊重状),而且其理由又仅仅只不过因为他是上海人。他们究竟有什么本钱可以看不起一切外地人呢?又有什么本钱可以对外地人的讽刺嘲笑无动于衷呢?

这正是外地人百思不得其解的问题,也是我们着力要弄清的问题。

## 二　上海人与上海滩

要弄清前面提出的问题,首先就得弄清什么是上海人。

但这并不容易。

余秋雨说:"上海人始终是中国近代史开始以来最尴尬的一群"(《上海人》)。其尴尬之一,就是身份不明。什么人是上海人?或者说,什么人是最正宗、最地道,亦即最有资格看不起外地人的上海人?谁也说不清。因为认真说来,倘若追根寻源、寻宗问祖,则几乎大家都是外地人,而真正正宗的上海人,则又是几乎所有上海人都看不起的"乡下人"。这实在是一件十分令人尴尬的事。如果说,上海是一个"出身暧昧的混血儿",那么,上海人便是一群"来历不明的尴尬人"。

然而,恰恰是这些"来历不明"的"尴尬人",却几乎比其他任何地方的人,都更具有自己的特征,而且这些特征还十分鲜明。

的确,上海人和非上海人,几乎是一眼就可以区分开来的。一个外地人一进上海,立即就会被辨认出来,哪怕他一身的洋货包装。同样,几个上海人到了外地,也会为众所瞩目,哪怕他们穿当地服装,也不说上海话。当然,其他地方人,也有容易辨认的,比如北京人和广东人。但北京人几乎总也改不掉他们说话的那种"京味儿",而广东人除了一说话就"露馅"外,长相的特征往往也很明显。只有上海人,才既不靠长相,也主要不靠口音,而能够卓然超群地区别于外地人。说得白一点,上海人区别于外地人的,就是他们身上特有的那种"上海味"。这种味道,几乎所有外地人都能感受得到,敏感的人更是一下就"闻"到了。

显然,上海人的特征,是一种文化特征。或者用文化人类学的术语说,是一种"社区性的文化特征"。它表现为一整套心照不宣和根深蒂固的生活秩序、内心规范和文化方式,而且这一整套东西是和中国其他地方其他城市大相径庭甚至格格不入的。事实上,不管人们如何描述上海或上海人的社区特征,至少有一点是可以肯定的,那就是这些特征十分鲜明,而且与全国其他地区相去甚远。也就是说,与其他社区相比,上海社区的异质程度很高(另一个异质程度很高的城市是广州)。唯其如此,上海人才无论走到哪里都十分地"扎眼",与其他人格格不入,并且到处招人物议。坦率地说,我并不完全赞同对上海人的种种批评。我认为,这些非议和闲话,其实至少有一半左右是出于一种文化上的偏见,而且未见得有多么准确和高明。说得难听一点,有的甚至可能是"以小人之心度君子之腹",即以一种相对落后的文化观念去抨击上海人,或者对上海的先进与文明(比如上海人特有的"经济理性"、"个体意识"甚至"卫生习惯"等等)"看不惯"或"看不起"。比方说,看不惯上海人的衣冠整洁、处处讲究,就不一定有道理;看不起上海人喜欢把账算得很清,也大可不必。

但是,无论外地人对上海人的抨击和批判有理也好(上海人确有毛病),无理也好(外地人观念相对落后),上海与全国其他社区之间差异极大,总归是一个事实。上海固然完全不同于农村(因此上海人特别看不起"乡下人"),也总体上基本上不同于国内其他城市(上海人所谓"外地人",便主要指国内其他城市人)。这也是上海与北京、广州的最大区别之一。北京模式是"天下之通则",省会、州府、县城,无非是缩小了和降格了的北京。它们当然很容易和北京认同,不会格格不入。广州则介乎北京与香港之间,既可以与北京认同,又可以与香港认同,更何况广州在岭南地区,还有那么多的"小兄弟",何愁不能"呼朋引类"?

上海却显得特别孤立。它甚至和它的临近城市、周边城市如南京、杭州、苏州、无锡也"不搭界",尽管上海曾被称为"小苏州",而无锡则被称为"小上海"。但上海固然早已不是苏州的缩影,无锡也决非上海的赝品。更何况,别的城市或许会仿效上海,上海却决不会追随他人。上海就是上海。

上海既然如此地与众不同,则上海人当然也就有理由同其他地方人划清界限,并把后者不加区别和一视同仁地都称之为"外地人"。事实上，外地人如此地喜欢议论上海人，无非说明了两点，一是上海文化特别，二是上海文化优越。北京优越但不特别，所以不议论北京人；云南的摩梭人特别但不优越，所以也没有人议论摩梭人。只有上海，既优越又特别，所以对上海人的议论也就最多。当然，也正是这些优越性和独异性，使上海人在说到"外地人"时，会发自内心、不由自主甚至不加掩饰地表现出一种优越感。

也许，这便正是让外地人受不了的地方。人都有自尊心。每个民族有每个民族的自尊，每个地区也有每个地区的自尊，当然也有每个地区相对其他地区的优越性（尽管可能会有点"自以为是"）和由此而生的优越感。但是，优越感不等于优越性。比方说，一个陕西的农民也会坚持说他们的文化最优秀，因为他们的油泼辣子夹馍是世界上最好吃的饭食，秦腔则是"世界戏剧之祖"，而信天游又特别好听等等。但是，恐怕不会有谁认为陕西农村就是最先进和最优秀的社区。要之，优越感是属于自己的，优越性则必须要别人承认。

上海文化的优越性恰恰是被人承认的。尽管有那么多外地人同仇敌忾地声讨、讥讽和笑话上海人，但决没有人敢小看上海，也没有人会鄙夷上海，更没有人能够否定上海。要言之，他们往往是肯定（尽管并不一定喜欢）上海，否定上海人。但上海人是上海文化的创造者和承载者，没有上海人，哪来的上海文化？所以，上海人对外地人的讥讽和笑话根本就无所谓，当然也无意反驳。你们要讥讽就讥讽，要笑话就笑话，要声讨就声讨吧！"阿拉上海人"就是这种活法，"关侬啥事体"？况且，你们说完了，笑完了，还得到南京路上来买东西。

上海人如此自信，不是没有道理的。我们知道，真正的自信心只能来源于优越性。没有优越性做背景，自信就不过是自大；而区别自信与自大的一个标志，就是看他敢不敢自己"揭短"。没有自信心的人是不敢自己揭短的。他只会喋喋不休地摆显自己或自己那里如何如何好，一切一切都是天下第一、无与伦比。其实，他越是说得多，就越是没有自信心。因为他必须靠这种不断地摆显来给自己打气。再说，这种深怕别人不知道自己或自己那里有多好的心态，岂非恰好证明了自己和自己那里的"好",并不怎么靠得住,别人信不过,自己也底气不足？否则,没完没了地说它干什么！

上海人就不这么说。

当然,上海人当中也有在外地和外地人面前大吹法螺者。但对上海文化多少有些了解的人一眼就能看出,那多半是"下只角"的小市民。他们平常在上海不大摆得起谱,便只好到外地人那里去找平衡。真正具有自信心的上海人并不这样做,至少他们的优越感并不需要通过吹嘘来显示。相反,他们还会经常私下地或公开地对上海表示不满。上海曾经深入持久地展开关于上海文化的讨论,就是一个很好的证明。在那场讨论中,向来爱面子的上海人,居然纷纷投书撰稿,历数上海和上海人的种种不是,在上海的报刊上让上海人的种种丑陋纷纷亮相,揭露得淋漓尽致,而从学者到市民也都踊跃参加议论和批判(当然也有认为上海人可爱者)。显然,这种讨论,在别的地方就不大开展得起来,比如在厦门就开展不了(厦门人懒得参加),在北京似乎也不大行(北京人不以为然),然而在上海,却讨论得轰轰烈烈。

上海人自己都敢揭自己的短,当然也不怕别人说三道四。我这本书就是在上海出版的,我关于城市文化的一些文章也都在上海出版的《人民日报》(华东版)、《文汇报》和《解放日报》发表。上海人看了也许会有不同意见,但没有人认为不该发表,更没有人像当年扬州人对付我的同宗前辈易君左那样,要和我对簿公堂。这无疑是一种有自信心的表现。那些没有自信心的人,是不敢让"丑媳妇"公开亮相的,也是容不得别人提一点点意见的。看来,除自称"大上海"这一点较北京为"掉价"外,上海人从总体上看,应该说显然是自信心十足。

的确,上海人对自己社区的优越性,似乎确信无疑。

除在北京人面前略显底气不足外,上海人对自己社区文化的优越性,几乎从未产生过怀疑。一个可以证明这一点的众所周知的事实是,上海人无论走到哪里,都会充满自信地把上海文化传播到哪里,而且往往能够成功。

建国以来，由于种种原因（支援边疆、支援三线、上山下乡等），上海人大批地走出了上海，来到北大荒、云贵川、新疆、内蒙，撒遍九百六十万平方公里的土地。他们在当地人那里引起的，首先是新奇感，然后是羡慕和模仿。尽管他们当中不少人，是带着"自我改造"的任务去那里的，但他们在改造自己的同时，也在悄悄地改造着那里，在普及小裤脚、茄克衫和奶油蛋糕的同时，也在普及着上海文化。改造的结果也是众所周知的：上海人还是上海人，而一个个边陲小镇、内陆山城、乡村社区却变成了"小上海"。无疑，这不是因为某几个上海人特别能干，而是上海文化的特质所致。

上海文化这种特别能够同化、消解异质文化的特质和功能，几乎像遗传基因一样存在于每个上海人的身上，使他们甚至能够"人自为战，村自为战"。结果自然是总有收获：如果有足够多的上海人，他们就能把他们所在的地方改造成"小上海"。如果人数不够，则至少能把自己身边的人（比如非上海籍的配偶）改造成半个上海人。比如，在云南、新疆、黑龙江军垦农场，无论是其他城市的知青，还是农场的老职工及其子弟，只要和上海知青结了婚，用不了多久，都会里里外外变得像个上海人，除了他们的口音以外。上海人（尤其是上海姑娘）就是有这种本事：如果上帝不能给他（她）一个上海人做配偶，他（她）就会自己创造一个。似乎可以这么说，上海文化很像某些科幻影片中的外星生命体，碰到什么，就把什么变得和自己一样。我们还可以这么说，北京文化的特点是有凝聚力，上海文化的特点则是有扩散力。北京的能耐是能把全国各地人吸引到北京，在北京把他们同化为北京人；上海的能耐则是能把上海文化辐射出去，在外地把外地人改造为上海人。

显然，这种同化、消解异质文化的特质和功能，是属于上海社区的。

上海社区的一个重要特征，就是上海人与非上海人之间的区别和差异，要远远大于上海人与上海人之间在身份、地位、职业和教养等等方面的区别和差异。在北京或其他城市，你多半可以很容易地大体上看出一个人是什么身份，干什么的，或处于什么阶层，而在南京路上，你首先分辨出的,则是上海人和外地人。至于上海人,除了身着制服者外,你就很难再看出什么名堂来了。他们几乎都一样地皮肤白皙、衣冠整洁、坐站得体、彬彬有礼,甚至连先前的人力车夫,也能说几句英语(尽管是"洋泾浜"的)。总之,他们都有明显区别于外地人的某些特征,即仅仅属于上海社区的特征,当然都"一样咯统统阿拉上海人"。

可见,"上海人"这个概念,已经涵盖和压倒了身份、地位、职业的差异和区别,社区的认同比阶级的认同更为重要。因为上海文化强大的同化力已经差不多把那些差异都消解了。结果,在外地人眼里,上海就似乎没有好人和坏人、穷人和富人、大人物和小人物、土包子和洋鬼子,而只有一种人——上海人。

当然,上海人并不这么看。在上海人看来,"上只角"和"下只角"、"上等人"和"下等人",还是有明显区别的,只是外地人看不出。况且,上海的舆论导向,似乎也倾向于社区的认同,或致力于营造上海社区的情调和氛围。最能体现上述倾向的是那份《新民晚报》。在国内众多的晚报中,它是名气最大风格也最为卓异的(另一份曾经差不多具有同等水平的是《羊城晚报》,不过现在《南方周末》似乎已后来居上)。外地人几乎一眼就能看出它是上海的报纸,有着明显的上海风格。但对上海人,它却是真正地"有读无类",小市民爱看,大名流也爱读。总之,它对于上海的读者,也是"一样咯"统统看作"阿拉上海人"的。它的"个性",只是上海文化的个性。或者说,只是上海的社区性。

上海的社区性无疑是具有优越性的。

我们知道,文化的传播有一个规律,就是"水往低处流",亦即从相对比较先进文明的地区向比较落后的地区传播,而同化的规律亦然。当年,清军铁马金戈,挥师南下,强迫汉人易服,试图同化汉文化,结果却被汉文化所同化,就是证明。上海文化有这么强的传播力和同化力,应该说足以证明其优越性。

然而,这样一种文化,却只有短暂得可怜的历史。

尽管上海人有时也会陶醉于春申君开黄浦江之类的传说(上海的别号"申城"即源于此),但正如世代繁衍于此的"正宗上海人"其实是"乡下人",上海作为现代都市的真正历史,当始于1842年《南京条约》签订之后、1843年11月7日的正式开埠。在此之前,直至明末清初,上海不过"蕞尔小邑",是个只有10条巷子的小县城。到清嘉庆年间,亦不过60条街巷,并以通行苏州话为荣。可是,开埠不到二十年工夫,上海的外贸出口便超过了中国最早的通商口岸广州。1861年,上海的出口份额占据了全国出口贸易总额的半壁江山;九年后,广州已不敢望上海之项背(上海63%,广州13%)。难怪作为"后起之秀"的香港也被称为"小上海",而不是"小广州",尽管广州在地理上要近得多,文化上也近得多。正如1876年葛元煦《游沪杂记》所言:"向称天下繁华有四大镇,曰朱仙,曰佛山,曰汉口,曰景德。自香港兴而四镇逊焉,自上海兴而香港又逊焉。"

以后的故事则是人所共知的:上海像巨星一样冉冉升起,像云团一样迅速膨胀。1852年,上海人口仅54.4万,到1949年,则已增至545.5万。增长之快,虽比不上今天的"深圳速度",在当时的历史条件下,却已十分惊人。与此同时,上海的地位也在急遽上升。1927年7月,即南京国民政府成立三个月后,上海因其"绾毂南北"、"屏蔽首都"的特殊地位而被定为"特别市",从此与县城省治告别,成为完全意义上的城市型社区。它甚至被称为"东亚第一特别市",成为当时国民政府的国脉所系。与北京从政治中心退隐为文化本位城市相反,作为世界瞩目的国际大都会和新兴市民的文化大本营,上海开始在中国现代化进程中越来越多地发挥着举足轻重和无可替代的作用。资产阶级大财团在这里崛起,无产阶级先锋队也在这里诞生;西方思想文化从这里输入,马克思列宁主义也在这里传播。一切具有现代意义、与传统文化截然不同的新东西,包括新阶级、新职业、新技术、新生活、新思想、新观念,甚至新名词,差不多都最先发轫于上海,然后才推行于全国。一时间,上海几乎成了"新生活"或"现代化"的代名词,成了那些不安分于传统社会、决心选择新人生道路的人的"希望之邦"。

在上海迅速崛起为全国最大的工业、商贸、金融、航运中心,崛起为远东首屈一指的现代化大城市的同时,它在文学艺术方面的成就也堪称亚洲第一。事实上,从某种意义上说,上海也是中国新文化运动的发祥地。在这方面,它至少是可以和五四运动的策源地北京共享声誉的。当北京大学、燕京大学的图书馆还不屑于收藏新小说时,上海却已有了22种以小说命名的报刊(全国29种)。更不要说它还为中国贡献了鲁迅、胡适、陈独秀、茅盾、巴金、郭沫若、瞿秋白、叶圣陶、郁达夫、徐志摩、戴望舒、林语堂、刘半农、陶行知、胡风、周扬、夏衍、田汉、洪深、聂耳、傅雷、周信芳、盖叫天等(这个名单是开不完的)一大批文化精英和艺术大师。至于它所创造的"海派文化",更是当时不同凡响,至今余响未绝。

这真是令人叹为观止。

哲人有云"人类是擅长制造城市的动物",但上海的崛起似乎也太快了。事实上,上海文化在这么短暂的时间内就成了"气候",而且是"大气候",这本身就是一个奇迹。上海社区文化性格的秘密,当从这一奇迹中去找答案。

## 三　上海滩与北京城

这个秘密,也许就在于上海是"滩"。

北京是城,上海是滩,这几乎是并不需要费多少口舌就能让人人都同意的结论。北京的城市象征是城墙和城门,是天安门和大前门,上海的城市象征则是外滩。正如不到天安门就不算到过北京,不到外滩也不算到过上海。那里有一个英国犹太人用卖鸦片的钱盖起的"远东第一楼"(和平饭店),有最早的水泥钢结构建筑上海总会(东风饭店),有最早的西洋建筑颠地洋行(市总工会),有中国第一家中外合资银行华俄道胜银行上海分行(华胜大楼),有外商银行的巨擘汇丰银行(原外滩市府大楼),有上海最豪华的旅馆之一上海大厦,当然还有江海关、领事馆、招商局。这些高低不齐风格各异的建筑,默默无言地讲述着近一百年来最惊心动魄的故事。当你转过身来,又能看见蔚为奇观的东方明珠电视塔,和浦东拔地而起巍峨壮观的新大楼。外滩,既代表着上海的昨天,也代表着上海的今天。(图十七)

图十七:上海是滩,是气势非凡的开阔的滩。

任　珑摄/新周刊供稿

一个知识女性这样描述她对外滩的感受:"一面是中国流淌千年的浑浊的母亲河,一面是充满异国情调的洋行大厦群,外滩浓缩着十九世纪中叶开埠以来东西交汇、华洋共处的上海历史,记载着这个如罂粟花一样奇美的城市的血腥与耻辱、自由与新生。夜雾微浮的时候,看够了江上明灭的灯火和远处城镇的轮廓,我常转过身,伴着黄浦江上无止无息的涛声和略带苦涩的河风,观望匆匆或悠闲的行人,猜度新月型的大厦群里哪幢是上海总会,哪幢是日清轮船公司、大英银行、意大利邮船公司……外滩,在我心中一直是上海最美丽的风景、最精致的象征。"(黄中俊《寻访城市象征》)

其实,外滩不但是上海的象征,也是上海人的骄傲。正如陈丹燕所说:"甚至在最为排外的五六十年代,上海出产的黑色人造革旅行袋上，也印着白色的外滩风景"（《上海的风花雪月》）。而那些介绍上海的小册子，也总是拿外滩的风景照作封面。的确，对于上海这样一个没有多少风景可看的城市来说，被称作"万国建筑博览会"的外滩无疑是最好看的了。上海现在当然有了许多"更好看"的建筑，但它们都太新了，很难让人产生联想。外滩就不。走在外滩，你常常会在不经意中发现说起来不算太老却也沉睡了多年的历史，看到一些字林西报时代的东西，就像走在北京的胡同和废园里，一不小心就会碰见贝勒或格格，甚至和明朝撞个满怀一样。

外滩确实是"石头写成的历史"。那高低错落沿江而立的上百栋西洋建筑，那两座大楼间没有一棵树的窄街，那一盏盏老式的铸铁路灯，那有着铜门和英国钟的海关，还有那被陈丹燕称之为"像一个寡妇一样，在夜里背时而抒情地站着"的灯塔，都让你浮想联翩。如果你多少知道一点历史，又有足够的想象力，你就不难想到，在大半个世纪以前，这些路灯下站着的是些什么人，那些铜门里出进的又是些什么人。那是和北京城很不一样的。那时，北京城里皇城根下的各色人等，有前清王朝的皇族、旗丁、太监，北洋时代的军阀、政客、幕僚，下野的政治家，退隐的官员，做过京官的士大夫，圣人一样的教授学者，雍和宫的喇嘛，五台山的和尚，游方道士，算命先生，变戏法的，拉洋片的，串街走巷剃头的，唱莲花落要饭的，以及无所事事的胡同串子等等。当然还有妓女。其中那些最体面的，"头顶马聚源，脚踏内联升，身穿瑞蚨祥"，出进茶馆、戏园子和爆肚儿满，喝茶、票戏、不着边际地海聊。而在上海，在这个"十里洋场"的滩上，活跃的则是商业巨头、大亨、大班，洋行里的买办和大小职员，律师、医师、会计师、建筑师、工程师，报馆里的编辑记者，靠稿费谋生的作家，里里外外都透着精明的账房、伙计、学徒、侍应生，无处不在的掮客、包打听和私人侦探，掼浪头的阿飞、白相人和洋场恶少等等。当然也有妓女。其中那些最体面和装作体面的人，便会西装笔挺，皮鞋锃亮，头发一丝不苟地梳着，走进外滩那些代表着工业文明雅致时代的建筑，在生着火的壁炉前，品尝风味纯正的咖啡和葡萄酒，享用漂洋过海而来的雅致的生活。

于是你一下子就感到：上海，确实是和北京、和中国那些古都名邑全然不同的城市。

简单地说：北京是城，上海是滩。

把上海称之为滩，应该说是恰当的。

"滩，水濡而干也。"它往往是河、海、湖边淤积而成的平地。其中，因河流或海浪的冲击而在入海处之所形成者，就叫"海涂"、"海滩"或"滩涂"。显然，把上海称为"滩"，是十分准确而又意味深长的。从地理上讲，上海正是这样一个生成于长江入海口的滩涂地带；而从文化上讲，上海则正是中西两大文化浪潮冲击积淀的产物。上海，当然是滩。

事实上，上海从来就没有被当作"城"来建设。在古代中国，"城"的建立和建设，往往因于政治或军事的需要。它们的命运，也总是和王朝的命运联系在一起。王朝兴盛，则其城也立焉；王朝衰败，则其城也毁焉。因为它们作为王朝全国性或地方性的政治军事中心，总是会得到朝廷的行政扶植和财政支持，也总是会成为敌对势力的重点打击对象。结果，中国的"城"，便不是成为改朝换代的幸运儿（如开封），就是成为政治斗争的牺牲品（如太原）。

上海的出现，却与此无关。它的命运一开始就和中国的那些古城不一样。因为水运和通商的缘故，唐天宝十年（公元 751 年），中央政府在今上海市松江故道以南设华亭县，揭开了上海政区形成的帷幕；南宋咸淳三年（公元 1267 年），松江入海口沪渎的上海浦设立镇治，上海镇成为华亭县最大的市镇；元至元二十八年（公元 1291 年），上海正式设县，范围包括今之上海市区和上海、青浦、川沙、南汇四县，隶属松江府。此后 260 余年间，上海县一直有县无城。直到明嘉靖三十二年（公元 1553 年），为了抵御倭寇的侵扰，上海才建筑了城墙，但却是圆的，与中国其他城市的正方形迥异。上海，似乎从根子上就和中国文化传统格格不入。

然而，即便是这个怪模怪样、不伦不类的城墙，也没能存在多久。

上海开埠以后,城墙之阻碍车马行旅、金融商情,很快就成为几乎全体上海人的共识。于是,在官绅士商的一致呼吁下,上海城墙被拆除。上海,几乎成了中国历史上建城最晚而拆墙最早的城市。

比起上海天翻地覆并极具戏剧性的变化,城墙的拆除也许不过小事一桩,但却颇具文化上的象征意义。因为没有墙的城是不能算作城的。城也者,因墙而成者也。没有了那个"土围子",还能算是城吗?事实上,上海从其历史真正开始的那一天起,似乎就没有打算成为什么"城",当时的中国政府也没有像建设其他城市那样按照"城"的模式来对上海进行规划,反倒把上海最好的地段拱手相让。1846年,也就是上海开埠后的三年,英国人首先占据外滩以西的一片土地,建立了英租界,首开租界之先河。此后二十年左右,中国历史上特有的租界制度,便在上海得以确立,并整整存了一个世纪,同时还波及到其他城市。这种事情,在北京显然是想也不敢想的。天子脚下的首善之区,岂容"化外之地"?然而上海却可以。在当时的中国政府看来,上海无疑是微不足道的。上海既不产稻米,又不产丝绸,风水也不怎么样。鬼子们既然傻乎乎地看好那地方,那就赏给他们,随他们折腾去,谅他也成不了什么气候。

现在看来,道光爷、咸丰爷们显然是失算了。"千里之堤,溃于蚁穴。"口子一开,太平洋上强劲的海风,自然是长趋直入,何况又占领了这样一个滩头地段?西学之东渐,自然便有了一个最为便当的跳板和基地。于是,为当时并不看好上海的人始料所不及,半个世纪之后,上海便出落成与北京迥异的国际化大都会,而且处处与北京作对。早在1917年,海上文人姚公鹤便指出:"上海与北京,一为社会中心点,一为政治中心点,各有其挟持之具,恒处对峙地位。"(《上海闲话》)事实上也是如此。本世纪初,上海是资产阶级民主革命派的大本营,公然与北京政府分庭抗礼;本世纪中,它又变成了"无产阶级文化大革命"的策源地,公然"炮打"北京的"资产阶级司令部"。至于文化上的南北之争、京海之辩,自然也不在话下。

更何况,上海虽然抢了滩头,却也并非没有后援。天津、汉口、广州、厦门、宁波、香港，都在和上海桴鼓相应。其中，天津近在京畿，汉口深入腹地，意义尤其不同凡响。总之，山下之城，已难抵挡水边之滩的挑战。

当然，上海一开始并没有想那么多。

一个多世纪前的上海，最忙的事情是"摆摊"。

那都是些什么样的"摊子"啊！——江海关、跑马场、招商局、巡捕房、交易所、礼拜堂、西菜馆、拍卖行，全都见所未见，闻所未闻。那又是些什么样的"摊主"啊！——冒险家、投机商、殖民者、青红帮、皮条客、拆白党、交际花、维新党，全都踌躇满志，胆大妄为。城墙拆除了，心理框框也打破了；租界建立了，新的观念也产生了。甚至几千年来从未有过的职业也出现了：买办、律师、记者、翻译、经理、职员、会计、邮差，甚至还有"黄牛"、"包打听"之类，当然还有产业工人。但无论何等人物，其谋生方式和消费方式，都大不同于传统社会。上海，变成了地地道道的"新世界"。

这个新世界立即就对国人和洋人都产生了吸引力，而它也以一种来者不拒的态度对待外来者。很快，上海就变成了中国移民程度最高的城市。江苏、浙江、安徽、广东、湖北、山东等临近省份的同胞大量涌入，英、法、美、日、俄、德、意、比、葡、奥、印度、丹麦、波兰、捷克、西班牙等世界各国的洋人也纷至沓来，正所谓"人物之至者，中国则十有八省，外洋则廿有四国"。其中自然不乏社会名流、文化精英、前卫战士、革命先驱。他们走进这并无城墙阻隔、一马平川极为开阔的上海滩，各行其道，各显神通，把上海的摊子越铺越大。

上海文化正是这些移民们创造的。它当然只能是一种新的文化。甚至上海话，也是一种新方言，它不再是苏州话，也不是上海的本地话（浦东话或崇明话）。上海话不但语音已和周边地区不尽相同，而且拥有大量仅仅属于上海市区的词汇（有的则首先在上海流行，然后才传播全国，如"沙发"）。总之，它已不再属于某个省份或州县，而只属于上海这个新的社区。

在这里，比较一下上海与北京，将是十分有趣的。

北京也是移民程度很高的城市。它的开放程度和兼容程度都极高，包容量和吞吐量也极大。所以，北京和上海都能吸引外地人才，吸收外来文化，终因兼收并容、吞吐自如、无所不包而蔚为大观。但是，北京的吸收和包容却不同于上海。北京是容量很大，再多也装得下；上海则是摊子很开，什么都能来。北京的吸收是有选择的，上海的吸收则是自由化的。简单点说，即北京实行的是"优选制"，能不能被接纳，要看你进不进得了城；上海实行的是"淘汰制"，想来就来，悉听尊便，至于来了以后能不能成气候，甚至能不能生存，那它就管不着了。

于是，北京与上海的移民成分便大不相同。辛亥革命前，北京的移民主要是冲着皇帝来的。他们是新科进士和升迁官员，以及为皇帝和官员们服务的太监、宫女和仆人。国民政府定都南京后，北平的移民主要是冲着大学来的。当时全国最著名的高等学府云集北平，吸引了天南地北的莘莘学子。新中国成立后，加入北京人行列的主要是两种人：调进北京的干部（多半是中高级的）和分进北京的大学毕业生（多半是较优秀的）。总之，北京的移民，总是围绕着"政治"这个中心，或"学术"这个次中心；而北京的吸收，则总是以是否"优秀"、是不是"精英"为尺度。上海的移民在半个世纪前则有点鱼龙混杂、泥沙俱下的味道。有来谋生的，有来投机的，有来避难的，有来享福的，有来求学的，有来创业的，也有胡里胡涂跟着来的。五花八门，不一而足。上海滩毕竟很开阔，谁都可以来的。

移民的结果似乎也不同。北京的移民只是壮大了北京，丰富了北京，却不能创造一个一体化的北京文化。北京没有这样一种一体化的文化，而只有各个不同"圈子"的文化（皇家官方文化、文人学者文化、市井平民文化等）。移民们也只是进入了不同的"圈子"，并与各自的"圈子"相认同。上海的移民虽然来路不同动机各异，却共同创造了一体化的上海文化，并因为这种文化而统统变成了"阿拉上海人"。

北京与上海的这种区别，其实也正是"城"与"滩"的区别。

什么是城？城就是"圈子"，而圈子是有大小、有品类的。大小品类，也就是尊卑贵贱远近亲疏。作为皇都京城的北京，它的城市规划最集中地体现了中国传统文化的思想：尊卑有序，等级森严。前已说过，明清的北京是三个一圈套一圈的城，最中心的是宫城即紫禁城，乃天子所居；次为皇城，是政府所在；最外围是京城，其中紧靠皇城根儿是各部衙门，再外围则是规划整齐的街市。清代京城还有内城外城之别。内城是满人的禁区，外城是汉人的地盘。站在景山俯瞰全城，金碧辉煌的宫殿楼阁与矮小灰暗的民居形成鲜明的对比，所谓"东富西贵，南贫北贱"，一目了然。不同身份地位的各色人等，便在这规划好了的城区内各居其宅，各守其职。可以说，北京是做好了圈子往里"填人"。北京人，当然不可能没有"圈子意识"。

上海则不一样。因为上海是滩。什么是滩？滩不是圈子，而是一个开放的体系，因为它根本没有什么边际，也没有什么界限。在这个开放的体系中，差不多每个人都是单独的、个别的而且是出出进进的人，很难形成圈子。即便形成了，也只是松散的圈子，很游移，很脆弱，最终会被"滩"消解。因为"圈子"与"滩"是格格不入的。你什么时候看见海滩上有圈子呢？没有。即便有，也很松散。滩上的人，更多感受到的是海滩的开阔和自由，是个体与滩涂的直接认同和对话，而不是什么小圈子的存在。上海人便正是这样。他们的"圈子意识"远远弱于北京人。尽管他们也有圈子，但多半都很松散。更多的时候，还是"自管自，各顾各"。上海人的口头禅"关侬啥事体"，便再明显不过地表明了上海人的这种"滩涂意识"。

北京上海两地的民居，也很能体现这两种不同的文化特征。北京最典型的民居是"四合院"。所谓"四合院"，就是一个用围墙圈起来的家庭或家族的小天地。在某种意义上，它也可以看作是北京城的"缩微品"。因此它实际上就是一个大圈子中的小圈子。圈子里面的人是一种群体的存在，却未必能与外面的人认同。我常常怀疑，北京人的圈子意识，是不是多少与这种居住环境有关。何况北京除了大圈子(北京城)、小圈子(四合院)外，还有许许多多不大不小的"中圈子"。机关、学校、工厂、医院,一律高墙大院,壁垒森严,自成系统。北京人,就生活在这些大大小小的圈子里,自然而然就会产生"圈子意识"。尽管现在大圈子(北京城墙)拆掉了,小圈子(四合院)也渐次消失,但"圈子意识"却已成为北京人的一种"文化无意识",积淀在北京人的心理深层,甚至形成了北京人的一种文化性格。

上海最典型的民居则是所谓"石库门"(尤其是"新式石库门")。它实际上是把许多差不多一样的单体民宅连成一片,纵横排列,然后又按总弄和支弄作行列式的毗邻布置,从而形成一个个社区。这种建筑结构,显然最明显地体现了上海特有的文化模式——个体直接而不是通过圈子与社区认同。据统计,上海市民约有半数左右居住在这种旧式里弄中,而且多在上海人口密度最高的中心地段,则上海人的文化性格,也就不能说与它无关。

事实上,上海虽然有所谓"上只角"和"下只角"之别,有花园洋房、公寓住宅、里弄住宅和简易棚户四类等级不同的民居,但这些民居的建设,大体上是"摆摊式"的,没有北京那种从中央向外围层层扩散、层层降格的布局。甚至杂居的现象,也不是没有可能。实际上,所谓"石库门"里弄,便是杂居之地。那种住宅,只要付得起房钱,谁都可以来住,而居于其间者,事实上也五花八门,职业既未必相近,身份也未必相同。也可以这么说,上海,是铺开了摊子往里"进人"。只要进来了,就属于上海滩,而无论其身份地位高低贵贱如何。也许,作为大大小小"冒险家"的"乐园"和一个庞大的"自由市场",它要问的只有一句:你是否有足够的精明?如果有"精明"这张门票,你就可以在这个滩上一显身手了。

因此,我们无妨说,北京人的"文化无意识"是"圈子意识"(城意识),上海人的"文化无意识"则是"滩涂意识"(滩意识)。

北京人和上海人"文化无意识"的体现,是随处可见的。

记得有一年中央电视台的春节联欢晚会上有个小品,叫《有事您说话》。郭东临扮演的那个小伙子,逢人就问:"您有事吗?有事您说话。"为了帮人办事（当然也为了显示自己"有能耐"），小伙子半夜三更跑到火车站去排队买卧铺票，实在买不到就贴了钱买高价的。结果事情越闹越大，弄得他自己也收不了场下不了台。饶这么着，他见了人，还是忍不住要问一句："您有事吗？有事您说话！"

这个小品自然有它自身的意义，这个小伙子也多少有点特别。但似乎可以肯定，这是一个北京人的故事，而决不会是上海人的笑话。在上海，是不可能有人没事找事到处"找"忙帮的。上海人爱说的不是"有事您说话"，而是"关侬啥事体"。这句话，不但适用于素不相识者，也适用于亲戚、朋友、熟人、同事，而闻者一般也都不会介意。它其实再明显不过地表明了上海人的"滩涂意识"。当然，上海也有"朋友，帮帮忙"的说法，但，对不起，那多半是一种挖苦，或委婉的警示，有"少添乱"、"别做手脚"或"有没有搞错"的意思。比方说，你话说得太离谱，上海人就会笑起来，说："朋友，帮帮忙！"又比方说，到自由市场买东西，便最好能用上海话说一句："朋友，帮帮忙，侬勿要'斩'我。"似乎可以这么说，一个"有事您说话"，一个"关侬啥事体"，就这两句话，便把北京人和上海人鲜明地区分开来了。

这种比较对上海人颇为不利。因为它会给人以一种北京人热情上海人自私的感觉，而"上海人自私"，又是许多外地人对上海人的共同看法。其实，上海人并不像许多外地人想象或描述的那么自私，他们也是乐于助人的，而且其热情有外地人不及之处。比方说，外地人在上海问路，便往往能得到热情的回答，有的还会为你出谋划策，告诉你乘哪趟车又在哪里转车较为简便合算。这种对"不搭界"者的认真负责态度，在外地人看来就未免匪夷所思，所以常常大感意外。外地人尤其是北方人，却往往只会对自己的"哥们"两肋插刀，对陌生人可就没有那么周到，弄不好还会来个"关我什么事"。

显然，北京人热情也好，不热情也好，是"内外有别"的。比如前面说的那个小伙子，固然热情得逢人就问："您有事吗？有事您说话"，但所问之人肯定都是"熟人"、"自己人"。如果见了陌生人也这么问，那他不是"疯子"就是"傻子"。而且，当他站在柜台后，面对陌生的顾客时,没准其服务态度会生硬得够呛(这种钉子我们在北京可是碰得多了)。上海人则相反。热情也好,不热情也好,是"一视同仁"的。他们会帮助求助于他们的人,但不会主动去问:"您有事吗?有事您说话!"而无论这人是"自己人"还是"陌生人"。同样,如果涉及他自己个人的事,他也会毫不客气地说:"关侬啥事体",也无论这人是"自己人"还是"陌生人"。

道理也很简单,就因为"圈子意识"是一种"群体意识",而任何群体都是有限度的。比如"一样大块吃肉,大碗喝酒,大秤分金银"的,就只限于水泊中人,甚至只限于一百单八人。梁山圈子以外,对不起,就没有了,而且弄不好还只有挨刀的份。这就叫"内外有别"。圈子外的人,可以无视其存在;圈子内的人,则必须"抱团儿"、"扎堆儿",必须互相帮助,互相提携,互相关照,包括时不时问上一句:"您有事吗?有事您说话!"

相反,"滩涂意识"则是一种"个体意识"。它强调的,是个体独立人格的"不可入"和自由意志的"不可犯"。有句话说:"上海人什么衣都敢穿",就因为在这个懂得尊重他人"隐私"(尽管不多),允许保留"私人空间"(尽管很小)的"滩"上,过多地干预他人的私生活是"可笑"甚至"犯规"的。上海当然不乏喜欢窥测他人隐私的小市民,而且人数比任何外地都多(原因以后再说)。但即便他们,也未尝不知道这种"窥私癖"极为可鄙。所以,在外地,一个人的穿着如果"太出格",就会遭人物议,他自己也得进行辩解,比如"这样好看"、"穿着舒服"等等,更常用的辩护词则是"别人也这样穿"。然而在上海,就大可不必。只要一句"关侬啥事体",便可斩断一切争论,让人无话可说。(图十八)

很难简单地评说北京上海这两种活法和意识的是非优劣。一般地说,外地人都认为,与北京人交朋友痛快,与上海人打交道轻松。如果你能进入北京人的"圈子",成为他们的"哥们",就可以同他们肝胆相照,荣辱与共,烟酒不分家,真格的"说走咱就走,你有我有全都有"

图十八：在上海，穿什么样的衣服纯粹是个人的事。

崔铁军摄/新周刊供稿

（不过北京人现在也开始变得滑头，真要这么着，还得上山东）。与上海人交朋友却不容易。他们多半客气而不热情，礼貌而不亲切，很难掏心窝子说心里话。因为他们都会有意无意地坚守个体意识的"不可犯"和"不可入"原则。所以，上海没有"哥们"，只有"朋友"。哥们是相互依存的，朋友则是相互独立的；哥们得亲密无间，朋友则不妨情淡如水。更何况，上海人的所谓"朋友"，也未必真是什么朋友，比如暗地里磨刀霍霍准备"斩"你一记的小贩就是。

不过，就我个人的倾向而言，我更喜欢上海人的处世哲学。不错，上海人是有"各人自扫门前雪"的"毛病"，但如果每个人都把自家门前的雪打扫干净了，岂非就没有什么"瓦上霜"要别人来操心？相反，如果天天操心别人的事，则自己的事就未必做得好，比如那个逢人就问"您有事吗？有事您说话"的小伙子便是。再说了，别人这么关心你，你岂不也得"时刻准备着"，时不时地问别人一句："您有事吗？"这么活，太累了。何况，当你大包大揽地说了"有事您说话"的话时，万一事情办不成，又该怎么办呢？为了未雨绸缪，你就得事先"储备"一批"哥们"，还得个个有能耐，比如能一下子批六张卧铺票，而且还都是下铺什么的。

生活在上海人中间，就不会有这么多事。事实上，不少外地人都有同感：你也许很难和上海人交朋友（但并非不可能，我自己就有不少上海朋友），却不难和他们共事。上海人是比较计较，账算得很清。但这在保护了他自己利益的同时，也保证了你的权益；在维护他自己人格独立的同时，也尊重了你的独立人格。至少，和他们交往时，你不必处处设防。这就轻松。你甚至不必太在意自己的形象和对方的态度。因为如果上海人对你大皱眉头，你也可以回他一句"关侬啥事体"的。更何况，在现代社会交往中，"哥们"总是少数，更多的还是要面对"泛泛之交"。那么，轻松一点，岂不好？

其实，困难并不在于如何评价这两种文化以及如何与两地人相处（最好的是，你在上海有合作伙伴，在北京又有"铁哥们"），而在于如何解释：恰恰是没有多少圈子意识的上海人，却比圈子意识特强的北京人，有着更明显的城市社区文化特征，这又是为什么呢？

道理仍在于"城滩之别"。前已说过，所谓"城"，本身就是一个圈子,是一个把无数小圈子圈在一起的大圈子。而且,"城"越大,城内的小圈子就越多,人们的"圈子意识"也就越强。因为在这样一种空间状态下,任何人都只有进入一定的圈子,才会有安全感,也才会觉得与"城"协调。北京的圈子特别多,北京人特别爱"抱团儿",就是这个道理。结果当然也是顺理成章的:"城"这个圈子本身越大,被它圈住的小圈子的"圈子性"也就越强。而小圈子的"圈子性"越强,则大圈子的"圈子性"也就越弱。这样一来,当然也就只有城内各圈子的社区性(甚至没有社区性只有圈子性),而没有或少有全城的社区性或一体化文化了。

更何况,任何城都是要有墙的,而墙的文化功能,正在于分割空间。这种分割,可以从大到小、由外至内而层层推进。结果,如果城很大,城内圈子很多,那么,生活在最内圈、最里层的人,就不大能够感觉到城的存在,而只能感觉到自己圈子的存在。

滩就不一样。滩没有空间阻隔,滩上的人也是个体的、只有松散联系的。用上海话说,就叫"不搭界"。既然人与人之间是相互"不搭界"的,则他们便只好和"滩"搭界。因此,个体的、单独的、游移的人,反倒容易与"滩"认同,并通过与"滩"的认同,而与滩上其他人认同。所以上海人平时在上海可能"不搭界",一到外地,却很容易"扎堆儿"、"成气候"。上海人比北京人社区特征更明显,到了外地也比北京人更"扎眼",原因之一可能就在这里。

所以,北京城与上海滩,就有着不同的文化品格。

北京文化是兼容的。官方体制文化、知识分子文化和民间民俗文化处于一种多层共生状态,各拿各的号,各吹各的调。各类圈子,和平共处,相安无事,井水不犯河水,并无统一的社区性。如果说有什么共同之处,那就是北京才有的"大气":大雅、大俗、大派头。要之,北京是雅能雅到极致,俗也能俗到底俗到家。比方说,你能想象用诸如"臭皮"、"驴肉"或"小脚"、"裤子"之类的词儿来作地名吗? 北京就能。北京不但有"臭皮胡同"、"驴肉胡同",而且还有"母猪胡同"和"屎壳螂胡同"；不但有"小脚胡同"、"裤子胡同"，而且还有"裤裆胡同"、"裤脚胡同"。任谁也不敢相信这是皇上眼皮底下的地名儿。嫌俗？改了就是。比方说，把"灌肠胡同"改为"官场胡同"。这可真是只有北京才可能有的文化奇观。

上海文化则是消融的。各色人等，自由发展，公平竞争，但最终却把他们统一于上海的社区性。精英分子固然难免因此而有些"海派作风"，中小市民却也会因此而多少有些体面和雅致。结果，上海人无论职业阶层、社会角色如何，都会多少有些"上海味"。因为他们都生活在这个高度社会化和高度一体化的上海滩上。他们的生活方式大体相仿，他们的价值观念和审美取向当然也就难免大体一致。甚至上海的街道名称也没有北京那么五花八门，它们往往是真正的"地名"：东西向的多以城市命名，如南京路、北京路；南北向的则多以省份命名，如福建路、四川路；总弄支弄则标以数字，一看就知道是上海的地名。

总而言之，大气的北京城城内有城，官、学、民三种文化各安其位，各守其本，形成一体化前提下的多层次；开阔的上海滩滩外有滩，五湖四海风云际会，天南地北交互消长，形成多样性前提下的一体化。北京与上海，是两类不同的大城市，有着两种不同的大手笔。北京"一体多层"，上海"多样统一"。北京大气，上海开阔。

同样，北京人和上海人，也有着不同的文化特征。

北京人是身份感比社区性更明显（所谓"丢份儿"、"拔份儿"即含有注重身份的意思在内）。一个北京人，首先是官员、学者、平民，然后才是北京人。当然，所谓"身份感"，不一定就是职业、阶级，也可能是指"品类"，即"君子"与"小人"、"高士"与"败类"。不管什么时候，北京人都不能丢了身份，这就叫"倒驴不倒架"。因为倘若丢了"份儿"，就没人承认你是北京人了。岂止不是北京人，就连是不是人，只怕也还麻烦。

上海人则是社区性比身份感更突出。他们首先是上海人，然后才是商人、职员、自由职业者。上海学者余秋雨曾因不会说上海话而感到窘迫，上海市长徐匡迪也曾因不会讲上海话而受到歧视。的确，在上海人看来,是不是上海人,比什么都重要;而会不会讲上海话,则往往决定着你在上海和上海人那里所能享受到的待遇。在外地,一句上海话,往往就能引起上海人的惊喜:"侬上海人呀?"接着就是用上海话热烈地交谈。至于对方是什么职业身份,则往往不在考虑之列。我自己就曾用这种办法"哄骗"过不少上海人。尽管最后不得不承认我的上海话是"洋泾浜"的,还是能赢得不少的赞许:"'洋泾浜'侬也晓得呀!"

也许正是由于这个原因,才形成了这样的现象:全国各地都有"小上海",却几乎从来没有"小北京"。因为北京人一到外地,首先是融入自己阶层的圈子里,官员归官员,学者归学者,当然也就不可能像上海人那样,首先是上海人归上海人,并一起传播上海文化,把当地改造为"小上海"了。结果是,爱"抱团儿"的北京人,到了外地,便成了并无社区特性的散兵游勇,而平时"各顾各"的上海人,在外地却大成气候,当然,不是某个上海人的气候,而是上海文化的气候。

也许,这就是上海滩,这就是上海滩的秉性和秘密。

弄清了这些秘密以后,我们似乎可以回答前面提出的问题了:什么是上海人?上海人的社区文化特征是什么?他们究竟有什么资格和本钱看不起外地人?

## 四 "城市部落人"

人的秘密,从来就是文化人类学的最高秘密。

许多学者都指出,上海人一直是中国一个非常特殊的群落。他们在中国,就像犹太人、吉普赛人在西方世界一样扎眼醒目。无论走到哪里,上海人往往都会一眼就被认出。他们身上那种"上海味",几乎是洗也洗不掉的。而且,正如犹太人、吉普赛人尽管失去了自己的家园却仍能保持自己的文化特征一样,上海人在离开了上海以后,也仍是上海人。我们甚至可以断言,如果哪一天,大上海真的"沉没"了,上海人也不会因此而消失。

因为上海人是"城市部落人"。

"城市部落"是完全不同于传统社会中国人的一个"族群"。在古代中国，随着原始社会的解体和中央集权的封建大帝国的建立，原先属于各个氏族、部落和部落联盟的"原始族民"逐渐一体化，成为至尊天子属下的"王朝臣民"。在这个漫长的历史时期，中国虽然有城乡两大社区，但在本质上，它们却并没有多大区别。城市和乡村基本上是同质的，市民和农民也基本上是同格的。因为"普天之下，莫非王土；率土之滨，莫非王臣"。如此，则城市乡村皆为"天子治下"，市民农民都是"王朝草民"。乡下的秀才可以进城做"京官"，城里的老爷也乐意回乡当"乡绅"。中国古代的城市，似乎从来也不曾成为既吸引穷人又吸引富人的磁石。而且，除皇族外，从官宦、文人到小贩，几乎谁也不曾把城市当成自己的永久居留地。他们只要有几个钱，就会想方设法在乡下买几亩地，随时随地准备回到乡下去。当然，如果有足够的资金，他们也会在城里购置些房产，以供享乐和避难。但仍要在城里修园林建别墅，让自己觉得好像还生活在乡下一样。总之，他们总是游离于城乡之间，把城市当作寄居之地，而在内心深处倾向于和眷恋着乡村。事实上，中国古代的城市，往往不过只是乡村社区的派生物和共同体。显然，这样的城市，并非真正的城市；这样的市民，也非真正的市民。所以，我宁肯称之为"城"和"城里人"。

上海和上海人却完全两样。

上海从来就不像中国那些古城一样，是什么乡村社区的派生物和共同体，而是它的对立面（上海人特别看不起"乡下人"，就是上海这种城市性质的心理体现）。（图十九）作为乡村社区的派生物和共同体，"城"只能是中央政府统治广大农村的中心区域和派出单位。北京城是全国的政治中心，国内其他一些大城市，如南京、西安、杭州、成都、武汉、郑州，都或者曾经是全国的政治中心，或者现在仍是区域性的政治中心。中国古代的城市，基本上都是这样的"中心"。在上个世纪初，中国3000以上人口的1400个城市中，至少有80％是县衙所在；而万人以上的城市，则半数是府治和省治。在那里，巍峨的城墙和高

图十九：上海是最像城市的城市。

易海贝摄

大的城楼，象征着帝国的权威与尊严，也象征着古老中国的封闭与保守。

上海却从来就不是什么"政治中心"。它也没有什么巍峨的城墙，而只有平坦开阔的滩涂。当然，它的城市规划、建设和管理也迥异于北京等城市。它的经济生活靠市场规律来运作，它的社会生活靠法制原则来治理，政治权威在这里远非是最重要的，而个人的聪明才智（或曰精明）反倒可能更有用武之地。上海人迥异于国内其他城市人的种种处世哲学和价值观念，比如余秋雨、杨东平等学者都曾指出的不关心政治、缺乏政治热情、不大看得起领导、没有集体观念、自由散漫、精明、会盘算、讲实惠、守规矩、重理性、世俗、西化、商业气息重、好诉讼而恶打斗，以及"建筑在个体自由基础上的宽容并存"等等，无不根源于此。无论我们怎样评价这些处世哲学和价值观念，其与传统中国格格不入，则毋庸置疑。一句话，上海是一个完全不同于中国传统城市的新型城市，上海人也是颇异于传统中国人的"都市新人类"。在古老的中国大地上，他们是一个新兴的"部落"，一个不属于森林、山野、乡土、畜群,而只属于城市的"部落",——城市部落。

于是,我就只好把他们称之为"城市部落人"。

"城市部落人"这个提法,可能会帮助我们揭开上海人文化特征的秘密。

余秋雨曾谈到上海人的"尴尬":他们最看不起外地人,然而只要一查老底,却又个个差不多都是"外地人"。因此他们是一群"来历不明的尴尬人"。其实,这正是"城市部落人"的特征。所谓"城市部落人",就是只属于城市这个"部落",而不必讲究其他的什么"来历"(比如"祖籍")。这里必须强调指出,所谓"属于",不是"户籍"意义上的,而是"文化"意义上的。比方说,有的人,尽管在上海住了很久,却仍与上海文化格格不入,就不算上海人。相反,一个人,哪怕只是刚刚迁入上海,只要他与上海文化心心相印,那就是上海人。这就好比一个本族人,如果没有履行过"成年礼"的手续,就不算部落正式成员;而一个外族人,只要经过了部落的"成年礼",就是这个部落的一员一样。也就是说,一个人,不论祖籍哪里,来自何方,只要进入上海,接受了上海文化的"洗礼",在内心规范、行为方式和生活秩序诸方面都与上海文化相认同,那么,他就是上海人,就是上海这个"部落"的"城市部落人"。

"城市部落人"正是上海人不同于中国其他城市(比如广州)人的紧要之处。广州也是中国异质程度很高的一个城市,广州人也和外地人大不相同。但是,广州与北京等地的差异,只有部分是城市性质不同所决定(北京是"城",广州是"市",详后),还有相当程度是地域文化不同所使然。所以广州人与内地人虽然区别很大,和其他广东人却差别不多。内地人一般把他们统称为"广东人",并不分门别类地叫做广州人、汕头人、湛江人。尽管他们之间确有差异,但广东人与内地人的差异也确实大于他们之间的差异。甚至可以说,即便没有广州,广东文化也依然存在。但没有上海,也就不会有上海文化和上海人。上海人完全是上海这个城市造就的,因此只有他们才是地地道道的"城市部落人"。

"城市部落人"当然与传统中国人颇多抵忤。

道理也很简单：传统中国是一个"乡土中国"。农业生产是乡土中国的主要经济生活方式，中华文明主要是一种农业文明。农业文明形成的一系列价值观念、道德规范、审美意识和生活方式，在传统中国人心中，早已扎下根来，已经成为传统中国人的"文化无意识"了。而"城市部落人"却有着另外一整套全然不同的内心规范、行为方式和生活秩序，二者之间的格格不入，也就可想而知。外地人对上海人的种种"看不惯"，便多半因于此。

然而，城市文明毕竟要优于农业文明。上海人往往"看不起"外地人，原因就在这里。也就是说，上海人足以自傲于国人的，不是权势，也不是金钱，而是他们那一整套全然不同于农村文明的内心规范、行为方式和生活秩序，即可以称之为"上海文明"亦即"城市文明"的东西。在他们看来，这些东西是明显地优越于外地人那种农业文明生活方式的。事实上，在上海人那里，"外地人"往往即等于"乡下人"，而上海人的社区性强于身份感，原因也在这里。他们很在乎是不是上海人，说到底，其实是更看重"城市人"或"城市部落人"的身份。因为只有这，才是能使他们自我感觉良好的"本钱"。

显然，所谓"上海文化的社区性"，或"上海社区的文化特征"，也就是"城市部落"的文化特征。它既是现代城市的，又具有某些原始部落的特性。比方说，部落族民特别看重和自己部落文化的认同，有相当统一的文化习惯和行为方式，并很注意通过各种方式（图腾族徽、服饰文身、语言手势等）把自己和其他人区别开来。上海人也一样。精明就是他们的图腾，上海话则是他们的身份标志，而上海人和外地人之间的界限也划得很清。当然，上海人不是原始人。他们这个"部落"，比原始部落是先进多了。比方说，原始族民与部落之间的关系是人身依附关系，而上海人与"上海城市部落"之间的关系则是文化认同关系。而且，这种认同是发自内心的，不带任何强制性。同时，上海人与上海人之间，也不存在人身依附关系，而是相对独立、松散的"自由人"。因此，上海是一个"现代部落"，上海人则是"城市部落人"。

上海这个"城市部落"的形成，有着极为特殊的历史原因。

上海城市文化性格的定型，大约是在本世纪前半叶。那时的上海，和今天的深圳颇有些相似之处。比方说，它们都是当时最年轻的城市，是现代化程度最高或最具现代性的城市；它们都由大量的移民构成，都引进外资搞市场经济，与世界的联系最密切，最能自觉按照国际惯例办事；它们也都是急遽上升的城市明星，都为世界和国人所瞩目等等。有资料证明，从1930年到1936年（这也是旧上海的"黄金时代"），上海华界人口中比例最高的一直是21岁到40岁之间的青壮年，其比例高达38%左右；次为41岁到60岁、13岁到20岁两个年龄段，分别为近20%和15%左右，而公共租界和法租界中青壮年人口比例还要更高。这也毫不奇怪。因为年轻人总是最不安分和最敢冒险，最少牵挂而最敢离乡背井，最少成见而敢离经叛道，对本乡本土的索然无味和外部世界的精彩新鲜最为敏感，最急于到具有诱惑力和刺激性的地方去释放能量和一显身手。当然，他们也最容易接受新鲜事物和新思想、新观念、新生活方式，比如那些"和国际惯例接轨"的东西。因此，正如今天闯深圳的绝大多数是年轻人，当年闯上海的也多半是年轻人。年轻人朝气蓬勃，极富创造性。当他们来到一个迥异于家乡的地方，又接受了异质文化的熏陶时，就理所当然地会创造出一种新的文化来。

但是，当年的上海和今天的深圳却有着根本的、本质性的区别，那就是：深圳的改革开放是主动的，是已经站起来了的中国人民在党的领导下对自己民族国家前途命运的一种自觉选择。所以，深圳的每一进步，都易为国人所赞赏；深圳的每一成就，都易为国人所承认；深圳的每一变化，也都易为国人所认同甚至仿效。这样，深圳虽然也是一个全新的城市，深圳人也是全新的一族，却不会变成孤立的"城市部落人"。

上海诞生为一个新兴城市却完全是被动的。它的开放是被迫的，它的现代化也是被强加的。而且,上海的现代化进程越快,现代化程度越高,也就往往意味着其被强迫和强加的程度越高。尽管上海人从这种被强加的现代化中得到了好处和实惠,但也因此招来了鄙视和骂名,被看作"洋奴"、"西崽"、"假洋鬼子",为较少被强迫现代化的内地人看不惯、看不起。因为所谓"上海文明",所谓上海人的新生活方式,原本就和中国人过惯了的生活处处相悖,何况还是被鬼子们强加的?自然是反感之外又加屈辱,并因屈辱而更加反感。因此,当上海人因其现代化而看不起外地人,在外地人面前不免有点"趾高气扬"时,外地人心里便常常会响起这样一个声音:上海人,别忘了你们城市公园门口竖着的那块牌子——"华人与狗不得入内"。

上海人确实应该记住这些国耻,否则,便会连吉普赛人也不如。

事实上,上海这个"城市部落",本身就是一个悲剧性二律背反中诞生的历史悖论。(图二十)它一方面是民族的耻辱,另方面又是民族的新生;一方面光焰夺目,另方面满目疮痍。也许正是由于这一点,它的城市人格也是残缺不全的,而且似乎也是一个悖论:一个衔接中国古今、吞吐世界风云的大都市,居然有着那么多的小市民。这些小市民的"小",和大上海的"大",实在不成比例。他们是那样地"小气"(或曰"小家子气"),小气得简直没有名堂。比方说,他们的看不起外地人,用大讲上海话的方式来展示他们的自傲和满足他们的虚荣,就是"小气"的表现。中国人都是爱面子的,爱面子的人都难免有些虚荣,而大城市中人也多少会有些自傲。但是,别的地方人,即便是虚荣,也表现得大方、得体;即便很自傲,也傲得大气、含蓄。似乎只有上海的小市民,才把虚荣表现得那么浅薄、露骨,一眼就能看透;把自傲表现得那么琐碎、脆弱,简直不堪一击。最后的结果,往往是弄不清到底谁该看不起谁。于是,外地人就会纳闷:不同凡响的海派文化和先进优越的上海文明,难道就是这些人创造的吗?

当然是这些人创造的。只不过,他们在创造这些文明时,充满了痛苦和矛盾。作为身在其中者,他们比外地人更能体会新文明的优越,也更能体会被强加的苦楚,这就使他们一方面因"城市化"和"现

图二十:上海这个城市总是充满着新与旧的内在矛盾。

潘文龙摄/新周刊供稿

代化"而沾沾自喜,另方面又有点理不直气不壮,十分尴尬。

上海人的这种尴尬,几乎随处可见。

比方说,当上海人把"外地人"统统看作"乡下人"时,他们是不敢把北京人也归进去的。北京怎么好算"乡下"呢?当然是城市。然而北京和上海的差异,相去又岂能以道里计!自30年代"京海之争"起,讨论北京、上海城市文化差异的文章著作(包括本书在内)即便不是汗牛充栋,至少也积案盈尺。我们无妨随便从中拈出几种说法,便不难看出"京海之别"究竟有多大。比如,北京是城,上海是滩;北京是都,上海是市;北京是官场,上海是商场;北京是传统,上海是现代;北京是智慧,上海是聪明;北京是唯美,上海是管用;北京是文学,上海是数学;北京是哲学,上海是科学;北京是神圣的,上海是世俗的;北京是感性的,上海是理性的;北京是大气的,上海是雅致的;北京是古典的,上海是摩登的;北京是翰林院,上海是跑马场;北京是田园诗,上海是广告牌；北京是超凡脱俗深奥难懂的，上海是贴近现实一目了然的；北京是深秋的太阳，美丽而迟暮，上海是初夏的雨，既闷热恼人又清新可人；等等，等等。北京迥异于上海，已是不争的事实。

相异倒也罢了，问题在于，正如上海人不大看得起"外地人"和"乡下人"，北京人也不怎么把上海人放在眼里。不论是文坛上的京海之争，还是生活中的私下议论，北京人"声讨"起上海人来，总是那么理直气壮咄咄逼人。北京的电视连续剧《渴望》中那个不怎么讨人喜欢的男主角被起名"沪生"，显然并非"无意"和"碰巧"，多少是有点暗示意味的。因此它理所当然地引起了上海舆论的不满，却满足了北京人的集体认同，甚至满足了其他外地人的集体认同。外地人"幸灾乐祸"地看着北京人奚落上海人，北京人则"义无返顾"地代表所有外地人宣泄着对上海人的不满。尽管上海人在嘲笑和看不起外地人时，是小心翼翼地将北京人"计划单列"的，然而北京人却不领情，非要替所有外地人出气不可。

事实上北京是中国几乎所有古老城市的总代表。这些城市当然并非北京的翻版或缩影，它们也都有自己的个性。但有一点却是可以肯定的，即它们和北京一样，都和农业文明保持着天然的、千丝万缕的联系，也都没有或少有上海那一套可以称之为"现代城市文明"的东西。所以，如果北京是城市，那么其他城市也不能算是乡下；如果其他城市都是乡下，那么北京最多也只能算是"乡长"。"乡长"当然不能眼巴巴地看着"乡民"受欺负。至于北京人把外地人称为"地方上"的，则是"乡长"们正常的态度。

于是上海人就有点尴尬了。把北京看作"乡下"吧，自己也觉得说不过去；认同那些"土得掉渣"的外地人吧，他们的内心规范、行为方式、生活秩序和"上海文明"（在上海人看来亦即"城市文明"）又相去甚远；把北京和其他城市区分开来对待吧，可偏偏北京又认这些"小兄弟"。当然要认的，因为它们原本就是同一类城市。

显然，在半个世纪以前，北京代表着众多的城市，也代表着古老的传统。这个传统也曾经是上海人还没有成为上海人时的传统，是上海人不敢也不可以公开叫板公然冒犯的,同时也是上海人迟早要背离的。于是,变成了"城市部落人"的上海人便用他们对北京的特殊态度来表示他们对传统的尊重,同时又用对其他外地人的歧视态度来表示他们对传统的背叛。上海人对同是"外地人"的北京人和其他人竟会有不同的态度,原因也许就在这里;北京人一般并不怎么歧视外地人,惟独特别看不起上海人,原因也大概就在这里。

更何况,上海这个"城市部落"还有点"来历不明"。所以,上海人最怕的,还是问他的"祖籍",因为没有多少人经得起这一问。说祖籍上海吧,等于承认自己是"乡下人";说出真正的籍贯吧,同样可能也是"乡下人",而且一不小心弄不好还是"江北人"。这大概是上海人特别爱讲上海话的又一深层心理原因:只有讲上海话,才能抹去或掩盖"祖籍乡下"造成的阴影,在外地人和其他上海人面前不至于尴尬。

## 五 在传统与现代之间

其实,"城市部落人"的尴尬不仅仅在于"来路不明",更在于他们被夹在传统与现代之间,里外不是人。因为他们身上的现代性很难为传统社会中人所理解,而传统社会赋予他们的劣根性又不可能完全被铲除。结果,不管在谁眼里,上海人都很"坏"。

上海人坏吗?不坏。即便某些人有点坏,也多半坏得有分寸,正如他们虽然精,却多半精在明处一样。精在明处,正是上海式精明的特点,也可以看作是对"精明"二字的又一种解读。既然是精在明处,就不能说"很坏"了。至于上海人看不起外地人,也不能算作是"上海人坏"的依据。上海人是看不起外地人,可外地人也看不惯上海人。上海人只不过是在上海"欺负"外地人,外地人可是在全国各地"诽谤"上海人,谁更"坏"来着?

外地人与上海人的矛盾,说到底,其实就是传统与现代的冲突。外地人看不起或看不惯上海人之处,归结起来,主要无非三条:小气、精明、自私。上海人有这些毛病吗?有的。一般地说,上海人都比较

"抠门",不大方。要他们牺牲自己的利益帮助别人,有时比登天还难。比方说,在旧上海,吸烟的人向人借火,不能说"借",得说"讨"。如果说"借",得到的回答便很可能是:"借火!几时还?"(徐国桢《上海生活》)这就让人觉得小气。即便现在,上海人也不"爽"。不少上海小市民,还是抠抠搜搜的,斤斤计较,什么账都算得很精。谁要想占上海人的便宜,也不比登天容易多少。杨东平讲过一个在北京流传甚广的"经典笑话":一个上海儿童花1分钱买了1根针,而针的价格是2分钱3根,因此这个儿童拿了针以后还不肯走,对售货员说:"你还得找我两张草纸。"这个笑话的真实性当然无从考究,但谁听了都觉得"像"。

然而,并非所有的上海人都像外地人想象的那样小气、精明、自私。也许是"人以群分"的缘故,我的上海朋友就不这样。他们有的豪爽,有的憨厚,有的还挺爱打抱不平。况且,就算上海人都小气、精明、自私吧,又招谁惹谁啦?事实上,上海人虽然小气,却不贪婪;虽然精明,却不阴险;虽然自私,却不损人。那么,为什么外地人一提起上海人的小气、精明、自私,就浑身气都不打一处来?不为别的,就因为它们和传统价值观念冲突太大。传统社会以豪爽为尚,自然鄙视小气;以木讷为美,自然讨厌精明;以谦让为德,自然憎恶自私。更可气的是,上海人不但有这些"毛病",而且还要把这些"毛病"公开地、赤裸裸地表现出来,不以为耻,反以为荣,一点面子也不讲。就拿"借火"一事来说,从理论上讲,火当然是不能"借"的,因为"还"不了。但正如"光"不可"借"却仍要说"借光"一样,把"讨火"说成"借火",无非是有点人情味。一般地说,除借高利贷外,可以开口言借的,不是亲戚、朋友,便是熟人、邻居。如果说"讨",则不但自己变成了乞丐,双方之间也显得生分。然而上海人不管这一套,偏要认他那个商业社会的"死理儿":借就是借,讨就是讨,有借有还,再借不难。既然根本"还"不了,就干脆说讨,别说什么借不借的。如果是借,请问什么时候还?有没有利息?这就一点人情味也没有了,而传统社会是极其讲究人情味的,结果自然是外地人特别讨厌上海人。从道理上讲,上海人并没有什么错,但在感情上,却让人接收不了。

实际上,外地人尤其是北方人的豪爽,除部分出于天性外,也有一部分是出于人情世故的考虑。在外地人那里,当有人开口言借或有求于你时,即便自己心里不愿意或其实办不到,但为面子人情故,也得作豪爽状,否则你今后就别想做人。不过,由于豪爽已成为北方人的"文化无意识",大家也不会觉得自己是"做状"。然而即便是真豪爽,也要有条件。中央电视台《实话实说》节目曾讨论过这个问题。主持人崔永元问一位东北嘉宾:节目做完后,我们几个一起去吃饭,谁买单?那个东北人说,当然我买单。主持人又问,如果在座的所有观众也一起去吃,您还买单吗?大家一听都笑了起来。可见豪爽也不是无条件的。既然有条件,不如先把条件讲清楚。否则,咱们豪爽起来虽然比上海人可爱,却未必比上海人的"小气"真实。

对于传统社会主张的木讷,同样也要进行分析。

有三种木讷。一种是天生愚钝,一种是憨厚谦和,还有一种是装傻卖呆。天生愚钝并不可取,当然也无可救药,可取的是憨厚谦和。中国传统社会是欣赏憨厚谦和的。一个憨厚谦和的人,在任何地方任何单位都会讨人喜欢受到欢迎,得到诸如忠厚、老实、容易相处等好评。上海人却很难给人这种印象。他们大多一脸的精明相,脑子转得飞快,眼珠还没转完就完成了若干个运算程序,得出了"合算不合算"的结论。他们说起话来也飞快,像打机关枪连珠炮似的,里里外外都透着一股子精明。何况他们的话又那么多,正所谓"上海鸭子呱呱叫"。这些都让主张憨厚谦和,主张少说话多做事、"敏于行而讷于言"的人反感,心里觉得不快。

可是,北京人话也很多呀!怎么北京人就不让人反感呢?的确,北京人的话是很多,而且比上海人更多。上海人一般只是在和上海人用上海话交谈时话才多,要他们用普通话和外地人交谈,有时反倒有点木讷,说不了多少话。北京人可不管谈话对象是谁,一律口若悬河滔滔不绝。所以,在这方面,北京人也口碑不佳:夸夸其谈,言不及义,爱耍贫嘴。但也仅此而已。因为北京人的"贫",给人的感觉是"油";上海人的"快",给人的感觉却是"精"。精明写在脸上,露在话里,是不会让人赏心悦目的。油嘴滑舌虽然有些讨嫌,却不可怕。如果说的是闲话,则还有些喜剧性,就像听相声。再说,"大智若愚,大奸若忠",要贫嘴的人,一般都城府不深,没什么心眼,反倒有些缺心少肺的傻劲,让人觉得其实是另一种憨厚。

但,正如豪爽要有条件,憨厚谦和也要有条件。这个条件,就是与世无争。大家都不争,也就容易憨厚谦和起来。这在自给自足的小农经济条件下,是有可能做到的。不过也得是在所谓"太平盛世",在那些"民风淳朴"的地方。一旦超出这个条件,则所谓憨厚谦和,也就往往与装傻卖呆无异。装傻卖呆也有两种。一种是自我保护,免得名高招忌树大招风,出头的椽子先烂。另一种则是以退为进,表面上装得傻呼呼的,其实心里的算盘打得比谁都精。一旦大家都解除了戒备,他就会趁人不防悄然下手,为自己攫取利益,甚至不惜损害他人。所以老百姓说:"闷头鸡子啄白米,啄的颗颗都是好米",或"咬人的狗不叫,会叫的狗不咬",也就是深知表面上的憨厚谦和,常常靠不住。

可见,传统社会中人,也并非都木讷,都不精明。那些表面木讷内心世故的人,其实比满脸精明样的上海人更可怕。然而憨厚既然被肯定并讨人喜欢,则精明也就必然会遭到批判并引起厌恶,何况上海人还"精在明处"?精在明处又有什么不对呢?精在明处,就等于公开不把传统的道德观念和审美标准放在眼里,这就会引起公愤,而公愤因为是"公",也就不论对错,都先有了三分道理。不信你看历史上那些满脸聪明相的人,几个有好下场?

上海人也是从传统社会过来的,他们不会不懂这个道理。但是上海人却不能不精明。因为上海不是一个"与世无争"的"世外桃源",而是一个充满竞争的现代社会。在这样一个社会里,未经算计的生活是没有价值的,不会算计的人也是无法生存的。因此对于上海人来说,精明就不但是一种价值,一种素质,更是一种生存能力。生存能力是不能批评的,所以我们也不能批评上海人的精明。更何况上海人还精在明处,这总比精在暗处好。第一,他没有做假,他是公开的对手。即便他会有损于你,也是公开宣战,而非背后偷袭。第二,你和他是完全对等的。他有权精明,你也有权精明。如果你和他一样精明,他就无损于你。如果你比他还要精明,他还会甘拜下风。也就是说,精明面前人人平等。这其实是一种有规则的游戏和竞技,比传统社会的"无法之法"或"大智若愚"好对付多了。事实上,从某种意义上讲,上海人其实是非常单纯可爱的。他们崇拜精明,也只崇拜精明,因为精明是他们"部落"的图腾,所以他们看不起"反应慢"、"拎不清"的外地人。但如果你的反应比他们还快,算计比他们还精,他们就会睁大眼睛以欣赏的目光看着你,不再把你当"外地人"。在这一点上,上海人其实比外地人更豁达。他们更看重文化的认同,而非地缘的认同。这也正是一个现代社区人的特点。

那么,上海人的"自私"呢?也是现代社区人的特点么?是的。(图二十一)

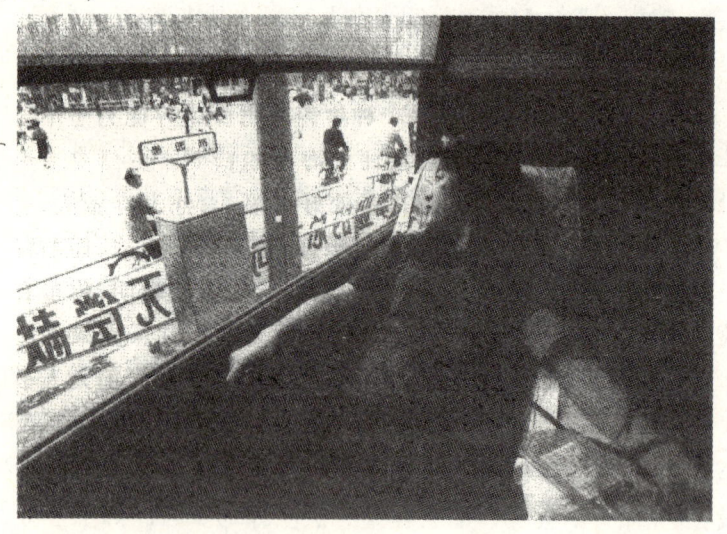

图二十一:积极参加无偿献血的上海人并不自私。

潘文龙摄/新周刊供稿

传统社会中的中国人确实不太"自私"。因为中国传统社会原本是"公私不分"的(请参看拙著《闲话中国人》),也就无"私"可"自"。传统中国是"乡土中国",是一个以小农经济为基础、家庭组织为本位的社会。家固然是"家",国同样也是"家"。一家人,分什么公私分什么你我呢?然而市场经济却要求产权明晰,否则就无法进行商品交换。因此,一个按照市场规律来运作、依靠在它面前人人平等的法律来管理的社会,必然极其看重个人权利。这个个人权利,既要靠法律来保护,也要靠自己来保护。上海人的"自私",很大程度上就是出于对个人权利的自我保护,包括"关侬啥事体"的口头禅,也包括购物时的锱铢必较和挑三拣四。应该说,在这些场合被外地人视为小气、精明、自私的行为,其实表现了一种维护消费者合法权益的法律自觉。尽管上海人做得有些"可笑"(比如1分钱买1根针还要找两张草纸),然而权利再小也是权利。你可以放弃这个权利(因为这个权利是你自己的),但你没有权利笑话别人的坚持和维护。难道因为权利太小就不该维护,放弃自己的权益就是大方、豪爽和大公无私?

当然,上海人也争名夺利。但,请问哪个地方的人又全都淡泊名利?更何况,除野心极大者(这样的人全世界都有)外,上海人一般只争夺自己那一份,或他们认为是自己应得的那一份。比如挤公共汽车,或在地铁一开门时就飞快地进去抢座位。这时,他们确实不会顾忌别人。因为在他们看来,每个人应得的那一份,应该由每个人自己去争取,而不是由别人来谦让。如果争取不到,就只能怪你是"戆大"。你应得的那一份你自己都夺不来,别人又能怎么样?说不定,那一份原本就不是你应得的,否则怎么夺不来?

所以,上海人与上海人之间,一般账都算得很清。我不占你的便宜,你也别想占我的便宜。于是,就会出现这样"可笑"的事:几户人家共用一个楼道,每家都安一盏路灯,开关各人自己掌握,用多用少,咎由自取。这在外地人看来就是"自私"或"小气",在上海人看来则是"大家清爽",可以免去许多不必要的纠纷。生活原本已经不易,再为这些小事徒起纠纷,既伤和气又费精神,是不合算的。当然,上海人当中,也有喜欢占别人便宜的人。但因为各自界限分明,大家又都很精,要占也不容易。更多的还是占公家的便宜。占公家便宜,也是咱们的"国情",全国各地一样的,非特上海人如此。不过,上海人即便占公家的便宜,也有分寸。比如用公费请客,也会精打细算,不会为无谓的面子铺张浪费。因为钱虽然是公家的,报账的人却是自己。自己报销的公款太多,又没有得到实际的利益,也是不合算的。

事实上,上海人虽然精明,却并不主张占便宜。上海人固然看不起太笨的人,把他们称为戆大、洋盘、阿木林、十三点、猪头三、冤大头,却也鄙夷精明过头损人利己,对诸如掉包、掉枪花、耍滑头、掼浪头、开大兴、捣浆糊、老门槛、不上路等等不以为然。上海社会的正面值是"精在明处",是"利己不损人",是"自私得合理"。这个"理"就是:你的权利是你的,我的权利是我的。你不愿意损害你的权利,我也不愿意损害我的权利,因此大家都别损害别人的权利。如果你能不损害别人的权利而获得自己的利益,那就是你有本事,我也不能来干涉。但如果你损害了别人的权利,别人就会不答应,最后你自己也会倒霉。懂得这个道理的,就叫"拎得清"。否则,就叫"拎不清"。

拎不拎得清,是检验一个上海人是否"合格"的标准之一。这个标准有时比精明不精明还重要。一个人如果"拎不清",那么,哪怕他一口标准的上海话,或者显得很精明,上海人也会从骨子里看不起他。因为"拎得清"才是真精明,"拎不清"则是假精明。比如"吊车"就是。所谓"吊车",就是当公共汽车上乘客已满,上不了人时硬挤上去,致使车门关不上,车也开不走。这时,平时"自私"、不爱管闲事的上海人就会和售票员一起劝告或声讨那个吊车的人。原因很简单:这个人已经损害了大家的权利,而他自己又得不到任何实际的好处,是典型的"拎不清"。对于这种"拎不清"的人,是没有什么客气好讲的。

显然,上海人的"拎不拎得清",是建立在个人权利和利益的认识之上的。上海人比任何地方人都更清楚地认识到,个人权利和利益不是孤立的东西,它只能存在于与他人、与群体的种种关系之中。要维护个人的权利和争取自己的利益,就要理清这些关系,然后作出相应的判断和决策。比方说,这件事该不该管,这个眼前的利益是不是应该先放弃等等。理得清这些关系的,就叫"拎得清"。否则,就叫"拎不清"。

仍以前举"吊车"一事为例。"吊车"者的心理在上海是:"你想走,我也想走。你们要想走,就得让我上去。"在北京则是:"我就要上来,你能把我怎么样? 要走大家走,不走都不走!"结果当然是果真谁也走不了。北京的司机和售票员的心理是:"走不了? 我还不想走呢! 等警察吧! 警察来了,有你好看的!"乘客的心理则是:"我是走不了,你小子也别想走! 反正大家都走不了。想让我给你让个地方上来? 没门儿!"不难看出,北京人在考虑问题时,是以群体为本位,并作最坏打算的:"了不起大家都不走!"上海人在考虑问题时,却以个人为本位,并力争最好的前途:"不管这个'闲事',我就走不了。大家都来管,大家都能走,包括我。"结果,"不自私"的北京人在放弃群体利益的同时也放弃了个人利益,而"自私"的上海人在维护个人利益的前提下也维护了群体的共同利益。

看来,上海人的"自私"也可能导致两种不同的结果:当群体利益和个人利益不发生直接关系时,他们可能真是自私的。比方说,不管闲事,遇事绕着走,以免引火烧身等等。但当群体受损会直接导致个人利益受损时,他们也会挺身而出。比如需要较长时间排队而秩序有可能紊乱时,就会有上海人主动出来维持秩序。因为自己来得早,只要大家好好排队,该得的总能得到;秩序一乱,则倒霉的没准首先就是自己。

同样,上海人在于己无损的前提下,也会助人为乐。比方说,在公共汽车上为其他乘客和售票员传递钱票,上海人叫"摆渡"。在自动投币的制度形成之前,"摆渡"是拥挤的公共汽车上售票的一种重要方式。在这种情况下,拒绝"摆渡"也是属于"拎不清"一类的。因为"摆渡"对你并没有什么坏处,不过举手之劳,如果也拒绝,就太不像话。再说,谁都有需要别人"摆渡"的时候,大家都不肯"摆渡",大家都没有车坐,其中也包括你。

上海人的这种"合理"有时也会变成"歪理"。杨东平谈到过程乃珊讲的一个故事:众人排队买法式面包,一人不排队入内购买。一排队者不服,找经理反映"走后门"问题。经理拍着他的肩膀说:"我认识他,所以他可以不排队;如果我认识你,你也可以不排队,可惜我不认识你。"这显然是"歪理",但大家却可以接收。因为这种"不公平"后面也有"公平":只要认识经理,大家都可以不排队。既然如此,与其谴责"走后门",不如多认识几个经理。

这样一来,传统社会的某些东西就在上海留存了下来。但必须指出,它们是经过了上海文明的"包装"和"洗礼"的。洗礼成功的也许很精彩,包装失败则可能很尴尬。如果既有传统的一面,又有现代的一面,而且是其中不好或不那么好的一面,就会糟糕透顶。上海小市民的毛病便多半如此。比方说,传统社会注重群体生活,人与人之间互相关心,人情味很浓,但也不知道尊重他人隐私;现代社会尊重个人权利,反对干预他人私生活,但也容易造成人与人之间的漠不关心。上海小市民便恰好集两方面缺陷于一身:既自私自利,小气吝啬,拔一毛利天下而不为,该管的公共事务能躲就躲能赖就赖;却又爱窥人隐私,说人闲话,摇唇鼓舌,拨弄是非,你说讨厌不讨厌呢?这种人见人憎的"小市民气",只怕是连上海人自己也感到可鄙吧!

总之,上海人是一群在传统和现代之间游移着的"城市部落人"。他们的根在中国传统文化,枝叶却又沐浴着欧风美雨。这就使他们身上既有优势互补的精萃,又难免不伦不类的尴尬。于是,当别人议论他们时,一旦事涉敏感之处,就会演出戏剧性的冲突来。

## 六  上海的男人和女人

1997年1月7日,台湾作家龙应台在《文汇报》发表了《啊,上海男人》一文。文中写道:"上海男人竟然如此可爱:他可以买菜烧饭拖地而不觉得自己低下,他可以洗女人的衣服而不觉得自己卑贱,他可以轻声细语地和女人说话而不觉得自己少了男子气概,他可以让女人逞强而不觉得自己懦弱,他可以欣赏妻子成功而不觉得自己就是失败。上海男人不需要像黑猩猩一样砰砰捶打自己的胸膛、展露自己的毛发来证明自己男性的价值。啊,这才是真正海阔天空的男人!我们20世纪追求解放的新女性所梦寐以求的,不就是这种从英雄的迷思中解放出来的、既温柔又坦荡的男人吗?原来他们在上海。"

这篇龙女士自认为、我也认为是赞美上海男人的文章一发表,在上海立即就引起了轩然大波。据云:"上海男人"纷纷打电话到报社大骂作者"侮蔑"上海男人,上海男人其实仍是真正的"大丈夫"云云。一些上海男人(也包括女人)也纷纷撰稿作文,起而应战,历数龙文的种种不是,力陈上海男人的种种委屈。还有上海男人远隔重洋寄来信件,对龙应台表示最强烈的抗议,并株连到《文汇报》,扬言要在海外发起抵制《文汇报》的运动云云。委屈的龙应台惊诧莫名:"我的文章引起辩论是常事,引起完全离谱的误解倒是第一次。"其实,龙女士在上海遭到"群起而攻之",多少有点"咎由自取"。因为她在赞美上海男人时,实在不该用了一种调侃的语调,诸如什么上海男人是"一个世界稀有的品种"啦,什么上海男人"不以帮女人洗内裤为耻"啦,什么"在20世纪末的中国上海,你说奇怪不奇怪,流言的主角竟是男人,被虐待的男人"啦等等,更不要说还有那么多离奇的故事,比如上海男人因为怕老婆而不敢坐马桶、只能蹲在马桶上办事,或每晚都被老婆强迫做爱等等。这话搁到谁头上,谁都会恼火。

还应该承认,与龙应台商榷(也包括那些不一定是商榷、只不过是发发议论)的文章,也都有他们各自的道理。有些话说得十分在理,比如说男人下厨的根本原因,在于女子普遍就业且男女同工同酬,而且还同是"低酬",故既需同工于社会,又需同工于厨下,"否则,一顿晚饭吃到什么时候去?"(冯世则《说"横扫"》)有些话说得颇为俏皮,比如说古人是"女为悦己者容",如今则是"男为悦己者厨"(M. P《瑞典来信》)。有些话有点道理也有点俏皮:"不是每个上海男人都有跪搓板的经历,深夜被赶出家门的男人也许正无忧无虑地走向情人的单身公寓,而家里河东狮吼的女人正百感交集自叹命苦,却死惦着灰溜溜走出家门的男人。"(张亚哲《乱谈"上海男人"》)有些话可能是事实也可能不是,比如"上海不少把'怕老婆'挂在嘴上,或装作'怕老婆'的男子,实际上是并不怕老婆的,这只是他们在夫妻关系中的一种善意的'谋略'。"(陆寿钧《也说"上海男人"》)或者"上海男人是比较务实的,不为传统观念而硬撑,不为讨好女人而强扭","以一颗平常心处世居家过日子,所以多数上海男人活得心安理得,一点也没觉察到自己已变成世界稀有品种,奇货可居。"(沈善增《捧不起的"上海男人"》)还有的则已不仅仅是替上海男人说话了,比如说大陆女人之难:"在摇晃拥挤的公共汽车上她得抱得动孩子;在丈夫不在的时候,她得扛得动煤气罐。她温柔不得,粗糙一点才做得了大陆女人。"大陆男人也难:"本来分房子该排到他了,可又不知给谁的后门挤了下去。他也有气啊!女人可以因此而骂他是窝囊废,他却不可以去骂单位领导是混账东西王八蛋。""他又如何男子汉得起来!守大门的老头同志,公共汽车上的售票员小姐,托儿所的小阿姨们,楼上楼下左邻右舍,上级下级同事领导,他都小心翼翼得罪不起","一个关系处理不好他都会倒楣。夫妻关系上他不以退为进,再跟自家人过不去还有什么意思?你让他鼓着胸肌揍女人出气以显示男子气概吗?""事实上每日骑着单车、拎着带鱼回家的上海男人也根本没有时间和精力去锤炼胸大肌,无法像衣食无愁的西方男人一样拚命运动卖弄肌肉以显示雄性魅力。上海男人知道压在他们身上以及他们妻子身上的生活担子有多重。"因此"心太软"的上海男人不可能眼睁睁地看着他心爱的女人累死累活而袖手旁观(唐英《上海男人,累啊》)。(图二十二)

这样实在的话,谁读了不会为之动容?

然而,问题并不在于龙应台有多少失误而其他人有多少道理,而在于这件事为什么会在上海引起那么大的反响。要知道,上海人可是被"骂惯了"的,比如说"上海人自私"、"上海人小气"等等。这些飞短流长闲言碎语全国各地满世界都是,上海人早已充耳不闻满不在乎。

图二十二：上海的男人和女人活得都不轻松,谁也没有权力在家里当"甩手掌柜"。

潘文龙摄/新周刊供稿

正如一位身居上海的北方女人所言："报章杂志及天南地北的杂谈闲聊,时有对上海人、特别是对上海男人的评论,往往带贬意的居多;但上海人一般不大把这当回事,很少有人起而辩解、驳斥。"(杨长荣《为上海男人说句话》)比如电视连续剧《渴望》有影射上海男人自私委琐之嫌,《孽债》则被误认为是说上海男人乱撒风流种子,"敢生不敢养",不负责任。两剧虽在上海引起不满,却也未见"有什么上海人跳将出来理论一番"。这一回却是破了一个例。那么,为什么上海人在蒙受了那么多"不白之冤"时都无动于衷,惟独这一回龙女士只不过用调侃的语言赞美了上海男人,就让上海人大为光火、恼羞成怒呢？莫非这次触及到的是一个特别敏感的问题,而上海人又特别忌讳别人说他们怕老婆？

的确,男女关系确实是一个敏感问题,怕老婆也不怎么体面。不过,怕老婆虽不体面,却也不算太丢人。中国自古就有怕老婆的事,就连皇帝和宰相也有怕老婆的(请参看拙著《中国的男人和女人》),也没听说有多丢人。至少,怕老婆总不比自私、小气丢人。何况上海人也并不讳言自己怕老婆。1991 年,上海电视台播出名为《海派丈夫变奏曲》的系列小品,列举围裙型、夹板型、麻烦型、保驾型、私房钱型等10 种类型,并唱道:"男子汉哪里有,大丈夫满街走。小王拿牛奶呀,老赵买酱油。妻子一声吼,丈夫抖三抖。工资奖金全上交,残羹剩饭归己有,重活脏活一人干,任打任骂不还手。"其调侃性实不让龙女士,上海人看了听了却哈哈大笑,也没听说有人要向电视台"讨个说法"。

也许,问题就出在:怕老婆这事(也包括相关的其他事),上海人自己说得,别人就说不得,尤其龙应台说不得。因为上海男人"终究是男人,是中国的男人。尽管是不可多得的'稀有',或'温柔坦荡'到'像个弯豆芽'"(胡妍《龙应台和"捧不起的上海男人"》)。哪个男人愿意被说成是"不像男人"呢?没有。如果被女人这样说了,就更不行。何况龙应台又是个嫁了老外的台湾女人,同时又是一个著作等身的名女人,养尊处优,风花雪月,要啥有啥的,自然"站着说话腰不疼",有什么资格对被生活重担压弯了腰的上海男人说三道四?结果,上海的男人和女人"在众目睽睽之下,无端地成了一盘烤得透红的龙虾",而那位乱刮旋风的龙女士,却"早已坐在瑞士美丽的家中,欣赏并记录着她儿子安安的如珠妙语,我们这里关于上海男人的喋喋不休,浑不关那个家中的痛痒"(李泓冰《龙应台与周国平》)。想想谁不生气?

但,即便如此吧,似乎也犯不着那么光火。要知道,龙应台毕竟没有恶意呀!她也没有挖苦或者嘲讽上海男人,只不过有点"困惑"又有点"调侃"罢了。

其实,事情坏就坏在那"调侃"二字上。你想吧,如果真心认为"最解放的男性就是最温柔的男性",而上海男人恰恰就是,那么,你调侃什么呢?还不是内心深处多少有些不以为然?这就让人恼怒,而恼怒的深层原因则是被戳到了痛处。事实上,上海男人的形象问题一直是上海人的一块"心病"。不知从什么时候起,全国各地都有了一种"共识",即:"上海男人最不像男人。"上海男人自己也知道这一点,并为此深感苦恼。上海男人也不是没做过努力，比如也有人留发蓄须，作"硬派小生"或"西部牛仔"状，但给人的感觉却是"不像"。因为"你无法设想一个浓须长发的壮汉操一口绵软的吴语与小贩讨价还价"（杨东平《城市季风》）。正因为上海男人心知肚明又无可奈何，因此特别怕别人说。现在龙女士却把一般人认为"不像男人"的种种表现添油加醋地统统端了出来，还嚷嚷得满世界都知道，这不是存心和上海人过不去吗？这口气无论如何也咽不下。对这种事情的不能容忍，可是全世界都"人同此心"的，不独上海人如此。不过，上海人到底是上海人。在对龙女士的"回敬"中，尽管有些话也许没说到点子上，但那态度，仍不失优雅体面，费厄泼赖。

于是我也想替上海男人说几句话。

要说上海男人，还得先说上海女人。

说起来，上海的事情就是有点怪。比方说，大家都公认上海这个城市好，对上海人评价却不高。上海人当中，上海男人历来形象不佳，上海女人却颇受好评（除特别反感她们的爱窥人隐私和爱说人闲话外）。平心而论，全国各地都有漂亮女人和优秀女人，上海女人并不是其中最漂亮和最优秀的。但，一个女人到了三四十、五六十岁，或者在恶劣条件下从事繁重的体力劳动，却仍能有"女人味"的，则似乎非上海女人莫属。可以说，上海女人是中国"最有女人味的女人"。

上海女人之所以特别有女人味，除南方女性原本比较娇美，城市生活远较农村优越外，更重要的，还是她们特别看重自己的性别特征，有一种可以称之为"女性养成教育"的传统。她们从小就懂得女人应该是怎么样的，以及应该怎样做女人。结果，即便她们本来不是最漂亮最出色的，也变成最漂亮最出色的了。这也正是上海这个城市特有的魔力。陈丹燕说："上海是那样一种地方，要是有一点点钱的话，它可以做出很有钱的样子来，它天生地懂得使自己气派。"（《上海的风花雪月》）我们也可以说：上海女人是这样一种人，要是有一点点漂亮一点点娇嗲的话，她可以做出很漂亮很娇嗲的样子来，她们天生地懂得使自己有女人味。

上海女人的女人味，一言以蔽之曰：嗲。

"嗲"这个词，是完全属于南方的。北方人无论男女，往往不知"嗲"为何物。我在《中国的男人和女人》一书中对"嗲"有一个界说，认为它就是某些女孩子身上特有的、能够让男人心疼怜爱的"味道"。一个女孩子之所以能有这种味道，则多因身材娇小、体态妩媚、性格温柔、谈吐文雅、举止得体、衣着入时，静则亭亭玉立，动则娉娉袅袅，言则柔声轻诉，食则细嚼慢咽，从而让男士们柔肠寸断，疼爱异常，大起呵护之心。其中，除先天气质外，后天修养也很重要，而以此征服男性之功夫，则是上海人之所谓"嗲功"。

但，如果你以为上海女性都是弱不禁风娇生惯养的"娇小姐"，那就大错特错了。上海女人不但娇美，而且能干。——中国女人都能干，但在能干的同时还能保有女人味，却很难。在我的印象里，城市女性中能做到这一点的，当首推上海和成都的女人。不过成都女人嘴巴太厉害，得理不让人，也不够嗲，则其女人味较上海女人又略逊一筹。

上海女人都是"专家"，——专门顾家。除女高知、女高干和其他个别人外，属于市民阶层的上海女人，一般知识面都不广，对外面的世界知之不多，也没有太多的兴趣，但只要涉及家庭建设和家庭生活，则无所不知无所不精。在这方面，她们的学问往往超过她们的丈夫（她们的丈夫则超过外地男人），她们的精明也往往超过她们的丈夫（她们的丈夫则比外地男人精明）。因此，她们就理所当然地应该享有家庭的主导权和领导权，而她们的丈夫则同样理所当然地应该去买菜、烧饭、洗衣、拖地板。当然，丈夫比妻子更精明能干的也有。不过，在这样的家庭中，做丈夫的往往不会反过来让妻子当小工，而是"从奴隶到将军"一人承担。于是他们的妻子便可以继续去当"嗲妹妹"，而那些能力明显强于丈夫的则可能会由"嗲妹妹"变成"母老虎"。但一般地说，即便是"母老虎"，也是上海式的。她们能够牢牢地掌握家政大权并使丈夫俯首帖耳，靠的不是河东狮吼，而是怀柔政策，即不是高压，而是嗲功。因此，当男人发现"妻管严"原来是一种"甜蜜的痛苦"时，他们就会心甘情愿地把这种"病"继续得下去。

更何况,在男人买菜、烧饭、洗衣、拖地板时,女人也并没有闲着。上海女人是闲不下来的。事实上让男人累死累活女人却袖手旁观的,在上海并不多。更多的还是"夫妻双双把家建,你挑水来我浇园"(惟一弄不清的是上海人哪来那么多家务要做)。上海女人在家里差不多都是"身先士卒"的将军。不管上海的男人如何被说成是"马大嫂",真正家务做得多的,多半还是女人。她们在控制了"治权"的同时也提供着最好的服务,让丈夫穿得体体面面,把孩子养得白白嫩嫩。难怪有人笑言:要知道什么叫"领导就是服务",最好到上海人家里去看。(图二十三)

图二十三:上海女人在家里差不多都是身先士卒的"将军"。尽管上海男人被说成是"马大嫂",真正家务做得多的,还是女人。

任 珑摄/新周刊供稿

看来,我们还应该说,上海女人是最好的女人,至少在她们家里是这样。

很难想象,与这些最好、最有女人味的女人厮守相伴的,竟是"最不像男人的男人"。

说"上海男人最不像男人",理由似乎很多。首先,外形就"不像"。北方人一提起上海男人,第一印象往往就是"小白脸"和"娘娘腔",即细皮嫩肉、奶声奶气(其实事实并非如此或并不完全如此)。较之"北方大汉"或"西部牛仔",上海人确乎比较白嫩,上海话也确乎比较绵软,给人阴柔有余阳刚不足的感觉。但如果以此便断言"上海男人最不像男人",便未免肤浅可笑。难道真的要像打手一样浑身肌肉、像土匪一样满脸胡子才像男人?不至于吧!

上海男人的"不像男人",更主要的,还是因为他们的生活方式和生活追求太像女人。在这方面,他们的趣味和品味甚至都和女人一样。他们的做家务,已不仅仅是分担劳苦或共建家庭,而是以此为"事业",沉湎痴迷,乐此不疲。不少上海男人不但精于烹调料理,能烧一手漂亮的小菜(这在外地男人看来是可以理解和接受的),而且对服装裁剪也十分在行(这就不可理解和接受了)。他们像女人一样爱逛商店(男人不爱逛商店是世界性的),熟悉商品的行情,精通讲价的技巧,善于识别面料的真伪,说起各种服装的流行款式来如数家珍,有的还会织毛衣。这就实在太像女人了。哪有一个"大男人家"整天惦记着针头线脑,念念不忘毛衣的针法和纽扣的搭配呢?上海男人就会。

上海男人还会像女人一样絮絮叨叨、婆婆妈妈,热衷于生活中上不了台面的鸡毛蒜皮,邻里间说不清是非的磕磕碰碰。当然绝非所有上海男人都这样,正如绝非所有上海男人都会打毛衣。而且,外地同样也有这样的男人。但在人们心目中,这样的男人似乎以上海为最多、为最典型,甚至会认为上海男人"就是这样的"。于是,在外地如果碰到这样的男人,人们就会说:"他怎么像个上海人?"

上海男人有这么多"不像男人"之处,怕老婆早已不是什么严重问题了。

我曾多次说过,在某种意义上,"怕老婆"其实是"封建残余"。只有在传统社会才有"怕老婆",也只有在传统社会"怕老婆"才可笑。

因为传统社会的规矩是"男尊女卑"。本该威风八面的"大老爷们"居然怕起老婆来了,当然可笑。现代社会崇尚的却是人格独立、意志自由和男女平等,女人不该怕男人,男人也不该怕女人。"东风吹,战鼓擂,现在世界上究竟谁怕谁?"恐怕是"谁也不怕谁"。上海人也一样。上海家庭中的男人和女人,大多数恐怕还是"谁也不怕谁"的。女人也许会偏向娘家一些,但至少不会亏待丈夫;男人可能会孝敬丈母娘多一点,却无妨看作是对妻子持家辛苦的一种变相酬劳,不好都算作是"怕老婆"的。至于分担家务,则早已不限于上海。只不过北方男人的做家务,多限于换煤气之类的"力气活"或装电器之类的"技术活",不至于给老婆洗内裤。然而这并不等于说他们就有理由看不起上海男人。做家务嘛,还有什么活干不得不成?再说,人家愿意,你管得着吗?

更何况,上海女人是应该为上海男人的"不像男人"负责的。一方面,上海男人那种温柔光洁、香喷喷甜腻腻的形象,是上海女人设计和塑造的。正如杨东平所说,她们总是喜欢按照"小家碧玉"的审美理想,仿照裁剪书上提供的模式,把自己的丈夫和儿子打扮成"漂亮的大男孩"(《城市季风》)。另方面,她们对家庭生活的过分看重,不断与同事、女友攀比,务必事事不落后于人,也无形中给男人造成了负担和压力。前面说过,雅致是上海的空气,上海人在家庭生活中也会追求雅致,这原本无可厚非。问题在于,对于大多数薪资不高住得又挤的工薪族来说,要过雅致的生活,就必须付出沉重的代价。这就是:夫妻双方都必须把时间精力聪明才智投入到家庭建设中去,殚精竭虑,费尽心机,精打细算以求节省,想方设法以求精美。一个人,尤其是一个男人,如果在这方面花费太多的心思,就难免变得小气琐碎起来。女人小气琐碎一点是可以理解和原谅的(尽管并非所有女人都小气琐碎),男人小气琐碎就会被人看不起。这时,连同他的外形和语调,便都会被看作是"女人气"的表现。

有着上述"特征"的当然只是上海男人中的一部分。他们在上海男人中占多大比例，也许是一个永远无法得知的事情。而且，"女里女气"的男人外地也有，就连北方也不例外。所以，说"上海男人最不像男人"，是不公平的。这里面有误解，也有偏见。比方说，把所谓"怕老婆"以及主动承担家务，买菜、做饭、帮老婆洗内裤等也算在"不像男人"的证据，就是传统观念所使然。其他如"像个弯豆芽"或"喝醪糟都上脸"等等，也不足凭。我在《中国的男人和女人》一书中说过，并非只有身材高大、肌肉发达、力大无穷才像男人。"男人的力量首先在于人格，人格的力量又在于一团正气。"这样的男人上海有没有呢？我想是有的。

但，问题并不在于上海男人像不像男人，有多少人像多少不像，不像的又不像到什么程度，而在于为什么一说"上海男人不像男人"，就会有那么多人认同，上海人自己则会特别敏感特别恼火？这个事实可是绕不过去的。比方说，龙应台那篇文章如果改名为《啊，北京男人》在北京的报上发表，会怎么样呢？肯定只会引起哄堂大笑，以为那不过是一个愚人节的玩笑。

其实，上海人也不该恼怒的。外地人是有些喜欢嘲笑上海男人，但他们却并不嘲笑上海女人。不但不嘲笑，反倒还会在心里给上海女人打高分。至少，绝不会有人说"上海女人最不像女人"。既然上海女人是最有女人味的，那么，根据"男人的一半是女人"的原理，她们的男人也不该不像男人。

事实上上海女人的"军功章"里，确实既有"她的一半"，又有"他的一半"。正是由于上海男人的疼爱呵护，使她们有着远比北方女人更好的生存环境和生活环境，她们才能够在为人妻为人母后仍旧保持着让人啧啧称赞羡慕不已的"女人味"。上海男人是为他们的女人作出了牺牲的。要牺牲就牺牲到底吧！不要再为自己"像不像男人"而烦恼。更何况，某些被认为是"不像男人"之处，可能恰恰是一种进步。正如吴正所说，北荒南乡之地某些"令上海男人瞠目之后外加摇头"的"男子汉派头"和"大老爷们作风"，"正是该类地区在能见的将来还不能那么快地摘去贫困之帽的标帜之一"（《理解上海男人》）。进步是不需要辩解的。"大言不辩"。上海男人如果坚信自己是现代新男性，就用不着那么迫不及待地出来为自己辩白。

也许，从总体上讲，上海人还不是理想的、完整的、严格意义上的现代城市人（部分优秀分子除外）。他们确实较早地获得了某些现代观念，却又同时留着一条传统的辫子和尾巴。于是，当辫子被人揪住、尾巴被人踩住时，就会叫起来。至少，他们在面对传统观念的挑战时多少显得有点底气不足。底气不足的原因，除无法割断历史割断传统外，还因为自己也知道自己"毛病多多"，包括某些确实"不像男人"之处。这些毛病有的是上海扭曲畸形的历史所造就，有的则是上海人自己检点反省不足所使然。更何况，某些传统美德如豪爽、谦让等等也许已"不合时宜"，但毕竟曾经有过自己的合理性。因此，当坚信传统美德合理性的人身体力行地坚持着这些道德规范，并因而觉得自己有资格批判上海人时，他们是理直气壮、中气十足的，而代表着"现代"的"城市部落人"，则会自惭形秽、语无伦次，甚至恼羞成怒。

实际上，上海人的内心深处充满了矛盾，他们的日常行为也不乏悖论。比方说，上海滩原本是开放的。正是无拘无束的开放，造就了雄极一时的大上海。然而上海人的心灵却很难对外开放。上海人谨言慎行，不多言，不妄交，绝无某些北方人"见面就熟，无话不说"的"豪爽"，奉行"害人之心不可有，防人之心不可无"的信条较之传统社会中人为尤甚。这恰是当年"十里洋场"上尔虞我诈、一不小心就会上当受骗的教训所致。结果，"不设防的上海文明终于滋生了处处设防的上海人"（余秋雨《寄情于上海文明的未来》）。正因为处处设防，所以尤爱窥私，因为要防备别人背后做手脚。大家都设防，大家又都窥私，每个人都既要窥人又要防人窥，结果自然是防范心更重，窥私心也更切，人人鬼鬼祟祟，个个皮笑肉不笑。这就难免让外地人尤其是豪爽的北方人看着犯恶心。但在上海人，却又有说不出的苦衷。应该说，上海人是背着沉重的心理负担从传统走向现代的。唯其如此，他们才会成为最招人物议的一族。

## 七　新上海人

然而历史毕竟翻开了新的一页。

新一代的上海人将如之何？"城市部落人"处于两难之中。

也许，事情难就难在上海人是一个"现代部落"。"部落"这个概念，无论如何也是和"现代"相冲突的。但上海人如果不再是一个"部落"，那么，上海人还会是上海人吗？

其实，上海人之所以成为一个"部落"，主要原因就在于传统中国从来没有过上海这样一种城市类型。这就使上海一开始便处于农业文明汪洋大海般的包围之中，而上海人则不过是在这大海的滩涂地段一求生存。面对传统力量的敌意和怀疑，上海人不能不通过强化自己的社区性，来保卫自己的新文明。这就使上海人成了一个极其看重自己文化特征的"部落"，一个自恋而脆弱的"部落"。

现在的历史条件显然已大不同于前。上海不但不再孤立，而且反倒有些落伍（这也是近年来上海大刮怀旧风的原因之一）。中国的新型城市相继崛起，而老城也在走向新型，从而形成一个"一元多样"的新局面。所谓"一元"，就是"有中国特色的社会主义"；所谓"多样"，就是除上海模式外，还有深圳模式、厦门模式、海口模式，以及近年来出现的重庆模式和"一国两制"的香港模式等等。有这么多的兄弟姐妹，上海不再孤独。

上海不再成为一个"部落"，并不等于上海人将不再成其为上海人。因为上海文明中的核心内容和合理成分，恰恰是新时期的文化精神。比如被称之为"上海文明的最大心理品性"的"建筑在个体自由基础上的宽容并存"，就和塑造具有独立人格和自由意志的新中国人目标一致；而上海人百年来养成的敬业精神、契约观念、合理主义等，也与发展市场经济和走向世界相合拍。至于上海人的种种丑陋，则原本应该涤荡一净。实际上，上海人早就开始在做这个工作了。在某些城市尚陶醉于"表扬与自我表扬"时，上海却高举起"批评与自我批评"的旗帜,真诚地欢迎一切善意的批评。在这方面,向被视为"小气"的上海人,却比许多自以为豪爽大方的人要大度得多。

这就大有希望。兵法有云:知己知彼,才能百战百胜。知彼固然不易,知己则更难,故曰"人贵有自知之明"。然而上海却有条件。因为上海一直既是众望所归,又是众矢之的。是众望所归就能知彼,是众矢之的就能知己;是众望所归就能增强信心,是众矢之的就能反思自省。所以,上海人大可不必为外地人的几句闲话而不自在。如果说,上海人过去曾经一度是"最招人物议的一族",那么现在便不妨因势利导,干脆把自己变成"最敢于接受批评的一族"。苟如此,则上海人必将以全新的面貌和极高的素质让世人瞩目。

上海和上海人完全有可能做到这一点。因为上海文化中一直有一种顺应形势自我更新的机制。当历史需要上海搞资本主义市场经济时,它成功了;当历史需要上海搞社会主义计划经济时,它又成功了。现在,上海已经积累了资本主义市场经济和社会主义计划经济两方面的经验教训,搞起社会主义市场经济来,无疑是长袖善舞游刃有余;而一种新城市文化和新城市人格的塑造,则同样是题中应有之义。事实上,社会主义市场经济不仅是一种经济模式,也是一种文化模式。它最终将造就既能继承传统美德又具有新观念、新思想、新道德、新行为和新生活方式的一代新人。在这方面,上海比其他任何城市都得天独厚。上海观念比北京新,历史比深圳久,比广州大气,比重庆雅致。更为可贵的是,上海还是一个有主见的城市。它知道它在世界上和历史中的地位,知道自己该做什么、能做什么和必须做什么。所以,即便在极左势力最为猖獗的年代,一贯"胆小怕事"的上海人也仍在"四人帮"的眼皮底下悄悄地同时也顽固地坚持着他们认为应该坚持的东西,比如学文化、读外语、不为进部队文工团只为艺术修养学琴练琴等,而不像其他地方果真"与传统观念彻底决裂",把宝贵的文化遗产毁于一旦。

的确,上海是这样一个城市:它是开放的、兼容的、多元的、不设防的、泥沙俱下和鱼龙混杂的,但不等于没有选择、不识好歹。作为"城市部落",它总是会顽固地坚持着自己的社区性,而这种社区性又恰恰是指向现代指向未来的。于是上海人的性格(包括他们种种遭人非议的"毛病")后面,便蕴含着尚未开发或不为人知的值得肯定的东西。一旦条件成熟,这些具有优越性的东西便会破土而出,上海人就会让人刮目相看。

实际上,上海人的许多毛病(比方说"小气"、"自私")是被逼出来的。他们自己也知道这些毛病不好(所以一旦被批评就特别恼火),只不过要改也难。比如现在上海一些孩子,花起钱来倒是不小气了(尤其是花父母或别人的钱时不小气),却比他们的父母更自私,在事涉多人时往往只顾自己不管别人。看来好的东西会变成传统,坏的东西也会变成传统,而一个东西一旦变成了传统,就可能一代一代传下去。这是要引起注意和警惕的。因此,上海人似应对"上海文化"进行一番梳理,扬其长而避其短,去其劣而存其优。上海人是能够做到这一点的,因为上海人一直在对自己的文化进行自省,又有那么多人在关注着这件事情。更何况,时代总在进步,社会总在发展,上海人的生活前景越来越好,他们实在不必再坚持那些毛病,而他们文化中那些具有现代性和优越性的东西,则无疑会在新的历史条件下发扬光大、大成气候。

何况上海滩又是何等地开阔啊!开阔是上海滩的品格。更为难得的是,上海不但开阔,而且雅致。这是不容易的。小城因其小巧而容易雅致(如苏州),大城因其开阔则难免粗疏(如北京)。惟独大上海,不但大,不但开阔,而且雅致。这说明上海的城市性格中有一种极为优秀的品质,这才能把开阔和雅致统一起来,就像北京能把大气与醇和统一起来一样。只是由于上海一度关上了大门,既不对外开放,也不对内开放(或只出不进),雅致的味道才变酸了。因为开阔既丧,则市民社会的雅致必然变成小市民的酸腐,正如醇和既丧,则大气也就变成了霸气和痞气。但一个真正优秀的城市,它自身性格中的固有品质是不会轻易丧失殆尽的。可以肯定,这样的一个城市,一旦全面进行改革开放,它的气派,它的前景,它所能释放出的能量,都将是无可估量的。

看来,我们似乎不必为新上海人和新上海文化作杞人之忧。

上海人仍将会是上海人,但却会变得更可爱、更美好。他们从"最招人物议的一族"一变而为"最优秀的一族",应该说指日可待。

# 广州市

广州是市。

广州市很活很活。

广州的活力让人惊异。

用"生猛鲜活"四个字来概括广州,应该说是恰如其分的。每个城市都有自己的个性和风格。这些个性和风格虽然不能测定和量化,却可以体会和玩味,也大体上可以用几个字来描述和传达,尽管不一定准确。广州的个性和风格当然也不例外。如果说,北京的风格是"大气醇和",上海的风格是"开阔雅致",厦门的风格是"美丽温馨",成都的风格是"洒脱闲适",那么,广州的风格就是"生猛鲜活"。

广州是一个不知疲倦、没有夜晚的城市。一年四季,一天二十四小时,都保持着旺盛的生命活力。无论你在什么时候(白天还是晚上)、从什么方位(空中还是陆地)进入广州,都立即能触摸到它跳动的脉搏,感受到它的勃勃生机。这种"生猛鲜活"是有感染力的。它能使你不由自主蹦乱跳地投入到广州一浪接一浪的生活浪潮中去。因此,第一次到广州的人常常会睡不着,尤其是逛过夜市之后。广州的夜生活是那样地丰富,能睡得着吗?

广州确实是一个"不夜城"。它似乎并不需要睡眠。而且,越是别人需要睡眠时(比方说冬夜),它反倒越是"生猛鲜活"。因此,当历史在中原大地上演着一幕一幕威武雄壮的活剧时,它多少有点显得默默无闻。但,如果历史想要抽空打个盹,广州便会活跃起来。由是之故,"生猛鲜活"的广州似乎只属于中国的近现代。

的确,在中国近现代史上,广州无疑是北京、上海之外的第三个重要角色。近一个半世纪的中国历史,差不多有半数左右是由这三座城市书写的。北京的一言九鼎当然毋庸置疑,异军突起的是上海和广州。广州的历史当然比上海久远。至少,它的建城史,可以上推至二千二百多年前的秦代(其时秦将任嚣在今广州市中山路一带建城);它的得名也有一千七百多年的历史,尽管那时的广州并非一城一市之名,但好歹州治是在现在的广州。不过,在相当长的时间内,广州在"天朝大国"的版图上,还是一个极不起眼的边鄙小邑,是封建王朝鞭长莫及的"化外之地",再了不起也不过一个"超级大镇"而已。然而,随着古老的中国开始面对世界,走向现代,广州突然变得令人刮目相看。它甚至昂起倔强的头颅,向着遥远的北庭抗声发言,乃至举兵北伐。在清政府和北洋军阀盘踞北京的时代,南海岸的广州和东海口的上海,轮番成为颠覆北方政权的革命策源地。后来,它似乎一度"退隐"了,只留下"广交会"这个小小的"南风窗"。上海以其不可替代的地位继续起着举足轻重的作用,广州则变成了一个普普通通的省会城市。然而,"三十年河东四十年河西"。当上海成为"褪色的照片"而倍感陈旧落伍时,广州却重新显示出它的"生猛鲜活",而且势头正猛方兴未艾。在短短十来年时间内,以广州为中心,在整个珠江三角洲先后崛起了深圳、珠海、佛山、顺德、江门、东莞、中山、南海等一大批"明星城市",使这块原先的"蛮荒之地"变成了整个中国城市化程度最高的地区,也成为"淘金者"趋之若鹜的"金山"或"宝地"。尽管这些新兴城市有不少在经济发展水平和城市公共设施方面已经超过了广州,但广州毕竟还是它们的"老大",是它们的历史带头人和文化代言人。显然,要了解这个地区活力的秘密,还得从广州读起。

更何况,广州自己,又有多少故事可说啊!

那么，让我们走进广州。

## 一　怪异的城市

在中国，也许没有哪个城市，会更像广州这样让一个外地人感到怪异了。

乘火车从北京南下，一路上你会经过许多大大小小城市：保定、石家庄、邯郸、郑州、武汉、长沙、衡阳等等。这些城市多半不会使你感到奇异陌生，因为它们实在是大同小异。除了口音不大相同，饮食略有差异外，街道、建筑、绿化、店面、商品、服务设施和新闻传媒，都差不太多。只要你不太坚持自己狭隘的地方文化习惯，那么，你其实是很容易和这些城市认同的。

然而广州却不一样。

改革开放以前，外地人第一次进广州，感觉往往都很强烈。第一是眼花缭乱，第二是晕头转向，第三是不得要领，第四是格格不入。你几乎一眼就可以看出，这是一个对于你来说完全陌生的城市。它的建筑是奇特的，树木是稀罕的，招牌是看不懂的，语言更是莫名其妙的。甚至连风，也和内地不一样：潮乎乎、湿漉漉、热烘烘，吹在身上，说不出是什么滋味。如果你没有熟人带路，亲友接站，便很可能找不到你要去的地方。因为你既不大看得懂地图和站牌，又显然听不明白售票员呼报的站名。也许，你可以拦住一个匆匆行走的广州人问问路，但他多半会回答说"muji"，弄得你目瞪口呆，不明白广州人为什么要用"母鸡"来作回答。即便他为你作答，你也未必听得清楚，弄得明白。何况广州人的容貌是那样的独特，衣着是那样的怪异，行色又是那样匆匆，上前问路，会不会碰钉子呢？你心里发怵。

当然，最困难的还是语言。广州话虽然被称作"白话"，然而一点也不"白"，反倒可能是中国最难懂的几种方言之一（更难懂的是闽南话）。内地人称之为"鸟语"，并说广州的特点就是"鸟语花香"。语言的不通往往是外地人在广州最感隔膜之处。因为语言不但是人际交往的重要工具,而且是一个人获得安全感的重要前提。一个人,如果被一种完全陌生的语言所包围,他心里是不会自在的。幸亏只是"鸟语"啊！如果是"狼嚎",那还得了？

广州话听不懂,广州字也看不懂(尽管据说那也是"汉字")。你能认出诸如"冇"、"咁"、"嘅",见过"啫"、"叻"、"啱"之类的字吗？就算你认识那些字,也不一定看得懂那些词。比方说,你知道"士多"、"架步"是什么意思吗？你当然也许会懂得什么是"巴士",什么是"的士"。但懂得"的士",却不一定懂得"的士够格"(决非出租车很够规格的意思)。至于其他那些"士",比如什么"多士"、"卡士"、"菲士"、"波士"、"甫士"、"贴士"、"晒士"①之类,恐怕也不一定懂。最让人莫名其妙的是"钑骨"。前些年,广州满街都是"钑骨立等可取"的招牌(现在不大能看见了),不明就里的人还以为广州满街都是骨科大夫,却又不明白疗伤正骨为什么会"立等可取",而广州的骨伤又为什么那么多？其实所谓"钑骨",不过就是给裁好的衣料锁边,当然"立等可取";而所谓"又靓又平",则是"价廉物美"的意思。然而广州人偏偏不按国内通行的方式来说、来写,结果弄得外地人在广州便变成了"识字的文盲",听不懂,也看不懂,"真系(是)蒙查查(稀里糊涂)啦"。

结果,一个外地人到了广州,往往会连饭都吃不上,因为你完全可能看不懂他们的菜谱:猪手煲、牛腩粉、云吞面、鱼生粥,这算是最大众化的了,而外地人便很可能不得要领。至于"蚝油"、"焗"、"煸"之类,外地人更不知是怎么回事,因而常常会面对菜谱目瞪口呆,半天点不出一道菜来。有人曾在服务员的诱导下点了"牛奶",结果端上来的却是自己不吃的"牛腩",其哭笑不得可想而知,他哪里还再敢问津"濑尿虾"。

---

① 士多,买香烟、水果、罐头及其他零碎日用品的小商店。架步,比较固定的进行非法活动的地方。的士够格,唱片夜总会或有小型乐队伴奏的夜总会。多士,烤面包片。卡士,演员表。菲士,面子。波士,老板。甫士,明信片。贴士,小费。晒士,尺寸。

更为狼狈的是,外地人到了广州,甚至可能连厕所也上不成。因为广州厕所上写的是"男界"、"女界"。所谓"男界",是"男人的地界"呢,还是"禁止男人进入的界限"呢?外地人不明所以,自然只能面面相觑,不敢擅入。

于是,外地人就会纳闷:我还在中国吗?

当然是在中国,只不过有些特别罢了。

的确,包括广州在内,远离中央政权的岭南,历来就是中原文化的"化外之地"。

有句话说:"千里同风不同俗",广东却是连"风"也不同的。大庾、骑田、萌诸、都庞、越城这"五岭"把北方吹来的风挡得严严实实,而南海的风又吹不过五岭。于是岭南岭北,便既不同风又不同俗,甚至可能不"同种"。岭南人颧骨高,嘴唇薄,身材瘦小,肤色较深,与北方人在体质上确有较明显的区别。再加上语言不通,衣食甚异,这就难怪北方人只要一踏上粤土,便会有身在异域的怪异之感了。

于是,在中原文化被视为华夏正宗的时代,岭南文化当然也就会被视为"蛮族文化",岭南人当然也就会被视为"蛮野之人"。直到现在,不少北方人还把广东人视为茹毛饮血的吃人生番,因为据说他们嗜食活老鼠和活猴子,自然离吃人也不太远。即便不吃人吧,至少吃长虫(蛇)、吃蛤蟆(青蛙)、吃蚂蚱(实为禾虫)、吃蟑螂(名曰龙虱,实为水蟑螂)、吃猫吃狗吃果子狸吃穿山甲,吃各种北方人不吃的东西。这就不能不使北方人把广东人视为怪异而与之划清界限。据说,当年六祖慧能向五祖弘忍求法时,弘忍便曾因他是"岭南人"而不肯收留,说:"汝是岭南人,怎生作佛?"谁知慧能答道:"人虽有南北,佛性本无南北。"一句话,说得湖北人(一说江西人)弘忍暗自心惊,另眼相看,不但收留了慧能,而且把衣钵也传给了他。

慧能无疑是使北方人对岭南人刮目相看的第一人。他得到禅宗衣钵后,连夜逃出湖北,回到岭南,隐居十几年,后来才在广州法性寺(原制旨寺,今光化寺)脱颖而出,正式剃度受戒为僧,以后又到广东曹溪开山传教。不过,慧能开创的禅宗南宗虽然远播中土,风靡华夏,成为中国佛教第一大宗,也使"岭南人"大大地露了一回脸,但他传播的,却并不是"岭南文化"。佛教和禅宗的主张,是"众生平等,人人可以成佛",怎么会有"地域文化"的特征?我甚至相信,慧能的弟子们到中原去传教时,说的一定不是"岭南话"。

岭南文化的真正"北伐",是在今天。

北伐的先遣军虽然是T恤衫、牛仔裤、迷你裙以及唱碟、雪柜等新潮商品,但让文化人最感切肤之痛的还是那铺天盖地的粤语。今天,在中国一切追求"新潮"、"时髦"的地方,包括某些边远的城镇,饭店改"酒楼"(同时特别注明"广东名厨主理"),理发店改"发廊"(同时特别注明"特聘广州名美容师")已成为一时之风尚。(图二十四)在那些大大小小的"酒楼"里,不管饭桌上摆的是不是"正宗粤菜",人们都会生硬地扣指为谢,或大叫"买单"。"打的"早已是通用语言,"镭射"、"菲林"、"派对"、"拍拖"等粤语音译或广东土著名词也颇为流行。一些内地传媒也开始频繁使用"爆棚"、"抢眼"之类的字眼,并以不使用为落伍、为土气。至于"芝士圈"、"曲奇饼"之类大人们不知为

图二十四:尽管粤菜和粤语已相当普及,但外地人面对"金牌濑尿虾"和"生啫塘虱"之类的菜谱还是会目瞪口呆。

李 华摄

何物的食品,更早已成为"中国小皇帝"们的爱物。

一句话,过去的怪异,已变成今日之时髦。

当然,更重要的还在于行动。如今,广州人或广东人的生活方式和生存方式,已越来越成为内地人们的仿效对象。人们仿效广州人大兴土木地装修自己的住房,用电瓦罉煲汤或皮蛋瘦肉粥,把蛇胆和蛇血泡进酒里生吞,大大地抬起了当地的蛇价。这些生活方式当然并不一定都是从广州人那里学来的,但广州的生活方式无疑是它们的"正宗"。总之人们的"活法"开始与前不同。除学会了喝早茶和过夜生活、跳"的士高"和说"哇"外,也学会了炒股票、炒期货、炒"楼花"和"炒更",自然也学会了"跳槽"、"炒"老板的"鱿鱼"和被老板"炒鱿鱼",或把当国家公务员称为"给政府打工"(广州人自己则称之为"打阿爷工")。显然,广州文化或以广州为代表的广东文化对内地的影响已远远不止于生活方式,而已直接影响到思维方式和思想方法,其势头比当年上海文化之影响内地要大得多、猛得多。如果说,上海人曾在全国造就了许许多多"小上海",那么,广东人却似乎要把全国都变成"大广州"。

似乎谁也无法否认,广州和广东文化已成为当代中国最"生猛鲜活"也最强势的地域文化。

但显然,它又远非是"地域"的。

以"挡不住的诱惑"风靡全国的广州广东文化,其真正魅力无疑在于其中蕴含的时代精神,而不在其文化本身。人们争相学说粤语,并不是因为他们突然发现粤语有多么好听;人们争相请吃海鲜,也并非因为大家都觉得海鲜好吃,何况内地酒楼的海鲜也未必生猛。人们以此为时尚,完全因为这个地区在改革开放中"得风气之先",走在改革开放的前列,成了国人羡慕的"首富之区",这才使它们那怪异的生活方式和名词术语沾光变成了时髦。因此,是改革开放成全了广州广东,而不是广州广东成就了改革开放。可以肯定,如果没有改革开放,广州仍将只不过是一个并不起眼的南国都市,顶多和武汉、成都、西安、郑州、南京、沈阳平起平坐罢了,尽管它有好看的花市、好喝的早茶、好吃的粤菜和好听的广东音乐。但,在二十多年前,有多少人真把它们当回事呢?

现在可就不一样了。普天之下,真是何处不在粤语文化的浸淫之中!毫不奇怪,人们对于有着经济优势的地域及其文化总是羡慕的,而文化的传播和接受又总是从表层的模仿开始的。当我们学着广州人穿T恤、喝早茶、泡酒吧,大声地欢呼"哇"时,我们不是在学广州,而是在学"先进"。似乎只要两指在桌上轻轻一扣,就成了服务员不敢慢待的广东"大款",也就加入了现代化的潮流。看来,一种文化要想让人刮目相看、趋之若鹜,就得有经济实力作坚强后盾;而粤语文化的大举北伐并大获成功,则又首先因于这个地区经济上的成功。

然而,改革开放在广东首先获得成功,又仍有地域方面的原因。

1992年,邓小平在他著名的南巡讲话中曾感慨系之地说,当年没有选择上海办经济特区是一大失误。其实,这不但是时势所使然,也是地势所使然,甚至可以说是"别无选择"。在当时的情况下,显然只有广东,才担当得起这一伟大实验的责任,也才有可能使这一实验大告成功。不要忘记,我们是在一种什么样的历史条件下开始进行改革开放的。在那种历史条件下,全面启动改革的进程是不可能的,以北京、上海为先行官也是不可能的。可以全面铺开的只有农村的改革,而可以并应该对外开放的也只有广东、福建两个省份。这两个位于东南沿海又相对贫困的农业省份,在国民经济中所占的比例不大,一旦失败也不会影响大局,继续闭关自守却既不现实,也甚为可惜:港澳台的经济繁荣近在咫尺,咄咄逼人,而且放弃与之合作的机会,放弃对其资金、技术、管理经验的利用,也等于坐失良机。

结果是众所周知的:广东闯出了发达和繁荣,福建则要相对滞后一点。比如同期成为特区的厦门,其经济发展速度就不如深圳(但厦门却在精神文明建设方面获得了成功)。究其原因,除台湾对厦门的作用和影响远不如香港之于深圳外,广东有广州而福州远不能和广州相比,也是一个重要的因素。可惜,这个因素似乎没有引起足够的注意。事实上，如果没有广州，仅仅只有香港，深圳也不会如此成功。因为特区的成功不仅有经济上的原因，也有文化上的原因，而广东文化至少有一半以上是由广州来创造和代表的。这是广州和北京、上海、香港、台北的不同之处。北京、上海、香港、台北并不代表华北文化、江浙文化、广东文化或闽台文化，它们有许多并不属于这些文化的个性的东西。北京、上海、香港、台北的文化，是超越于华北文化、江浙文化、广东文化或闽台文化的，甚至还有某些抵触之处（比如南京人和杭州人就不喜欢上海人）。广州却是深深植根于广东文化的。广东人现在可以不喜欢广州这个城市（太脏太挤太嘈杂），却不会不喜欢广州文化。事实上，广州代表的，是广东文化中现在看来比较优秀和先进的东西，然而福建文化中的这些东西却有不少要靠厦门而不是福州来代表。可以说，正是广州，以其独特的文化背景和文化氛围，为整个广东地区的改革开放奠定了坚实的基础，提供了有力的支持。广州的秘密，比深圳等等更值得解读。

广州，是连接过去（化外之地）和现在（经济特区）的中介点。

因此，尽管它的"生猛鲜活"是属于现在时的，它的故事却必须从古代说起。

## 二　天高皇帝远

广州，从来就是一个"天高皇帝远"的地方。

无论中央政府是在长安、洛阳、开封、南京或者北京，广州都是一个边远的、偏僻的、鞭长莫及和不太重要的邑镇。如果按照周代"五服"的规格，它显然只能属于最远的那一"服"——"荒服"（天荒地老之服）。长江湘水之阻，衡山南岭之隔，足以让达官显贵、文人墨客视为畏途。李白有"蜀道之难难于上青天"的感叹，然而从长安到成都，实在比到广州近得多了。所以古人从未有过"粤道难"的说法，因为他们几乎没有到过广州，也不大想到广州。事实上，"蛮烟瘴雨"的岭南，历来就是流放罪犯的地方；而只要想想十八世纪清廷官方规定的标准行程,从北京到广州驿站,竟要56天(加急为27天),则对于所谓"天高皇帝远",便会有一个感性的认识。想想看吧,将近一两个月的"时间差",多少事情做不下来?

广州距离中央政权既然有这样远的路程,那么,中央政府即便想要多管广州,在事实上也心有余而力不足,当然在大多数情况下,也就只好"睁一只眼闭一只眼"。同样,习惯了中央政府这种态度的广州人,当然也早就学会了"看一只眼不看另一只眼",在政策允许的前提下,自行其事,先斩后奏,甚至斩而不奏。

这种文化心理习惯在改革开放时期就表现为这样一个"广东经验":对于中央的政策,一定要用够、用足、用好、用活。具体说来,就是只要没有明确规定不许做的,都可以做,或理解为可以做。所以有人说,改革开放以来,由于提倡改革,允许实验,允许失败,中央对于许多地方许多省份,其实是"睁一只眼闭一只眼"的。广东人看着的是那只"闭着的眼",福建人看着的是那只"睁着的眼",上海人琢磨下一回"哪只眼睁哪只眼闭",北京人则在议论"应该睁哪只眼闭哪只眼"。

图二十五:广州离"外面的世界"很近,海风早就吹进了广州。

李　华摄

结果广东上去了,福建滞后了,上海在徘徊,北京则在不停地说话。看来,广东成为改革开放的前沿阵地,并非没有文化上的原因。

广州离"皇帝"很远,离"外面的世界"却很近。(图二十五)

广州临南海之滨,扼珠江之口,对于吸收外来文化有着天然的优势。禅宗祖师菩提达摩,就是于南梁武帝大通元年在广州登陆,来到东土的。实际上,华南地区的出海口在晋时即已由徐闻、合浦一带移至广州。到了唐代,广州便已以中国南海大港而著称于世,成为"海上丝绸之路"的起点之一。这时,广州已设立"蕃坊",城中外侨杂居,其所谓"蕃邦习俗",对广州文化的形成,不能说没有影响。可以说,从那时起,广州人对于"蕃鬼",便有些"见惯不怪",习以为常。

不过那时的中国,的的确确是"世界第一"的泱泱大国。中国的文化,远比世界上许多国家和民族的文化优越,尤其对于那时来华的"白蛮、赤蛮、大石、骨唐、昆仑"等国,就更是如此。总之,广州人对外来文化的吸收,是以中国文化的优越感为"底气"的。这也是广州与上海的不同之处。广州是在已有本土文化的前提下吸收外来文化,而上海则是在"一张白纸"的情况下开放和吸收。而且,到本世纪初,广州与"外面世界"的联系已大不如上海:广州进出口的吨位数只有上海的1/4,租界大小则只有上海的1/147。所以,上海的"西化"虽在广州之后,却比广州"彻底"和"地道"。上海除人力车夫一类"苦力"说"洋泾浜英语"外,一般来说只要肯学,英语说得都很好。广州人却喜欢把外来语言"本土化",发明出诸如"打的"、"打波"之类"中外合资"的词语,或诸如"佳士得"、"迷你"、"镭射"之类中文色彩极浓的译名。广州给人的怪异感,有相当一部分是由这些话语的"不伦不类"引起的。

但这对于广州人却很正常。广州人的"文化政策",历来就是"立足本土,兼收并容,合理改造,为我所用"。比方说,他们也用汉字,却坚持读粤音。当年,如果不是雍正皇帝下了一道严厉的命令,他们是连"国语"都学不会的。尽管如此,他们还是发明了一大堆只有他们自己才认识的"汉字"。广州人对待中原文化的态度尚且如此,遑论其他?

其实,这也是"天高皇帝远"所使然。

所谓"天高皇帝远",显然包括两方面的内容:一是中央政府不大管得了,二是中央政府不大靠得上。管不了,就可以自行其事;靠不上,就必须自力更生。所以,广州人的自强精神和自主意识也就特别强。在漫长的历史进程中,广州和岭南人民正是靠着自己的筚路蓝缕、艰苦创业,才在极其困难的条件下,为自己闯开了一条生路,并创造了自己独特的文化。这种独创精神几乎已成为他们的"文化无意识"。任何人只要稍加注意,就不难发现,广州的文化,从饮食服饰、建筑民居,到音乐美术、戏剧文学,都有自己的特色而与内地大相异趣。自唐以降,优秀的岭南诗人,多能一空依傍,自立门户;而近代崛起的"岭南画派",更是锐意革新,独树一帜。岭南画派在继承国画传统技法的基础上,兼容西方摄影、透视等方法,终于形成自己独特的风格;而广东音乐则在运用民族乐器的基础上大胆采用外来乐器,于是便以其宽广丰富的音域和优美嘹亮的音韵深得人们喜爱,享誉海内外。

实际上,即便广州普通民众的生活,也相当随意和注重个性。广州菜肴、点心、粥面品种之多,堪称中国之冠。除岭南物产丰富、粤人注重饮食外,要求"吃出个性来",也是原因之一。广州人的穿着,更是五花八门。或讲面料,或讲款式,或讲名牌,或讲新潮,但更多的还是自己觉得怎么好看就怎么穿,或怎么舒服就怎么穿,比如穿西装不打领带,穿皮鞋不穿袜子等(此为广州与深圳之不同处)。相反,穿得过于一本正经,在广州反倒会有怪异之感。一位广州朋友告诉我,有一天,他们单位一个同事西装革履地走进来,大家便开玩笑说:"你什么时候改卖保险了?"原来,在广州,只有推销员才会穿得一本正经,其他人都穿得随随便便。(图二十六)反正,在广州,衣食住行均不妨个性化。不过有一点则似乎是共同的,那就是总和内地不一样。内地人穿中山装军便服时,他们穿港式衬衫花衣服;内地人西装领带衣冠楚楚时,他们把西装当茄克穿。内地人早上吃稀饭馒头时,他们早上喝茶;内地人以"正宗粤菜生猛海鲜"为时尚时,他们却对川菜湘菜东北菜产

图二十六：在广州街头，西装革履衣冠楚楚的人往往是推销员。

严志刚摄/新周刊供稿

生了浓厚的兴趣。这就使得外地人一进广州，就觉得这地方吃也好，穿也好，都怪怪的。

其实说怪也不怪。广州既然是一个远离中原的地方，既然反正也没有什么人来管他们和帮他们，他们当然就会按照自己选择的生活方式来生活，而不在乎北方人说三道四。事实上，即便有"北佬"评头论足，广州人也既听不到又听不懂。即便听到了听懂了，也"没什么所谓"。广州人不喜欢争论而喜欢实干，而且喜欢按照自己的个性去干。在广州人看来，北京人争得面红耳赤的许多问题，都是"没什么所谓"的。或者借用一个哲学的说法，都是"假问题"。因为这些问题不要说争不出什么名堂，即便争得出，也没什么实际效益。既然如此，争论它干什么？显然，广州人广东人的文化性格和改革开放的基本精神是一致的：改革开放的原则是"不争论"，而广州人也好广东人也好，都不喜欢争论。

但，这丝毫也不意味着广州或广东无思想。恰恰相反，在风云变幻天翻地覆的中国近代史上，广东有着"思想摇篮"的美称。黄遵宪、康有为、梁启超、孙中山,在这个"天高皇帝远"的地方发出了震惊全国的声音,其影响极为深远。孙中山、毛泽东、邓小平,这三个对本世纪中国的命运前途和思想文化产生了巨大影响的人物,一个出在广东,一个出在湖南,一个出在四川,而不是出在北京、上海,是耐人寻味的。事实上,广东不但出思想家,而且广东的思想家,不是革命者也是革新者,没有一个是保守派。这其实也正是广东文化或曰岭南文化的特点,即"生猛鲜活"。生猛鲜活是和枯朽陈腐完全相反的。生就是有生命力,猛就是有爆发力,鲜就是有新鲜感,活就是运动性。生则猛,鲜则活。相反,枯则朽,陈则腐。这也正是一个古老帝国的古老文化可能会要遇到的问题。看来,岭南文化能够具有生猛鲜活的风格,或许就因为它"天高皇帝远"!

广州与内地城市之最大区别,也许还在于其经济生活方式。

中国传统社会的内地城市,基本上是出于两种目的而建立的,这就是"政治"和"军事"。主要出于政治目的而建立的叫"城",主要出于军事目的而建立的则叫"镇"。镇,有重压、安定、抑制、镇服和武力据守等义。所以,重要或险要的地方叫镇,在这些地方设立郡邑或派重兵把守也叫镇。镇以军事而兼政治,城以政治而兼军事,故北京是"城",武汉是"镇"。城讲"文治",镇重"武备",它们都不会把商业和商品生产放在首位。

广州却是另一种类型的城市。尽管广州建城很早,且有"羊城"、"穗城"、"花城"等等别名,但广州的城市性质,却主要不是"城",也主要不是"镇",而是"市"。由于"天高皇帝远",也由于历代王朝对广州实行特殊的经济政策,广州在中国城市发展史上,走的是与内地城市完全不同的另一条道路。它不像"城"或"镇"那样看重政治和军事,却颇为重视商业和商业性的农业、手工业。早在汉初,它就已是我国南方重要的港口城市;到唐代,已发展为全国最大的外贸港口;至宋时,则已成为世界著名港口之一。明清两代,广州作为我国重要的通商口岸和外向型农业、手工业基地,商品经济和海洋经济都得到了长足的发展,人口增多,市场繁荣,与海外交往频繁。据统计,乾隆十四年至道光十八年这 90 年间,外轮抵港多达 5130 艘。鸦片战争时,广州的进出口吨位数达 28 万吨(同期上海只有 9 万吨)。海洋经济带来的商业气息,给广州和整个岭南地区注入了不可低估的经济活力,造成了一种新的气象。与之相对应,整个珠江三角洲"弃田筑塘,废稻种桑",成为商品性农业生产基地;而广州则成为商品性手工业的中心,并以工艺精美而著称于世,有所谓"苏州样,广州匠"之美名。(图二十七)

图二十七:有着商业传统的广州人也有着辨认正宗的习惯。

李 华摄

在商言商。广州既然是"市",则广州之民风,也就自然会重财趋利。明清时有民谣云:"呼郎早趁大冈墟,妾理蚕缲已满车。记取洋船曾到几,近来丝价竟何如。"可见亦农亦商、亦工亦商已成风尚,市场、价格、交易等等也已成为人们的日常话题。至于经商贸易,当然也是广州人竞趋的职业。

广州的这种民风,历来颇受攻击。但这些攻击,显然带有文化上的偏见。要言之,他们是站在"城"和"镇"的立场来攻击"市"。"市"确乎是不同于"城"和"镇"的。不论"城"也好,"镇"也好,它们都主要是消费性的城市,其财政开支主要依赖农业税收,部分依赖商业税收,生产者少,消费者多。即以清光绪三十四年(公元1908年)为例,是年北京70万人中,不事生产的八旗子弟和士绅官员就有28万人,占总人口的40%。这些人不必躬耕于垄亩,叫卖于街市,自然可以高谈阔论于茶座,浅吟低唱于青楼,大讲"义利之辨"或"逍遥之道"了。然而"市"却是生产性的。什么叫"市"?"市,买卖之所也。"既然是买卖,就必须不断地买进卖出,才叫"生意"。不做生意,钱放在家里,自己不会生儿子,老板也不会有饭吃。因此,一个"市",只要它一天不从事商业生产和商业活动,便立即会丧失生命,失去存在的意义。生意生意,有"生"才有"意"。这就必须"生产"。生产,才有饭吃。所以,"城"与"市"的文化性格往往不同,而城里的人和市上的人也多有差异。要之,城多静而市多动,城多雅而市多俗,城里的人多会说而市上的人多会做,城里的人多务虚而市上的人多务实。究其所以,大约也就是后者必须自己谋生而前者大可不必之故。

于是,我们便大体上知道广州人为什么不喜欢争论,为什么自主意识特别强,以及广州为什么会有生猛鲜活的风格,而且总是和内地不一样了。就因为广州是"市",是中国最老也最大的一个市场。上海也有"市"的性质。但上海主要是外国人做生意而中国人当职员,广州却是广州人自己当小老板。所以,当中国讳言"市场经济"时,以职员为主体的上海人很快就适应了计划经济,广州人血液中的商品经济因子却依然存在。结果,广州和广东人走在了改革开放的前列,上海人却费了老半天才反应过来。广州,毕竟是"老牌的市"啊!

## 三 广州是个大市场

的确,从某种意义上说,广州是个大市场。

与上海一样,广州在许多中国人的心目中,也是一个"买东西的地方"。在改革开放以前的那些年头,甚至改革开放之初,中国人即便手上有一两个小钱,也是买不到什么东西的。那时,谁要想买点好东西,就得想办法到上海或者广州去。上海的好处是能买到国产的精品,广州的好处则是能买到不多的一点新潮的进口货,或者出口转内销的新产品,不过要用侨汇券或外汇券。外汇券是从 1980 年 4 月 1 日开始发行的,1995 年 1 月 1 日起停止使用,现在已成了一种收藏品。那时,外汇券可是宝贝。有了它,就可以到友谊商店去买别人买不到的东西。不过,外地虽然也有友谊商店,东西却没有广州的多;而在广州,使用外汇券也不一定非得在友谊商店,其他某些商店如南方大厦也可以用。所以,外汇券真正的用武之地还是在广州。1982 年,广州的亲戚给了我们一点外汇券,我们捏在手里半天不敢用,在广州转了好几家商店,才给女儿买了一条裙子。总之,尽管上海和广州都是当时中国人心目中的购物天堂,但性质却是不一样的。上海更像一家自产自销的工厂,南京路、淮海路什么的不过是它的门市部;广州则更像一个讨价还价的市场,街面后的城市只不过是它的大库房。

最能体现出这一微妙差异的是两条有名的街:上海的南京路和广州的高第街。90 年代以前,外地到上海或广州购物的人,尤其是打算买点漂亮衣服或日用小百货的人,几乎都要到这两条街上去逛一逛。但细心的人很快就会发现它们的不同:南京路上的商店主要是国营的,高第街上的摊档则基本是个体的;南京路上出售的主要是上海国营工厂的产品,高第街上卖的却不知是摊主们从哪里倒来的"进口货"。高第街是广州一条商业街,早在清代就颇有名气,当时主要经营日用品和工艺品,广州的女人有事没事隔三差五就要去光顾一番,因此又叫"女人街"。改革开放之初,它便更是领导着时尚领导着潮流,服务对象也不止于女人,还包括所有爱漂亮讲时髦的小伙子。80年代中期,高第街共有640多个个体摊档,出售各种新潮服装和化妆品、小商品,甚至还有从海外带来或走私进来的旧时装。满载着鼓鼓囊囊蛇皮袋的"雅马哈"出出进进,而喇叭裤、牛仔裤、T恤衫、幸子衫等当时的时髦服装,也就从这里走向全国。可以这么说,80年代初的中国人,是从高第街开始羞羞答答地改变着服饰,同时也悄悄地改变着生活观念和人生态度的。

时过境迁,现在的高第街已不像当年那样风光了。因为在广州,这样的街已越来越多越来越好越来越专业化,比如上下九的扣子一条街,大新路的鞋子一条街,康泰路的建材一条街,大南路的鲜花一条街,以及天河电脑城和海印电器城等。和二十年前相比,中国人的收入和生活水平都大大提高了,消费观念和生活观念也大不同于前。人们不再会去讨论诸如"喇叭裤能否吹响'四化'的号角"之类的问题,牛仔裤和T恤衫也不再是"时髦女郎"或"问题青年"的专利。全国各地都有紧跟潮流的服装市场,犯不着再到高第街来凑热闹。现在,来广州的外地人多半要去的地方,是大沙头海印桥下的电器城。这里云集了1000多家商铺,是国内最大的家用电器集散地。其特点是价格便宜,品种齐全,但凡你听说过或想得到的家电,这里都应有尽有,而且保证是最新潮的。国外最新的家电产品刚一推出,这里就会立即上市。这也正是广州作为一个大市场的特征所在:反应敏捷,确保满足消费的需求。

当然,作为一个成熟的市场,广州不但有"新",也有"旧"。追新的人可以去天河城。那里荟萃了Jessica、Courlor、Eighteen、淑女屋等众多的名牌时装专卖店,其布局和气派已直追香港的太古广场或置地广场。怀旧的人则不妨去上下九。那里不但有永安百货、广州酒家、清平饭店和莲香楼等老字号,也有众多的不起眼的小"士多"。在上下九街道两旁的老骑楼下走过,老广州那亲切质朴的平民气息就会扑面而来。难怪这里会辟为广州第一条步行街了。的确,走在这条街上,

图二十八:走在上下九的老骑楼下,老广州的气息扑面而来。

李 华摄

你能找回许多关于老广州的记忆和感觉。(图二十八)

逛上下九,最好能去吃一碗牛腩粉,或者吃一次下午茶。

广州不但是一个"买东西的地方",也是一个"吃东西的地方",要不然怎么说"食在广州"呢?中国是一个饮食文化极为发达的国家,全国各地都有好吃的东西,并非只有广州才是"食的天堂"。事实上,除"食在广州"外,也还有"吃在成都"、"吃在扬州"等说法。但在我看来,成都、扬州等和广州相比,还要略逊一筹。这不仅因为广州的菜肴和点心内容丰富、品种繁多、做工精美、品味极高;也不仅因为广州人什么都吃,——"草原吃羊,海滨吃蟹,广州人吃崩了自然界";还因为只有广州,才二十四小时都在吃。

吃的节目是从早上6点来钟的"饮早茶"开始的。别看这时天还没有大亮,开设早茶的酒楼却已人声鼎沸。经过多年粤文化的普及,内地人都已知晓,所谓"饮早茶"并不是喝茶,或并不只是喝茶,而是吃点心,如虾饺、凤爪、肠粉、春卷、牛肉丸、马蹄糕,还有猪肝粥、鱼生粥、皮蛋瘦肉粥等各种粥类和青菜。老广州人是很看重早茶的,有"一盅两件叹早茶"的说法。叹,在粤语中是"享受"的意思。清早起来,在街上溜达溜达,然后走进酒楼,挑一张桌子坐定,即有小姐来上茶。再随便要一两样点心,便可以边吃边聊直到早茶收档,可真的称得上是"叹世界"(享清福)啊!

早茶一般10点左右收档。稍事整理后,午饭便开始了。广州人中午在外吃饭的不多,一般在单位吃食堂或在公司吃便当。因为下午还有事,所以中午饭吃得都比较快,也相对比较简单。2点一过,午饭结束,下午茶又开始了。午茶的内容形式与早茶没有什么两样,热衷者也多为老广州人。不过据我观察(不一定对),饮早茶的似以老先生居多,饮午茶的则以老太太居多。大约因为老先生早上比较有闲(中午要午睡)而老太太下午比较有空(早上要买菜)吧!忙完了一天家务的老太太,正可以在这时邀几位老姐妹,一起来"倾偈"(聊天)了。

午茶到5点便收档,接着便是一天中食肆最旺的晚餐。晚餐是广州人吃得最讲究最排场的一餐。因为家人也好朋友也好,惟有此时才可能相聚,而且时间有保证,能够尽兴,不至于被公务打扰。即便是应酬,也显得有诚意。因此一到华灯初上,广州的酒楼便人满为患。吃完晚餐,如果是老友相逢,则可能还要去饮晚茶。饮晚茶的,似以中青年居多。因为老先生也好老太太也好,这时都已吃完晚饭冲过凉,在家里看电视或者搓麻将了。他们没有太多的精神和胃口来应付晚茶,而对于精力充沛的中青年来说,真正的夜生活这时才开始。酒足饭饱之后，可以饮至深夜的晚茶是很好的放松和休闲。朋友们正好促膝谈心，亦不妨找一两位小姐来随便坐坐，便会觉得一天的劳累有了补偿。

如此一日三餐三茶之后，广州人"食"够了吗？没有。深夜，可以说才是"食在广州"的高潮，广州人称之为"去宵夜"。广州人原本就有过夜生活的习惯，近年来由于物质的丰富和收入的增加，宵夜的人越来越多，经营宵夜的食肆也越来越火爆。毗邻海珠广场的胜记大排档、沙面的新荔枝湾、珠江北岸海印桥脚下的西贡渔港，都是宵夜的好去处。每到深夜时分，这里便灯火辉煌，食客如云，热气沸腾，构成独特的"广州风景"。宵夜一直要开到凌晨6点，接下来便是新一天的早茶。这种二十四小时不间断的餐饮接力赛，在内地尤其是在北方城市，不但罕见，而且不可思议。但这又恰恰是地地道道的"广州特色"。尤其是早茶、午茶、晚茶和遍布广州大街小巷的大排档，最能代表广州的城市风情。因此有人说，只有终日流连于这些地方的主儿，才能真正体会"食在广州"的含义（《新周刊》1998年第5期安宁文）。

还有一点也不可不提，那就是"食在广州"并不等于"食广州"，而

图二十九：食在广州，此言不虚。连摊档上的菜肴都琳琅满目。

李　华摄

毋宁说是"食全国"甚至"食世界"。在广州,只要有钱,没有吃不到的东西。海南文昌鸡、东北炖粉条、西安羊肉泡、成都酸菜鱼之类自不必说,法国鹅肝、德国红肠、韩国烧烤、日本刺身,也都绝对地道绝对正宗。广州,就像是一座应有尽有的大酒楼。(图二十九)

其实,这正是市场的特点。

市场是干什么的?有人说市场就是花钱和赚钱的地方。这话并不全对。应该说,市场就是通过满足人们的需求,让一部分人心甘情愿花钱,另一部分人心安理得赚钱的地方。因此,越是成熟的市场,就一定越能多层次全方位地满足人们的需求。

广州的好处也正在这里。广州允许"摆款"(铺张),也宽容"孤寒"(吝啬),而且摆能让你摆个够,省也能真让你省下来。广州有豪华气派得让一般人不敢擅入的大酒楼、时装店、精品屋,也有遍地开花的摊点和大排档。在广州,花一万块钱买件衣服或者吃一顿不算什么,只花十块钱买件衣服或者吃一顿也很平常。那个在大排档吃牛腩粉的可能刚做完一笔大生意,那个在街头买削价商品的也可能刚花40万买了一套房子。广州允许不同的人有不同的活法,也允许同一个人有不同的活法。

但有一点则大体上是共同的,即广州人都明白一个道理,那就是不管怎样"食",归根结蒂都是"食自己"。因此,倘若自己并无可"食"之处,那就谁也帮不了你啦!所以,比别的地方人爱吃会吃的广州人,往往也比别的地方人肯做会做。的确,"市"上的人,要比"城"里的人更懂得"民以食为天"的道理。广州人有句经常挂在嘴边的话,叫"揾食",也就是"谋生"的意思。"揾"即"找","食"要自己去"找",再明白不过地说明了"市"上的人,多半是自食其力者。对于他们来说,生活是实实在在的事情,也是必须付出劳动、智慧和时间的事情。如果你不能为此付出实实在在的代价,那么,对不起,你就只好饿肚子、喝西北风,或者用广州话说,只好"吊砂煲"了。

所以,为了"揾食",广州人便不怕忙得"满天神佛"。"满天神佛"

是广州人的一句口头禅,意思是不可开交、难以应付。但广州人再忙,也不会说"忙死"。因为"忙",原本为了"揾食",为了活得更好,怎么能说"死"?没法子,只好拿神佛来开开心,放松放松,调剂调剂。不过,神佛也帮不了太多的忙。揾食,还得靠自己。

同样,为了"揾食",广州人便不惜把自己的时间也放进"锅"里去"炒",叫做"炒更"(也就是业余兼职)。落班放工以后,再打一份工,挣一份钱,辛苦是辛苦,可日子也就要好过得多。从某种意义上讲,"炒更"的过程,也就是品味时间价值的过程,同时也是品味自身价值的过程。所以不少的广州人都乐此不疲。这实际上也是只有"市"上才有的文化奇观,"城"里的人往往连想也不敢想(现在自然都已"见贤思齐"了)。在这里我们似乎又可以看出"城"与"市"的区别:"市"上的人要比"城"里的人思想更活胆子更大。你想想看,广州人连时间都能"炒",还有什么不能"炒"?广州人连"更"都能"吃",还有什么不能"吃"?但"炒更"也好,"炒"别的什么也好,总归是"食自己"。单凭这一点,"吃别人"的人,尤其是吃着公款还要学着广州人在饭桌上扣指为谢以为摆谱的人,就没有多少资格来教训他们。

一个辛辛苦苦在广州"揾食"的人,当然也有资格"食在广州"。其实,广州有那么多的"食府"和"食客",归根结蒂,就因为广州是"市",广州人的生活已经市场化商业化了。生活在这样一个城市里的人,没有兴趣也没有必要把时间都花费在做饭洗碗之类的事情上。一个人的时间精力总是有限的,它们应该用于两件事情,一是"博"(拚搏),二是"叹"(享受)。实际上,广州人走进酒楼,并不完全是为了享受,不少人也是为了生存。因为,"在广州,茶楼酒肆成了人们生活中的一部分。不进茶楼酒肆,是无法融入广州的商业社会的。许多信息是从饭桌上听来的,而要做成生意,喝茶吃饭更是少不了的节目"(《新周刊》1998年第5期周善文)。看来,吃饭有时也是找饭吃(揾食)。有多少人能够"食谷种"(吃老本)呢?

这就是广州,这也就是"市"。生活在这样一个城市里的人,自然会有些他人以为怪异的地方。

## 四 "市态"种种

"市态"?有没有搞错?

没错。广州是"市",广州的"世态",当然也就是"市态"。(图三十)

图三十:广州是"市",广州的"世态"也就是"市态"。

李 华摄

"市态"的特点是商业性。

广州话中有一个使用频率很高的字——"抵"。抵,有忍受、忍耐的意思,如抵冷(耐寒)、抵力(费劲)、抵肚饿(捱饿)等,但更多地还是表示"等值"。最常用的,是表示"划得来"、"花得值"。到酒楼美餐,吃得大快朵颐,叫"抵食";到商场购物,买得称心如意,叫"抵买";到歌舞厅夜总会娱乐中心潇洒一回,玩得兴高采烈,叫"抵玩"。顾客满意,老板开心,看着大把的票子进账,心里暗叫"抵赚"。会赚钱的也会花钱,会花钱的多半也会赚钱,这就叫"抵手"(能干、有本事)。如果没有赚钱的能耐,那就只有坐以待毙,大约也就只好叫"抵穷"(活该受穷)乃至"抵死"(该死)了。广州人的商业意识和价值观念,由此可见一斑。

诸"抵"之中,最有意思的还是"抵锡"。锡,也就是吻。都说爱情无价,广州人偏偏说有。价值几何?也就"一锡(吻)"而已。深深爱着你的人为你奉献一切,尽心尽力,总该有所回报吧?拿什么回报?黄金有价情无价,还是道一声"抵锡"吧!轻轻的一个吻,比什么东西和多少钱,都"抵"。正如饶原生所说:"爱的奉献最需要爱的回报"(《粤港口头禅趣解》)。

广州人还有一个用得很多的词,叫"睇数"。它的本义,是结账、算账,而且主要指在食品店用餐后服务员来结算账目。比方说,一个人小赚了一笔,高兴了,要请朋友吃饭,便会说,呢餐我"睇数"!但是,一个女孩子如果不慎婚前与恋人暗结珠胎,那么,她的家人便会找到那男孩,说:你应该"睇数"的!这就看不懂了。难道这种事情也要结账?原来,这里的"睇数",是"负责"(当然也包括"认账")的意思。所以,广州人如果要表示对某件事负责,便会说:"我睇数!""负责"要用"埋单"来表示,可见广州之"世态"确实是"市态"。

当然,广州人也不会什么事情都"睇数"的。睇,也就是看。一餐饭吃完了,服务员把单拿来请你付账,你当然要看看上面的数。正是由于这个原因,"埋单"才叫"睇数"。显然,"睇数"不"睇数",要看"抵唔抵"(值不值)。"抵",就"睇数";"唔抵",当然也就不"睇数"。此外,也还要看自己有没有能力"睇数"。没有能力,却随随便便表态"我睇数",不是"戆居"(傻瓜、笨蛋),便是"大只讲"(空口说白话,说话不算数的人)。遇到这样的人,你千万不要信以为真,还是自己设法去"埋单"为好。

总之,"睇数",是做人的准则,尤其是在一个讲究信誉、看重合同、尊重契约的商业社会做人的准则。诸如此类表现商业社会性质的广州方言还有许多。比方说,一个老姑娘,拖到三十出头了,还没有嫁人,便会被左邻右舍三姑六婆说成是"卖剩蔗"。甘蔗被人挑来拣去,挑剩下了,当然不大容易再卖。其实老姑娘的不嫁,原因很多,并非一定是嫁不出去。倘若她根本就不想嫁人,则这些左邻右舍三姑六婆,便多少未免有些"八卦婆"(多管闲事的女人,又叫"八婆"、"八妹")的味道了。再说,把"嫁人"说成是"卖甘蔗",也甚为不妥。不过,这句话,倒是十足的"广州话"。广州四乡盛产甘蔗,而广州人又爱把什么都说成是做生意。

最有趣的也许还是广州人的道谢。广州人道谢,叫"唔该"。如果要加重语气,则再加一个"晒"字,叫"唔该晒"。它不但有"谢谢"、"多谢"的意思,还表示"请"、"劳驾"、"借光"、"对不起"等等。比如"唔该借歪啲"(劳驾请让让),或"还番枝笔畀你,唔该晒"(这枝笔还给你,多谢)。既然要劳驾别人帮忙,或谢谢别人的帮助,为什么还要说别人"唔该"(不应该)呢?原来,"唔该"(不应该)的不是别人,而是自己。意思是说,像我这样的"小人"、"小店"和"小事",实在是"唔该"劳您老人家"大驾",或"唔该"被您老人家如此惠顾的。不过,"唔该"归"唔该",劳驾还得照旧劳驾。只不过自己得了实惠以后,道一声"唔该晒"就好了。

显然,这里仍有某种商业气息在里面。因为所谓对方"唔该"(不该),其实是盖因自己"唔抵"(不值)。双方好像做了一笔不等价的买卖,当然要道谢了。

请求帮助和表示感谢的人既然自己认为"唔该"(不该)或"唔抵"(不值),被感谢的人当然也不能表示受之无愧,而必须说"湿碎"或"湿湿碎"。湿,也就是"湿柴";碎,当然是"零碎"。湿柴烧不着,零碎不足道,一声"湿湿碎",也就抵消了对方的歉意。这意思无非是说:我这一点点"小帮小忙"、"小恩小惠",实在"唔该"(不该)受此重谢。那意思,就好像只卖了一碗白粥却收了十块钱小费似的。这样一来,双方当然都很体面,也都很高兴。所以,广州人在要请别人帮忙或受惠于人时,总要说一声"唔该晒",而对方也多半会说"湿湿碎啦!"

这就颇有些像咱们"国语"中的"对不起"和"没关系"。所谓"对",就是"面对"。既然是面对,那就要有"面子"。没有面子,就不能面对,也就会"错过"或"耽误",这就是"错误"。所以,一个人,如果犯了错误,误伤了别人的面子,就要说"对不起"。这意思是说,我原本也想"对"的,只是因为自己面子太小,想"对"而"对不起"。接受道歉的人当然不能公然承认对方的面子"对不起"自己的面子,便只好说"没关系"。也就是说,咱们根本就没有"面对"过,哪里存在什么"对得起"、"对不起"的事情?不过现在既然已经"对话"了,自然还是"对得起"。这样一来,当然大家都有面子。

上述说法的共同特点,是贬低自己抬高对方。这也是咱们的"国风",礼仪之邦,抑己扬人。不过,"对不起"是贬低自己的"人格","唔该晒"和"湿湿碎"则是贬低自己的"价格"。因为所谓"湿柴",原本是指国民党政府垮台前发行的那种不值钱的"金元券",而"碎"则有"碎银子"之意。广州是"市",当然说来说去,一不小心,就总会说到"钱"上去了。

看来,广州人和北方人一样,也是要念"面子经"的。只不过,北方人的"面子经",主要是"政治学"和"社会学"的;广州人的"面子经",则更多了一些"经济学"的内容。

广州人的"面子",有一个洋名儿,叫"菲士",亦即"face"(脸)。一个广州人,是不可以没有"菲士"的,就像不能没脸一样。穿名牌衬衣着名牌皮鞋戴名牌眼镜,是为了"菲士";把家里装修得像"星级宾馆",年节时婚礼上散发馈赠的"利市"(红包)涨鼓鼓的,自然也是为了"菲士"。如果是未婚男女"相睇"(相亲),或带"小蜜"到咖啡厅"蜜斟"(密谈),当然更要讲究"菲士":地点须是"五星",出入自然

"打的"(有私家车则更好)。至于"家底"如何,则又当别论。不管怎么说,唔可以没晒"菲士"的。

什么人最有"菲士"?自然是"波士"。"波士"就是领导者、负责人、老板、头儿、上司。这些人,颐指气使,说一不二,自然是派头十足,"菲士"大大地有。更何况,广州人的头脑里,既有传统社会中的等级观念,又有商业社会中的经济意识,对于既有权又有钱的"波士"(老板),当然至少是会客气得很。

说起来,"波士"这个词,倒也一语双关,妙不可言。"波"这个词,在广州话中多半指"球",比如篮球、排球、足球、乒乓球(但不包括网球、羽毛球、康乐球等)。所以,打球叫"打波",看球叫"睇波",而球艺特佳者便叫"波霸"。如此,则"波士"岂非就是"球人"?饶原生《粤港口头禅趣解》一书说,港人最早使用"波士"一说,可能是因为老板的大腹便便而对"波"(球)产生了联想。这当然只不过是有意的"趣解"。因为"波士"是"boss"的音译,意谓总经理、大老板、资本家,"波"则是"ball"的音译,不搭界的。

不过,把老板(波士)看作"球场上的人",也没有什么不合适。因为商场如战场,战场亦如球场,都是群雄逐鹿心竞力争必须一"搏"的地方。同时,也正如饶原生所说,是"观众们的眼睛聚焦所在"。所以亦无妨视彼"波"为此"波"。况且,视商场或官场如球场,比起视之如战场来,总多少要让人觉得轻松一点。

也许,这又体现了广州文化的一个特点,强调意念作用,讲究心理调节。它的一个极端的表现,就是所谓"意头"。

广州人的讲究"意头",在外地人看来,几乎到了"神经病"的地步。公司开张、儿女婚嫁固然要"择吉",便是随便吃点什么东西,也要讲"意头"。广州菜肴五花八门、丰富多彩、数不胜数,"意头"也就讲究得无奇不有。比如,发菜蚝豉叫"发财好市",发菜猪手叫"发财就手",发菜香菇叫"发财金钱",这些菜在喜宴上特别受欢迎。至于猪舌谐音"赊",猪肝谐音"干"(枯),丝瓜谐音"输",苦瓜有个"苦"字,当然叫不得,于是改叫"猪利"、"猪润"、"胜瓜"、"凉瓜"。广州姑娘爱吃一种名叫"士多啤梨"的水果,外地人还以为是什么进口新品种。及至拿来一看,才恍然大悟:"不就是草莓吗?"广州人一听这话,立马就会叫起来:"衰过你把口!乜'霉霉'声啊!"

这就未免让人有动辄得咎之虞。事实上,外地人到广州,常常被告诫说话做事要注意"意头"。比方说,朋友结婚,断然不可送钟(终)、梨(离)之类,否则你花了钱还不落好。于是外地人只好苦笑:这算什么事吧!也有人说:投机心理嘛!还有人解嘲似地说:广州人反正"投资"、"投机"分不清。他们既然要"投资",就免不了会要"投机"啦!

对于广州人这种讲究"意头"的文化习俗和文化心理,我倒是主张无妨宽容一点。好歹这种讲究并没有什么恶意。关键在于讲究者们自己持一种什么样的态度。如果是真信那玩意,而且信到"执迷不悟"的程度,当然是"迷信",既可笑,又不必。如果只是表达一种愿望,说说而已,就没有什么非纠正不可的了。当然,其不宜提倡,也毋庸置疑,因为从人类学的角度讲,这无非是一种"巫术遗风"。都什么年头了,还信巫术啊?

事实上,广州人也并不认为"意头"就是决定一切的。

广州有这样的话:"唔好靠撞彩",意思是要靠自己努力,不要靠碰运气。如果只想碰运气,那就会"望天打卦——没着落"。"迷信"的广州人,居然会说出这么一句嘲讽算命先生的歇后语,想想真是好笑,却也并非没有道理。旧时广州算命先生多,而广州的天气又多变。没准那算命先生刚刚夸下海口,突如其来的一场大雨就会把他浇成个落汤鸡。于是乎,丢了饭碗的算命先生,便只好"望天打卦",给老天爷算命了。所以,当广州人问起某件事是否落实时,往往就会诙谐地说上一句:"望天打卦啊?"

"望天打卦"靠不住,靠得住的便只有自己。

所以,广州人极其看重一个"搏"字。中国第一位乒乓球世界冠军容国团就说过:"人生能有几回搏?"这正是"广州精神"的一种体现。

广州方言中有不少表现这种拚搏精神的话,比如"照杀"、"擒青"、"搞掂",甚至"搏晒老命"。"搏晒老命"当然是"拚了老命",而"照杀"则是"下定决心"。比方说:"呢件事几大都照杀",就是"这件事无论如何也要完成"的意思。"下定决心"要用"照杀"这样"杀气腾腾"的词来表达,无非表示了一种不是鱼死就是网破的决心。有此决心,当然也就能把事情样样"搞掂"。为了"搞掂",哪怕鲁莽(擒青)一点,或被人视为"擒青",也在所不惜。这是什么精神?当然是拚搏精神。

有此精神,故广州人不怕"食头箸",也就是"敢为天下先"。事实上,广州和整个广东地区的经济腾飞,在很大程度上有赖于这种敢于"食头箸"的精神。许多内地人连想也不敢想的事,广州人和广东人连想也不去想就做了。等到内地人醒悟过来,也照着广东经验来做时,其差距已不可以道里计。这,便正是"市"优于"城"和"镇"的地方。因为"市"是以经济活动为命脉的,而任何一个所谓"经济人"都明白,商战有如艺术,最忌讳跟在别人屁股后面跑。在激烈的商业竞争中,胜利的桂冠永远只属于敢于"食头箸"的人。

广州人敢于"食头箸",也敢"炒鱿鱼"。

炒鱿鱼,是粤港两地的流行语,现在已为国人所熟知。它的意思,就是"丢饭碗"。因为广州人炒鱿鱼多为炒鱿鱼卷而非炒鱿鱼丝。精巧的刀功加热油武火,鱿鱼片就会卷曲起来,颇似丢了饭碗卷铺盖走人之状。不过我们说广州人敢于"炒鱿鱼",却不是指老板敢"解雇",而是指员工敢"跳槽",——"炒"老板或单位的"鱿鱼"。正如"个体户"最早出现在广州,"炒鱿鱼"也最早是在广州成为风气。当许多内地人还恋恋不舍于"大锅饭"、"铁饭碗",不愿告别"单位",担心可能"下岗"时,广州人早就在"跳来跳去"了。在今日之广州,至少有两件事是大家都习以为常的:一是"炒更",即业余兼职;二是"跳槽",即另谋高就。也许,除深圳这个经济特区外,广州"炒更"和"跳槽"的人是最多的,空间也是最大的。在广州,换了职业换了单位,比换了老婆更不值得大惊小怪。没有人会在乎你跳来跳去,也没有人会指责你心无定性。对于生活在一个最大市场中的人来说，这和货物的出出进进、商品的花样翻新没什么两样，也和公司商店的关门开张一样正常。

于是，我们在广州看到的，便不仅是"怪异"，更是"活力"。

活，正是"市"的特征。因为所谓"市"，就是以商品的流通为存在依据的地方，讲究的就是一个"活"字。所谓"无商不活"，即此之谓。事实上，正是商品生产和商业活动，造就了广州的"生猛鲜活"；也正是商品生产和商业活动，成就了广州的"生猛鲜活"。请回想一下，在改革开放以前，在建立起"社会主义市场经济"的观念以前，有谁感受到广州的"生猛鲜活"呢？也就是感到怪异吧！

问题是，这种活力究竟能维持多久？正是在这一点上，我们为广州和广东感到担忧。

已经有人指出，广州这个城市"总是起模范带头作用，而且每次都来势凶猛，但往往都是虎头蛇尾"（萧森林《最说不清的城市：广州》）。比如康梁维新和国民革命都是。北伐军从广州出发，浩浩荡荡一路乘胜前进，然而一打到上海，就没广州什么事了。这当然与广州的地理位置和历史地位有关，——远在南海一隅的"化外之地"岂能号令全国？但与广州的城市性格也未尝无关。广州的风格是"生猛鲜活"，而"生猛鲜活"者往往不能"深入持久"，就像短跑运动员并不适合跑马拉松一样。那么，这一回，再一次走在中国革命前列，为中国的改革开放贡献了个体户、乡镇企业、"三来一补"和"先富起来"经验的广州和珠江三角洲，在改革开放全面铺开、上海和长江三角洲迅速崛起的今天，还能保持"生猛鲜活"的势头吗？我们不免有杞人之忧。

有人认为，在经历了20年改革开放之后，广州和广东作为"探险队"的历史使命已经完成，作为"先行官"的特殊角色也即将结束。广东将归于平静和平常，广州也将重新成为一个普普通通的省会城市。从某种意义上讲，这话并不错。自古以来，就有"风水轮流转"的说法，何况是在这个"各领风骚三五年"的时代？没有哪个城市应该总是成为瞩目的中心，广州也一样。但，每次都冲锋陷阵在前的广州，敢于"食头箸"、敢为天下先的广州，以自己上千年商业传统为其他兄弟姐妹们"摸了石头"的广州,难道就该这样悄然退场？她难道就不该在这个最适合自己发展的时代,创造出一种更辉煌的新文化？

因此,我们还想多说几句。

## 五　多说几句

广州文化要想走向大气磅礴、灿烂辉煌,并不容易。

广州广东的崛起,无疑是一得天时(改革开放),二得地利(毗邻香港),三得人和(广东人原本就是"经济人"),但自身的文化准备却明显不足。不能不承认,广州文化也好,广东文化也好,基本上是一种褊狭的地域文化,而且受香港的影响太大(有所谓"香港打个喷嚏,广州就会感冒"的说法)。香港虽非"文化沙漠",但香港高品位学术文化之微弱,也是不争之事实。同样,广州文化不如北京、上海之大气,恐怕也是不争之事实。随便举个例,一件名牌西装,穿在广州人身上,也许只能穿出阔气;穿在上海人身上,便可能穿出教养。穿衣尚且如此,更遑论思想学术、文学艺术了。文化的建设毕竟是一件需要长期积累的事情,不可能"生猛鲜活"地一蹴而就。历来只有经济上的"暴发户",却从来没有文化上的"暴发户"。但如果没有文化的建设作后盾,则经济上的"生猛鲜活"又能维持多久,也就是一个值得怀疑的问题。

看来,广州是必须认真考虑一下自己的城市文化建设问题了。

城市文化建设的中心任务,是城市的文化性格和市民的文化心态。这不是一个容易解决的问题,许多经济发达国家和地区就未能很好解决。但它又不是一个不能解决的问题,上海的经验就值得借鉴。上海了不起的地方,就在于她的历史虽然很短,却能在经济和文化两方面都取得举世瞩目的大成就。正如一位美国政治学家所指出:"上海的显赫不仅在于国际金融和贸易,在艺术和文化领域,上海也远居其他一切亚洲城市之上"(白鲁恂《中国民族主义与现代化》)。可见经济建设与文化建设并不矛盾,而唯其两者并行,上海才成了众所公认的"大上海"。

在某种意义上讲,上海和广州有许多相似之处。比方说,它们都不是"城",而是"市"。也就是说,都是靠经济建设"起家"的。而且,老实说,广州的文化条件比上海要好得多。上海毕竟是新兴城市。偌大一个上海,什么都不缺,却难得找到历史悠久意味深厚的文化景观。在这方面,广州比上海可就强多了。七星岗、五仙观、越王墓、石门泉、光孝寺、六榕寺、怀圣寺、先贤墓、海神庙、镇海楼,广州人说起来如数家珍。比起它们来,上海的城隍庙就太可怜了。但是没什么"家底"的上海人却比广州人干得出色,而广州人的得意之笔则是把文化也变成了商业。(图三十一)其代表作就是"花市"和"早茶"。赏花和饮茶原本是广东人的一种文化生活,但一进广州,也就"入乡虽俗",变成了商业行为。这当然并没有什么不好,事实上它们还可以看作文化与商业相结合的成功范例。问题在于既然有本事把文化变成商业,那么,也就应该有能力把商业也变成文化。苟如此,则广州的文化岂非也就不让于上海了? 可惜并非如此。

图三十一:广州这个城市的本事,应该是不但能把文化变成商业,也能把商业变成文化。海印桥上的这个广告,就成了一道奇特的风景。

钟宇辉摄/新周刊供稿

也许秘密就在于上海是"滩",是一个移民城市。因此,它就没有广州那种根深蒂固的狭隘的地域文化偏见,也就能够不但以政治上的宽松氛围而且也以文化上的宽松氛围吸引全国各地的精英人才,从而创造出独具一格又蔚为大观的"海派文化"。所以上海人没有什么"乡土观念",而只有"社区观念"。"乡土观念"是对封闭保守的"土著文化"的认同,"社区观念"却是对开放兼容的"城市文化"的认同,这便正是上海人比广州人棋高一着的地方。

确实,广州文化建设的最大障碍,就是广州人那种过分地以"纯种广东土著"为自豪的呆气。我们不否认广东人确有值得自豪的地方。他们毕竟在历代王朝不那么关心过问的情况下,创造了自己独特的文化,也确实在经济上走在了全国的前列。但如果竟把这些成功归功于自己乡土的"风水"或"方言",并自我陶醉到执迷的程度,就未免荒唐可笑和小气呆气了。可惜广东人似乎确有些这种呆气。据说他们当中某些老派的人物,在美国居留三代,还只会说一种被美国人讥为"破碎英语"的蹩脚英语,不会说甚至听不懂国语,更不足为奇。这就与同为古代"百越文化区域"的福建厦门一带以说普通话为有文化、有教养的标志,实大相径庭;也与广州广东地区将要争取的历史地位大相矛盾。因为如前所述,一个城市的真正城市化水平,是与它的开放程度和兼容程度成正比的,其中,就包括语言的开放兼容程度。广州要成为"大广州",就必须创造一个与这一历史地位和光荣称号相适应的文化环境和语言环境。这是广州走向全国的前提条件,也是广州容纳全国尤其是容纳全国精英人才的前提条件。更何况,不首先打破自己心理上狭隘的地域文化偏见,又怎么谈得上走向世界走向未来?

因此我以为,广州的文化建设,也许当从推行普通话开始。

"点睇"(你以为如何)?

# 厦门岛

厦门是岛。

厦门岛很美很美。

厦门岛的美丽举世闻名。

中国以岛为市的城市并不太多,最有名的也就是香港和厦门。香港的有名是因为它的繁华,厦门的有名则是因为它的美丽。海边的城市多半美丽,如大连、青岛、烟台、珠海,厦门则似乎可以看作它们的一个代表。凡是初到厦门的人,几乎无不惊叹她的美丽。这里阳光灿烂,海浪迷人,好花常开,好景常在。128平方公里的一个小岛,到处飞红流翠、燕舞莺歌。可以毫不夸张地说,厦门人整个地就是生活在一个大花园和大公园里,至少鼓浪屿必须整岛地看作一个花园或一个公园,而厦门的那些学校,从厦门大学到双十中学,也都是大小不等的公园和花园。即便在那个"不爱红装爱武装"的年代里,全身披挂的厦门也仍不失其少女的妩媚。诗人郭小川就曾这样描述他对厦门的感受:"真像海底一般的奥秘啊,真像龙宫一般的晶莹","真像山林一般的幽美啊,真像仙境一般的明静";"凤凰木开花红了一城,木棉树开花红了半空","榕树好似长寿的老翁,木瓜有如多子的门庭";"鹭江唱歌唱亮了渔火,南海唱歌唱落了繁星","五老峰有大海的回响,日光岩有如鼓的浪声"。诗人甚至称颂厦门是"满树繁花、一街灯火、四海长风",有着"百样仙姿、千般奇景、万种柔情"(《厦门风姿》)。可以说,从那时起,厦门岛的美丽,便闻名遐迩。

郭小川说这些话,是在 37 年前。他赞美的厦门,是作为"海防前线"的厦门,而不是作为"经济特区"的厦门。将近 40 年过去了,厦门的变化,已非诗人当年所能想象。但不管怎么变,厦门岛美丽如故,温馨如故,妩媚如故,灵秀如故。岂止是"如故",而且"更上一层楼"。今日之厦门,不仅是走在改革开放前列的经济特区,是外向型经济格局基本形成、经济增长速度最快的城市之一,而且还是"国家级卫生城市"、"国家级园林城市"和"国家级环保城市"。走在厦门岛上,你会惊异其洁净;深入厦门生活,你又会惊异其文明。的确,厦门不但美丽而且洁净,不但洁净而且文明。它的街道是洁净的,看不到果皮纸屑;它的空气是洁净的,闻不到废气粉尘;它的声音是洁净的,听不到噪音喧嚣,也少有污言秽语。一个北京的朋友在秋冬之际来到厦门,几天住下来,竟发现衬衫的领子依然干干净净,觉得实在是不可思议。更让许多外地人感到高兴的是,厦门的窗口行业大多有着温和的态度和良好的服务。你不会像在北京那样弄不好就被损挨训,不必像在上海和广州那样担心自己是外地人,也不用像在武汉那样随时准备吵架,因为根本就无架可吵。

所有这些,无疑都源自厦门人民的爱美之心。厦门人民是爱美的,因为他们生活在一个"海上花园"之中。耳濡目染,潜移默化,其心灵自然会变得美丽起来。因此,当市委市政府提出要把厦门建设成"社会主义现代化国际性风景港口城市"的奋斗目标时,便得到了市民们的一致赞同。可以说,"厦门必须建设得更美丽",已成为全体厦门人民的共识。

到这样一个美丽的小岛城市去走走,当然会是一件赏心悦目的事。

但,要说清厦门的文化性格和文化特征,就不那么容易了。

# 一 解读厦门

解读厦门,的确比较困难。

厦门给人的第一印象和最深的印象,是它的美丽。但美丽似乎不好算作是一个城市的文化性格和文化特征。前已说过,海边的城市多半美丽。美丽是这些城市的共性,而不是其中某一座城市的个性。况且,厦门的文化性格和文化特征,也并不同于大连、青岛、烟台、珠海这些海滨城市。看来,美丽并非解读厦门之门。

厦门也没有多少历史文化遗产。在这方面,它远不如它的两个近邻泉州和漳州。泉州和漳州都是国务院公布的历史文化名城,厦门却不是。在历史上,厦门原本是下属于泉州府同安县的。只是由于近一百多年来中国历史的风云变幻,厦门才异军突起,后来居上。1842年《南京条约》的签订,使厦门和广州、福州、宁波、上海一起,成为对外开放的五个通商口岸之一。1949年后,打开了一百年的大门重新关闭。

图三十二:海防前线变成了经济特区,当年的战地也变成了孩子们玩耍的乐园。

李　华摄

通商口岸变成了海防前线,连天炮火取代了过往帆樯。又过了30年,干戈化玉帛,刀剑铸犁锄,海防前线又变成了经济特区。这些戏剧性的变化,使厦门声誉鹊起,也给厦门蒙上了神秘的面纱。(图三十二)

解读厦门不易,解读厦门人也难。同北京人、上海人、广州人相比,厦门人的文化性格和文化特征可以说是很不明显。一个上海人到了外地,往往会显得十分"扎眼";而一个北京人或广州人到了外地,也比较容易被辨认出来。同样,一个外地人到了北京、上海和广州,也会有一种"异样感"。如果是到了上海,还会被上海人一眼就认出是"外地人"。然而,一个外地人进了厦门,除标志鲜明的"观光客"外,大都很难被厦门人认出。我自己多次遇到厦门人试图用闽南话与我交谈的事,就是证明。同样的,一个厦门人到了外地,也不会像上海人那样"醒目",甚至还可能会根据他不那么标准的普通话,而视之为"广东人"。当然,厦门人没有北京人、上海人、广州人或广东人那么多,那么有名,那么被人了解,也是一个重要原因。但厦门人的文化性格和文化特征不那么明显,恐怕也是不争之事实。

一个似乎可以用来作为证据的事实是:中国历来就有不少描述各个地方人文化性格和文化特征的顺口溜,比如"京(北京)油子,卫(天津)嘴子,保定府的狗腿子";"天上九头鸟,地上湖北佬";"无绍(绍兴)不成衙,无宁(宁波)不成市,无徽(徽州)不成镇";"山东出响马,江南出才子,四川出神仙,绍兴出师爷"等等,描述厦门人的却似乎没有。也许,我们只能从下面这句顺口溜里品出一点点滋味:"广东人革命,福建人出钱;湖南人打仗,浙江人做官。"不过,这里说的是福建人,而不是厦门人。尽管厦门是福建的一部分,但此说至多说出了福建人的共性,却未能说出厦门人的个性。事实上,厦门人的文化性格和文化特征究竟是什么,只怕连厦门人自己也说不大清。如果你拿这个问题去问厦门人,保证连他自己也张口结舌,说不出个子丑寅卯、周吴郑王来。

其实,就连"厦门人"这个说法都成问题。人们一般并不使用这个概念,而称之为"闽南人"。外地人这么说,厦门人自己也这么说。这固然是习惯所使然（厦门人原本是闽南人之一分子），但同时也说明厦门的城市人格和文化性格还不那么鲜明,厦门人还不像上海人那样明显地不同于江浙人,当然也就不大说得清了。

说不清当然并不等于没有,只是有些含糊而已。何况厦门的历史再短,也短不过深圳;而厦门人与泉州人、漳州人的区别,也还是看得出的。事实上,一百多年的风云变幻,已使厦门明显地不同于闽南的其他城市,也使厦门人与其他闽南人多有不同之处,只是少有人认真进行一番剖析研究罢了。

总之,解读厦门是多少有些麻烦的。所以,为了说清厦门的城市人格和厦门人的文化特征,我们就只好拿北京、上海和广州来做一个比较。

厦门多少有点像上海。

厦门与上海相似的地方很多。比方说,它们都不是什么古都、古城、古郡、古邑,而是近现代以来才兴起的新型城市;它们都远离中央政权,偏于东南一隅;它们都面对大海,被海风吹拂,海浪冲击;它们也都在国内较早地接收西方文化,较早地成为洋行职员和海外华侨的培养基地等等。上海和厦门,都是没有多少传统文化而更多现代文化,没有多少本土文化而更多外来文化,没有多少政治文化而更多经济文化(或消费文化)的地方。

因此,厦门人和上海人,至少有一点是相近的,即他们对待外来文化的心理比较平衡,对待国际社会的态度比较正常。比如说,在上海和厦门,就很少发生围观、尾随外国人的现象。他们不会对外国人点头哈腰,也不会吐唾沫扔石头,既不称他们为"蕃鬼",也不称他们为"老外"。又比如说,在上海音乐厅或鼓浪屿音乐厅演奏西洋音乐,观众一般都会遵守演出时不出入、演奏中不鼓掌之类的规矩,很少会发生让音乐家们感到听众"太没教养"的事。再比如说,无论上海人还是厦门人,西装穿在身上,一般都会感到得体、自然,"像那么回事",不像某些地方人,西装穿在身上,别人看着"不对头",自己也觉得"挺别扭"。当然，无论上海人还是厦门人，穿西装的次数也会比内地人多得多，而他们吃西餐也像广东人吃早茶一样自然。他们好像生来就适应西餐的口味，从小就懂得西餐的礼仪，一般不会出洋相。所以这两市的西餐店，总是生意兴隆，而不会像成都那样门可罗雀（成都人对川菜和火锅的酷爱是压倒一切的，不过近年来成都的儿童已开始对麦当劳和肯德基发生兴趣）。甚至在重视子女教育，尤其是重视英语教育和钢琴、小提琴的教育方面，厦门人与上海人也不乏共同之处。这恰恰都是两地较多较早地接受了西方文明的表现。

厦门和上海的关系也很密切。厦门人喜欢到上海购物（如果他们要到外地购物的话），上海人也喜欢到厦门旅游（厦门的外地游客以上海人居多）。厦门的孩子如果一定要到外地上学（多半不会），那么，上海往往是他们首选的城市。凡此种种，除厦门上海两地交通较为便利外，文化上的接近，也是原因之一。

但是，如果你公然提出"厦门人像上海人"的看法，一定会遭到厦门人的断然否定："决不相同"，"根本两码事"，厦门人会如是说。随便举个例：你到厦门人家去做客，主人会热情接待你，泡茶、递烟、留饭，把自己的床让给你睡，自己去睡地板。到上海人家里做客，情况恐怕就会两样了。主人的态度多半会是"客气而不热情"，而客人的感觉则多半会是"拘谨而又别扭"。余秋雨在讲到"上海朋友交不得"时，便特别指出这一点："到他们家去住更是要命，既拥挤不堪又处处讲究。这样的朋友如何交得？"（《上海人》）杨东平则讲了一个"不是笑话"的笑话："上海人待人真热情，快到吃饭的时候，他告诉你附近有一家价格便宜实惠的饭馆。"（《城市季风》）仅此一条，你还敢说厦门人像上海人么？

对于上海人的这种种说法无疑带有外地人的文化偏见。不错，上海人待人的确不像外地人要求的那样"热情"。因为上海人讲究"绅士风度"，彬彬有礼的同时，便难免让人觉得格格不入。此外，上海人的不轻易留客吃饭，也不一定就是"小气"，多半还有怕传染疾病（上海人特别讲究卫生）的原因在内。但这并不等于说上海人就不会款待朋友(我以为上海人的态度更符合"君子之交淡如水"的交友之道),更不等于上海人待人不热情。

当然这已是题外话。总之,厦门人和上海人,并不一样,不好相提并论的。

厦门也有点像广州。

厦门像广州的地方不少。比方说,两地都是中国近代史上开埠最早的通商口岸(广州又更早),都与海外尤其是南洋关系密切,都有许多华侨在海外大展宏图并回国回乡捐资投资等等。甚至两地的建筑也不乏相同之处,比如厦门中山路、思明路一带就和广州一样,也是"骑楼"式的建筑。

在生活习惯方面,两地相似之处也不少(比如两地菜肴在口味上相对比较接近而大不同于内地,唯广州菜更为精致讲究),至少是都爱泡茶。所不同的,大约仅在于广州人更爱出去喝茶(吃早茶或吃晚茶),而厦门人更爱在家里泡茶(厦门街面上似少见茶馆,近两年才和国内其他城市一样兴起了茶艺馆、红茶坊)。茶是中国人的爱物,中国人少有不爱喝茶的,但把喝茶当作一件事来做的,大约只有广州(或广东)、厦门、成都几个地方。广州人虽非每天,但至少隔三差五就要去喝早茶的,成都则满街都是茶馆(与之相配套的则是公共厕所也比厦门多得多)。成都人爱泡茶馆,原因之一,诚如余秋雨所言,是成都文化积累丰富,话题甚多,无妨将历史与种种小吃一并咀嚼,细细品尝,然后用一杯又一杯的花茶冲下肚去。厦门没那么多的历史,没有那么多的话题,自然也就没有那么多的茶馆。真不知厦门人在泡茶时,都说些什么。喝茶的方式,成都厦门两地当然也迥异。成都人用带盖的碗,谓之"盖碗茶"。茶博士手提长嘴大铜壶,穿梭于茶客之间,不断地添加滚水。茶客们则把这些滚烫的茶水连同各种街谈巷议一齐吞下去,时光也就这样流水般地打发。厦门人则和广州人一样,茶杯比酒杯还小,倒茶的时间比喝茶的时间还多。他们实际上是把茶当作酒来品味,或者说,是把茶当作生活来品味的。厦门人和广州人一样,似

乎更看重人情味极浓的世俗生活。所以他们宁愿用小小的杯子一小口一小口地细细品尝,而不愿端起茶缸"牛饮"。(图三十三)

图三十三:在厦门老城区的街头巷尾,随处可见人们在泡茶,泡茶和做生意是两不误的。

李 华摄

的确,厦门和广州,这两个远离京都的南国花城,其花香与茶香要远比政治空气来得浓烈。在厦门的街头巷尾,你很难听到北京街头处处可闻的那么多的小道消息、政治笑话和政治民谣。甚至哪怕军事演习就发生在家门口,厦门人也很少会去议论它。日子照过,茶照泡,依然一派鸟语花香。不过,广州人不谈政治,是因为他们喜欢谈钱;厦门人不谈政治,却似乎也并不谈钱。他们喜欢谈什么呢?这一点我还没搞清楚。厦门人,似乎没有什么特别喜欢谈的事情。

更何况,广州人虽然似乎不那么关心政治,但广州毕竟与中国近现代的政治风云关系密切瓜葛甚多。从戊戌变法到北伐战争,广州在中国近现代政治史上的地位可谓举足轻重。厦门可从来没有、也不可能有这样重要的地位。

甚至即便是花与茶,厦门与广州也不尽相同。比方说,广州年年都有规模盛大的花市,厦门有么?广州处处都有人满为患的茶楼,厦门有么?一个花市,一座茶楼,就把同样爱花爱茶的广州人和厦门人区别开了。再说,厦门也没有广州那么多的让外地人读不出音也不解其意的古怪汉字,没有那么多一半英语一半粤语的"中外合资"的名词。在这方面,与广州相比,厦门更像一个普普通通的内地城市。一个外地人来到厦门,不大会有到了广州的那种怪异感。

更重要的,也许还在于厦门没有广州的那种活力。如果说广州的风格是"生猛鲜活",那么,厦门的风格便是"不紧不慢"。不要说带动全省、影响全国,便是在闽南三角洲当"老大",前些年泉州漳州还不怎么服气。厦门的商场、市场更不能和广州相比:品种少,规模小,缺少名牌。厦门叫得响的名牌产品据说只有一个"鼎炉牌六味地黄丸",可以拿出去送人的则只有一个"鱼皮花生豆",再加"鼓浪屿馅饼",真是说来让人惭愧。比起广州市场的琳琅满目、品种齐全、质量优良、服务周到,厦门市场确实相形见绌,比如买菜就远不如广州方便。厦门的菜市场,无论净菜、半成品,还是代客加工,都不如广州。广州毕竟是一个最市场化的城市。在这方面,不是特区的广州,反倒比厦门更像特区。

厦门和北京的差异,也许更大。

厦门和北京当然是不可同日而语的。北京是元明清的帝都和新中国的首都,厦门则不过是远在东南一隅的一个小小岛城。无论地盘、人口,抑或历史、地位,厦门都无法望北京之项背。两地的文化性格、风土民情,当然也相去甚远。北京大气磅礴,威武雄壮;厦门小巧玲珑,温馨文雅。厦门的街道、建筑、城市风貌,总体上说是幽雅秀丽,温馨可人,没有北京的惊人气派,也没有北京的逼人气势。如果说,走进北京会有"朝圣"的感觉,那么,来到厦门就会像是"回家"了。至少,在厦门购物,要比在北京愉快得多。即便买了东西要退货,也能受到和气礼貌的接待,并欢迎你下次再来。即便到小餐馆就餐,服务也很不错。一口气把你要的几瓶啤酒啪啪啪统统打开一走了之的事情,是不会有的(这在北京、上海至今仍很"正常")。同样,走半天找不到一只电话,等半天等不来一辆公交车的事,也是不会有的。可以说,北京是"气象非凡,诸多不便",厦门则是"平易近人,诸多方便"。

厦门不同于北京,厦门人也不同于北京人。

北京人和上海人、广州人一样,也是文化性格和文化特征极其鲜明的一群。你在北京人身上,或者可以嗅到老舍、邓友梅、汪曾祺笔下的"京味",或者不难体味到王朔式的"痞劲"。北京人,是"雅"也雅得出品位,"痞"也痞得出名堂,这可是厦门人"望尘莫及"的。

两地人的性格也颇不相同。比方说,厦门人就不像北京人那么爱说话,爱高谈阔论,也没有北京人那么"贫"。厦门人总体上说不善言词。与厦门人聚餐聚会,常会有"席间无话"之感,和在北京有听不完的"段子"迥异。当某些人(一般是外地人)口若悬河时,他们多半会友善温和、面带微笑地予以倾听(认不认同则是另一回事),但主动"发表演说"的不多。也许,这与语言习惯有关。和广州是"白话世界"相反,厦门基本上是"国语天下"。除个别从闽南乡下迁入厦门的老年妇女外,厦门市民大多会说普通话,但也多半说不标准(某作家讥为"地瓜普通话")。这对于他们的表达无疑会造成一定困难。当然,更重要的,可能还在于厦门人不喜欢夸夸其谈。他们更喜欢实实在在做些事情,或者不做什么事情,反正没必要费那么多口舌说那么多话就是。

然而,厦门人与北京人,却又有某些相似之处。比方说,厦门人是比较豪爽、大度的。他们对于钱财不很在意,并无通常认为南方人都有的那种"小气"。在厦门,出门"打的"是很平常的事。到菜市场买菜,小贩也不会为几个小钱和你过不去。如果缺个一毛两毛,或钱找不开,他们多半会说"庆蔡(随便)啦!"不会一定要你掏出那一两毛钱来,或者把买好的菜减去一点。年轻人结伴出去玩,总会有人主动买单(但一般不会让女孩子买)。节假日,厦门的青年学生会成群结队到海边烧烤,每个人都会从家里带来好吃的东西,举行杨东平所说的那种北京人最喜欢的"不分你我的共产主义式的野餐"。

又比方说，他们对待新鲜事物，也有北京人那样一种见惯不怪，满不在乎的派头。老外来了不围观，歌星来了不追逐，随便什么事在厦门都形成不了热潮，球迷们包一架飞机跟着球队到处看球赛的事在厦门简直难以想象。然而北京人的这种派头是可以理解的。北京毕竟是中国的政治文化中心，各种各样的活剧都要在北京的舞台上演出，北京人可真是什么样的世面没见过，什么样的场面没上过？但即便是北京，也可能有这样那样的"热"，厦门却没有。尽管厦门并没有多大的天地，厦门人也没有见过多大的世面，但这丝毫也不妨碍他们自以为是的信念。当一个外地人向厦门人讲述"外面的世界"时，厦门人会宽容而耐心地予以倾听，然后再总结性地说这不过是什么什么罢了。当老师在课堂上讲雪花的六角形美丽形状时，厦门的孩子们会大度地付之一笑，以为那不过是在讲童话故事。这样一种心态实在是耐人寻味的。它常常会使我们这些外地人觉得厦门人简直就是一个谜。奇怪，他们的这种心态究竟是从哪里来的呢？

显然，要回答这个问题，就必须先来看看厦门是一个什么样的城市。

## 二 最温馨的城市

在我看来，厦门，也许是中国最温馨的城市。

1998年，广州的《新周刊》策划编辑出版了"中国城市魅力排行榜"专辑，其中厦门一篇就是我写的，而我那篇文章的题目，就是《最温馨的城市：厦门》。此说一出，便得到了相当普遍的认同。厦门有线电视台的一位记者告诉我，说许多人都在传阅这篇文章，或在传讲这个说法。后来我也发现不少人在这么说，可见这或许是多数人的共识。

的确，凡是到过厦门的人，差不多都会认同这个城市是一座"海上花园"的说法；而来到厦门的外地人，差不多都能体验到一种家庭式的温馨感。（图三十四）事实上，所谓"海上花园"或"风景港口"，其涵义并不仅仅只限于自然风光。厦门的自然风光无疑是美丽的。但厦门之所以美丽可人,恐怕还在于她很小、很安静、很清洁、很温馨。旧城小巧,新区精致,有着南方沿海城市特色的街道和建筑,都收拾得非常干净漂亮。地方就那么大,上哪儿都不远,商店什么的安排得都很紧凑,没有北方某些大城市难免的"大而无当",办起事情来也就方便。城里人就那么多,看上去彼此就像街坊邻居似的,打起交道来也就随和。况且,厦门人的性格,总体上说是比较温和;厦门人的作风,总体上说也比较文明。到厦门的商店购物,基本上不必考虑"照顾"营业员的情绪或者顾忌要看他们的脸色,哪怕你是去退货。我们在厦门一百家电退过两次货,因此与营业员相识。以后再去她们柜台,还会过来打打招呼。在内地一些城市时有所见的那些现象,比如两军对峙破口大骂,或者成群结伙地在街头打群架、发酒疯等等,在厦门街上也不易看到。倒是常常可见少男少女们声音低低的在街头没完没了地打磁卡电话,女的娇声嗲气,男的粘粘乎乎。公共汽车来了,大家平静而有秩序地前后门上中门下,上了车也不抢座位。既不会像前些年在武汉那样,小伙子吊在车门上随车走,门一开就把老人小孩挤下去;也不用

图三十四:温馨的城市也不乏温馨的爱情。当这对年轻人在海边的礁石前拍下婚纱照时,他们的爱也真称得上是"海誓山盟"了。

李 华摄

像在上海那样,必须分门别类地排好"坐队"和"站队",请退休工人来当纠察队员。

说起来,闽南人的性格原本是比较豪爽的。难得的是厦门人在豪爽的同时还有温和。不知从什么时候起,厦门市民开始觉得大声吆喝不太文明,也觉得不该给这个城市制造噪音。因此他们学会了小声说话,也较早地在岛内禁止鸣笛。所以厦门岛内总体上是比较安静的,尤其是在鼓浪屿。白天,走在鼓浪屿那些曲曲弯弯、高低起伏的小路上时,几乎听不到什么声音,有时则能听到如鼓的涛声。入夜,更是阒然无声万籁俱静,惟有优美的钢琴声,从一些英式、法式、西班牙式的小楼里流溢而出,在小岛的上空飘荡,使你宛若置身于海上仙山。

有此温馨美丽的并非只有鼓浪一屿,而是厦门全岛。如果说,鼓浪屿是厦门岛外的一座海上花园,那么,这样的花园就散落在厦门岛内各处。漫步厦门街头(新开发尚未建成的街区除外),你常常会在不经意中发现某些类似于公园的景观:茂密的林木,裸露的山石,可以拾级而上的台阶。住在这种环境中的人家,几乎每天都能听到鸟儿的歌唱,闻到窗外清风送来的植物的味道。而那些住在海边的人家则有另一种享受:随便什么时候推开窗户,一眼就能看到湛蓝的天空和湛蓝的大海。

当然不是每家每户都有如此福份。但,即便在自己家里看不到大海、听不到鸟鸣,也没什么要紧,因为你还可以出去走走。厦门可以休闲的地方之多,是国内许多城市都望尘莫及的。尤其是秋冬之际,黄河南北冰雪覆盖,长江两岸寒风瑟瑟时,厦门市民却可以穿着薄薄两件休闲服,从厦门大学凌云楼出发,翻过一座小山,不几步便进入万石山植物园,然后便可在浓荫之下绿茵之上,尽情地享受暖风和阳。当然,也可以骑自行车沿环岛路直奔黄厝、曾厝垵海滩,看潮涨云飞,帆逝船来,在金色的沙滩上留下自己的脚印。玩累了,带去的食品也吃完了,那么,花上十来块钱,便可以很方便地"打的"回家。我相信,每到这时,无论你是从什么地方迁入厦门的,你都会由衷地发出一声感叹:

啊！厦门，我温馨美丽的家园！

的确，厦门最温馨之处，就在于她像一个家。

一般地说，厦门的人际关系，相对而言是比较和睦的。学校里，单位上，师生、同学、同事之间，相处也比较融洽。尽管"窝里斗"是咱们中国的"特产"，矛盾哪儿都有，但在通常情况下，厦门人大体上还能相安无事，而且也多少有些家庭般的温馨感。比方说相互之间的称呼，除必须加以头衔的外，一般都称名而不称姓，比如"丽华"、"勇军"什么的，宛如家人。无论老头子，抑或小伙子，都可以这样亲切而自然地呼叫自己的女同事，而毋庸考虑对方是一位小姐，还是一位夫人。反过来也一样。女士小姐们也可以这样呼叫自己的男同事男同学。这在外地人看来也是匪夷所思的。因为在外地，尤其是在北方，即便夫妻之间，也不能这样称呼，而要叫"屋里头的"或"孩子他爹"。同学之间，即便是同性，也要连名带姓一起来，否则自己叫不出口，别人听着也会吓一跳。同事之间，当然更不能只叫名不叫姓，至少要在名字后面加"同志"二字，比如"丽华同志"、"勇军同志"。除此之外，则不是"老张"、"小李"，便是"刘处长"、"王会计"了。所以外地人到了厦门，便会对这种"家庭感"印象深刻，并欣然予以认同。我自己便已习惯了厦门人的这种称谓方式，因此如果听到有人连名带姓叫我，弄不好就会吓一跳，不知出了什么事情。

这种家庭式的人际关系无疑是能给人以温馨感的，而只有热爱自己家庭的人才会热爱自己的城市。事实上，厦门人也确实比较看重自己的家庭生活。有句话说："北京人的面子在位子，广州人的面子在票子，上海人的面子在裤子，厦门人的面子在房子。"一个厦门人，哪怕只是在单位上分得一间临时过渡的陋室，也一定要大兴土木，把它装修得温馨可人。所以又有一句话："广州人把票子吃进肚子里，上海人把票子黏在屁股上，厦门人把票子花在墙壁间。"我虽然没有深入过，但猜想厦门人的家庭生活，一定大多比较温馨，人情味很浓。否则，厦门人为什么那么不愿离家，即便离开了也要千方百计再回来？

恋家并非厦门人的专利,而是人类一种普遍的情感,更是咱们中国人的一种普遍的情感。难得的是厦门人不但自己恋家,而且还能设身处地地设想别人也是会眷恋家园向往天伦的。于是,逢年过节,家在厦门的学生,便会把自己班上的外地同学请到家里来围炉。如果来的人太多,做父母的还会让出自己的房间。厦门大学的许多老师也会这样做,如果他当之无愧地是一个厦门人的话。一个真正的厦门人,是不会让自己的同学、同事、学生到了"年关"还"无家可归"的。这几乎已成为厦门岛一条约定俗成的规矩。不信大年三十下午你到厦大门前一条街去走走看,保证你只能看到几个僧袍飘逸的"出家人"(南普陀寺在厦大校门旁)。

同样,装修自己的住房,厦门人也并非全国之最。但同样难得的是,厦门人甚至在建设自己的城市时,也像在建设自己的家。厦门市的决策者和建设者们有一个共识,就是不能以牺牲环境求得经济的发展。因为厦门是厦门人民共同的家园,不能为了眼前的一点经济利益毁了自己的家。在厦门人大会堂周围,原本打算要建的大楼取消了,

图三十五:为了保住这棵榕树,美丽的环岛路在这里很优雅地拐了一个弯。

李 华摄

留出了大片的绿地让市民休闲。在美丽的环岛路上,笔直的大道常常会拐一个小弯,因为那里有一棵榕树需要保留。(图三十五)大道两旁沿着海岸线,是草坪、花坛和建筑小品,还精心设计了停车的泊位。于是一条原本用于改善交通的道路,同时也变成了一个开放的公园。

厦门的生活环境也像家庭。在厦门,出门、乘车、购物、打电话,都极其方便,而且车费和电话费也不很高。厦门的公交车数量多、车况好,多数情况下都不挤。如果想"打的",也花不了很多钱。即便是外地人到了厦门,也不必有"行路难"之虞。因为各个路口,都竖有设计精美图文并茂的路牌,告诉你到某某地方去应该如何行走,而这某某地方也许不过近在咫尺。这说明厦门市的管理者们,其实是很能为自己的市民着想的。同时也使得我们出门上路,就像在自己家里走动。

厦门的温馨,还得益于她精神文明的建设。

可持续发展,是人类共同关注的一件事情;而精神文明,则是城市建设中不可回避的一个问题。厦门的做法有一个特点,就是说实话,办实事,让市民们通过精神文明的建设过上好日子。老百姓是很实在的。当他们在市委市政府出台的一系列政策和举措(比如整治交通、整治环境、整治市场)中,切切实实地体会到好处时,不用动员,不用号召,他们自己就成了积极的参与者和主力军。事实上,厦门市精神文明建设最主要的成就,不在市容,而在民心。这就是把精神文明的种种要求变成了人们自身的内在素质,变成了人们自觉自愿的行为。因此,在厦门,讲文明,守公德,已成为许多人的习惯。在公共汽车上让座,在一米线后排队,几乎不用提醒,不用疏导。一个合格的厦门市民,甚至到了外地,也能自觉做到不在公共场所吸烟和大声喧哗,不随地吐痰,不乱扔果皮纸屑。如果找不到垃圾箱,他们就会把这些东西捏在手上,直到找到垃圾箱为止。

正是由于厦门市上上下下的同心同德和齐心协力,厦门变得更美丽、更温馨、更可爱了。这又反过来使得厦门人更爱厦门。于是,厦门市的精神文明建设就形成了一种良性循环。这种循环一旦形成,就有一种自运行功能,而无待于外力的作用。所以,厦门的经济建设和城市建设虽然成就斐然,厦门人却并不累。厦门人在奋斗的同时,活得悠哉乐哉。

然而,作为一个文化学者,我更关心的并不是厦门人民和厦门市委市政府做了些什么和怎样做,而在于他们这样做时的那种心态。许多作家(比如福建作家孙绍振)都注意到,厦门人无论是在建设自己的城市,还是在维护自己的城市时,态度都十分自在、自如、自然,就像是在装修和打扫自己的小家和住房。这种从容乃至安详无疑来自只有厦门人才有的对自己城市的"家园之感"。正是这种"家园之感",使得他们不必依赖于纠察队或罚款员的监督而能自觉保持街道的洁净如洗和车站的秩序井然。也正是这种"家园之感",使他们像德国人服从内心道德律令一样,不做有损自己城市形象的事情。于是,"厦门是我家,环保靠大家",在厦门就不是一句空话,而是实实在在的行动。

的确,这种把自己城市当作自己小家来看待的"家园情愫",也许就是厦门人有别于其他城市(比如福州)人的紧要之处,是厦门最突出的城市社区特征。我们知道,对自己家乡的尊崇和偏爱,大约是人类一种共同的情感。许多地方都有"惟我家乡独好"的说法。但似乎只有厦门人,才把"惟我厦门独美"的情绪表现得那么随便,那么自然,那么漫不经心,那么理所当然。因为厦门的美丽是真实的,厦门人的"家园之感"也是真实的。真实,就不必刻意;真实,就没有做作。因此,尽管中国人常常会有谁的家乡更好一类的争论,但面对厦门人,人们往往会打消争论的念头。

更何况,厦门岛在事实上又是多么温馨可人舒适方便啊!于是,外地人来到厦门,便会有一种"宾至如归"的感觉。久而久之,便会爱上厦门。改革开放以来,厦门的外来人口逐年增加,其中既有从全国各地乃至世界各国引进的人才,也有邻近省份其他地市的外来妹、打工仔。总体上说,厦门的大门是向他们敞开的。尽管难免有人对此不以为然,也有极个别鸡肠小肚的人会利用职权有意无意地刁难一下,但并不能形成强大的"排外"势力。也许,这里面有一个文化上的原因,那就是:包括厦门人在内的闽南人,原本就是"历史移民"。他们是在一千多年前,从中原迁入闽南的。所以,直到现在,闽南话中还保留了不少中原古音(比如把"无"读作"摩")。显然,如果闽南人也公然排外,便难免"数典忘祖"之嫌。

那么,祖上来自中原大地、有着长途迁徙历史的厦门人,为什么会把自己的城市建设成温馨家园,并创造了不同于当今中原文化的另一种文化呢?

也许,原因就在于厦门是岛,而且是一个美丽的小岛。

## 三　岛　与　人

美丽小岛厦门,是祖国母亲的娇女。

厦门位于我国东南海域,是一个三面大陆环抱、一泓碧波荡漾的海湾中的小岛。她很像我们祖国母亲的一个美丽而娇嗲的小女儿,一面偎依在妈妈的怀抱里,一面伸出两只小脚丫去戏水。与西安、太原、南京、武汉这些大哥大姐相比,厦门的地位和命运有些特别。她既不是洛阳、江陵、苏州、曲阜那样的古都名邑,也不同于深圳等新兴的"明星城市"。她在中国古代史上名不见经传,在近现代史上却榜上有名。1842年,她被列为五大通商口岸之一。但正如马克思所说:"让出五个新口岸来开放,并没有造成五个新的商业中心,而是使贸易逐步由广州移到上海。"①新中国成立以来,她既没有像上海那样,充当温顺的"老大",承担起养家饷口、供养弟妹的责任;也不曾像广州一样,做一个敢于外出冒险、为别的兄弟姐妹一探道路的"老三"。当然,她也决不会有北京那样父母般的权威。她更多地还是像所有那些小女儿一样,娇嗔而又乖巧,闲不下也累不着。可以说,在整个中国近现代史上,厦门都既不那么寂寞冷清,也不那么非凡出众。五口通商有她,五大特区也有她,但她从来也不是当中最冒尖、最突出的一个。甚至正

---

① 《马克思恩格斯全集》,第12卷第624页。

式被称为"厦门市",也是1933年的事。那时,上海可早就变成"大上海"啦!是啊,厦门太小了。祖国母亲甚至不忍心让她挑起过重的担子,却又从来不曾冷落过她。

难怪有人说,厦门是纯情少女,而且似乎还情窦未开。

的确,与北京的风云变幻、上海的沧海桑田、广州的异军突起相比,厦门的近代化和现代化历程虽然充满戏剧性,却奇怪地缺少大波澜。从海岛渔村到通商口岸,从海防前线到经济特区,如此之大的变化,如此强烈的反差,却似乎并未引起什么大的震荡。厦门人似乎不需要在思想上转什么大的弯子,就自然而然地接受了所有这些突变和沧桑。厦门,就像一个天真活泼的小姑娘,漫不经心地就度过了"女大十八变"的青春期。

于是,厦门人的文化性格中,便有太多的矛盾,太多的不可思议和难以理解。

比方说,厦门人是保守呢,还是开放呢?便很难说。一方面,厦门人的确很保守,很封闭。他们消息不灵通,而且似乎也并不想灵通起来。尽管厦门有着相当好的通讯系统和网络,但在特区建设中却并未很好地把信息当作资源来开发和利用。厦门过去不是、现在也仍未成为各类信息的集散地。厦门街头的早点小吃,几十年一贯制地只是面线糊、花生汤、沙茶面那么几种,远不如上海和广州丰富,更遑论引进新品种。风行全国的川菜只是靠着外来人口的增加费了九牛二虎之力才打进厦门,西安饺子宴则终于落荒而逃。直到近两年,才开始有了北方饭店湘菜馆之类,而且和广州相比,生意还不怎么样。这并不能完全归结为口味(怕麻辣)问题,事实上许多吃过川菜的厦门人也完全能够予以接受。问题在于许多人根本就没有想到要去尝试一下。不敢,或不愿,或不屑尝试新口味(包括一切新事物),才真正是厦门的"问题"。

但是,另一方面,厦门人又是非常开放的。在同等规模的城市中,厦门大约最早拥有了自己全方位开放的国际机场。这一点直至今天仍为许多省会城市所望尘莫及。麦当劳、肯德基、比萨饼一进厦门,就大受欢迎,生意做得红红火火。看来,在厦门,对外开放比对内开放更容易,接受西方文化比接受中原文化更便当,这可真是怪事!

又比方说,厦门人是胆大呢,还是胆小呢?也很难说。一方面,厦门人常常会给人以"胆小"的印象。"北京人什么话都敢说,上海人什么国都敢出,广东人什么钱都敢赚,东北人什么架都敢打,武汉人什么娘都敢骂",甚至连那些同在闽南地区的石狮人或晋江人,也还有"什么私都敢走"或"什么假都敢造",厦门人敢什么?好像什么也不敢。但是,另一方面,厦门人的胆子又并不小。两岸对峙时,炮弹从屋顶飞过,厦门人照样泡茶,你说这是胆小还是胆大?不好说吧?

依我看,厦门人并不缺乏"胆量",但缺乏"闯劲";并不缺乏"定力",但缺乏"激情"。甚至连厦门人自己也承认,"爱拼才会赢"的闽南精神不属于厦门,而是闽南其他地区如晋江人、石狮人的精神。厦门人的精神,恐怕只好说是"爱泡精神"。他们实在是太爱泡茶了。"爱泡"远远超过"爱拼",以至于厦门医院的病房里会贴出"禁止泡茶"的告示,而一位厦门作家也会激愤地说:"别的地方是'玩物丧志',我们厦门是'泡茶丧志'!"小小一杯茶,当然泡不掉闯劲和激情,但如此地钟爱泡茶,岂非证明了他们多少缺乏一点闯劲和激情?

总之,厦门人的"胆小"不是"胆小",而毋宁说是"慵散";他们的"胆大"也不是"胆大",而毋宁说是"无所谓"。也许,他们看惯了潮涨潮落、云起云飞、斗转星移,深知"任凭风浪起,稳坐钓鱼船"的道理,变得什么都无所谓了。我不知道厦门人那种见惯不怪、处变不惊、满不在乎的心态是不是这样形成的。反正,不管有多少风云变幻,鼓浪屿琴声依旧,厦门岛涛声依旧,厦门人也泡茶依旧。"悠悠万世,惟此为大,泡茶。"深圳飞跃就飞跃吧,浦东开发就开发吧,不起眼的温州、张家港要崛起就崛起吧,厦门人不否定别人的成绩,但也不妄自菲薄或自惭形秽,当然也不会有太多的紧迫感,觉得这些事有多么了不起,而只是平静地看他们一眼,点点头,然后低下头去喝他们的茶。

也许,这都因为岛城厦门实在是太美丽、太温馨了。

美丽无疑是一种良好的品质。有谁不希望自己美丽一些呢？但是,对自己美丽的欣赏,却很可能由自恋发展为自满,又由自满发展为自足。同样,小巧也不是什么坏事。正如"大有大的难处",小也有小的便当。大与小的优劣,从来就是辩证的。小城好规划,好建设,好管理,但也容易造就眼界不高视野不阔心胸不开朗。温馨当然也很好。温馨如果不好,难道剑拔弩张、杀气腾腾,或者冷若冰霜、水深火热就好么？但是,生存和发展的辩证法却又告诉我们："不冷不热,五谷不结",过于温馨,会使人心酥腿软,豁不出去,当然也就难得大有作为。其实,在许多方面,成都与厦门不乏相似之处。成都号称"天府之国",一马平川的肥沃土地上,清泉流翠,黄花灼眼,金橘灿灿,绿竹漪漪。远离战火的地带,四季如春的气候,丰裕繁多的物产,富足安逸的生活,再加上千百年文化的熏陶,使成都出落得风流儒雅。但是,成都人却并不满足于安逸和温馨。在走不出去的情况下,他们就用麻辣来刺激自己,以防在温馨安逸中泯灭了生命活力。所以成都人(广义一点,四川人)一旦走出三峡,来到更广阔的舞台上,便会像北京人、上海人、广州人、湖南人、山东人一样,干出一番大事业来。厦门人,能行么？

厦门人常常会自豪地宣称：厦门是中国最好的地方。我愿以一个外地人的身份,证明此言不诬。可不是么？北京太大,上海太挤,广州太闹,沈阳太脏,南京太热,天津太冷,成都太阴,三亚太晒,贵阳太闭塞,深圳太紧张,而别的地方又太穷,只有厦门最好。我来厦门后,不少亲朋故旧来看我,都无不感叹地说：你可真是给自己找了个养老的好地方。(图三十六)

的确,厦门确实是养老的好地方,却很难说是干事业的好地方。不少有志成就一番事业的年轻人来到厦门后,终于憋不住,又跑到深圳或别的什么地方去了。平心而论,厦门人的事业心的确并不很强。他们眼界小,野心小,胆子小,气魄也小。心灵的半径,超不过厦门 60 平方公里的市区范围：考大学,厦大就行；找工作,白领就行；过日子,小康就行；做生意,有赚就行。厦门籍的大中专毕业生,最大的理想也就是回到厦门,找一份安定、体面、收入不太少的工作,很少有到世界

图三十六:厦门真是个养老的好地方。

李　华摄

或全国各地去独闯天下,成就一番轰轰烈烈大事业的雄心壮志。甚至当年在填报志愿时,他们的父母首先考虑的也是能否留在或回到厦门,而不是事业上能否大有作为。总之,他们更多追求的是舒适感而不是成就感,更多眷恋的是小家庭而不是大事业,更为看重的是过日子而不是闯天下。

因此,当厦门人自豪地宣布:"厦门是中国最好的地方"时,他无疑说出了一个事实,同时也不经意地暴露了自己的问题和缺点。试想,当一个人认为自己已经"最好"了,他还会有发展,还能有进取么?

实际上,厦门不如外地的地方多得很。

比如说,厦门就没有北京大气和帅气。北京雄视天下,纵览古今,融会中外文化,吞吐世界风云,那气魄、那气派、那气度、那气象,不但厦门永远都望尘莫及,而且生活在这美丽温馨小岛上的厦门人,即便到了北京,面对燕山山脉、华北平原,也未必能真正深刻地体验到这些。他们多半只会挑剔些诸如北京的风沙太大、出门太难、"火烧"

（一种饼）太硬、"豆汁"太难喝、到八达岭玩一回太累之类的"毛病"，然后嘟囔一句"还是厦门好"便回家。认为什么地方都没有厦门好，这正是厦门人的不是。

厦门没有北京大气帅气，也没有广州生猛鲜活。广州好像是一个精力过剩的城市，永远都不在乎喧嚣和热闹，永远都没有睡眠的时候。一进广州，一股热潮就会扑面而来。当然，广州的拥挤和嘈杂也让人受不了。但广州的活力却令人向往。更何况，广州人拿得起放得下。要革命便北伐，北伐失败了便回来赏花饮茶。厦门人放倒是放得下，可惜不大拿得起。要他们北伐一回，准不干。所以广州（也包括广东）可以一次次走在前面，厦门却一回回落在后面。难怪鲁迅先生当年在厦大没呆多久，便去广州了，其中不是没有原因和道理的。

厦门不如上海的地方也很多，因为上海毕竟是"大上海"。尽管上海人被讥为"大城市、小市民"，也尽管厦门人出手比上海人大方，待客比上海人热情，但并不因此就成为"大市民"。厦门人在上海人面前多少会显得"土气"，露出"小地方人"的马脚（比方说那一口闽南牌的普通话就带有"地瓜味"），就像菲律宾、新加坡见了大英帝国一样。小平同志南巡时曾感叹于当年未把上海选作特区，但不是特区的上海却并不比早是特区的厦门差，而近几年来浦东开发的速度又让厦门望尘莫及。这不能简单地归结为"瘦死的骆驼比马大"，仍应从两地的文化和两地人的素质去找原因。总之，不管上海的市民是如何地"小市民"，再大度的厦门人，却也无法使厦门变成"大厦门"。

其实，厦门和厦门人不如外地和外地人的地方还多得很。比方说，厦门不如西安古老，不如深圳新潮，不如武汉通达，不如成都深沉，不如天津开阔，不如杭州精细。又比如，厦门人不如东北人剽悍，不如山东人豪爽，不如河北人开朗，不如湖南人厚重，不如陕西人质朴，不如江浙人精明，不如四川人洒脱，不如贵州人耿直。即便美丽温馨，也不是厦门的专利：珠海、大连、苏州，美丽温馨的小城多着呐！甚至如福建的长汀、湖南的凤凰，虽不过蕞尔小邑，上不了中央电视台的天气预报节目，其独特的风情和韵味，也不让于厦门。

如此这般说来,厦门人,你还能那么怡然自得、满不在乎、自我感觉良好么?

事实上,有可能会阻碍厦门发展的,便正是厦门人那种根深蒂固的"小岛意识"。岛原本具有开放和封闭的二重性。因为岛所面对的大海,既可能是畅通无阻的通道,又可能是与世隔绝的屏障。只要想想英伦三岛、日本列岛上人和塔西提岛、火地岛上人的区别,便不难理解这一点。厦门岛上人当然不是塔西提岛、火地岛上人,但也不是英伦三岛、日本列岛上人,总体上说他们是既开放又封闭。其封闭之表现,就是抱残守缺于一隅,自我陶醉于小岛。厦门人有一种奇怪的观念,就是只承认岛内是厦门,不承认岛外辖地(如集美、杏林)是厦门。最奇怪的,是对岛内的厦门大学,也不承认是厦门。厦大的人进城,要说"到厦门去",则所谓"厦门",便只不过岛内西南一小角了。至于鼓浪屿上人,则坚决否认自己是"厦门人",而坚持说自己是"鼓浪屿人"。看来。越是"岛",而且越"小",就越好。这可真是地地道道的"小岛意识"。这样狭窄的眼界,这样狭小的胸襟,是很难能有大气派、大动作、大手笔的。

显然,要想把厦门建设得更好,要想创建能够面向世界面向未来的新文化,我们就必须走出厦门看厦门。

## 四  走出厦门看厦门

走出厦门看厦门,就是要跳出小岛,放开眼界,以比较超脱的态度和比较开阔的视野来看待厦门的成就、问题和前景。"不识庐山真面目,只缘身在此山中。"局促于一角,局限于一地,岂能有高屋建瓴的认识?《厦门日报》曾以"跳出厦门看厦门"为题展开讨论,想来用意也在于此。但我之所以说"走出"而不说"跳出",则是因为只有"走",只有脚踏实地的一步一步地走,才能真有感受,真有体验。

然而,厦门人最大的问题,恰恰又在于他们总是走不出去。

在全国各城市的居民中,的确很少见到像厦门市民这样不愿出门的人了。中国人安土重迁,好静不好动,终身不离故土的人不在少数。但就大多数人而言,尤其是就当代有文化的青年人而言,他们倒更多地是"出不去",而不是"不想出去",或者自身的条件限制了他们不敢去想,"想不到"要出去。像厦门这样,公路铁路、海运空运齐全,手头又比较宽裕,却仍然拒绝出门的,倒真是少数。不少厦门人终身不离岛,许多厦门人不知火车为何物。厦门的旅行社都有这样一个体会:组团出厦门要比组团进厦门难得多。不要说自己掏钱去旅游,便是有出差的机会,厦门人也不会多么高兴。如果去的地方差一些,还会视为"苦差"而予以推托。这显然完全是错误观念在作祟。一是认为天下(至少中国)没有比厦门更好的地方,到哪里去都是吃苦;二是认为外地怎么样,与我没有关系,看不看无所谓,看了也白看。所以,厦门人即便到了外地,也看不出什么名堂来。除了"还是厦门好"以外,他们再也得不出别的结论。

到外地出差、旅游尚且如此之难,要他们到外地工作、上学,就更难了。每年高考,厦门成绩好一点的考生,往往会一窝蜂地报考厦门大学,连清华北大都不愿去,更不用说别的学校了。他们其实也知道,比如西安交大这样的学校是非常好的,但他们就是不想去,因为他们不愿意离开厦门。如果厦门没有好学校倒也罢了。既然有一所全国重点大学,为什么还要到外地去?他们想不通。一位家长曾瞪着眼睛问我:"到外地上学又怎么样?毕业后还不是要回厦门工作!"我不懂她所说的"还不是"有什么根据。谁规定厦门的孩子毕业后就该在或只能在厦门工作,就不能到别的什么地方工作呢?"青山处处埋忠骨","天涯何处无芳草",谁说只能在厦门工作来着?看来还是自己"划地为牢"。

其实,世界大得很,世界上的好地方也多得很,并非只有厦门。厦门再好,也不能把世界之好都集中起来吧?不但世界上、全中国还有比厦门更好的地方,即便总体上不如厦门的地方,也会有它独特的好处。我们实在应该到处走一走,到处看一看,各方面比一比,才会开阔我们的眼界,也才会开阔我们的胸襟。自得其乐地死守一个地方,无疑于"安乐死"。安乐则安乐矣,生命的活力却会磨损消沉。更何况,到处走一走,看一看,本身就是一种人生的体验。因此即便是到贫穷落后的地区去,倘若把它看作一种体验,也就不会白去。人生百味,苦也是其中一种。在厦门这个美丽温馨大花园里长大的孩子,更该去吃点苦头,否则他的人生体验就太单调了,他的心灵也就难得丰富起来。

的确,人有时是需要"生活在别处",过一过"别样的生活"的。见多才能识广,少见必然多怪。厦门人既然那样地热爱自己的城市自己的家园,就更应该出去走走看看,就像到别人家去串串门,以便把自己家建设得更好一样。当然,我们无意要求厦门也变成北京、上海,或者变成广州、深圳。没有这个可能,也没有这个必要。坦率地说,城市太大,其实不好。厦门的城市规模现在正合适。而且,厦门现在也正处于良性发展阶段。其他大城市面临的许多问题,如环境污染、交通堵塞、住房紧张、水资源恐慌等等,厦门都没有。但小城也有小城的麻烦和问题。小城之大忌,是小家子气和小心眼。补救的办法,就是经常出去走走看看。因此,我们应该鼓励厦门人走出厦门,甚至应该规定厦门的大中专生必须到外地学习或工作若干年后,才准其回厦门工作。我们当然也应该有选择地从全国各地引进人才,改变厦门的市民结构。苟能如此,则厦门这道"门",就不会变成闭关自守划地为牢的小门,而能够确保成为兼容各种文化、吐纳世界风云的大门。

# 成都府

成都是府。

成都是天府。

天府的人好安逸。

府,原本是储藏文书或财物的地方,也指管理文书或财物的官员。周代官制,设有"天府"一职,"掌祖庙之守藏,与其禁令",看来是给周天子守库看家的。所以后来,天府也泛指皇家的仓库。天子富有四海,富甲天下,皇家的仓库通国库,自然是要什么东西就有什么东西,要什么宝贝就有什么宝贝。由此可知,一个地方,如果被冠以"天府之国"的称号,当然也就是天底下最好的所在了。《战国策》云:"田肥美,民殷富,战车万乘,奋击百万,沃野千里,蓄积饶多,地势形便,此所谓天府";《汉书.张良传》也有"金城千里,天府之国"的说法。不过,两书所说的"天府",都不是指成都,也不是指四川,而是指关中地区。后来,成都平原的优势明显超过关中平原,"天府之国"的头衔,便几乎成了成都和成都平原的专利。

说起来,成都号称"天府",是当之无愧的。这里冬无严寒,夏无酷暑,年平均气温约摄氏17度,平均降水量约980毫米,气候之好,是没说的了;一马平川,良田万顷,草木常青,渠水长流,地势之好,也是没说的了。至于物产之丰富,生活之便利,在咱们中国,更是首屈一指。民谚有云:"吃在广州,穿在苏州,玩在杭州,死在柳州",无非说的是广州菜肴好,苏州丝绸好,杭州风景好,而柳州棺木好。但要说都好,还是成都。广州、苏州、杭州、柳州的好处,成都都有,却无其不足。成都地方比苏州大,气候比杭州好,好玩的地方比广州多,好吃的东西比柳州多,何况京产蜀锦、号称"锦城",还怕没有好衣服穿? 吃好了,穿好了,玩好了,便是死在成都,也是"快活死"、"安乐死",是"死得其所"吧?

更何况,成都的文化积累又是何等厚实啊! 两汉的司马相如、扬雄不消说了,唐宋的李白、三苏也不消说了,王维、杜甫、高适、岑参、孟浩然、白居易、元稹、贾岛、李商隐、黄庭坚、陆游、范成大,哪一个和成都没有瓜葛,哪一个没在成都留下脍炙人口的诗章? 武侯祠、薛涛井、百花潭、青羊宫、文殊院、昭觉寺、望江楼、王建墓、杜甫草堂,哪一个不是历史的见证,哪一个没有"一肚子的故事"? 有如此之多文化积累的城市,天下又有多少? 也就是北京、西安、南京几个吧?

这就是成都。诚如王培荀《听雨楼随笔》所言:"衣冠文物,侪于邹鲁;鱼盐粳稻,比于江南。"成都,确实是我们祖国积累文化和物产的"天府"。

物产丰富,吃食就多;文化丰盈,话题就多。于是,成都人的一张嘴,就怎么也闲不下。成都人能吃也会吃,能说也会说,吃能吃出花样,说能说出名堂,而最能体现成都和成都人这一特色的,便是成都的茶馆。

## 一 成都的茶馆

有句老话:北京衙门多,上海洋行多,广州店铺多,成都茶馆多。

这也不奇怪。北京是城,而且是京城。天子脚下,首善之区,国脉所系,中枢所在,自然衙门多。上海是滩,开埠早而摊子大,首屈一指的国际化大都市,五湖四海风云际会,欧风美雨浪打潮回,洋人多自然洋行也多。广州是市，以商为本，以贾为生，一天不做生意，就一天也活不下去，店铺能不多吗？可见，衙门多也好，洋行多也好，店铺多也好，都是北京、上海、广州的城市性质所使然。

成都就不一样了。成都不是京城，用不着那么多衙门；没有外滩，也用不着那么多洋行。成都当然也有店铺，但多半是饭铺、衣铺、杂货铺，少有广州那种财大气粗的银行、商号和当铺。因为成都毕竟不是广州那样的"市"，不想做也做不了广州那么大那么多的生意。成都是府，是富饶丰足的天府，而且"养在深闺人未识"，深藏在祖国大西南群山环抱之中，只有聚集没有耗散，只需享用无需奔忙。如果说，上帝亏待武汉人，有意安排武汉人吃苦（详《武汉三镇》一章），那么，他就厚爱成都人，有意安排成都人享福。成都和武汉一样，都是那种不东不西不南不北的城市：依长江划线，它在北；以秦岭为界，它居南；和武汉在同一纬度，离拉萨和上海差不多远。然而，两地的自然条件却差得远。武汉是冬天奇冷夏天酷热，兼东西南北之劣而有之；成都则冬无朔风劲吹，夏无烈日曝晒，兼东西南北之优而有之。它的天是温和的，它的地是滋润的，它的物产是极为丰富的，而这些物产的价格又是非常便宜的。生活在这块风水宝地上的成都人，自然也就用不着操那么多心，费那么多力，做那么多事情，只要消消停停悠悠闲闲地过日子就行了。

那么，怎么过才消停、才悠闲呢？当然是泡茶馆。

说起来，茶，原本是中国人的爱物。东西南北中，工农商学兵，只要是中国人，很少有不爱喝茶的。不过，最爱喝茶的，又数成都人，至少成都人自己是这么认为的。不错，江浙有绿茶，云贵有沱茶，广东有早茶，西北有奶茶，闽南有乌龙茶，北京有大碗茶，但成都人都看不上：绿茶太淡，沱茶太粗，奶茶是以茶代饭，工夫茶是以茶代酒，早茶是以茶为配角，大碗茶则只能叫"牛饮"，只有成都人的盖碗茶，才既有味，又有派。有味，是因为成都的花茶，又香又浓又经久，一碗茶冲七八遍水也无妨；有派，则因为它是茶碗、茶盖、茶船三件头俱全的"盖碗茶"，而且是在茶馆里喝的。在茶馆里喝茶，和在家里泡茶，大不一样。在家里泡茶,谁不会呢?显然,只有爱上茶馆,才真正算得上是爱茶。

　　成都人爱上茶馆。可以说,成都人是把"爱茶主义"理解为或者表现为"爱茶馆主义"的。事实上成都的茶馆也多得有如雨后春笋。据《成都通览》载,清末成都街巷计516条,而茶馆即有454家,几乎每条街巷都有茶馆。1935年,成都《新新新闻》报载,成都共有茶馆599家,每天茶客达12万人之多,形成一支不折不扣的"十万大军",而当时全市人口还不到60万。去掉不大可能进茶馆的妇女儿童,则茶客的比例便无疑是一个相当惊人的数字。况且,十二万人进茶馆,一天下来,得喝掉多少茶叶,多少光阴?有如此之多的茶馆和茶客,成都,实在应该叫做"茶馆之都"才好。

　　其实,即便在今天,成都的茶馆恐怕也仍是四川之最,中国之最,世界之最。在成都,闹市有茶楼,陋巷有茶摊,公园有茶座,大学有茶园,处处有茶馆。(图三十七)尤其是老街老巷,走不到三五步,便会闪出一间茶馆来,而且差不多都座无虚席,茶客满棚,生意好得不敢让人相信。究其所以,也无非两个原因:一是市民中茶客原本就多,二是茶

图三十七:成都处处有茶馆。

李曙光摄

客们喝茶的时间又特别长,一泡就是老半天。一来二去,茶馆里自然人满为患。难怪有人不无夸张地说,成都人大约有半数左右是在茶馆里过日子的。至于另外一半,则多半进了火锅店。看来,正如北京的城门是解读北京的"入门之门",成都的茶馆也是解读成都的一把钥匙。

茶馆其实是茶客造就的。

成都的茶客,不但人数众多,堪称世界第一,而且,正如成都的球迷有资格自认为(同时几乎也被公认为)是中国最好的球迷,成都的茶客也有资格自认为是中国第一流的茶客。不错,中国人都爱喝茶,有茶馆的也决不仅止于成都一地。但似乎只有成都人,才那么酷爱茶馆,才那么嗜茶如命。对于他们来说,"柴米油盐酱醋茶"这七个字,是要倒起来念的。正宗的老成都,往往是天一麻麻亮,便打着呵欠出了门,冲开蒙蒙晨雾,直奔热气腾腾人声鼎沸的茶馆。只有到了那里,他们才会真正从梦中醒过来;也只有在那里,先呷一小口茶水漱漱嘴,再把滚烫清香的茶汤吞下肚去,才会觉得回肠荡气,神清气爽,遍体通泰,真正活了过来。

或许有人会说,这也算不了什么。广州人和扬州人也一样爱吃早茶。正宗的扬州人更是和成都人一样,天一亮就直奔茶馆去过早茶瘾。可是,广州人也好,扬州人也好,吃早茶时居然要吃那么多的点心,这就搞不清他们究竟是吃早茶,还是吃早点。何况广州人的早茶,居然还是在饭店酒楼里吃;而扬州人则只有早上才"皮包水"(泡茶馆),一到下午便改为"水包皮"(泡澡堂)了,哪像我们成都人,从早到晚,都对茶馆情有独钟,忠贞不贰。

也许,正因为成都人是如此地挚爱他们的茶馆,古朴的、传统意义上的茶馆,才不至于在中国绝迹。可不是吗? 老舍笔下作为老北京象征的茶馆,如今早已销声匿迹了,北京的"茶文化"已经变成了"大碗茶文化"。上海的茶馆,据说也只剩下老城隍庙湖心亭一处以为点缀,还不知光景如何。各地现在当然也都有一些新的所谓"红茶坊"或

"茶艺馆",但大多装修豪华,设施考究,珠光宝气,高深华贵,且多半有几个所谓"小姐"在那里表演来路不明的所谓"茶道"或"茶艺",收取价格惊人的"茶钱"。至于老茶馆的那种氛围和情趣,当然是半点也没有。说白了,它们不过只是"蒙"老外的旅游景点而已,而且很可能还是"伪劣产品"。

然而成都却很不一样。成都现在虽然也有高档豪华、专供大款们摆阔的新茶馆,但同时也保留了不少质朴简陋、专供市民们休闲的老茶馆。这些老茶馆,或当街铺面,或巷中陋舍,或河畔凉棚,或树间空地,三五张方桌,十数把竹椅,再加上老虎灶、大铁壶(或大铜壶)、盖碗茶具,也就成了市井小民的一方乐土。

环境场地如此简陋、质朴,又有什么好处呢?正如林文询《成都人》一书所言:"环境随意,场地简单,来往之人也就随意。"三教九流,会聚一堂,不讲等级,勿须礼仪,大家便都很自在:或喝茶聊天,乱摆一气;或读书看报,闭目养神,互不干扰,各得其所。话可以随便说,水可以尽管添,瓜子皮不妨满地乱吐,想骂娘就大骂其"龟儿子",岂不快哉!

这其实便正是成都老茶馆大得人心之所在。本来嘛,喝茶,又不是上朝,何必要那么一本正经,行礼如仪?茶客进茶馆,原本是为了放松放松,休闲休闲,正所谓"忙里偷闲,吃碗茶去;闷中取乐,拿只烟来"。你弄些迎宾女盛装接送,服务生恭立伺候,害得茶客们眼花缭乱,手足无措,嘴上怕出错,心里怕挨宰,哪里还能放松,又哪是什么休闲?而成都的老茶馆,可以说好就好在"随意"二字,因此为成都市民所钟爱。即便发了财,当了"大款",也仍有不少人爱进那简陋的、廉价的、不起眼的小茶馆。

不过,成都茶馆的氛围虽然是随意的,沏起茶来,可是一点也不随意。第一,茶具一定得是茶碗、茶盖、茶船三件头,谓之"盖碗茶"。三件头好处不少:茶碗上大下小,体积适中,便于冲茶;茶盖保温透气,搅水隔叶,便于饮茶;茶船稳托碗底,隔热免烫,便于端茶。三件头的设计,可谓用心良苦。第二,倒水一定得是烧得鲜开的滚水,头道水只盛半盏,叫"养叶子"。等到干干的茶叶滋润舒展开了,才冲第二道。这时,滚烫的开水从长嘴大茶壶中飞流直下,舒眉展脸的茶叶在开水的冲击下翻身打滚,再沉于盏底,一盏茶汤,便黄绿喷香,诱人极了。这,就是成都茶馆的功夫,成都茶馆的艺术。可见,成都的茶馆并非不讲服务,而是服务得十分到位,没有一点虚套套。

有如此享受,又十分随意,这样的茶馆,谁不喜欢?

但,这还不是成都人爱进茶馆的全部原因。

我总以为,成都人之所以爱进茶馆,主要还因为在那里可以大摆其"龙门阵"。成都人和北京人,大概是中国最爱说话的两个族群。有人说,只要是干活溜嗖、说话噎人、背书不打奔儿、一坐下来就神聊海哨胡抡的,一准是北京人。至于那些既爱吃又爱说,说不耽误吃,吃不耽误说,走到哪儿就吃到哪儿说到哪儿的,则多半是成都人。反正不管北京人也好,成都人也好,都是一天不说话就没法过日子的"话篓子"。有趣的是,他们也都爱喝茶,而且独钟花茶。这也不奇怪。因为吹牛聊天,断然少不了茶。没有茶,说得口干舌燥,兴味便会大减,甚至聊不下去。有了茶,可就大不一样了。茶既能解渴生津,又能健脑提神,一盏清茶下肚,头脑也灵光了,舌头也灵便了,那原本就说不完的话,也就更加滔滔不绝。

所以,北京和成都的茶馆,在中国也就最有名。

然而奇怪的是,北京的茶馆终于衰落了(这是让许多热爱老北京文化的人痛心疾首却又无可奈何的事),而成都的茶馆却久盛不衰(这是让许多钟爱老成都文化的人窃喜庆幸却又提心吊胆的事),这又是为什么呢?我想,也许就因为北京人和成都人虽然都爱说,但说什么和怎么说,不大一样吧!怎么个不一样呢?要而言之,大体上是北京人侃,成都人摆,北京人说大话,成都人说闲话。

侃,有三个意思:刚直、和悦、戏弄。所谓"侃侃而谈",就有刚直、和悦的意思;而所谓"调侃",则有戏弄的意思。这三种意思,在北京人所谓"侃大山"中都有,即理直气壮、从容不迫和滑稽幽默。事实上,只有那些满腹经纶、口若悬河而又风趣俏皮者,才有资格当"侃爷";也只有那些高屋建瓴、滔滔不绝而又妙趣横生笑料迭出者,才有资格叫"侃山"。这其实也正是北京这座城市的性质所使然。北京是京城,是首都,北京的市民,也就差不多是半个政治家。政治家嘛,一要眼界高,居高临下;二要城府深,沉得住气;三要口才好,能言善辩。居高临下,便理直气壮;沉得住气,便从容不迫;能言善辩,自然风趣幽默。有此气势、涵养和水平,当然连山也"侃"得倒,所以"侃大山"又叫"砍大山"。可以这么说,愚公移山,靠的是锄头;侃爷移山,靠的就是舌头了。

显然,砍大山也好,侃大山也好,要紧的是一个"大"字,也就是要说"大话"。"话"怎样才能"大"呢?当然首先必须"话题"大,而最大的话题又莫过于政治。实际上,北京人所谓"侃大山",便多半围绕着政治这个中心来进行,只不过态度也多半有些调侃罢了,比如"十亿人民九亿侃,还有一亿在发展"之类的"段子",便最能体现"侃大山"的特征。

这样的话,当然并不一定非得到茶馆去说不可。

事实上,北京茶馆的渐次消亡,与北京说话的地儿越来越多不无关系。你想,现如今,北京有多少学会、协会、沙龙?有多少报告、讲座、研讨会?这些社团大多被北京人戏称为"侃协",自然都是"侃大山"的好去处。运气好一点,没准还能到中央电视台"实话实说"或其他什么节目的演播室里,去当一名嘉宾或能插上一嘴的观众,那可比上茶馆过瘾多了,也比在茶馆里更能指点江山,激扬文字。况且,这些地方、场合,一般也都备有茶水,或能自带茶水,而北京人对于茶水的质量和沏茶的方式又没有那么多的讲究,不一定要"三件头"或"鲜开水",自然也就并不一定非上茶馆不可。再说了,茶馆里五湖四海三教九流,哪能保证一定会碰上"可侃"之人呢?

更何况,能侃善侃喜欢侃的北京人,是有本事把所有的地方都变成或视为茶馆的。比如"的士"司机的茶馆,就是他的小车。茶嘛,他自己随身带着;座儿,当然更不成问题;而上上下下往来不绝的乘客,便是他的听众和茶客,只是不供应茶水而已。"铁打的营盘流水的兵",他这个小茶馆里,永远都不愁没有"山"可"砍",哪里还用得着再上茶馆?

成都人可就没有那么便当。他们的"侃协",永远都设在茶馆里,也只能设在茶馆里。为什么呢?因为成都人不是"政治家",而是"小市民",并不像北京人那样,自以为"一身系天下安危",可以"一言兴邦"。他们要说爱说的,是"闲话"而不是"大话"。即便世界风云、国家大事,也只是当作闲话来讲,过过"嘴巴瘾"就算了。闲话是上不了台面的,爱说闲话的成都人也同样有点"上不了台面"。大多数成都人,别看平时能说会道,一张嘴比刀子还快还锋利,吵起架来天下无敌手,但真要让他上台演讲,便多半会结结巴巴,颠三倒四,这个那个,不得要领。到电视台去做嘉宾就更成问题:用四川话说吧,似乎"不对"(哪有电视台说四川话的);用普通话说吧,又难免"椒盐"(成都人从来就说不好普遍话)。别人听着别扭,自己也说不顺溜,哪有在茶馆里说得随意,说得自在,说得开心,说得过瘾?

电视台去不得,的士里也说不得。《成都人》一书的作者林文询曾比较过北京、广州、成都三地的"的士"司机,结论是十分有趣的:北京的司机喜欢和乘客说话,成都的司机喜欢和自己说话,而广州的司机则几乎不说话。

广州的司机为什么不说话呢?我想可能有以下原因:一,广州人本来就不爱说话,没有北京人嘴那么贫,成都人嘴那么油;二,广州人说普通话比较困难,而乘客中外地人又多,交流不便,也就兴趣索然;三,广州交通拥挤,司机开车必须全神贯注,早已养成遵守交通规则,开车时不说话的职业习惯。但我以为最重要的,还在于广州是市,是商业性的国际化城市。生活在这座城市里的人,早已习惯了依照契约原则来处理人际关系,也深知必须兢兢业业做好工作才能很好生存的道理。司机与乘客的契约,是安全快捷地送达目的地,而不是闲聊天。况且,上班时说闲话,是违反劳动纪律的,也不符合敬业精神。既然如此,说那么多话干什么?

北京的出租车司机可就没有这些观念了。他不愿意把自己和乘客的关系简单地看作雇佣关系,更不愿意把乘客当货物运。如果一路同行半句话都不说,那多没有"人情味"? 所以,他宁肯把汽车当作茶馆,把乘客当作茶友,而且"腰里掖着一副牌,见谁跟谁来"。更何况,北京的市民都是"半个政治家"。政治家么,自然不会放过"做思想政治工作"或"发表政见"的机会。即便不谈政治,说点别的也行。开车又不用嘴巴,一张嘴闲着也是闲着,随便说点什么,好歹大家都能解闷儿。

上海的出租车司机大体上介乎二者之间:乘客不想说话,他也一言不发;乘客想说点什么,他也对答如流(但一般不谈政治)。上海是一个有着优质服务传统的城市,应乘客的要求与之对话,大约被看作了服务的附加内容之一,就像顾客买好了东西要代为捆扎包装一样。问题是乘客有无此项要求。如果没有,上海的司机一般也不会没话找话,多嘴多舌。

耐人寻味的是成都的出租车司机。

成都的出租车司机既不愿意像广州司机那样把乘客当作雇主或货物,也不愿意像北京司机那样把乘客当作茶客或哥们,而他又憋不住要说话,没法等乘客主动搭腔。于是他便打开对讲机,和他的师兄师弟师姐师妹们穷聊个没完,或者静听师兄师弟师姐师妹们"开空中茶馆","打嘴巴官司",等于自己和自己说话。愿意和乘客们聊天的,为数极少。这也不奇怪。"宰相门前七品官",天府之国的司机嘛,谁还稀罕伺候你几个"打的"的主?

说来也是,开车毕竟是工作,不是休闲;的士毕竟是工具,不是茶馆。只有茶馆,才如贾平凹所说,是一个"忘我的境界"(《入川小记》)。成都的茶馆,即便是最低档的那种,也都有几分清新(我怀疑来自那竹几竹椅和清水清茶)。坐在那茶馆里,捧一杯清茶,听四面清谈,满口清香,满耳清音,便没有谈兴也想说点什么了。(图三十八)

总之,只有茶馆,才是成都人的讲坛。只有在那里,爱说会说的成

图三十八：竹林竹椅,清茶清音,这样的所在真是一个"忘我的境界"。

李曙光摄

都人才如鱼得水,能够充分地展示自己的"口才",把"龙门阵"摆得威武雄壮,有声有色。

那么,龙门阵究竟是什么玩意,它又为什么要到茶馆里去摆?

## 二　龙　门　阵

俗话说,树老根多,人老话多。老人之所以话多,除老来有闲和害怕孤独外,也因为老人阅历广,见识多,有一肚子话要说、可说。同样,一个城市如果也很古老,话也会多起来。

话多的人多半爱上茶馆。更何况,成都人的说话,不是说,也不是侃,而是摆。

摆,也就是"铺开来说"的意思。"摆"这个字,原本就有铺排陈列之意。比如摆摊、摆席、摆谱、摆阔、摆架子、摆擂台,都非铺陈排比不可。蜀人司马相如和扬雄，便是铺陈排比的老手。他们的作品，叫做"赋"。赋这种文体，后来不行时了，但它的精神，却为成都人所继承，并在"龙门阵"这种民间形式中得到了发扬光大。

龙门阵就是成都市民的"赋"。据说，它得名于唐朝薛仁贵东征时所摆的阵势。明清以来，四川各地的民间艺人多爱摆谈薛某人的这一故事，而且摆得和薛仁贵的阵势一样曲折离奇、变幻莫测。久而久之，"龙门阵"便成了一个专有名词，专门用来指那些变幻多端、复杂曲折、波澜壮阔、趣味无穷的摆谈。

显然，龙门阵不同于一般聊天、侃山、吹牛的地方，就在于它和"赋"一样，必须极尽铺陈、排比、夸张、联想之能事。但作为市民的"赋"，则还要闹热、麻辣、绘声绘色、有滋有味，而且还得没完没了。即便普普通通的一件小事，也要添油加醋，摆得七弯八拐。这样的"作品"，当然不好随便在诸如出租车之类的地方向乘客们"发表"。至少是，短短那么一点时间，是摆不完的；而摆不完，则不如不摆。总之，摆龙门阵，非得上茶馆不可。

事实上，成都茶馆的魅力，便正在于那里有龙门阵。龙门阵之所以必须到茶馆里去摆，则因为只有在茶馆里，顶尖高手们才有用武之地，听讲的人也才能真正一饱耳福。茶馆日夜开放，茶客多半有闲，时间不成问题，此为"得天时"；茶馆环境宽松，氛围随意，设备舒适，可站可坐可躺，时时茶水伺候，摆者不累，听者不乏，此为"得地利"；茶客多为龙门阵之"发烧友"，目标一致，兴趣相同，摆者有心，听者有意，一呼百应，气氛热烈，此为"得人和"。天时、地利、人和三者兼得，龙门阵自然百战百胜，越摆越火。

龙门阵的内容五花八门无奇不有："既有远古八荒满含秘闻逸事古香古色的老龙门阵，也有近在眼前出自身边顶现代顶鲜活的新龙门阵；有乡土情浓地方色重如同叶子烟吧哒出来的土龙门阵，也有光怪陆离神奇万般充满咖啡味的洋龙门阵；有正经八百意味深沉庄重严肃的素龙门阵，也有嬉皮笑脸怪话连篇带点黄色的荤龙门阵"（林文询《成都人》）。不消说得，新闻时事自然也是龙门阵的重要内容之一。

新闻时事从哪里知晓？一是电视，二是报纸。新闻时事既然为成都人所关心，则成都的报业也就当然兴旺发达。有人说，成都有三多：小吃店多时装店多报摊子多。这是一点也不奇怪的。成都人好吃，则小吃店多；成都人爱美，则时装店多。至于报摊子多，则因为成都人喜欢摆龙门阵，很需要报纸来提供谈资。

成都人确实是很爱看报的。成都街头报摊多、报栏多，成都的报社也多。大大小小各种日报周报、晚报晨报、机关报行业报，林林总总据说有数十家之多。成都人看报，又不拘本地外地，全国各地的老牌名报，在成都也都拥有自己的读者和市场。成都的报栏（包括各报社门前的报栏）也没有"地方主义"思想，一视同仁地将外地报纸和本地报纸一字儿展开，让成都人大过其报瘾。所以，每天一早，报栏前就总是围满了成都人。

过完了报瘾，就该过嘴巴瘾，摆龙门阵了。上哪里去摆最过瘾？当然是茶馆。因为在报栏前摆，时间有限；在家里面摆，听众有限；在单位上摆，影响工作倒在其次，不能尽兴才是问题。还是茶馆里好。

图三十九：茶馆是成都市民的"政协"，也是"龙门阵发烧友"们的俱乐部。

宋小蓉摄

茶馆是成都市民的"政协",每个人都可以参政议政、发表高见的。(图三十九)高见发表完了,手边的一张报纸正好用来蒙脸,呼呼大睡。反正议论时事的目的是过嘴瘾,剩下的事情也就管不了那么多。可以说,北京人爱谈新闻时事是为了表现自己的政治才能,成都人爱谈新闻时事则是为了摆龙门阵。

那么,成都人又为什么如此热衷于龙门阵呢?

一个简单的解释,自然是成都人爱说也会说。"重庆崽儿砣子硬(重庆人敢打架),成都妹娃嘴巴狡(成都人会吵架)",成都人的嘴巴功夫是全国有名的。

在成都,嘴巴功夫最好的,不外乎两种人,一是小商贩,二是女娃娃。成都小商有句行话,叫"赚钱不赚钱,摊子要扯圆"。摊子怎样才能"扯圆"?当然是靠嘴巴吆喝:"耗儿药,耗儿药,耗儿一吃就跑不脱";"买得着,划得着,不买你要吃后悔药"。你说是买还是不买呢?女娃子也好生了得。你不留神踩了她的脚,她会说:"咦,怪事,你是三只脚吗咋个?牛都过得倒你过不倒?"她要是踩了你的脚,也有说法:"挤啥子挤啥子,进火葬场还要排队转轮子的么,瓜不兮兮的,出得倒门出不倒门?"你说是和她吵还是不和她吵呢?

的确,成都人好像天生就会说话,天生就会"涮坛子"(开玩笑)、"冲壳子"(吹牛皮)、"展言子"。其中,"展言子"最具特色。所谓"展言子",就是说话时讲几句谚语歇后语,而且藏头藏尾,让你去猜去想,在心领神会中获得乐趣。比如事情有点玄,就说是"癞蛤蟆吃豇豆",意谓"悬吊吊的";而你如果说话离谱,他则会评论说:"你咋个吃苞谷面打呵欠",意谓"尽开黄腔"。诸如此类的说法,可真是"和尚敲木鱼",——多多多。

于是,简简单单一件事,到了成都人的嘴里,就会变得有声有色,有滋有味。即便骂人的话,也是一套套的。比如某人智商较低,或做事欠考虑,成都人不说他傻,而说他"瓜"。其实,这"瓜"不是冬瓜西瓜南瓜葫芦瓜,而是"傻瓜"。因为要"展言子",便略去"傻"而称"瓜"。由此及彼,则又有"瓜娃子"、"瓜兮兮"乃至"瓜眉瓜眼"等等。

说一个人"瓜眉瓜眼",显然就比说他"呆头呆脑"或"笨手笨脚"要有意思多了,也有味道多了。

又比方说,弄虚作假,在成都人那里,就叫做"水"。其起源,我想大约与酒有关。因为卖酒要做手脚,无非就是掺水。所以,日常生活中,便多用"水货"这个词来指伪劣产品。推而广之,则一个人说话不算数,或做事不到位,成都人便说他"水得很"。由此及彼,则又有"水客"、"水功"、"水垮垮"、"水漩儿"等说法。再比方说,一件事情没有办成,就叫"黄"或"黄了",其他地方的说法也是这样。但成都人则进而发展为"黄腔"、"黄棒"、"黄浑子"、"黄苏苏",甚至还有"黄师傅"和"黄手黄脚"等等。

看来,成都人对待话语,就像广东人对待中央政策,讲究"用好用活用够用足"。成都人说话,是十分"到位"甚至不怕"过头"的。比方说,红,要说"绯红";绿,要说"翠绿";白,要说"雪白";黑,要说"黢黑";香,要说"喷香";臭,要说"滂臭"。总之,是要把文章做足,才觉得过瘾。

过什么瘾?当然是过嘴巴瘾。事实上,成都人说话,除了有事要说外,更多是说着玩,颇有些"为艺术而艺术"的派头。后面我们还要讲到,成都人是非常爱玩的。在成都,熟人见面,除问"吃了没有"外,多半也会问"到哪儿去耍"。但成都人的"玩"或"耍",又有一个重要特点,那就是必须同时伴以"吃"和"说"。(图四十)不管是郊游远足,还是游园逛街,都必须有好吃的,也必须一路说将过去。到了地方或走在半路,还要泡泡茶馆。如果走了一路,居然无话,那就只能算是"赶路",不能叫做"耍"了。如果居然又没吃没喝,那就无异于"苦差",更不能算是"玩"。所以,无论什么豪华新鲜的场合,如果没有茶喝,没有好东西吃,不能尽兴聊天,成都人就不屑一顾。反之,只要能大摆其龙门阵,那么,不拘到什么地方,也都可以算是"耍"。事实上,说起"到哪儿去耍",在成都人那里,也就多半是到哪儿去喝茶聊天的意思。总之,说话,是成都人玩耍的重要内容,甚至直接地就是玩耍。正如林文询所说,成都人的说话,"更多地是说着玩,把话语在舌头上

图四十：成都人的玩和耍，必须同时伴以吃和说。

严志刚摄/新周刊供稿

颠来颠去地品味,欣赏,展示。犹如绿茵场上的好手,把一颗皮球在脚尖头顶颠来颠去颠出万千花样来一般"(《成都人》)。

　　于是,我们便大体上知道成都人为什么爱说会说了:好玩嘛!
　　成都人确实爱说话玩儿。对于成都人来说,最惬意的事情,除了上茶馆摆龙门阵,就是酒足饭饱之后,在自家当街门口,露天坝里,拖几把竹椅,摆一张茶几,邀三五友人,一人一支烟,一杯茶,前三皇后五帝,东日本西美国,漫无边际地胡扯闲聊,直到兴尽茶白,才各奔东西。至于谈话的内容,从来就没有一定之规。想说什么就说什么,碰到什么就是什么,就像成都菜一样,随便什么都能下锅,随便什么都能下嘴。因为说话的目的不是要研究什么问题解决什么问题,而是要玩。因此,只要说得开心,说得有趣,就行。
　　既然是玩耍,就要好玩,不能像白开水,得有味道,有名堂;而玩得多了,自然能玩出花样,玩出水平。成都人说话特别有味道:形象生动,节奏鲜明,尤其注重描述事物的状态。比如一个东西很薄,就说是"薄飞飞"的;很粗,就说是"粗沙沙"的;很脆,就说是"脆生生"的;很嫩,就说是"嫩水水"的。又比如一个人很鬼,就说是"鬼戳戳"的;很呆,就说是"木痴痴"的;很凶,就说是"凶叉叉"的;很软,就说是"软塌塌"的。至于傻,则有"憨痴痴"、"瓜兮兮"和"宝筛筛"三种说法。总之,文章都会做得很足。

注重状态就必然注重表情,而最富于表情的眉眼也就当然是大做文章之处。所以,成都人说话,一说就说到眉眼上去了。比如:贼眉贼眼(贼头贼脑)、鬼眉鬼眼(鬼鬼祟祟)、瓜眉瓜眼(傻里呱叽)、假眉假眼(虚情假意)、烂眉烂眼(愁眉苦脸)、懒眉懒眼(懒洋洋地)、诧眉诧眼(怯生生地)、直眉直眼(发愣)等等;而吝啬、爱喳呼和没味道,则分别叫做"啬眉啬眼"、"颤眉颤眼"和"白眉白眼"。看着这些词,我们不难想见成都人说话时的眉飞色舞。

总之,成都人说话,就像他们喝酒吃菜,讲究劲足味重,凶起来凶过麻辣烫,甜起来甜过三合泥。讲起怪话来,更是天下无敌手,相当多的人,都能达到"国嘴"级水平。比如"文革"中流传甚广,讽刺当时没有什么电影可看的"段子":"中国电影,新闻简报;越南电影,飞机大炮;朝鲜电影,哭哭笑笑;罗马尼亚,搂搂抱抱;阿尔巴尼亚,莫名其妙;日本电影,内部卖票",据说"著作权"便属于成都人。还有那个讽刺公款吃喝的"段子":"过去我们说,革命不是请客吃饭,现在我们说,革命不是请客,就是吃饭",据说"著作权"也属于成都人。不信你用成都话说一遍,保管别有风味。

的确,成都人是很会损人的。这一点很像北京人。不过,两地风味不同。成都人损起人来,要"麻辣"一些,比如把执勤队叫做"二公安",把某些喜欢赶时髦的人称作"业余华侨"就是。当华侨没有什么不好,但"业余华侨"则有假冒伪劣之嫌。成都人天性中有率真爽直的一面(尽管他们也要面子爱虚荣讲排场),因此特别讨厌装模作样。一个人,如果在成都人面前装模作样,而这个成都人对他恰恰又是知根知底的,就会毫不客气地说:"哟,鸡脚神戴眼镜,装啥子洋盘嘛!"鸡脚神不知是什么神,但其所司不过鸡脚,想来也级别不高。如果居然也来摆谱,当然也就可笑。所以,跟在后面的往往还有一句:"不晓得红苕屎屙干净了没得。"

成都人当然并非只会损人。他们也会夸人、捧人、鼓励人,会替别人辩护,或者声张正义打抱不平。比如"吃酒不吃菜,各人自己爱",或"大欺小,来不倒(要不得)"什么的。反正不管说什么,成都人都是一套套的。而且,这些套套还能不断创新,比如"你有'飞毛腿',我有'爱国者',小心打你个萨达姆钻地洞"之类。

这就是功夫了。功夫是要有人欣赏的,嘴上功夫也不例外。武林中人要别人欣赏自己的武功,就摆擂台,开比武大会;成都人要别人欣赏自己的嘴功,就摆龙门阵,而茶馆则是他们显示嘴功的最佳场合,所以成都的茶馆便久盛不衰。显然,摆擂台也好,摆龙门阵也好,都是一种展示,一种显摆,也是对自己活法的一种欣赏。

那么,成都人又是怎样一种活法呢?

## 三 小吃与花会

成都人的活法,一言以蔽之曰:安逸。

和前面说过的厦门一样,成都也是中国少有的几个特别好过日子的城市之一。除了气候温和、物产丰富外,成都还有两大优点:服务周到和物价低廉。因为成都东西多,人也多。东西多,物价就低;人多,劳动力就便宜。所以,成都人花不了多少钱,就能买到很好的东西和服务。这些都比厦门强。再说,厦门毕竟还有台风,成都有什么天灾呢?没有。

因此,成都人也和厦门人一样,活得舒适而又悠闲。而且,他们也都嗜茶,都爱把自己的光阴泡在茶里。更有趣的是,他们也都和"虫"有些瓜葛:厦门属闽,是"门中之虫";成都属蜀,是"腹中之虫"。三国时,蜀臣张奉出使东吴,在孙权举行的宴会上出言不逊,东吴这边的薛综便讽刺说:先生知道什么是"蜀"吗？"有犬为獨，无犬为蜀，横目苟身，虫入其腹。"这当然是笑话，因为"蜀"的本义并非"腹中之虫"，而是"葵中蚕也"。但不管怎么说，厦门人的确比较"恋家"（与门有关），而成都人则比较"好吃"（与腹有关）。

　　成都人的"好吃"，是连成都人自己也不讳言的。你和成都人聊天，只要说到吃，即便再木讷、再疲惫的人，也会立马来了精神，眉飞色舞，如数家珍，而且恨不得立即拉你上街去吃，或者立即做出来给你吃。的确，成都街面上饭馆小吃店之多，简直多如牛毛；成都人烹调手艺之好，也可谓举世无双。如果说同样"好吃"的广州人"人人都是美食家"，那么，"会吃"的成都人便"人人都是烹调家"。成都的家庭主妇，几乎无不人人做得一手好菜，男人们则往往也有一两手"绝活"。因为在成都，一个人，尤其一个女人，如果居然不会做菜，那是很丢人的；而如果手艺出众，技压群芳，则足可引为自豪。我曾在成都人家做客。女主人每天上班前，都要为我们做好早饭，餐餐四菜一汤一点心，而且一个月下来，居然天天不重样，让我感动之余，也叹为观止。早饭尚且如此，其余可想而知。一家一户如此，其余也可想而知。

　　事实上，成都人的家常饮食是毫不马虎的。他们可不会像北京人那样一包方便面两根火腿肠就打发一餐。上班族的早餐午饭可能要将就一点，但晚饭决不将就。而且，正因为早餐午饭凑合了（也就是成都人自认为凑合而已，其实并不会太差），晚饭就更不能含糊。"堤外损失堤内补"嘛！所以，一到夕阳西下华灯初上，家家户户就会锅盆齐响菜香四逸。

　　这还不说。他们隔三岔五还要上街去"打牙祭"。"打牙祭"原本是贫穷困难时期的事。那时，难得有点肉吃。天天萝卜白菜、白菜萝卜，嘴里都要淡出鸟来，无用武之地的牙齿也有意见，因此得弄点鱼肉，祭一祭它。然而现在成都人的爱上餐馆，却纯粹是"好吃"。在他们看来，家里饭菜再好，也比不上餐馆（否则要餐馆干什么）。餐馆里，花样多、品种多、水平专业，价钱又不贵。如果不隔三岔五进去吃吃，就对不起自己，也对不起餐馆。

所以,成都人便总能为自己找到进餐馆的理由:下班晚了啦,忘了买菜啦,逛街逛累了啦,甚至懒得做饭啦,都行。如果来了客人,那就更要到餐馆请吃了。人家好不容易才来成都一次,不陪人家去吃吃,怎么说得过去?

由是之故,成都的酒楼、饭馆、小吃店、火锅铺,便总是生意兴隆,人满为患。(图四十一)对于成都人来说,吃,早已不仅是生存的需要,更是一种生活享受和生活方式。因此,不能仅仅满足于吃饱,也不是一般意义上的吃好。成都人的所谓"吃好",至少包括以下几点:内容丰富,品种繁多,风味独特,花样翻新。只吃一种东西是不能算吃好的,只在一个地方吃也是不能算吃好的。这就非上街满城去吃不可。甚至不少人即便在家吃过了饭(当然一般是指晚饭),也仍要上街去,随便买点零嘴,弄点小吃,或者坐到街边店的摊摊上,烫他几把竹签穿着的"串串香"吃吃。可以说,爱不爱上街吃,是区别成都人和非成都人的紧要之处,而最正宗的成都人,则还会在家吃了也上街。他们上街,也许原本只不过随便逛逛。但只要上了街,就会忍不住吃点什么。这也不奇怪。"吃在成都"么。在成都,不吃,又干什么?

图四十一:成都的酒楼、饭馆、小吃店、火锅铺总是生意兴隆。

李曙光摄

吃在成都，也可以理解为"在成都吃"。

在成都吃，确乎是一件惬意的事情。一是方便。成都的大街小巷，到处是酒楼、饭馆、小吃店，随便走到哪儿都不愁没有吃的。二是便宜。花不了多少钱，就能吃饱吃好，真真正正的"丰俭由人"。三是精美。成都的菜肴也好，小吃也好，都相当地讲究滋味和做工，并非一味以麻辣刺激舌苔。成都的厨师，心灵手巧，善于思索，勇于借鉴，肯下功夫，做出来的吃食自然精美异常。光是汤菜，就有"无鸡不鲜，无鸭不香，无肚不白，无肘不浓"的讲究。最讲究的餐馆，则不但讲究"美食美器"，而且讲究"美景美名"。坐落在成都西门外三洞桥旁的"带江草堂"，小桥流水，翠竹垂柳，竹篱茅舍，野趣盎然。其名，系取自杜诗"每日江头带醉归"；其肴，则有浣花鱼、龟凤汤、软烧子鲶等等。坐此堂，临此景，食此肴，真会顿生"天子呼来不上船"之意。

当然，在成都吃，并不一定非上这些名店不可。成都可去的地方是何其之多，好吃的东西又是何其之多啊！光是小吃，就品种繁多，数不胜数：油茶、麻花、馓子、凉粉、肥肠、醪糟、担担面、铜锅面、师友面、蛋烘糕、蒸蒸糕、豌豆糕、三大炮、叶儿粑、鲜花饼、珍珠丸子、小笼包子、糖油果子，你便浑身是嘴，也吃不过来。

更何况，这些吃食的内容又是何等丰富啊！比如蛋烘糕，用糖就有白糖、红糖、蜂糖几种，包馅则有芝麻、核桃、花生、樱桃、肉、菜等多种。所以，光一种蛋烘糕，就够你吃一阵子的了。而且，即便是小吃，制作也十分讲究和精美。比如春熙路龙抄手，就有原汤、炖鸡、海味、清汤、红油多种，而担担面则需用红油、花椒、芽菜、葱花、酱油、味精、醋等作调料，再加"馅子"，好吃极了。"锦城小吃甲天下"，这话一点也不假。

成都的吃食，除小吃极多外，还有一个重要特点，就是讲究字号和品牌。成都有不少老字号，各有各的拿手好戏，比方说洞子口凉粉，铜井巷素面，矮子街抄手，金玉轩醪糟，三义园牛肉焦饼，长顺街治德号小笼蒸牛肉等。人们要吃这些东西，多半会认准了这些字号。即便不过是小吃,也有品牌,比如龙抄手、韩包子、谭豆花、郭汤圆、二姐兔丁、夫妻肺片等。有的在品牌之前,还要再加上街名地名店名字号,以示正宗和郑重,如总府街赖汤圆,荔枝巷钟水饺,耗子洞张鸭子等。似乎如果不是"张鸭子"而是"李鸭子",或这"张鸭子"不是"耗子洞"的而是"猫儿洞"的,就吃不得。显然,只有成都人,才会吃得这么仔细、认真。

　　值得注意的是,成都吃食的品牌,多以创作者、发明者或制作最精美者的姓氏来命名。比如赫赫有名的"麻婆豆腐",就是一位脸上微麻的陈姓妇女所发明;而"夫妻肺片",则是郭朝华、张田正夫妇所创制。此外如邹鲢鱼、赖汤圆,也因邹瑞麟师傅烹制的鲢鱼、赖源鑫师傅制作的汤圆特别精美而得名。当然,别的地方,也讲字号,比如北京有全聚德烤鸭,上海有杜六房酱兔。但以厨师姓氏来做品牌的,似乎只有成都。这说明什么呢?说明成都人既好吃,又讲义气。因为好吃,所以精于辨味;因为重义,所以不忘人恩。可以这么说,不管是谁,只要他为成都人发明了制作了好吃的东西,好吃而又重义的成都人都不会忘记他的功劳,都要充分肯定他们的"发明权"和"著作权",而无论其名气的大小和地位的高低。比如"东坡肘子"和"宫保鸡丁"的始作俑者一个是大文豪(苏东坡),一个是大官僚(挂"宫保"衔的四川总督丁宝桢),而"麻婆豆腐"和"夫妻肺片"的创制人却是普普通通的平民,发明"龙眼包子"的痣胡子廖永通和发明蛋烘糕的师老汉,也是普普通通的平民。这又说明成都人更看重的,是一个人的聪明才智,而不是他的社会地位,至少做到了"味道面前人人平等"。

　　成都人是讲吃的,成都人是懂味的,成都人也是尊重厨师劳动的。

　　成都人好吃,也爱玩。

　　成都人的爱玩好耍,在历史上是有名的。史书上屡有成都人"勤稼穑,尚奢侈,崇文学,好娱乐",或"好音乐,少愁苦,尚奢靡,喜虚称"的记载。陆游诗云:"当年走马锦城西,曾为梅花醉似泥,二十里中香不断,青羊宫至浣花溪。"所写即成都人游春之事。可见成都人春来踏青的传统，也是古已有之。成都人喜欢户外活动。他们甚至是会把自家屋里的饭桌都开到露天坝里来的。至于郊游，便更是一件重要的事情。

成都人既然一年四季都爱户外活动，风和日丽的春天，自然不可放过。据史载，每年春夏之际，光是游江，就要游两次。第一次是二月二，俗称"踏青节"。届时，由成都最高行政长官领头，率官吏幕僚眷属，分乘彩船数十艘，以乐队船为前导，浩浩荡荡，顺江而下，城中士女云集围观，号称"小游江"。第二次时为四月十九，系"浣花夫人"生日。是日成都官民，倾城而出，自浣花溪乘彩船，顺流而下至望江楼，上下穿梭，往来如织。锦江之上，"架舟如屋，锦似彩绘，连檣街尾，荡漾波间"，箫鼓弦歌，不绝于耳，号称"大游江"。不难想见，那可真是"人民大众开心的日子"。

正因为成都人爱玩好耍，所以他们为自己设计的娱乐游玩的节目也特别多。即以正月为例，就有鸡日（初一）游庙，牛日（初五）送穷，人日（初七）游草堂，十六游城墙等说法。正所谓"说游百病免生疮，带崽拖娃更着忙，过了大年刚十六，大家邀约上城墙"。最热闹的则是正月十五。这一天，是中国传统的元宵节。"正月十五闹元宵"，举国同庆，成都人自然不会放过，便在青羊宫大办其"灯会"。成都的灯会，自唐代起便很有名，至清代更是盛况空前。清人李调元诗云："元宵争看采莲船，宝马香车拾坠钿，风雨夜深人散尽，孤灯犹唤卖汤圆"，活灵活现地勾勒出成都灯会这样一幅民俗风情画。

有如此之多的节目，于是一个"正月"，便几乎成了"玩月"。但成都人还嫌不过瘾，又在一个月以后的二月十五，以这一天是百花生日（俗称"花朝节"）为由，大办其"花会"。"百花生日是良辰，未到花朝一半春，红紫万千披锦绣，当劳点缀贺花神"（清人蔡云诗）。有此"正当理由"，再加上这一天"碰巧"又是道教始祖老子的生日，成都人便比自己过生日还要高兴，一个个都兴高采烈喜气洋洋地直奔那两神并祭的青羊宫而来。

这似乎有点像广州人。和成都人一样，广州人也讲吃、嗜茶、好玩、爱花,因此广州也有早茶和花市。广州的花市和成都的花会,无疑都体现了两地市民对生活、对春天、对美好事物的热爱,但又多有不同:广州的花市在春节前,成都所花会则在二月份;广州人赴花市的目的主要是看和买,成都人赶花会的目的则主要是吃和玩。所以广州的花市是花儿们唱主角,成都的花会却是"百花搭台,吃玩唱戏"。盆栽根雕、花种草籽、竹编泥塑、糖马面人,纷纷登台献艺;三大炮、拌凉粉、卤肉夹锅盔、芥末凉春卷,样样美味诱人。临近县份的名小吃,如崇庆黄醪糟,郫县唐场鸭,双流肠肠粉,怀远叶儿粑,新都桂花糕,灌县丁丁糖,也都赶来凑热闹。成都人在这花会上,边逛边看边吃边玩边摆龙门阵。吃够了,玩够了,说够了,再每人买一个风车车带回去,实在是惬意极了。

这可真是所谓"借花献佛"了,只不过这"佛"就是成都人自己而已。事实上,在吃与玩两件事上,成都人是从来不会亏待自己,也从来不会落于人后的。许多外地人都发现,成都市内和周边,都有不少好玩可玩值得一玩的地方。这些地方其实都是成都人开发出来的,而且成都人还在继续开发。这似乎也是当今中国的一个"时尚",——发展"旅游事业"。但是,别的地方开发旅游景点,主要是为了吸引外地游客,赚外地人的钱;而成都人开发旅游景点却首先是为了满足本地需求,赚本地人的钱,因为没有哪个地方的人比成都人自己更爱玩。那么,管他赚钱不赚钱,咱们自己先玩一把再说。

的确,玩,在成都人的生活中,是相当重要甚至不可或缺的。可以说,成都人大多是些"顽童"和"顽主"。为了生存,他们当然也要工作。而且,和大多数四川人一样,成都人既聪明能干,又勤劳肯干。干出来的活,就像他们做出来的菜一样,既中看,又好吃。但是,在成都人当中,却很难找到什么"工作狂"。要他们像日本人那样为了工作而放弃娱乐,那可比登天还难。他们宁肯少赚钱甚至不赚钱,也要玩。如果你一定要他们工作,则他们便很可能把工作也变成了玩。

事实上,成都人是有本事把几乎一切事情都变成玩的。比如办丧事，在别的地方是很苦的事，在成都人这里却是好玩的事。灵堂，一定要扯到露天坝里；音乐，自然是不可或缺；因为守灵要熬夜，便"只好"多开几桌麻将；因为吊丧太辛苦，"当然"要备酒答谢，而且还要开"流水席"。于是，成都人的丧事，便在鞭炮声中、麻将声中、猜拳劝酒声中和"哥哥妹妹"的情歌声中，办得红红火火热热闹闹，比过年还热闹，还好玩。

又比如炒股，也被成都人当作玩：赚了钱趁机摆宴请客大吃一顿，赔了本便把自己的遭遇当作龙门阵拿到茶馆里去摆，反正赔了赚了都好玩，也就不玩白不玩。事实上成都人的热衷于炒股，也因为好玩。据林文询《成都人》一书云，成都的股市，最早设在一条名叫"红庙子"的小街，其景观有如集贸市场，闹哄哄的，极不正规。但惟其如此，才格外吸引成都人。更何况街两边都被街坊们改造成了临时茶馆，股民们在这里一边喝茶，一边聊天，一边观赏股市风云，快活死了。后来，证券交易所正式建成，炒股成了正儿八经的事，不好玩了，据说股市便冷清了许多。看来，股市，在成都人眼里，也不过是一种特殊的"花会"而已。

这就实在颇有些"成都特色"了。有谁会把炒股当作好玩的事呢？成都人就会。在成都人看来，赚钱固然重要，却不是最重要的，更不是生活的目的。成都人总爱说："钱是赚得完的么？"当然赚不完。然而日子却是过得完的。谁也不可能真的"万寿无疆"，有限的光阴显然比赚不完的钱更值钱。因此，应该抓紧时间享受生活，而不是抓紧时间赚钱。钱嘛，有一点够用就行了，享受生活则没有够，因为那要到生命结束的一天。

所以，为了玩，成都人舍得搭上时间，也舍得花钱。一个成都人对我讲，有一次他们几个成都人到上海去，看了外滩又想看浦东，便去"打的"。没想到的士司机说，到浦东用不着打什么"的"的，摆渡过去就好，省钱多了。上海的这位的士司机显然是一片好意，可成都人却不领情："安心要耍，省啥子钱么？"

于是我们一下子就看出了两地文化性格的差异：上海人精明，成都人洒脱。这其实也是两地城市性质的差异所致。成都是一个闲适的城市。成都平原很富庶,所以赤贫者不多;四川盆地很闭塞,所以暴富者也不多。成都的消费主体,是一些不太富也不太穷的小市民。他们不用费太大的劲,就能赚到几个小钱,过上还算过得去的小日子,当然也就希望不必伤太多的脑筋费太多的事,就能享受生活。这正是那些成都小市民虽然赚钱不多,却仍要光顾茶馆火锅店的原因。在他们看来,赚了钱就要花,花完了再去赚就是。但只要够花了,就行,不能为了赚钱耽误享受,也不能为了享受丢掉洒脱。因为洒脱和闲散,才是真正的享受。(图四十二)

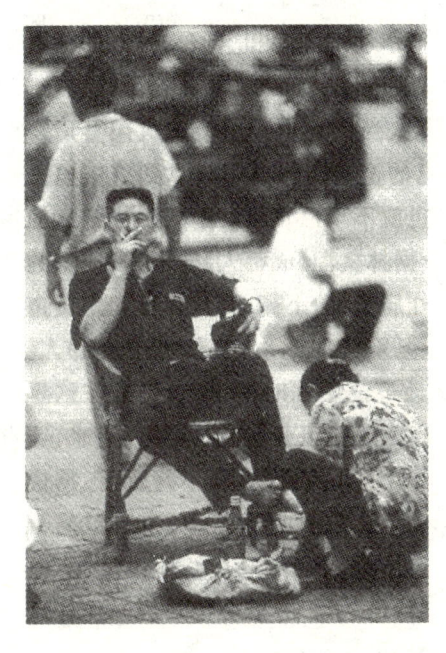

图四十二:洒脱和闲散,才是正宗成都人的活法。

严志刚摄/新周刊供稿

因此,我们在成都,常常不难看见满街都是闲人,至少是让人觉得满街都是闲人。因为走在街上的人都是步履悠闲的。他们一边走着,一边聊着,一边有一搭没一搭地四周看着,不时在衣店鞋摊摸摸翻翻,在杂食店小吃摊买些零嘴吃着。总之,这个城市的节奏是慢悠悠的,和同为川中的重庆正好相反。成都人总是这么嘲笑重庆人:"翘屁股蚂蚁似的,急急忙忙跑来跑去,不晓得忙些啥子!"在成都人看来,人生就像是踏青,不能"一路上的好风景没仔细琢磨",而应该"慢慢走,欣赏啊"!如果说,武汉人是把他们的艰难人生变成了"生命的劲歌"(详下章),那么,成都人则是把他们的闲适人生,变成了可以一路走一路看,值得慢慢欣赏仔细琢磨的"生命的画廊"。

他们当然也会把股市变成花会了。

## 四　朴野与儒雅

　　对于成都的花会,《成都人》一书的作者林文询有相当精到的分析。他认为成都之所以有花会,就因为"成都人喜欢都市的热闹,也留恋乡野的清新,花会恰恰将这相悖的两方面融成了一片,自然能恒久地讨人喜欢"。说起来,成都人的这种性格,其实也正是成都的城市性格。成都是一个"田园都市"和"文化古城",因此成都的民风,诚如万历九年的《四川总志》所言,是"俗乃朴野,士则倜傥"。也就是说,既朴野,又儒雅,既平民化,又不乏才子气。

　　我们不妨再比较一下成都与广州。

　　成都与广州,大概是中国最讲究吃的两个城市,因此有"食在广州"和"吃在成都"两种说法。不过两地的吃法并不相同,甚至大相径庭,各有千秋却又都登峰造极。大体上说,广州菜重主料而成都菜重佐料。广州菜对主料的选择是极为讲究的:一是贵,鹧鸪、乳鸽、鹌鹑、豹狸、石斑、鲈鱼、龙虾、对虾,什么稀贵来什么;二是广,禾花雀、果子狸、过树榕、金环蛇,什么古怪来什么;三是鲜,讲究"吃鱼吃跳,吃鸡吃叫",各大酒楼、宾馆、饭店、摊档,都在铺面当眼处养着各种活物,即点即宰即烹。因此,广州的名菜,不少既名亦贵,如胶笋皇、满坛香、一品天香、鼎湖上素、龙虎凤大烩、菊花三蛇羹,光听菜名就觉好生了得。有的用料也许并不一定很贵,但一定很新鲜。厨师的功夫,也主要体现在保持优质原料本色原味上,要求做到清而不淡,鲜而不俗。另一点也很重要,那就是哪怕很普通的菜,菜名也多半很堂皇。比如所谓"大地艳阳春",就不过是生菜胆烧鹌鹑蛋而已。

　　成都的名菜就朴实得多,通常不过东坡肉、咸烧白、甚或回锅肉、盐煎肉,普通极了,也好吃极了。贵重一点,亦不过红烧熊掌、干烧鱼翅、虫草鸭子、家常海参之类。可以说,大多数成都菜,主料都不稀贵。然而,配料、做工,却毫不含糊。比如盐要井盐,糖要川糖,豆瓣要郫县的,榨菜要涪陵的。而且,用法也颇为多样,光是辣椒,便有青辣椒、干辣椒、泡辣椒、渣辣椒、辣椒油、辣椒面等多种。因此,成都菜的滋味,极为丰富多彩,据说竟有咸甜、麻辣、椒盐、怪味、酸辣、糖醋、鱼香、家常、姜汁、蒜泥、芥末、红油、香糟、荔枝、豆瓣、麻酱等二十多种,真是极尽调和五味之能事。有人甚至不无夸张地说,你就是给他一块干木头,成都的厨师也能做出一道有滋有味的好菜来。

显然,广州菜多清淡,成都菜多浓郁;广州菜较华贵,成都菜较朴实;广州菜更排场,成都菜更实惠;广州菜主要"为大款服务",成都菜主要"为大众服务"。在广州,无论你开多大的价,厨师都能给你开出席来;而在成都,则无论你的钱多么少,小吃也能管饱。当然,广州也有面向大众的大排档,但只有成都,才把小吃做成了套餐,当作宴席来摆。也只有在成都,你能大快朵颐却又花费不多。因为成都菜的特色,主要不在选料而在烹调。比如人人爱吃的"夫妻肺片",主料不过是牛心、牛肺、牛肠、牛肚、牛蹄、牛舌、牛头皮等"下脚料";而赫赫有名的"麻婆豆腐",则用的是最便宜又颇有营养的豆腐,却又是席上珍馐。所以,外地人一般都有一个共识:讲排场请吃粤菜,讲实惠请吃川菜。

这其实也是两地城市性质所使然。广州是"市",是"市场"。广州的吃食菜肴,不可能不商业化,也不可能不奢侈豪华。成都是"府",是"天府"。成都的市民,大多是没有多少钱也懒得去赚钱却又穷讲究的"天府闲汉",当然就只好在配料做工上多做文章了。

的确,成都人的生活是相当平民化的。比如他们最爱吃的"回锅肉",便是典型的平民菜肴。回锅肉味重,好下饭;油腻,易饱肚;煮肉的汤加上萝卜白菜又是一吃,实惠极了。然而平民百姓爱吃,达官贵人也爱吃。当年四川总督岑春暄在接风宴上品尝回锅肉,就曾引出一段故事,成都不少人都会摆这段龙门阵。即便是一些名贵菜肴,成都人也不给它起什么吓死人的菜名。比如成都最有名的餐馆"荣乐园"有一道做工极其讲究的名汤,菜名竟然就叫"开水白菜"。试想,天底下还有比开水白菜更普通的吗?可又偏偏是名肴。(图四十二)

不过，最能体现成都人生活平民性的，还是火锅。

中国人都爱吃火锅，而成都火锅品种之多，实在令人瞠目。什么羊肉火锅、海鲜火锅、鸡肉火锅、药膳火锅、黄辣丁火锅、酸菜鱼火锅、啤酒鸭火锅、花江狗肉火锅等等，不一而足。当然，和四川各地火锅一样，也少不了"麻辣烫"。你不可小看这麻辣烫。有此特别刺激味觉的麻辣烫，便一俊遮百丑，什么死猫烂耗子都可以烫来吃。有钱的，不妨烫山珍海味，黄喉鳝鱼；没钱的，则可以烫萝卜白菜，猪血豆腐，反正都一样麻辣烫，都一样好吃。这样一来，贵贱贤愚、贫富雅俗，在麻辣烫面前，也就"人人平等"；而生活中的喜怒哀乐、苦闷烦恼，也就在唇麻舌辣中统统消解了。

图四十二：成都是一个有着朴野民风的田园都市。"老农民"可能比"大富豪"更有吸引力。

李曙光摄

认真说来，麻辣烫火锅并非成都特产，它是从重庆传过来的。其实，重庆也未必就是火锅的发源地。据我猜想，它多半是川东一带山民的爱物，只不过当初比较简陋，是重庆人让它登上了大雅之堂。山地寒冷潮湿，须用滚烫来祛湿御寒；山民生活贫困，要靠麻辣来刺激味觉；而麻辣烫又有去除野物腥味的功能；杂七杂八一锅煮，也较为简单易行。事实上川黔一带的山地边民都吃火锅，只不过四川多麻辣，贵州多酸汤而已。总之，嗜吃火锅，实不妨看作朴野民风的一种体现。李劼人谓吃火锅"须具大勇"，便正是道出了麻辣烫火锅的"野性"。

不过，成都菜虽然朴素、实惠，却并不简陋、粗俗，而颇为讲究甚至还有几分儒雅。成都的菜馆，就更是儒雅得好生了得，比如"小雅"、"朵颐"、"味之腴"、"不醉无归"等。这些店名不少都有来历。比如"盘飧市"，取自杜诗"盘飧市远无兼味"；"锦江春"取自杜诗"锦江春色来天地"；"寿而康"取自韩愈文"饮其食兮寿而康"。坐在这样的饭店菜馆里，你无疑会有一种"吃文化"的感觉。但如果你认为这都是高档饭店，那就错了。其实，"盘飧市"不过是华兴街上一家买腌卤熟食的馆子，而"不醉无归"则是"小酒家"。

这其实也是成都店名的特色。成都不少店铺，店名都颇为儒雅。比如有浴室名"沂春"，显然典出《论语》："暮春者，春服既成，冠者五六人，童子六七人，浴乎沂，风乎舞雩，咏而归。"又有茶馆名"漱泉"，名"枕流"，则典出《世说新语》。据《世说新语·排调》载：晋代名士孙楚（子荆）年少时想隐居，便对王济（武子）说"当枕石漱流"，结果不小心说成了"漱石枕流"。王济便反问他："流可枕，石可漱乎？"孙楚将错就错，借题发挥，说："所以枕流，欲洗其耳；所以漱石，欲砺其齿。"一句错话，竟反倒成了名言。成都人以此作为茶馆之名，自然儒雅得很，也符合成都人闲散洒脱的性格。

成都有的店名，表面上看似颇俗，其实俗极反而大雅，比如"姑姑筵"即是。所谓"姑姑筵"，也就是"摆家家"。成都俗云："小孩子请客，办姑姑筵。"然而这"姑姑筵"却是首屈一指的大酒家。后来，"姑姑筵"老板的弟弟得乃兄真传，也开了一间酒店，竟然干脆取名"哥哥传"，同样俗极反雅，颇受好评。更为难得的是，有这样雅号的，不少是小店。比如"稷雪"是做点心的，"麦馨"是买面点的，"惜时"是一家小钟表修理店，"世味"则是专买胡椒花椒的调味品店。调味品店可以叫"世味"，则照相馆便真可以叫"世态"了。最绝的是一家专买牛羊肉泡馍的回民清真馆，竟名"回回来"，既有"回民来吃"之义，又有"每回都来"之意，一语双关，妙不可言。还有一家小吃店，店名竟是三个同音字："视试嗜"，意谓"看见了，尝一尝，一定喜欢"，亦可谓用心良苦。

更可人的是，这些市招，又多为名家墨宝。比如东大街的"老胡开文笔墨庄"是谭延闿的字,三倒拐的"静安别墅"则为岳宝琪所书。即便普普通通的小店,那市招也多半是一笔好字,甚至帖意盎然。一些并不起眼的夫妻店,也每每弄些字画来挂在店里,虽不多好,也不太俗,多少有些品味,里里外外地透出成都人的儒雅来。

这便是成都:能雅能俗,又都不乏巧智。

如果说"麻辣烫"表现了成都人朴野的一面,那么,"炆耳朵"则无妨看作是儒雅的一种变异或延伸。"炆"这个字,是成都方言,音 pā,原本用于烹调,指食物煮至烂熟软和但外形完整之状。比如汤圆煮熟了就叫"煮炆了",红薯烤熟了就叫"炆红苕"。引而申之,则软和就叫"炆和",软饭就叫"炆饭",柔软就叫"炆瀸瀸"。用到人身上,则有"炆子"、"炆疲"、"炆蛋"、"炆炆儿"等说法。"炆子"系指得了软骨病的人,"炆蛋"则指软壳蛋,而以强凌弱,也就叫"半夜吃桃子,按倒炆的捏"。

不过,"炆耳朵",却是一个专用名词,特指怕老婆的人。有道是:"成都女人一枝花,成都男人耳朵炆",成都男人的怕老婆,也和成都的茶馆一样有名。成都男人怕老婆的故事之多,在中国大约数一数二,而且是成都人摆龙门阵的重要内容之一。更重要的是,别的地方虽然也爱讲这类故事,但多半是讲别人如何怕老婆,而成都人摆起龙门阵来,则多半讲自己如何怕老婆。不但讲的人争先恐后,而且往往还会为争当"炆协主席"而吵得面红耳赤,比西方人竞选议员还来劲。因为在他们看来,"怕老婆"在本质上其实是"爱老婆"、"疼老婆"。这是一件光荣的事,当然非炫耀不可。

其实,"炆耳朵"这个词,和"气管炎"(妻管严)、"床头柜"(床头跪)之类,意思是不尽相同的。"气管炎"等等重在"怕","炆耳朵"则重在"炆",即成都男人在老婆面前心酥骨软、稀松和的那种德性。这种德性,骨子里正是对女人的心疼怜爱,是那种恨不得含在嘴里捧在手心百般呵护的心疼劲儿。这种心疼劲儿,实在只能名之曰"炆"。

成都男人的炆(或曰爱老婆、疼老婆),并非只是嘴上功夫,其实还有实际行动。其中,最能集中体现成都模范丈夫爱心的,就是满街跑的一种车子。车很简单,不过自行车旁边再加一个车斗罢了,本应该叫"偏斗车"的。但因为这车的发明,原本是为了太太舒服省力,那舒适风光的偏斗,也只归太太享用,于是成都人便一致公认,应美其名曰"炮耳朵车"。这种车极为灵巧方便,一马平川的大街可走,曲里拐弯的小巷也能串。所以有人便用它来当出租车用。这样一种平民化的出租车,就理所当然地叫做"炮的"。据说,"炮的"现在已被取缔了,但专供太太们使用的"炮耳朵车",则仍在通行之列。(图四十四)

图四十四:成都街头的"炮耳朵车"。太太女士们当然要比煤气罐娇贵,当然应该专为她们发明一种车子。这种车子也当然能变成的士——炮的。

李曙光摄

看来,成都男人的怕老婆或疼老婆,是颇有些水平的了。这也不奇怪。因为成都人原本就有几分儒雅,或者说,有些才子气。才子么,多半怜香惜玉,心疼女人。不信你看戏曲舞台上那些才子,哪一个在女人面前不是"炮瀌瀌"的? 不过,成都的这些"才子"们是平民,大多不会吟风弄月,却也不乏创造性。"炮耳朵车",便是他们怜香惜玉的智慧体现。

　　成都男人如此之耙,自然因为成都女人在他们的眼里可爱之极。天生丽质的女娇娃,原本就是成都这个城市的"盖面菜"(成都人把席间最端得上桌的菜和家庭群体中最能光耀门庭的人称作"盖面菜"):白净水灵,婀娜秀丽。做了少妇之后,有男人的爱滋润呵护,便更是出落得风情万种,妩媚百般。不过,成都娇娃是"娇而不嗲",反倒有些"麻辣"。尤其一张嘴,伶牙俐齿,巧舌如簧,得理不让人,不得理也不让人,常常是不费吹灰之力,嘻嘻哈哈轻松撇脱地就能把人"涮了火锅",真是好生了得。这种嘴上功夫,是要有练兵场所和用武之地的。其最佳选择,自然是她们的男人。她们的男人,也乐意做她们的"枪靶子"。在成都男人看来,自己的女人既然"不爱红装爱武装",那就随她们去好了。娇小玲珑柔美秀丽的女人有点"麻辣",不但无损于她们的可爱,反倒能增添几分妩媚。

　　成都女人既然已经选择了"麻辣",成都男人就不好再"麻辣"了。如果老公老婆都"麻辣",岂不真成了"夫妻肺片"? 于是成都男人便只好去做"赖汤圆":又甜又圆又耙。再说,成都妹娃虽然嘴巴厉害,心里面其实是很耙和的,怎么舍得对她们大喊大叫? 家庭毕竟不是战场,实在也用不着叱咤风云。所以,耙耳朵先生们的耙,便不是窝囊,而毋宁说是儒雅。

　　成都这个城市,确实是很儒雅的。成都人呢,尽管开口"龟儿"闭口"狗日"颇有些不那么文明礼貌,也不乏儒雅的一面。成都人爱玩风雅。琴棋书画,弹唱吹拉,养鸟种花,都是成都人爱做的事情。在成都,凡有人家的地方就有花草,就像凡有人群的地方就有火锅一样。庭院里,阳台上,到处是幽兰芳竹、金桂红梅,使人觉得成都到底不愧为"蓉城"。成都人就是这样,用自己爱美的心灵和勤劳的双手,把这个城市打扮得花团锦簇。

　　成都的街道和建筑也洁净可人。漫步成都街头,在绿树婆娑、飞翠流花之中,常常会闪出一间间优美精致的小屋,那就是成都的公共厕所。不少外地人都误以为那是街头的园林建筑小品。我就曾把其中的一个误认作人民公园的侧门。后来，每到一间厕所，我女儿都要笑着说"我爸的人民公园到了"。公共厕所修得这么雅致，真让人对成都人的爱美之心肃然起敬。

厕所尚且如此，则真正的公园便可想而知。成都的公园，不但园林清幽，风景别致，而且有着独特的历史渊源和文化蕴涵，如文殊院、昭觉寺、青羊宫。尤其是武侯祠、草堂寺和薛涛井所在之望江公园，更是里里外外都透着儒雅。杜甫草堂有联云："诗有千秋，南来寻丞相祠堂，一样大名垂宇宙；桥通万里，东去问襄阳耆旧，几人相忆在江楼。"望江公园内虚拟之"薛涛故居"也有联云："古井冷斜阳，问几树枇杷，何处是校书门巷；大江横曲槛，占一楼烟月，要平分工部草堂。"诗圣与武侯"一样大名垂宇宙"，薛涛与杜甫"平分秋色在成都"。成都人的风流、儒雅，由此也可见一斑。成都，实在也应该叫做"文化之都"的。

成都拥有这样一份儒雅，是一点也不奇怪的。巴人尚武，蜀人重文，何况成都历来就是一个出大诗人和小皇帝的地方。诗人大而皇帝小，自然豪雄霸气不足，风流儒雅有余。这也是成都这个城市的特性。成都在历史上确实很出过几个自封的皇帝，却几乎从来没有成过气候。他们的后代，包括只会种花的孟昶和什么都不会的刘禅，就更是成不了器。孟昶投降后，赵匡胤问他的爱妃花蕊夫人何以被俘，花蕊夫人当场口占一绝云："君王城上竖降旗，妾在深宫哪得知。二十万人齐解甲，更无一个是男儿。"成都这地方，似乎从来就阴盛阳衰。

的确，成都这个城市，是没有什么帝王气象的。我们总是很难把它和王气霸业之类的东西联系起来。有人说这是因为成都这地方实在太安逸了。不管是谁，只要得到了成都和成都平原，就会安于乐蜀，不思进取。此说似可聊备一格。反正，当我们漫步在成都街头，看着成都人不紧不慢的步履和悠闲安详的神情，就会觉得这里不大可能是什么翻天覆地革命造反的策源地。

成都没有王者气象，却不乏画意诗情和野趣村风。成都这个城市的最可人之处，从来就不是过去的殿堂庙宇，今天的大厦高楼，而是和城外千里沃野纵横田畴相映成趣的小桥流水、市井里巷、寻常人家。成都最诱人的吃食也不是酒楼饭店里的高档宴席，而是民间小吃和家常菜肴，如干煸豆角回锅肉、夫妻肺片叶儿粑，还有那遍布成都大街小巷的火锅和"串串香"。所谓"串串香"，就是用一根根竹签将各类荤素食品串起来，像烫火锅一样放进红红的辣椒锅里烫着吃。一串食物，不论荤素，一律一角，爱吃多少吃多少，爱吃多久吃多久。成都人三五成群坐于街头，七嘴八舌围定火锅，不必正襟危坐，无需相敬如宾，饮者豪饮，吃者猛吃，不知不觉百十串下肚，酒足兴尽快意而归，把这个城市的朴野风格挥洒得淋漓尽致。

成都就是这样一个城市。如果说，北京是帝王贵胄、文人学者、市井小民共生共处的地面，那么，成都则更多的是平民的乐土。在成都，往往能比在别的地方更接近平民贴近自然。成都人民是那样地热爱生活和善于生活。他们总是能把自己普普通通的生活变得意趣盎然。听听成都的竹枝词吧："桃符半旧半新鲜，阴历今朝是过年。邻女不知春来到，寒梅来探依窗前。"（贴春联）"把户尊神气象豪，虽然是纸也勤劳。临年东主酬恩德，尽与将军换新袍。"（换门神）"梅花风里来春阴，尽向公园品碧沉。人日好寻香艳在，环肥燕瘦总留心。"（游草堂）"青羊宫里似星罗，乘兴家家载酒过。小妹戏呼阿姊语，今年人比去年多。"（逛花会）"龙舟锦水说端阳，艾叶菖蒲烧酒香。杂佩丛簪小儿女，都教耳鼻抹雄黄。"（过端午）"九日登高载酒游，莫辞沉醉菊花秋。闹寻药市穿芳径，多买茱萸插满头。"（度重阳）无疑，这里面难免有文人的加工和想象，但那浓郁的生活气息仍扑面而来。这些既有几分朴野又有几分儒雅的竹枝词，难道不正是成都和成都人生活的真实写照吗？

## 五　成都，雄起

也许，这就是成都了：朴野而又儒雅。这就是成都人了：悠闲而又洒脱。因为成都是"府"，是古老富庶、物产丰盈、积累厚重的"天府"。

远在祖国大西南群山环抱之中,躲避了中原的兵荒马乱,却又享受着华夏的文化福泽。那崇山,那峻岭,那"难于上青天"的蜀道,并没有阻隔它与全国各地的联系,也没有使它变得褊狭怪异,只不过护卫着它,使它少受了许多磨难少吃了许多苦头。那清泉,那沃土,那一年四季温柔滋润的气候,则养育了一群美滋滋乐呵呵的成都人。老天爷之于成都,实在是厚爱有加。

于是,成都便成了一个标本,一个在农业社会中生成的"田园都市"的标本。北京虽然也有"田园都市"的性质,但北京并不适合作这个标本。北京的地位太特殊,也太政治化了,而西安又多少有点"垂垂老矣"。西安总让人觉得是"过去时"的(尽管事实上并非如此)。半坡、秦俑、碑林、城墙、大雁塔、华清池,离现在最近的事情也在唐朝。何况西安的"王气"太重。浓浓的王气笼罩在西安的上空,挥之不去,很难让人把它看作一个"平民的都市"(尽管事实上西安其实是不乏平民风情的)。做过古都的都不宜做这样一个标本,包括南京、杭州,而扬州等等虽然在历史上也曾繁华一时,可惜又"好景不长"。其他城市,或太穷,或太小,或者并非"田园都市"。只有成都,才既大且新、既繁华富庶又保持着朴野的民风。看看成都妹子吧,不管怎么新潮洋派,也仍不失村姑本色,有着村野的清纯。看来,只有成都,由众多小坝子、小院落、小家庭、小作坊、小摊点、小饭铺、小茶馆和小生产者、小生意人组成的小桥流水的大成都,才能让我们领略到农业社会中的市民生活。

然而成都的问题也许正在这里。尽管成都现在已经有了日新月异的变化,自北向南延伸的人民路和一环路两侧建起了许多摩登高楼,老店林立的春熙路也翻修一新,城市规模更是扩大了许多,但文化心理的改变却不是一日之功。毕竟,成都历来就是一个富庶安逸的城市,成都人也历来就是自得其乐过小日子的人。道路的拓宽和高楼的崛起并不能改变这个城市悠闲安逸的气质,正如新潮的服饰和豪华的装修并不能掩盖其朴野粗爽一样。面对似乎好得无可挑剔的成都,我们总觉得它缺了点什么少了点什么。当然,它没有北京大气,也没有北京醇和;没有上海开阔,也没有上海雅致;没有广州生猛,也没有广州鲜活。不过这些也原本就不是它该有的。除了这三个城市独一无二的特殊气质外,"中华文明所有的一切,成都都不缺少"(余秋雨《文化苦旅》)。那么,它到底缺少什么呢?

也许,它其实就是少了点苦难缺了点磨洗。磨洗是最好的教育而苦难是人生的财富。受过这种教育和没受过这种教育,拥有这份财富和不拥有这份财富,是完全不一样的。成都缺少的正是这个。它实在是太安逸了。只要拿成都和南京、武汉比较一下,就会觉得它们的分量很不一样。南京、武汉是沉甸甸的,成都就轻了点。其实,论城市大小,论人口多少,论历史长短,论积累深厚,三地都差不太多。成都之所以较南京、武汉为"轻",就因为成都少了点南京的苦难,缺了点武汉的磨洗。南京是屡遭血洗劫后余生的,武汉是艰难困苦生存不易的。惟其如此,它们才有了一种特殊的气质。南京有一种悲壮情怀,苍桑感特别强,武汉则有一种"不信邪"的精神。因此,走进南京,你会肃然起敬;久居武汉,则会变得硬朗。那么在成都呢?刚开始自然是"乐不思离蜀"(不是"乐不思蜀")。但住久了,就会被弥漫于这座城市的悠闲舒适气氛所陶醉,觉得连骨头都耙了。

幸而成都人自己对此也有警觉。他们用麻辣来刺激自己,用足球来激励自己。成都的球迷无疑是中国第一流的。成都人对足球的痴迷,真称得上是"人无分男女,地无分南北",不管哪里有球赛,成都的男男女女老老少少都会全身心地投入进去。他们甚至还会组织团队包了专机到外地、到外国去为四川队呐喊助威。这实在是一种豪举。成都人呐喊助威的方式也与众不同,不是喊"加油",而是喊"雄起"。所谓"雄起",据流沙河考证,系与"雌伏"相对应者,并非一般人望文生义的那个意思。但不管怎么说,总归是阳刚气十足吧!因此,当球迷们站在看台上大喊"雄起"时,我们依稀感到了成都的雄风。

然而看球毕竟不是踢球。尽管足球是最男性化的运动,但城市并不是足球。何况,如果仅仅只是爱看,也还是爱玩,只不过玩得比较有气势罢了。

成都人,什么时候能把自己的城市也变成球场,把自己由观众变成球员呢?

换句话说,成都人能不能在活得悠闲自在的同时,有更多的积极进取呢?

因此,我们很想说一句:成都,雄起!

# 武汉三镇

武汉是镇。

武汉有三镇。

武汉三镇很难评说。

这当然并非说武汉是一个"最说不清的城市"。没有什么城市是"说不清"的,武汉就更是"说得清",只不过有些"不好说",有点"小曲好唱口难开"而已。因为武汉这座城市确实有些特别。现在几乎可以肯定,当年上帝创造武汉三镇时,如果不是头脑发昏,便一定是别有用心。因为他为武汉选择或者说设计了中国最好同时也是最坏的地形和地理位置。这种"最好同时也最坏"可以概括为这样几句话:左右逢源,腹背受敌,亦南亦北,不三不四。这样一种"最好同时也最坏"的地形和地理位置,也就暗示了武汉将会有中国最好但也可能最坏的前途。武汉现在便正在这两种前途之间徘徊,害得研究武汉文化的人左右为难。

的确,无论从哪方面说,武汉都是一个矛盾体。它甚至无法说是"一个"城市或"一座"城市,因为它实际上是"三座"城市,——武昌、汉口、汉阳。三城合而为一,这在世界范围内,恐怕也属罕见。而特快列车在一市之中要停两次(直快则停三次),恐怕也只有武汉一例。这曾经是武汉人引以为自豪的一件事(另一件让武汉人引以为自豪的事则是在武汉架起了长江第一桥),并认为据此便足以和其他城市"比阔"。事实上武汉也是中国少有的特大城市之一,它是上海以外又一个曾经被冠以"大"字的城市。"保卫大武汉",就是抗战时期一个极为响亮的口号。事实上那时如果守住了武汉,战争的形势是会发生一些变化的。不过,当时的国民政府连自己的首都南京都守不住,又哪里守得住武汉?

但不管怎么说,武汉的"大",是毋庸置疑的。它是国内不多的几个可以和北京、上海较劲比大的城市。可惜,"大武汉"似乎并未干出很多无愧于这一称号的"大事业"。它的成就和影响,不要说远远比不上北京、上海,便是较之那个比它边远比它小的广州,也差得很远。甚至在省会城市中,也不算十分出色。在过去某些时期,武汉一直没有什么特别"拿得出手"的东西。既没有领导消费潮流的物质产品,也罕见开拓文化视野的精神产品。除街道脏乱、市民粗俗和服务态度恶劣外,在全国各类"排行榜"上,武汉似乎都难列榜首(不过近几年来武汉的城市建设和城市管理已大为改观,尤其市内交通的改善已今非昔比,市民的文明程度也有所提高)。这就使得武汉在中国城市序列中总是处于一种十分委屈的地位,也使武汉人极为恼火,甚至怨天怨地、骂爹骂娘,把一肚子气,都出在他们的市长或外地来的顾客头上。

无疑,武汉不该是这样。它原本是要成为"首善之区"的。

## 一　差一点成为首都

武汉的地理位置得天独厚。

武汉的地理特征可以概括为这样几句话:一线贯通,两江交汇,三镇雄峙,四海呼应,五方杂处,六路齐观,七星高照,八面玲珑,九省通衢,十指连心。其中,"一线"即京广线,"两江"即长江、汉水,"三镇"即汉口、汉阳、武昌,"五方杂处"则指"此地从来无土著,九分商贾一分民"(《汉口竹枝词》)的武汉市民构成。其余几句,大体上是说武汉地处国中,交通便捷,人文荟萃,具有文化上的特殊优势云云。

具有这样地理文化优势的城市,原本是该当首都的。

《吕氏春秋》说:"古之王者,择天下之中而立国。"如果不是用纯地理的、而是用文化的或地理加文化的观点来看问题,那么,这个"天下之中",就该是武汉(从纯地理的角度看则是兰州,所以也有主张迁都兰州者),而不是北京。无论从地理上看,还是从文化上看,北京都很难说是中国的中心。它偏在所谓"十八行省"的东北一隅,远离富庶的南方经济区,对于需要严加防守的东海、南海、西北、西南又鞭长莫及。无论从政治(统领控制)、经济(赋税贸易)、文化(传播交流)哪方面看,定都北京,都不怎么方便。惟一的好处似乎是相对安全,但也未必。一旦"拱卫京畿"的天津卫失守,皇上和老佛爷也只好赶忙到西边去打猎(当时把光绪和慈禧的仓皇出逃称为"两宫西狩")。看来,元、明、清三朝的定都北京,都多少有点"欠妥"。然而元主清帝系从关外而入主中原者,北京更接近他们民族的发祥地,而明成祖朱棣的封地原本就是北京。他们的定都北京,可以说是理所当然。何况北京也有北京的优势。它"北枕居庸,西倚太行,东连山海,南俯中原",在这里可以遥控东北,兼顾大漠,独开南面,以朝万国,从某种意义上讲,也确实是理想的帝都。

新中国的定都北京当然经过了周密的考虑,而武汉也曾经是北京、南京之外的首选。南京的落选自不难理解,而北京的当选也在情理之中。——在大多数中国人看来,只有北京才"最像首都"。定都北京,至少是顺应民心的。至于定都北京后的种种不便,则为当时人们始料所不及。现在,这种种不便随着国家的建设和社会的发展,已越来越明显。于是,迁都的问题,也就开始不断地被人提起。

武汉就没有那么多麻烦。

除了"不像首都"外,武汉的条件确实要好得多。最大的优势,就在于它是真正的"国之中"。中国最主要的省份和城市,全都在它周围。南有湖南、江西,北有河南、陕西,东有安徽,西有四川,此为接壤之省份,而山西、河北、山东、江苏、浙江、福建、广东、贵州甚至甘肃,距离亦都不远,则"十八行省"得其大半矣。从武汉北上京津,南下广州,西去成都,东至上海,大体上距离相等。到长沙、南昌、合肥、南京、杭州、郑州则更近。何况,武汉的交通又是何等便利!扬子江和京广线这两条中国交通的主动脉在这里交汇,"九省通衢"的武汉占尽了地利。东去江浙,南下广州,不难走向世界;北上太原,西入川滇,亦可躲避国难。正所谓"进可攻,退可守",无论制内御外,都长袖善舞,游刃有余。

其实,从地理地形上看,武汉也未必"不像首都"。"茫茫九派流中国,沉沉一线穿南北",毛泽东这两句词,写尽了大武汉吞吐山河的气势。有此气势的城市在中国并不太多。郑州太开阔,成都太封闭,而杭州又太秀气。南昌、长沙、合肥也气象平平,深入腹地或偏于一隅的贵阳、昆明、兰州、太原、济南、福州更难有提纲挈领、睥睨天下的气势。然而武汉却有。大江东去,两山雄踞,虽不及北京的山川拱卫,南京的虎踞龙蟠,却也龟盘蛇息,得"玄武之象"。"烟雨莽苍苍,龟蛇锁大江",这种雄浑气象,不也天下少有、他处罕见吗?总之,由于武汉地处华中,也许无法成为"坐北朝南"的帝都,却未必不能做新中国的首都。不要说它那"九省通衢"的交通便利更有利于国家的管理(包括政令通达和调兵遣将),至少也不会像北京那样发生水资源危机,要兴修"引滦入京"的大工程。

所谓武汉"不像首都",一个重要的原因,大约就是它那三镇鼎立的格局。

在传统的观念看来,首都应该是中心,应该像北京那样,呈中心向外辐射状。如果像武汉那样三镇鼎立,岂非暗示着"分裂"?此为大不吉利。再说,三镇一起来当首都,怎么安排呢?似乎也不好摆平。

其实,按照现代科学的观点,这种格局,才是首都的理想状态。综观世界各国,首都作为一种特殊的城市,无非两大类型。一种是单纯型的,即政治中心与经济、文化中心疏离。首都就是首都,不承担别的任务,不具备别的功能,如美国首都华盛顿、加拿大首都渥太华、澳大利亚首都堪培拉、巴西首都巴西利亚。另一种则是复合型或综合型的,即政治中心与经济中心或政治中心与文化中心相重叠,或者既是政治中心,同时又是经济中心和文化中心,如日本首都东京、法国首都巴黎、俄国首都莫斯科、意大利首都罗马、埃及首都开罗。如果选择前一种类型,自不妨另选区位适中、气候宜人、风景秀丽而又易于重新规划建设的小城。如果选择后一种类型,则武汉实为首选之地。以武汉为首都,可以将工商业基础较好的汉口发展为经济中心,将文教业基础较好的武昌发展为文化中心,而在原先基础较为薄弱、易于重新规划的汉阳建设政治中心。三个中心同在一市而分居三镇,能进能退,可分可合,既可以相互支持、补充,又不会相互干扰、牵制,岂非"多样统一",合乎"中和之美"?

何况武汉还有那么多自然景观和人文景观,决非那些干巴巴光秃秃的工商业城市可比。东湖秀色,珞珈青峦,琴台遗韵,红楼倩影,既有历史遗产,又有革命传统。登黄鹤楼远眺,江城景色一览无遗。晴川阁下,新枝历历;鹦鹉洲上,芳草萋萋。一桥飞架南北,三镇通达东西。大江东去,浪淘尽千古风流人物;紫气南来,云集了四海英雄豪杰。登此楼,观此景,你会感叹:江流浩荡,大地葱茏,湖山俊秀,人文斐然,天下之美,尽在于此矣!这样地灵人杰的地方,不是正好做首都吗?

武汉的文化地位也不一般。从历史和地域两个角度看,中国传统文化大略可以分为北方文化和南方文化两大系统。北方文化又称中原文化,细说则有齐鲁文化、燕赵文化、秦晋文化等。再往远说,还应该包括西域文化、蒙古文化。南方文化则包括荆楚文化、吴越文化、巴蜀文化,以及后来发展起来的岭南文化、滇黔文化和闽台文化等。其中,影响最大者,也就是中原、荆楚、吴越、巴蜀。这四大文化,气质不同,风格各异,精神有别,既对峙冲突,又渗透交融。武汉恰恰是东西南北四大文化风云际会的交锋点。一方面,它是由长江连接贯通的荆楚、吴越、巴蜀三大文化的中间地段;另方面,它又是南方文化"北伐"的先头部队和北方文化"南下"的先开之门。不难想象,武汉一旦获得了北京那样可以在全国范围内广纳精英延揽人才的文化特权，也一定能创造出前所未有的气势恢弘的崭新文化。

事实上，武汉文化早就不是纯粹的荆楚文化。它已经具有某种综合、融合的性质。有一个笑话也许能说明这一点。这笑话是武汉人说的。他们说，就像武汉本来要定为首都一样，武汉话本来也是要定为普通话的。道理也很简单：中国人是"汉人"。"汉人"不说"汉话"，说什么？这话的可笑之处，在于把"武汉话"简化为"汉话"，又把"汉话"等同于"汉语"。不过武汉人并不把它当笑话讲，我们也不把它当笑话听。因为武汉话确实有点"普通话"的意味。它是北方语系，南方口音，兼有南北方言的某些共同特征，而且很容易向北方方言过渡（汉剧极其接近京剧就是证明）。北方人听得懂，南方人也听得懂；北方人容易学，南方人也容易学。除不太好听外，并无明显缺陷，定为普通话，也就没有什么不妥。

这就是武汉了。它是"七星高照"的地理中心，"九省通衢"的交通枢纽，文化上"四海呼应"，军事上"六路齐观"，经济上"八面玲珑"，和全国各地都"十指连心"。

看来，武汉还真有资格当首都。

可惜，历史好像不太喜欢武汉。

事实上，武汉曾经好几次差一点就当成了首都，至少曾短时间地当过首都。按照多少可以给武汉人一点面子的说法，第一次大概是三国时期。当时东吴的孙权打算迁都武昌，却遭到臣民们的反对，道是"宁饮建业水，不食武昌鱼"。结果，弄得武汉在人们的印象中，好像就只有一样"武昌鱼"可以称道，而且还不如人家的"建业水"。更何况，那"武昌"还不是这"武昌"，——孙权拟迁都者，其实是湖北鄂城，而不是现在武汉三镇中的那个武昌。1926年，北伐军攻克江夏，改江夏县为汉口市，随后中央政府即由广州迁都武汉，武汉成为首善之区。1927年，宁汉分裂，汪精卫在武汉和蒋介石唱对台戏，可惜并未弄成气候，南京独占鳌头，而武汉仅仅只弄到了一个"特别市"的头衔。抗战期间,武汉又曾当了几天战时首都。然而武汉很快就失守,重庆成了陪都。南京、重庆和武汉同饮一江水,结果人家一个当了首都,一个当了陪都,只有武汉夹在当中,两头不沾边,实在够窝囊的了。

武汉,可以说是"得天独厚,运气不佳"。

甚至直到现在,武汉的"运气"仍不能说是很好。历史没有给它很好的机遇,它自己似乎也没有很好的作为。据方方说,曾经一度有人

图四十五:汉口江汉路。这是曾经被称作"东方芝加哥"的地方。

严志刚摄/新周刊供稿

将武汉(主要指汉口)称作"东方芝加哥",(图四十五)谓其繁华其现代和美国那"哥们"差不多。可惜"叫了几次没什么人反应,也就没有叫开来"(《武汉这个地方》)。方方热爱武汉,很想为武汉人争面子,就说没叫成也不坏,因为叫成了也只是个"二哥"。但她仍坚持说武汉的知名度"恐怕仅次于北京、南京、西安、上海、天津、广州六城",而且还很为武汉排在第七不平。然而在我看来,只怕连"老七"的排名似乎都乐观了一点。武汉的知名度确实曾经是很高的。只不过那多半是老皇历。比如湖南搞农民运动时,便有地主逃难"一等的跑上海,二等的跑汉口,三等的跑长沙"之说。可惜现如今"人心不古"了。人们提起武汉,已不再肃然起敬,不怎么把它当了不起的大城市看。当然,知道武汉的人还是很多。但他们的"有关知识"却少得可怜:一是武汉热,是"三大火炉"之一;二是武汉人惹不起,是"九头鸟"。——都不是什么好词儿。

　　说起来,武汉是有点委屈有点窝囊。它在中国历史上可是作过大贡献有过大功劳的。可现在呢?它似乎不那么风光。当广州和珠江三角洲迅速崛起,以其雄厚的经济实力进行"文化北伐"时,它瞻前顾后(看北京,看广州);当上海以浦东开发为契机,成为长江流域经济建设的"龙头老大",而重庆也在一夜之间成为中国第四个直辖市时,它东张西望(看上海,看重庆)。它看到了什么呢?它看到东(上海)南(广州)西(重庆)北(北京)都在发展,而自己夹在当中,却大大落伍。有着辛亥首义之功的武汉,有着能当首都条件的大武汉,现在却只有一个"大而无当"的大城市框架,而且"高不成,低不就",既大不起来,又小不下去。

　　也许,事情到了这个份上,武汉人就不该抱怨运气,埋怨别人,而该好好想想自己了。长年在外工作、对各大城市市民习气领受颇多的武汉市人大代表王新国就曾很有感慨地说:"武汉人爱到处晃,干事也晃晃,'荷花'晃掉,'莺歌'晃哑。我几次看到在街头喝汽水的小青年,喝完了把瓶子砸在马路上。这连小市民都算不上。至于过完早乱扔碗,随便过马路、吵架、抖狠,都不是现代化大都市应有的现象。"

(1999年2月2日《新闻信息报》)无疑,武汉没当上首都也好,不那么风光景气也好,都不该由武汉市民来负责。——这里面有极其复杂的多种原因,不是哪个人负得了责的。但武汉人的性格没帮上什么忙,甚至帮了倒忙,却也是事实。比如,在武汉生活,随时都要准备吵架;而在武汉的国营大商场购物,也很少有心情愉快的时候。"售货员们永远恶劣的态度和永远懒散的作风,使你觉得他们站在那些柜台里所要做的事情基本上就是让你满心不快地走出他们的店门"(方方《在武汉购物》)。久而久之,人们就习惯了这种恶劣,对那些态度好得出奇的商店反倒起疑,怀疑他们要推销假冒伪劣的产品。很多人都说,武汉人的性格就是这样的,其实他们人很好。我也认为武汉人很好,甚至很可爱,然而却让外地人受不了。于是,我们就想问一句:武汉人的性格究竟是怎么搞的?

## 二 武汉人的性格

"天上九头鸟,地下湖北佬。"武汉人的名声似乎不好。

这有点像上海人。不过,上海人名声不好,是因为他们自视太高,看不起人;武汉人名声不好,则是因为他们火气太大,喜欢骂人。

说起来,武汉人骂人的"水平",大概算得上全国第一。本书前面引用过的民谣里,就有"武汉人什么娘都敢骂"这一句。武汉市的"市骂"很多,最常用和最通用的主要是"婊子养的"(次为"个板马"),使用频率比咱们的"国骂"(他妈的)还高。武汉并非中国妓女集中的地方,不知为什么会有这么多"婊子养的"? 真是怪事!

其实,这句话,有时也不一定是、甚至多半不是骂人,只不过表示一种语气,甚或只是一种习惯用语,什么意思也没有。比方说,武汉人称赞一本书或一场球赛好看、一场游戏或一件事情好玩,就会兴高采烈地说:"个婊子养的,好过瘾呀!"夸奖别人长得漂亮或事情做得漂亮,也会说:"个婊子养的,好清爽呀!"甚至当妈妈的有时也会对子女说:"你个婊子养的";或者说到自己的兄弟姐妹,也会说"他个婊子养的"。池莉小说《不谈爱情》中吉玲的姐姐们就是这样相互称呼的。每到这时,吉玲妈就会不紧不慢满不在乎地提醒一句:"你妈我没当过婊子。"想想也是,武汉人这样说话,如果认真算来,岂非自己骂自己?不过武汉人既然"什么娘都敢骂",当然也就敢骂自己的娘。一个连自己的娘都敢骂的人,当然也就所向无敌,没人敢惹。

这就和上海人很有些不一样。上海人是"派头大,胆子小"。平常没事的时候,一副"高等华人"的派头,不把外地人放在眼里,一旦外地人凶起来,"乖乖隆地洞",立刻就"退兵三舍",声明"君子动口,不好动手的嗒"。武汉人可没有这么"温良恭俭让"。他们不但敢"动口",而且也敢"动手"。武汉人到上海,看上海人吵架,常常会不耐烦:"个婊子养的,吵半天了,还不动手!"他们觉得很不过瘾。

的确,武汉人的敢动手,也是全国有名(但仍逊于辽宁人)。"文革"中,他们可是连江青的特使都打了。因此,正如全国都有点讨厌上海人(但不害怕),全国也都有点害怕武汉人(但不讨厌)。讨厌而不害怕,所以讽刺上海人的笑话小品不少;害怕而不讨厌,所以讽刺武汉人的笑话小品不多,尽管背地里也不少嘀咕。

其实,武汉人不但火气大,而且"礼性"也大。武汉人说话,一般都会尊称对方为"您家"(吵架时例外),相当于北京人的"您",实际上也是"您"字的音变,读作nia,和nin非常接近(武汉话之属于北方语系,此即证明)。不同的是,武汉话的"您家"还可以用于第三人称,比如"他您家",相当于"他老人家"。同样,一句话说完,也总要带一个"您家",作为结尾的语气并表示尊敬,也相当于北京人的"您哪"。北京人讲究礼数,开口闭口,每句话后面都得跟个"您哪":"多谢您哪!回见您哪!多穿点衣裳别着了凉您哪!"武汉人也一样:"劳为(有劳、偏劳、多谢)您家!好走您家!明儿再来您家!"你说礼性大不大。

不过,在北京人那里,"您"是"您","您哪"是"您哪",一用于称呼,一用于后缀,不会混乱。而武汉人则不论是"您"还是"您哪",通通都是"您家"。结果就闹出这样的笑话来。一个武汉人问:"您家屋里的猪养得好肥呀,么时候杀您家?"对方答:"明儿杀您家。"两个人都很客气、讲礼,但结果却好像两个人都挨了骂。

只要使用"您家",不管是用于称呼,还是用于后缀,都是"敬语体"。这一点和北京话大体上一样。但如果长辈对晚辈说话也用起"您家"来了,则可能会有挖苦讽刺之意。当然,北京人在"损人"时也会使用"您"这个字。比如买东西嫌贵,卖主白眼一翻:"您哪,自个儿留着慢慢花吧!"这种用法武汉也有:"不买就算了呐!您家们味儿几大呐!"但不难听出,北京人的话里透着股子蔑视,武汉人的话里则是气哼哼的了。

所以,武汉人虽然也会"损人"(准确地说是"挖苦"),却更喜欢痛痛快快地骂人。骂人多过瘾呀!不用"您家"长"您家"短的,一句"婊子养的",就什么意思都清楚了。

武汉人虽然十分讲礼(只限于熟人),却并不虚伪。相反,他们还极为憎恶虚情假意、装模做样的做派,称之为"鬼做",有时也叫"啫"(音 zě)。"啫"这个字,字典上没有,是武汉独有的方言。它和上海话中的"嗲"有相近之处又大不相同。上海话中的"嗲",至少并不都是贬义,比方说"老嗲咯"就是"非常好"的意思。武汉人之所谓"啫"却绝无"好"意,最多只有"娇嗲"的意思。比如一个有资格撒娇的儿童(一般限于女孩)十分娇嗲可爱,武汉人也会赞赏地说:"这伢好啫呀!"而极尽撒娇之能事,则叫"啫得滂醒"。但更多的用法,却是对"撒娇"、"发嗲"的一种轻蔑、讽刺和批判,尤其是指那些根本没有资格撒娇、发嗲或摆谱,却又要装模做样、扭怩作态者之让人"恶心"、"犯酸"处。遇到这样的情况,武汉人就会十分鄙夷地说:"你啫个么事?"或"闯到鬼了,屁大一点的办事处,他个婊子养的还啫不过!"看来,武汉人之所谓"啫",大概略似于台湾人所谓"作秀"。所以武汉人也把"啫"和很啫的人叫做"庄秀梅",也是有"作秀"的意思。不过,"作秀"作的都是"秀","啫"作的却不一定是"秀",甚至根本"不是东西";"作秀"虽然假,却或者有观赏性,或者能糊弄人,"啫"却既无观赏性,也不能糊弄人,只能让人恶心。所以,说一个人"啫里啫气",绝

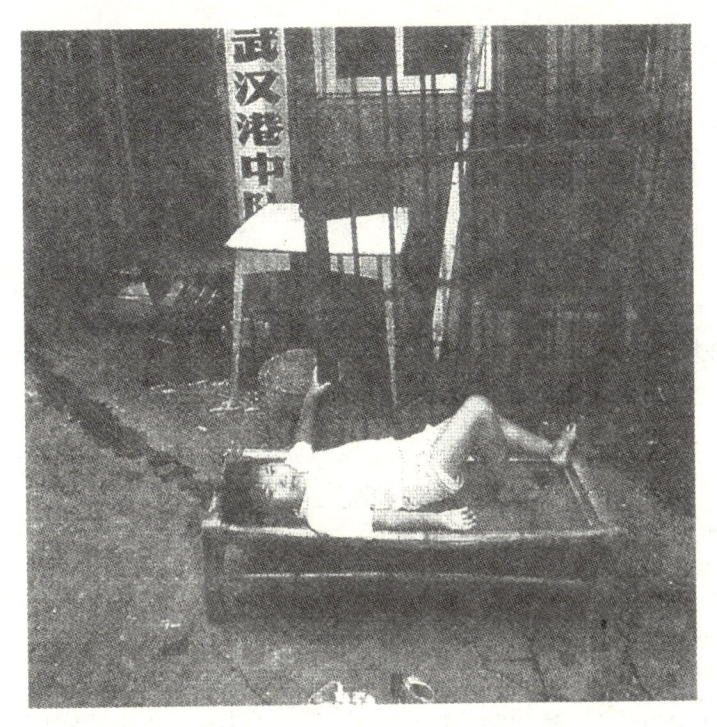

图四十六：打小就"抛头露面"的武汉孩子不会"啫"，长大了更是多半会有爽朗的性格。

严志刚摄/新周刊供稿

非好评。（图四十六）

　　武汉还有一句骂人的话，叫"差火"。所谓"差火"，也就是不上路、不道德、不像话、不够意思、不懂规矩、不好说话、爱挑毛病、做事不到位等意思的一种总体表示。因为做饭如果差一把火，就会煮成夹生饭，所以差火又叫"夹生"，也叫"半调子"。在武汉话里，"他个'板马'蛮夹生"、"他个'板马'蛮差火"，或"莫差火"、"你个婊子养的夹生么事"等等，意思都差不多。夹生饭不能吃，半调子不好听。一个人，如果不好说话，不好相处，不够意思，就会被认为是差火、夹生，他在武汉人中间也就很难做人。

　　那么，什么人或者说要怎样做才不"夹生"或不"差火"呢？

第一要"仗义",第二要"大方",第三要"到位"。武汉人很看重朋友之间的友谊,真能为朋友两肋插刀。一个人,一旦有难,找武汉的朋友帮忙,多半能够得到有力的帮助。如果你是他们的"梗朋友",则能得到他们的拚死相助。武汉人所谓"梗朋友",相当于北京人的"铁哥们"。"梗"这个字,有人认为应该写作"耿",即忠心耿耿的意思。我却认为应该写作"梗"。因为武汉话中的"gěng",首先有"完整"之意。比方说一个东西要保持完整,不能掰开、折断、切碎,武汉人就会说:"莫掰,要gěng的"。查遍同音字,也只有表示植物之根、枝、茎的"梗"字约略近之。植物的根、枝、茎在被折断掰断之前,当然是"梗的"。所以,梗,在武汉话中,又有"地道"之意。比如某个人不折不扣地是个糊涂虫,武汉人就会说:"这个老几'活梗地'是个'糊溏'(关于"糊溏",以后再解释)。"所谓"活梗地",也就是地地道道地、不折不扣地。"铁哥们"当然是地地道道、不折不扣的朋友,也是没有半点含糊、一点也不夹生的朋友,同时还是可以把自己完整地、全身心地交付出去的朋友,因此是"梗朋友"。

和武汉人交"梗朋友",说易不易,说难不难。说不难,是因为武汉人对朋友的要求并不高。他们一不图名,二不图利,只图对脾气、够意思。说不易,则因为人家是"梗的",你也得是"梗的"。在武汉人看来,交朋友就得"一根灯草点灯——没(读如"冒")得二心",不能"码倒搞"(做假)、"诈倒裹"(吹牛),更不能"抽跳板"。"抽跳板"也叫"抽跳"。它有"过河拆桥"的意思,但比"过河拆桥"内容更丰富。"抽跳"一般有两种情况。一是朋友搭好了跳板,因为讲义气,让你先上,然而你上去后却把跳板抽走了,害得朋友上不来;二是你答应给朋友搭跳板,甚至已经搭了,但临到朋友准备上时,你却把跳板抽走,害得朋友希望落空,而且想补救也来不及。显然,无论哪一种,都是差火、夹生、半调子,简直不是东西。严格说来,"抽跳"已是背叛。如果竟然出卖朋友,则叫"反水",那就会成为一切朋友的公敌,最为武汉人所不耻,连"婊子养的"都不如了。

照理说,武汉人这个要求并不高。

不错,不吹牛、不扯谎、不抽跳、不反水,这些要求是不高,只能算作是交朋友的起码道德要求。而且,不但武汉人会这样要求,其他地方人也会这样要求。所以,能做到这些,还不能算是"梗"。所谓"梗",就是完整地、全部地、无保留地把自己交给朋友,包括隐私。这就不容易了。但武汉所谓"梗朋友"是有这个要求的。至少,当你的"梗朋友"有事来找你帮忙时,你必须毫不犹豫和毫无保留地全力以赴,连"哽"都不打一个。

打不打"哽",是看一个朋友"梗不梗"的试金石。所谓"打哽",原本指说话卡壳。一个人,如果有所犹豫,说话就不会流畅。所以,打不打"哽",也就是犹豫不犹豫。不犹豫就不打哽,也就不啬。反之,则是啬。一个小女孩啬一下没有什么关系,如果一个大男人也啬,就会遭人耻笑,因为那往往也就是"不够意思"的意思。如果朋友来找你帮忙,你居然还"啬不过",那就不但是"不够意思",而且是"差火"到了极点,简直就是"婊子养的"。

不"打哽",也就是"爽朗",武汉话叫"唰喇"。对于一个武汉人来说,"唰喇"与否是极为重要的。它不但意味着一个人够不够意思和有没有意思,而且甚至决定着一个人会不会被人看得起。比如你对一个武汉人介绍另一个人说"那个人一点都不'唰喇'",这个武汉人的眼里马上就会露出鄙夷蔑视的目光。

"唰喇"的本义是"快"。比如要求动作快一点,武汉人就会说"搞'唰喇'点"。要求决定快一点,也会说"搞'唰喇'点"。如果如此催促还不"唰喇",那就是"啬"了。显然,这里说的"快",还不是或不完全是"快捷",而是不要拖泥带水、犹犹豫豫,是心理上的快而非物理上的快。所以"唰喇"就是"爽朗"、"爽快"。武汉人读作"唰喇",不知是爽朗、爽快一词的音变,还是一个象声词,——书翻得很快,唰喇;箭射得很快,唰喇;衣襟带风,出手很快,也唰喇。不过,从武汉人"该出手时就出手"的性格看,我怀疑那是拔刀子的声音。

快则爽,叫"爽快";爽则朗,叫"爽朗"。爽朗是武汉人性格的核心。也就是说，如果要用一两个字概括武汉人的性格，那就是"爽朗"。爽朗之于武汉人，犹如精明之于上海人。精明是上海人的族徽，爽朗则是武汉人的旗帜。上海人崇拜精明，因此有一系列鄙夷不精明者的词汇，如戆大、洋盘、阿木林、猪头三、脱藤落攀、搞七廿三等。武汉人崇尚爽朗，也有一系列批判不爽朗者的词汇，如夹生、差火、半调子、啬不过等都是。此外还有"扳俏"。所谓"扳俏"，也就是北方人说的"拿把"，亦即没来头和没道理地摆谱拿架子。别人给他四两颜色，他就当真开个染房。朋友有事来找他，也要打官腔，或者扭捏拿把不肯痛痛快快答应。这时，武汉人就会既愤怒又轻蔑地说："老子把他当个人，他倒跟老子扳起俏来了。"

扳俏不可取，嘀哆也要不得。所谓"嘀哆"，也就是唠叨、啰嗦、粘乎、婆婆妈妈、拉拉扯扯，有时也包括瞻前顾后、想法太多等等，总之是不爽快。比如你做一件事情半天拿不定主意，武汉人就会说："莫'嘀哆'，搞'唰喇'点。"又比如到有关部门去办事，办事人员又看材料又看证明还要盘问半天，武汉人也会评论说："这个人蛮'嘀哆'。"显然，这里的"嘀哆"，已不是"唠叨"了。不过，就批判谴责的程度而言，"嘀哆"要较"差火"为轻。嘀哆是性格问题，差火是道德问题；嘀哆让人不耐烦，差火则简直不是人。

属于不爽朗的还有尖、沤气、憔气等。沤气和憔气都是生气，但不是一般的生气，而是憋在心里生闷气。因此会沤出病来，使人憔悴；而"憔气古怪"则指心胸狭窄、想不开、小心眼儿、爱耍小脾气等毛病。这也都是不够爽朗的意思。"尖"则是小气。武汉人要嘲笑一个人小气，就会说："这个人尖死！"外地人往往弄不清武汉话里的这个"尖"字，以为是"奸"，其实不然。武汉人把"奸滑"叫做"拐"，"尖"则是小气、吝啬。因为爽朗者都大方，不爽朗则小气。小而至于"尖"，可见小气到什么程度。

除为人"唰喇"外，做事到位也很重要。因为差火的本义就是"不到位"；而做事"不到位"，也很容易把事情弄"夹生"。这样一来，弄不好就会把人得罪到家,后果也就可想而知的严重。要知道,武汉人可是连骂人都十分到位的。不信你去听武汉的泼妇骂街,那可真是淋漓尽致,狗血喷头,什么话都骂得出来。所以,你如果做人做事不到位,夹生半调子,那就一定会挨骂,而且会被骂得十分"到位"。

于是武汉人做事就会"铆起搞"。比如"铆起写"、"铆起讲"、"铆起吃"等等。有人把"铆起"写成"卯起",是不确的。方方说"铆起"的意思是"使劲"、"不停"、"没完"(《有趣的武汉话》),也没说全。"铆起"最重要的意思,是死死咬住、不依不饶,就像被铆钉铆住一样,因此是"铆起"而不是"卯起"。如果仅仅只是"不停",则叫"紧"。比如,"你紧搞么事哟!""紧搞"只是不停地搞,"铆起搞"则还有一股韧劲,其程度较"紧搞"为重。

武汉人的"铆起"也不同于成都人的"雄起"。"雄起"即勃起、坚挺,"铆起"则有坚持不懈、坚韧不拔之意。"雄起"乃勃然奋起,"铆起"乃力求到位。这也是两地人性格不同所致:成都人炮,故须"雄起";武汉人燥,故须"铆起"。比方说:"醒倒㜽。"

从某种意义上讲,"醒倒㜽"也是"铆起搞"之一种,是一种特殊的"铆起搞"。醒,也许应该写作"擤"。方方说,"醒"有"痞"的意思。其实,"醒"这个字在武汉话中意思非常复杂微妙。比如"滂醒"是"厉害"(如"啫得滂醒"就是"啫得厉害"),"醒黄"则是"扯淡"(如"闹醒黄"就是"胡日鬼")。"醒里醒气"虽然就是"痞里痞气",却不是一般的"痞",而是那种涎着脸、赖着皮、纠缠不休又嬉皮笑脸的"痞",有点擤鼻涕的味道。

倒,在武汉话中是一个常用的助词。说的时候,要读轻声。它的意思,相当于"什么什么样地",如"诈倒裹"、"码倒搞"等等。码,有做假、装门面等意思。比如一个人其实货色不多,便只好把全部货色都码起来充大。所以,"码倒搞"就是假模假式、虚张声势地搞。"诈倒裹",则是自吹自擂、狐假虎威地"裹"。裹,在武汉话里有纠缠、理论、撕掳、掺和等多种意思。比如纠缠不清就叫"裹不清白"。诈倒裹,也就是冒充什么什么的来掺和。由此可知,"醒倒㜽"就是厚着脸皮没完没了地来纠缠。媒,应写作"迷"。武汉人读"迷"如"媒"。比如舞迷就叫"舞媒子",戏迷就叫"戏媒子"。迷,可以是迷恋,也可以是迷惑。"醒倒迷"中的"迷",当然是迷惑。因其最终是要达到某种目的,也可以谐其音写作"媒"。方方写作"醒倒媚",似可商榷。因为"媚"非目的而是手段,其意已含在"醒"字之中;目的是拉扯、纠缠,故应写作"迷"或"媒"。

崇尚"唰喇"的武汉人最受不了"醒倒媒"。不理他吧,纠缠不休;发脾气吧,拳头又不打笑脸。最后只好依了他拉倒。当然也有先打招呼的:"莫在这里'醒倒媒',(东西)不得把(给)你的。"但如果坚持"醒倒媒"下去,则仍有可能达到目的。所以方方说"醒倒媒"是武汉人的一种公关方式,这是不错的。武汉人脾气硬,不怕狠,却对牛皮糖似的"醒倒媒"无可奈何。其实,"醒倒媒"恰恰是武汉人性格的题中应有之义。因为武汉人的性格不但包括为人爽朗、仗义、大方,还包括做事到位。要到位,就得"铆起搞",包括"铆起醒倒媒"。所以,武汉人还不能不吃这一套。

总之,武汉人的性格中有韧性、有蛮劲,也有一种不达目的决不罢休的精神。(图四十七)这种精神和爽朗相结合,就形成天不怕地不怕

图四十七:武汉人的性格中有韧性,有蛮劲,有一种不达目的决不罢休的精神。

严志刚摄/新周刊供稿

的性格。武汉人的这种性格甚至表现于他们的生活方式。他们是在三伏天也要吃油炸食品的。在酷热的夏天,武汉人依然排队去买油饼油条。厨师们汗流浃背地站在油锅前炸,食客们则汗流浃背地站在油锅前等,大家都不在乎。有个笑话说,一个人下了地狱,阎王把他扔进油锅里炸,谁知他却泰然自若。阎王问其所以,则答曰"我是武汉人"。武汉人连下油锅都不怕,还怕什么?

他们当然"什么娘都敢骂"了。

## 三 生命的劲歌

武汉人敢骂,也敢哭。

我常常怀疑,武汉人的心理深层,是不是有一种"悲剧情结"。因为他们特别喜欢看悲剧。楚剧《哭祖庙》是他们钟爱的剧目,而他们喜欢听的湖北大鼓,我怎么听怎么像哭腔。认真说来,楚剧不是武汉的"市剧",武汉的"市剧"应该是汉剧。然而武汉人似乎更爱听楚剧。除嫌汉剧有点正儿八经(汉剧近于京剧)外,大约就是楚剧哭腔较多之故。

武汉人的这种"悲剧情结"是从哪里来的呢?也许是直接继承了屈骚"长太息以掩涕兮"的传统吧!然而同为楚人的湖南人,却不好哭。有一次,我们为一位朋友送行,几个武汉人喝得酩酊大醉,然后抱头痛哭,而几个湖南人却很安静和坦然。湖南人同样极重友情,却不大形于颜色。他们似乎更多地是继承了楚文化中的玄思传统、达观态度和理性精神,把人生际遇、悲欢离合都看得很"开"。要之,湖南人(以长沙人为代表)更达观也更务实,湖北人(以武汉人为代表)则更重情也更爽朗。所以,武汉人办丧事,往往哭得昏天黑地,而长沙人却会请了管弦乐队来奏轻音乐,好像开"舞会"。"舞会"开完,回家去,该干什么,还干什么。

因此,务实的长沙人不像武汉人那样讲究"玩味儿"。"玩味儿"是个说不清的概念,但肯定包括摆谱、露脸、爱面子、讲排场等内容在内。说到底,这也是咱们中国人的"国癖"。但凡中国人,都多多少少有些爱面子、讲排场的。但似乎只有武汉人,才把它们称之曰"味"而视之为"玩"。武汉人喜欢说"玩"这个字。比如谈恋爱,北方人叫"搞对象",武汉人则叫"玩朋友"。这话叫外地人听了肯定不自在,武汉人却很坦然,谁也不会认为是"玩弄异性"。

这就多少有些"艺术性"了。实际上,武汉人的"玩味儿"是很讲究可观赏性的。比方说,大操大办婚礼就是。婚礼的大操大办,同样也是咱们的"国癖",不过武汉人却别出心裁。他们的办法,是雇请"麻木的士"游街。所谓"麻木的士",其实也就是三轮车。因为驾车者多为喝酒七斤八斤不醉的"酒麻木",故美其名曰"麻木的士"。举行婚礼时,就由这些"麻木的士"满载从冰箱彩电到澡盆马桶之类的嫁妆,跨长江,过汉水,浩浩荡荡游遍武汉三镇,成为武汉市一大"民俗景观"。之所以要用"麻木的士"而不用汽车,是因为"麻木的士"有三大优点:第一,载物较少,用车较多,可以显得浩浩荡荡;第二,车身较低,便于观看,可以尽情摆阔;第三,车速较慢,便于游览,既可延长游街时间,又便于路上闲人一饱眼福。总之是极尽表演之能事。在武汉人看来,只有这样,"味儿"才玩得过瘾,玩得足。

不过,虽然是"玩",武汉人却玩得认真。因为谁也不会觉得那"味儿"是可要可不要的东西。所以,当一个武汉人在"玩味儿"的时候,你最好去捧场。即便不能捧场,至少也不要拆台。否则,武汉人就会视你为"不懂味"。而一个"不懂味"的人,在武汉人眼里,就是"夹生半调子",甚至"差火"到极点,不和你翻脸,就算对得起你了。

事实上,武汉人的讨厌"啬",也多半因于此。在武汉人看来,一个人要想"玩味儿"或"要味儿",就不能"啬";而一个人(尤其是男人),如果居然"啬不过",就肯定"不懂味"。什么是"玩味儿"?"玩味儿"就是"派",就是"唰喇",怎么能"啬"?啬、尖、瘫腔(贪生怕死),都是"掉底子"(丢脸)的事。所以,为了面子,或者说,为了"玩味儿",武汉人就往往不惜打肿了脸来充胖子,甚至不惜吵架打架。比方说,一个人在另一个人面前"抖狠"(逗凶、找碴、耀武扬威或盛气凌人,也是

"要味儿"的方式之一),这个人就会跳将起来说:"么事呀!要味要到老子头上来了!"后面的事情,也就可想而知。

　　武汉人的"玩味儿",还有许多难以尽说的内容。甚至他们的骂人,没准也是"玩味儿"或"要味儿",正如旧北京天桥"八大怪"之一的"大兵黄",坐在酒缸沿上"开骂"和"听骂"也是"一乐子"一样。事实上,骂人也不易。一要敢骂,二要会骂。如果有本事骂得淋漓尽致,声情并茂,谁说不是"味儿",不是"派儿"?

　　武汉人这种文化性格的形成,有着历史、地理、文化甚至气候诸方面的原因。

　　武汉的气候条件极差。上帝给了它最坏的地形,——北面是水,南面是山。夏天南风吹不进来,冬天北风却顺着汉水往里灌。结果夏天往往持续高温,冬天却又冷到零下。武汉人就在这大冷大热、奇冷奇热、忽冷忽热中过日子,其生活之艰难可想而知,其心情之恶劣可想而知,其脾气之坏当然也可想而知。

　　所以,武汉人有句口头禅,叫"烦死人了"。当一个武汉人要诉说一件不太开心的事,或要表示自己的不满时,往往会用这句口头禅来开头。比如等人等不来,就会说:"烦死人了的,等半天了,这个鬼人还不来!"要表示讨厌某人,也会说:"这个人蛮烦人。"不过这些话也可以反用。比如一个妻子也可以这样夸奖她的丈夫:"他这个鬼人,晓得有几(多么)烦人啊!"或:"你说他嘀哆不嘀哆,非要我把那件呢子衣服买回来穿,烦死人了!"这里说的"烦",其实就是乐了。嘴巴上说"烦死人了",只怕心里倒是"不厌其烦"呢!

　　看来,武汉人是和烦恼结下不解之缘了:好也烦,坏也烦,乐也烦,烦也烦,反正是烦。说起来也是不能不烦。1999年"两会"期间,武汉市人大代表因《新周刊》说武汉是"最市民化的城市"而引发了一场讨论。江岸区人大代表王丹萍说:"天热太阳大,外面脏乱差,怎么会有好心情?人说女人一白遮百丑,武汉女人难有这福分,动不动就灰头灰脸,跟进城的农民似的。"的确,气候的恶劣,条件的艰苦,生存的困难,都很难让人心情舒畅。难怪武汉街头有那么多人吵架了,烦嘛!

事实上武汉人也确实活得不容易。武汉的自然环境极其恶劣,武汉的生活条件也相当糟糕。冬天,北方有暖气,南方有艳阳;夏天,北方有凉风,南方有海风。武汉夹在中间,不南不北,不上不下,什么好处都没有。别的地方,再冷再热,好歹还有个躲处。武汉倒好:夏天屋里比外面还热,冬天屋里比外面还冷。冬天滴水成冰,夏天所有的家具都发烫,三台电风扇对着吹,吹出来的风都是热的。那么,就不活了么?当然要活下去!冬天在被窝里放个热水袋,夏天搬张竹床到街上睡。于是,一到盛夏之夜,武汉的街头巷尾,便摆满了竹床,男赤膊女短裤,睡满一街,成为武汉一大景观。(图四十八)

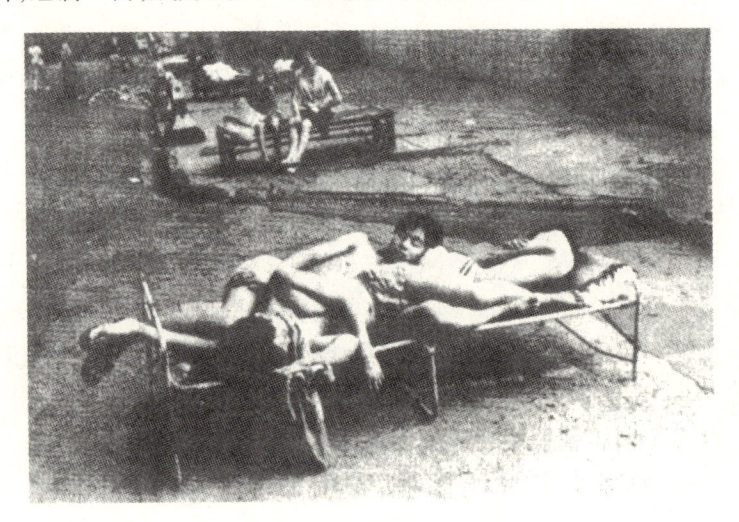

图四十八:"火炉"武汉的夏夜,室内热似蒸笼,街头一张小床上竟睡了三个小伙子。

谢国安摄

在如此恶劣条件下挺熬过来的武汉人,便有着其他地方人寻常没有的"大气"和"勇气"。你想想,武汉人什么苦都吃过,什么罪都受过,什么洋相都见过(包括在大街上睡觉),差一点就死了,还怕什么?当然连"丑"也不怕。因为他们赤膊短裤地睡在街上时,实在是只剩下最后一块遮羞布了,那么,又还有什么好遮掩的呢?

所以,武汉人最坦诚、最直爽、最不矫情、最讨厌"鬼做"。"鬼做"这个词是十分有趣的。它表达的似乎是这样一种人生观:是"人",就不必"做",只有"鬼"才"做"。既然不必"做",那就有什么说什么,想什么干什么,而不必顾忌别人怎么想、怎么看。即便有人不以为然,他们也不会在乎,而只会大骂一句:"闯(撞)到鬼了!要啫,到你自己屋里啫去!"

同样,最坦诚、最直爽、最不矫情、最讨厌"鬼做"的武汉人,也有着不同于北京人的"大气"。如果说北京人的"大气"主要表现为霸气与和气,那么,武汉人的"大气"便主要表现为勇气与火气。北京人的"大气"中更多理性内容,武汉人的"大气"则更多情感色彩。他们易暴易怒,也易和易解;能憎能爱,也敢憎敢爱。他们的情感世界是风云变幻大气磅礴的:大喜大悲、大哭大笑,甚至大喊大叫(武汉人称之为"喝")。而且,爱也好,恨也好,哭也好,笑也好,都很唰喇,都很到位:哭起来铆起哭,笑起来铆起笑,吵起来铆起吵,骂起来铆起骂,真能"爱你爱到骨头里",恨你也"恨到骨头里",一点也不"差火"。这实在因于他们生存的大起大落,九死一生。武汉人生命中"垫底的酒"太多,生活中"难行的路"也太多,他们还有什么样的酒不能对付,还有什么样的沟沟坎坎过不去呢?

武汉人确实是天不怕地不怕的。因为武汉是"镇"。

镇,重兵驻守且兵家必争之天险也。武汉之所以叫"镇",就因为它地处北上南下、西进东征的咽喉要道。由于这个原因,武汉历来就是兵家必争之地,战争的阴云总是笼罩在武汉人的头顶上。所以武汉人"战备意识"特别强。他们好像总有一种好战心理,又同时有一种戒备心理。在与他人(尤其是生人和外地人)交往时,总是担心对方占了上风而自己吃了亏。公共汽车上磕磕绊绊,买东西出了点小问题,双方往往都立即会拉开架式,准备吵架,而且往往是理亏的一方以攻为守先发制人,摆出一副好斗姿势。结果呢?往往还是自己吃亏,或两败俱伤。不信你到公共汽车上去看,挤撞了别人或踩了别人的脚,武汉人很少有主动道歉的。不但不道歉,还要反过来攻击别人:"你么样不站好唦!"或:"怕挤就莫来搭公共汽车!"这种蛮不讲理的态度当然很难为对方所接受,而对方如果也是"九头鸟",则一场好戏当然也就开锣。武汉街头上吵架的事特别多,商店里服务态度特别坏,原因大约就在这里。外地人视武汉人为"九头鸟",认为他们"厉害"、"惹不起",原因多半也就在这里。

上海人就不会这样。上海的公共汽车也挤。但上海人挤车靠"智",占据有利地形,保持良好体势,则拥挤之中亦可得一方乐土,也不会发生"两伊战争"(盖"伊拉"与"伊拉"都能好自为之也)。武汉人挤车则靠"勇",有力便是草头王,老人、妇女和儿童的权益往往难以得到保障,而双边磨擦也就时有发生(这种现象因近年来武汉大力发展公交事业而已逐渐成为历史)。细想起来,大概就因为上海主要是"市场",而武汉长期是"战场"。"上战场,枪一响,老子今天就死在战场上了!"林彪的这句话,道出了"九头鸟"的野性与蛮劲。敢斗者自然也敢哭。"老子死都不怕,还怕哭么!"难怪武汉人爱看悲剧和爱听哭腔了。

所以,武汉人特别看不起胆小怕事(北京人叫"松货")、逆来顺受(北京人叫"软蛋")和优柔寡断(北京人叫"面瓜")。所有这些"德行",武汉人统称之为"瘫腔"。不过,"瘫腔"与"松货"、"软蛋"、"面瓜"有一点不同,就是可以拆开来讲。比如:"别个(别人)还冒(没)吼,他就先瘫了腔。"这样的人当然没人看得起。正如方方所说:"一个人遇事连'腔'都'瘫'了的话,也就没什么好说的了"(《有趣的武汉话》)。因此,不但不能"瘫腔",而且还得梗着脖子死硬到底:"不服周(服输)!就是不服周!老子死都不得服周!"

吃软不吃硬,宁死不服周,这大概就是"九头鸟性格"了。这种性格的内核,与其说是"匹夫之勇",毋宁说是"生命的顽强"。因为所谓"九头鸟",也就是生命力特别顽强的意思。你想,一鸟而九头,砍掉八个,也还死不了,等你砍第九个时,没准那八个又活了过来。事实上武汉也是"大难不死"。日本鬼子飞机炸过,特大洪水淹过,"十年动乱"差点把它整得瘫痪,但大武汉还是大武汉。的确,"不冷不热,五谷不结"。过分的舒适温馨可能使人脆弱绵软,恶劣的生存条件也许反倒能生成顽强的生命力。

生活在恶劣环境中的武汉人不但有顽强的生命力,也有自己独特的人生观。这种人生观用武汉作家池莉的话说,就是:"热也好,冷也好,活着就好"(这是池莉一篇小说的标题)。这无妨说也是一种达观,但这种达观和北京人不同。北京人的达观主要来自社会历史,武汉人的达观则主要来自自然地理。北京人是看惯了王朝更迭、官宦升迁、帮派起落,从而把功名富贵看得淡了;武汉人则是受够了天灾人祸、严寒酷暑、战乱兵燹,从而把生存活法看得开了。所以北京人的达观有一种儒雅恬淡的风度,而武汉人的达观却往往表现为一种略带野性的生命活力。武汉的小伙子不像北方汉子那样人高马大、魁伟粗壮,却也相当地"野":敢打架,敢骂娘,各种冲动都很强烈。他们酷爱一种能够显示生命活力的、紧绷在身上的红布三角游泳裤。他们也往往会在炎热的夏夜赤膊短裤,成群结队地在街上走,大声吼唱各种歌谣,从"一个伢的爹,拉包车"直到种种流行歌曲,以宣泄他们过剩的生命活力。

事实上,武汉人不达观也不行。

从某种意义上讲,恶劣的生存环境和生存条件已经把武汉人逼到墙角了:躲没处躲,藏没处藏,就是想装孙子也装不了,再不达观一点,怎么活?所以,凡事都最好搞唰喇点,凡事也都最好能要点味。生活已经不易,再不搞唰喇点,不是自己烦自己吗?生活已经缺油少盐,再不要点味,还能过下去吗?

什么是味?"味"这个字,在武汉话里有极为丰富的含义。除前面说的面子、排场、风光、体面等等外,还有"规矩"的意思。比如"不懂味",有时也指"不懂规矩"。不过,当一个武汉人指责别人"不懂味"时,他说的可不是一般的规矩,而是特指"捧场"的规矩,即在一个人

"要味"时让他觉得"有味"的规矩。懂这个规矩并能这样做的,就叫"就味";不懂这个规矩和不能这样做的,则叫"不就味"。就味不就味,也是衡量一个武汉人会不会做人的重要标准。因不懂而"不就味",尚可原谅(但也不招人喜欢);如果"懂味"而"不就味",那就是"差火"了。这时,"要味"者就会视对方为故意冒犯或有意挑衅,因而反目翻脸,甚至大打出手,因为那个"婊子养的"实在"太不够意思"。

所以,味,又有"意思"的意思。要味,也叫"要意思";就味,也叫"就意思"。如此,则"有味"就是"有意思","冒得味"就是"没意思"了。人活在世界上,如果一点"意思"都没有,那还能活下去吗?当然不能。因此不能不要"味"。显然,武汉人之所谓"味",说到底,就是让人觉得活着有意思的那个"意思"。

武汉人是很看重这个"意思"的。虽然说"热也好,冷也好,活着就好",但如果活得有意思,岂不更好?于是,武汉人就往往会把没意思的事变得有意思。我就曾在医院里遇到过一个典型的武汉人。这个武汉小伙子大概初为人父,看什么事都新鲜。看到护士给婴儿洗澡、打包,也觉得好玩,兴高采烈地对我说:"好过瘾呀!洗毛毛(婴儿)像洗萝卜,包毛毛像叠'撇撇'。""撇撇"是每个武汉小男孩都玩过的一种自制玩具,由每个人自己用香烟盒叠成,技巧纯熟者可以叠得很快。把包婴儿说成是叠撇撇,既有赞其"技巧纯熟"的意思,也有言其"不当回事"的意思。妇产科的护士一天不知要包洗多少婴儿,自然见惯不怪,不怎么当回事,但让这个小伙子这么一说,一件本来没什么意思的事情,也就颇有点意思了。

武汉人是很能把没意思的事变得有意思的。比如武汉的夏夜是很难熬的,因为一到下午六点,老天爷就会准时停风。曝晒了一天的街道余热经久不散,没有一丝穿堂风的室内更是酷热难当。要熬过这样一个长夜,是一件很没有意思的事情。然而武汉人却能把它变得有意思。太阳一下山,他们就开始往地上泼水,然后搬出自家的竹床,摆出清爽的小菜和绿豆稀饭,一家人吃得"欢喜流了的"。吃完饭,收拾了碗筷,洗个澡,街坊邻居都到露天地里来乘凉。打牌的打牌,下棋的下棋,看电视的看电视,更多的人则是"唠天"。唠,音kuɑ,读平声,是个象声字,即"几里呱拉"的意思。武汉人说话节奏快,频率高,因此不能叫"聊天",只能叫"唠天"。武汉人唠呀唠呀,唠得星星都"笑眯了眼",一个难熬的长夜也就意趣盎然了。

武汉人确实很爱说话,也很会说话。一件稀松平常的事,到了武汉人嘴里,往往就会变得有声有色。比如一件东西或一个地方被弄脏了,武汉人不说"太脏",也不说"脏死了",而说:"哟,么样搞的啰,搞得灰流了!"灰而至于"流",可见有多脏。夸奖一个人漂亮,也可以这样说:"哟,好清爽呀,清爽流了!"清爽,也就是漂亮、派头、美。一个人的漂亮都"流溢"出来了,可见漂亮之至。又比如"抖狠",是耀武扬威的意思,却比说"耀武扬威"生动得多。你想,一个人把"狠"都"抖"出来,是个什么样子?有点像全身的毛都乍了起来的好斗公鸡吧?再说,一个人的"狠"(厉害)要"抖"出来后别人才知道,则其"狠"也有限。所以"抖狠"这个词是略带贬义的,情感色彩很浓,形象也很生动。其余如把孩子长个叫做"抽条",把东张西望叫做"打野",把趁机下台叫做"转弯",把死不认错还要倒打一耙叫做"翻翘",都十分形象、生动,富有动感。

这也不奇怪。武汉人是"要味"的人,武汉话也就必然是"有味的话"。

的确,武汉话和北京话一样,都具有艺术性和戏剧性。如果说有什么不同,那就是:听北京话像听相声,怎么听怎么可乐;听武汉话则像听戏,有板有眼,铿锵有力。事实上武汉人的人生观中也确实有一种"戏剧性情结"。在他们看来,人生就是一场戏,就是一场自编自演又可供观赏的戏。演戏就是"玩味",看戏就是"要味",会看戏就是"懂味",不会看戏就是"不懂味",而不会演戏则是"冒得味"。因此,他们主张人生在世,应该活得有板有眼。有没有板眼是很重要的。在武汉人那里,一个人有本事、有能耐、有办法,就叫"有板眼";而不知搞什么名堂就叫"搞么板眼"。所谓"搞么板眼",也就是"演什么戏"的意思。显然，武汉人之所谓"板眼"，也就是戏曲中的节拍，就像"瘫腔"的"腔"是戏曲中的唱腔，"醒黄"的"黄"是戏曲中的皮黄（声腔）一样。醒，有"假"的意思。比如"醒倒迷（媒）"就不是真迷（真喜欢对方），只不过"醒倒迷"罢了。"醒黄"也一样。一个人，一本正经地上台了，大家都以为有什么好段子听。听了半天，却发现原来不是皮黄，而是"醒黄"。所以，武汉人便把"胡日鬼"、"瞎胡闹"之类称作"闹醒黄"。

"闹醒黄"也好，"有板眼"也好，都是演戏。戏演砸了，就叫"瘫了腔"；演假了，叫"闹醒黄"；不按角色行当台词剧本演，信口开河，胡说八道，则叫"开黄腔"。"闹醒黄"是"诈倒裹"，"开黄腔"是"码倒搞"，都是"不懂味"（不懂规矩）。这是不会有人捧场的。不但没人捧场，没准自己还会"掉底子"。

"掉底子"之于武汉人，是一件极为严重的事情。所谓"掉底子"，也就是"穿梆"、"露馅"。这当然是一件丢脸的事，所以"掉底子"即等于"丢面子"。不过，说"掉底子"可比说"丢面子"生动，也比说"丢面子"严重。因为"面子"是要安装在"底子"上的。如果连"底子"都掉了，那还有"面子"吗？我在《闲话中国人》一书中说过，面子即面具，而面具是用来演戏的。既然是"演戏"，就得把"面子"装严实了，不能"露馅"。一旦露了马脚，那就不是"丢面子"，而是"掉底子"了。所以，一个人，在粉墨登场表演人生时，如果把"戏"演"砸"了，武汉人就会哄堂大笑："好掉底子呀！"

由是之故，心直口快的武汉人并不喜欢"岔把子"。所谓"岔把子"，就是说话不知轻重不看场合的人。遇到这样的人，武汉人就会说："他是个'岔把子'。"或"这个人'岔'得很。"一个人如果被认为是"岔得很"，他在武汉人中间同样是吃不开的。因为"岔把子"最不"懂味"，常常在别人"要味"的时候扫别人的兴：或者是半路"岔"了进来，害得"要味"的程序不能顺利进行；或者是把老底也端了出来，害得别人大掉其底子。但因为"岔把子"都是有口无心的，你心里有气还发作不得，所以很有些讨人嫌。

比"岔把子"更讨厌的是"夹生苕"。所谓"夹生苕",也就是又"夹生"又"愚蠢"的人。武汉人把傻叫做"苕"。苕,也就是红薯、地瓜。红薯烤熟蒸熟了,就是"糊"(武汉人读如"户")的,也就是"糊涂"。所以,武汉人说一个人稀里糊涂,就会说:"他'糊'得很",或"这伢么样是个'糊'的?"又因为熟红薯不但"糊",而且"溏",因此又把糊涂虫叫做"糊溏"。"岔把子"虽然"岔",却不"糊";"夹生苕"则不但"夹生",而且"苕"。"苕"则"蠢","夹生"则"岔",简直不可理喻。如果和他理论,非把你的底子掉光不可。

"岔把子"和"夹生苕"的共同特点,是"不够意思"。甚至也不是"不够意思",而是根本就"没意思"。然而武汉人是不能"没有意思"的。他们不会像北京人那样"找乐子",也不会像上海人那样给自己来点"小乐惠"。他们的活法,是向生活"要意思",把单调枯燥的生活变得有滋有味,把艰难困苦的人生变得其乐无穷。(图四十九)

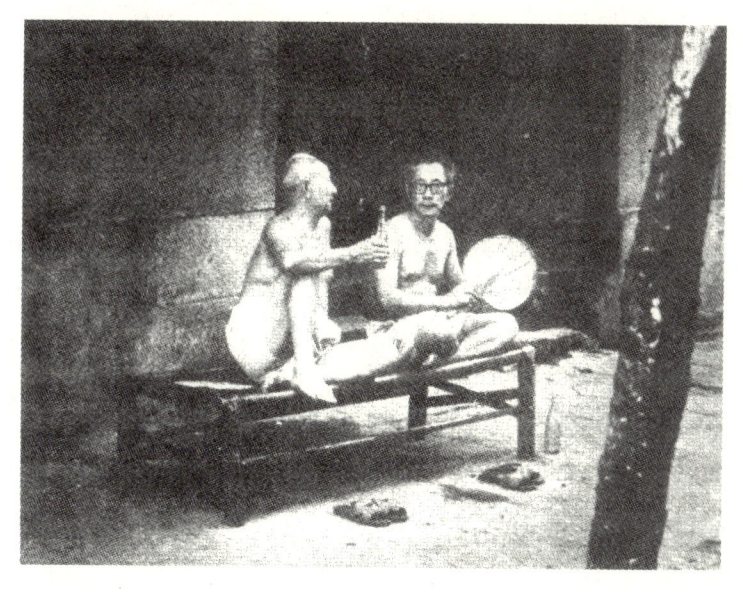

图四十九:武汉人的活法,是向生活"要意思",从而把单调枯燥的生活变得有滋有味,把艰难困苦的人生变得其乐无穷。

张　源摄

于是,武汉人便把生活变成了艺术。或者说,把他们九死一生的艰难人生和不太顺心的烦恼人生,变成了有板有眼、有腔有调、值得"铆起唱"的生命劲歌。

## 四　可爱的武汉人

如此说来,武汉人还真可爱。

其实,武汉人是非常可爱的。外地人害怕武汉人,是因为他们不了解武汉人。

武汉人有武汉人的优点。

武汉人最大的优点是直爽。爱骂人,就是他们直爽的一种表现。尽管表现得不太文明,但却至少也说明他们喜怒哀乐胆敢形之于色,骨子里有一种率真的天性。这种天性使他们极其厌恶"啫",厌恶"鬼做",同时也就使他们不太注意修养,给人一种"少有教养"的感觉。武汉人说话直统统的,很少拐弯,也不太注意口气和方式。比方说,到武汉的机关单位去办事,门房会问:"搞么事的?"而不会问:"您是哪个单位,有什么事吗?"甚至做生意,他们也不会说:"你看我们怎么合作?"而会说:"你说么样搞哟!"这种说话方式,就很让外地人受不了。

更让人受不了的,则是他们表示不同意见的时候。一般地说,中国人说话比较委婉。即便要发表不同意见,也要先作铺垫,比如"阁下所言极是,只不过"云云。武汉人可没有那一套。如果他不同意你所说的,那么,对不起,你的话还没说完,他就会一声断喝:"瞎款!"所谓"瞎款",也就是"胡说"、"乱讲"、"扯淡"的意思。但如果你亲耳听过武汉人说这两个字,就会觉得它要比其他说法生硬得多。

这其实也是直爽的一种表现,即因直而爽,因爽而快,其结果便是快人快语了。武汉人肚子里没有那么多"弯弯绕",喜欢当面锣当面鼓,最痛恨"阴倒搞"(背地里搞小动作)。"阴倒搞"也叫"戳拐",一般指背后告刁状,也指说坏话、散布闲言碎语等。与之相配套的另一个词是"找歪",也就是找岔子、找麻烦、找不自在的意思。所以,一个武汉人如果发现有人"戳拐",就会找上门去,毫不客气地说:"么样,想找老子的歪?"这个"戳拐"的人也就只好躲起来。因为一个喜欢"戳拐"的人,在武汉是不会有容身之地的。

武汉人痛恨"阴倒搞",所以他们有什么不同意见,也要痛痛快快地当面说出来,包括说你"瞎款"。这好像有点奇怪。武汉人不是挺讲究"就不就味"的吗?怎么能这样不给人面子呢?也许,武汉人并不认为这是"不就味"吧!至少,我在武汉生活多年,还没见过因说"瞎款"而翻脸的。相反,如果一个武汉人会当面说你"瞎款",则多半是把你当作了自己人。因为这说明他和你之间没有芥蒂,没有隔阂,可以随便说话,包括说你"瞎款"。

同样,说话"带渣滓",也不会引起太多的麻烦。所谓"带渣滓",也就是说话时带出骂人的话,又叫"带把子"。把,要读去声。方方说"带把子"就是"话中有话夹枪带棍的意思"(《有趣的武汉话》),其实不然。所谓"把子",就是男性生殖器。因此"带把子"便有"见谁操谁"的意思。骂人的话,常常与"性"有关,这也是天下之通则。比如"他妈的",就略去了后面"儿童不宜"的一个字。"个板马",后面也省掉了两个字,也是"儿童不宜"的。所以,说话"带渣滓"、"带把子",不太文明。

一般地说,和长辈说话,或者和重要人物(比如领导)说话,是不能"带渣滓"的。不但不能"带渣滓",还得"您家"长"您家"短。吵架时最好也不要"带渣滓",因为那会扩大事态。如果是平辈朋友熟人间说话,那就满口是"渣滓"了。而且,越是关系亲密,"渣滓"就越多。比方说两个好朋友见面,一个说:"你个婊子养的,这几时跑哪里去了?"另一个就会说:"找你老娘去了。"这实在很不像话,却没有武汉人会计较。

另一件常常让外地人受不了的事是喝酒。武汉人极重友情,而且把喝酒看作是衡量友情深浅的试金石,谓之"感情浅,尝一点;感情深,打吊针;感情铁,胃出血。"武汉人酒量并不是最大的,难对付的是他们劝酒的方式。比方说,如果你不肯和他们一起大碗喝酒,他们就会不以为然地说："又不是姑娘伢,啫个么事!"丝毫也不考虑对方听了以后,脸上是否"挂得住"。这就颇有些北方汉子的味道,大大咧咧,"缺心少肺"。

的确,一般地说,武汉人心眼不多,至少不像上海人那样精于算计,事事精明,或像福州人那样深于城府,处处周到。他们甚至常常会做蠢事,而且不讲道理。比方说,你到武汉的商店去买东西,问价的时候,如果碰巧那售货员心里不太痛快,便会白眼一翻:"你自己不晓得看!"这是一种很没有道理的回答,也是一种很不合算的回答。因为假设这件商品价值十元,回答"十块",才说两个字;回答"你自己不晓得看"却是七个字。多说了五个字,还不落好。可武汉人不会去算这笔账。他们宁肯不落好,也要毫不掩饰地表现自己的不耐烦。

所以,如果你了解武汉人,又不太计较他们"恶劣"的态度,那么,你就会发现他们其实是极好相处的。因为他们骨子里有一种率真的天性,有时甚至会有点像孩子(用他们自己的话说,就是"像小伢")。或者更准确一点说,像那种被惯坏了的骄横无礼的孩子。孩子总是比大人好相处一些。要紧的是以心换心,打成一片。如果你真的和他们成了"梗朋友",那么,不也可以拍着他的肩膀揪着他的耳朵叫他"婊子养的"吗?

武汉人也像孩子一样爱玩。不过,武汉人的爱玩,又不同于成都人的爱耍。成都人的爱耍,是真的去玩,武汉人则往往把不是玩也说成是玩,比如"玩味"、"玩朋友"、"玩水"。玩水其实就是游泳。全国各地都有爱游泳的,但把游泳称之为"玩水",好像只有武汉。武汉夏天时间长、气温高,江河湖泊又多,玩水遂成为武汉人的共同爱好。武汉人"玩水"的高潮或者说壮举是横渡长江。这件事是毛泽东带的头。毛泽东不但开横渡长江之先河,还写下了"万里长江横渡,极目楚天舒"的名句,使武汉人大得面子,也大受鼓舞。于是横渡长江便成了武汉市每年一度的大事。不过这事可真不是好玩的,非水性极好不可。但武汉人却乐此不疲。因此我常想,幸亏武汉人只是爱"玩水"。要是

爱"玩火",那还得了？（图五十）

　　武汉人像孩子的另一表现是不太注意吃相。他们吃起东西来，往往"直呵直呵"地。尤其是吃热干面。热干面是武汉特有的一种小吃，一般做早点，也有中午晚上吃的。做热干面工序很多。先要在头天晚上把面条煮熟，捞起来摊开晾凉，拌以麻油。第二天吃时，烧一大锅滚水，将面放在笊篱里烫热，再拌以芝麻酱、小麻油、榨菜丁、虾皮、酱油、味精、胡椒、葱花、姜米、蒜泥、辣椒（此为最正宗之做法，现在则多半偷工减料），香喷喷，热乎乎，极其刺激味觉。武汉人接过来，稀稀唆唆，吧答吧答，三下五去二，眨眼工夫就下了肚。

图五十：玩水，几乎是武汉人的共同爱好。
严志刚摄/新周刊供稿

第二天，又来吃，永远不会细嚼慢咽地品味，也永远吃不腻。所以有人说，爱不爱吃热干面，是区分正宗武汉人和非正宗武汉人的试金石。文革中，许多地方的知识青年都有自己的"知青之歌"，其中以南京的最为有名，词曲都有些伤感，作者也因此而遭通缉和批判。武汉的"知青之歌"却不伤感，也没有遭批判。因为武汉的"知青之歌"竟是："我爱武汉的热干面。"爱热干面，是不好算作"修正主义"的，也扯不到"路线斗争"上去。

　　爱吃热干面，我以为正是武汉人性格所使然：爽快而味重，干脆而利落。他们处理人际关系，也喜欢像吃热干面一样，三下五去二，不啫，不嘀哆，也不装模作样。的确，正如方方所说："武汉人特别的真。"心直口快的性格使他们即便要说假话，也不那么顺当。尤其是，"当他认定你这个人可以一交时，他对你是绝对掏心掏肺地真诚。他为你帮忙不辞辛苦也不思回报，当然他可能在办事过程中大大咧咧、马马虎虎，但真诚之心却是随处可见的。"（《武汉人特别的真》）当然，武汉人并不"苕"（愚蠢），他们也欣赏"贼"（聪明）。比方说，他们要夸奖一个孩子，就会说："呀，这伢好'贼'呀！"当然要"贼"的，如果不"贼"，何以叫"九头鸟"？不过，一般地说，武汉人的"贼"，大多"贼"在明面上，一眼就能看穿。他们也会要点小心眼，做点小动作，玩点小花招，在掏心掏肺的时候打点小埋伏，但往往一不小心就露出马脚来。因为他们的天性是率真的。所以，尽管他们也想学点狡滑，玩点深沉，无奈多半学不像玩不好，反倒被人骂作"差火"鄙作"啫"。

武汉人的好相处，还在于他们没有太多的"穷讲究"，——既不像北京人那样讲"礼"，又不像上海人那样讲"貌"。如果说要讲究什么的话，那就是讲"味"。武汉人的"味"确实是一种讲究：既不能没有或不懂，也不能太多或太大。"冒得味"是遭人痞的，"不懂味"是讨人嫌的，而"味太大"则又是会得罪人的。"你这个人还味大得很呀"，也就无异于指责对方端架子摆谱，不够意思。

由此可见，武汉人的处世哲学比较朴素，而且大体上基于一种"江湖之道"。武汉人的确是比较"江湖"的。他们远不是什么"最市民化"的一族。尽管武汉建市已经很久，武汉人也都多少有些市民气，但他们在骨子里却更向往江湖，无妨说是"身处闹市，心在江湖"，与北京人"身居帝都，心存田野"颇有些相似。这大约因为北京周边是田园，而武汉历来是水陆码头之故。码头往往是江湖人的集散地，江湖上那一套总是在码头上大行其道。久而久之，江湖之道在武汉人这里就很吃得开，武汉人也就变得有点像江湖中人。比如"拐子"这个词，原本是江湖上帮会中用来称呼"老大"的，武汉人却用来称呼自己的哥哥：大哥叫"大拐子"，二哥叫"二拐子"，小哥就叫"小拐子"。又比如"叶子"，也是江湖上的语言，指衣服。衣服穿在身上，一如叶子长在树上，关乎形象，也有装饰作用。由是之故，武汉人又把手表叫做"叫叶子"。因为手表也是有装饰作用的，但又有声音，因此是"叫叶子"。对于这些带有江湖气的话，武汉人都很喜欢，流传起来也很快。

武汉人也像江湖中人一样有一种"四海之内皆兄弟也"的观念。

比如他们把所有结过婚的女人统统叫做"嫂子",这就无异于把她们的丈夫统统看作哥哥了。他们当然也像江湖中人一样爱"抱团儿"。这一点也和北京人相似。不过北京人的圈子和武汉人的圈子不大一样。北京人更看重身份和品类,武汉人则更看重恩怨。"有恩报恩,有仇报仇"是武汉人的信念。在他们看来,一个分不清恩怨的人,也一定是分不清是非的人。

所以武汉人极重友情。重友情的人都记恩怨、讲义气、重然诺。这些特点武汉人都有。为了哥们义气,他们是不惮于说些出格的话,做些出格的事,甚至以身试法的。比如先前武汉街头常有的打群架就是。至于商店里服务态度恶劣,则因你不是他的朋友。如果你是他的朋友,那就不一样了。店里来了价廉物美的东西,他一定会告诉你。如果你一时没法来买,他会给你留着,并以恶劣的态度拒不卖给别人。反正,武汉人一旦认定你是朋友,就特别帮忙,特别仗义,不像某些地方的人,没事时和你套近乎,一旦有事,就不见踪影。他们也不像某些地方的人,看起来"温良恭俭让",一团和气,满面笑容,心里面却深不可测。武汉人是爱憎分明的。他们的喜怒哀乐、臧否恩怨都写在脸上。这就好打交道。所以,不少外地人初到武汉时,多对武汉人的性格不以为然,难以忍受,但相处久了,却会喜欢武汉人,甚至自己也变成武汉人。

总之,武汉人是很可爱的。他们为人直爽,天性率真,极重友情。要说毛病,除爱骂人外,也就是特别爱面子,要味。所以,和武汉人打交道,一定要面子给足,顺着他的毛摸。苟能如此,你就会在他们粗鲁粗暴的背后体会到温柔。

武汉人也基本上不排外。除不大看得起河南人外,武汉人很少以"大武汉"自居。对于外地文化和外来文化,武汉人的态度大体上比较开明。不排外,也不媚外,不妄自尊大,也不妄自菲薄。海货、港货和汉货一样平等地摆在柜台上卖,京剧、豫剧、越剧和汉剧、楚剧一样拥有大批的观众,不像河南、陕西那样是豫剧、秦腔的一统天下。甚至武汉的作家们也不像湖南、四川、陕西那样高举"湘军"、"川军"、"西北军"的旗号在文坛上张扬。武汉,总体上说是开放的,而且历来是开放的。这种开放使得武汉人"既有北方人之豪爽,亦有南方人之聪慧"。或者说,"既有北人之蛮,亦有南人之狡"(方方《武汉人的性格是怎么搞的》)。这就无疑是一种文化优势了。有此文化优势,岂能不大展鸿图?

## 五 优势与难题

武汉的确应该大有前途。因为武汉虽然自然气候极差,历史气候不佳,文化气候却不坏。

这无疑得益于武汉的地理位置。它的北边,是作为中国政治文化中心的北京;南边,是屡次成为革命策源地、如今又是经济活力最强的广州和珠江三角洲;东边,是标志着中国近代化历程的上海;西边,则有得天独厚、深藏不露的成都。东西南北的"城市季风",都会吹进武汉。哪怕只是吹过武汉,也"水过地皮湿",多少会产生一定的影响。更何况,武汉不但是兵家必争之地,也是商家必经之水陆码头。各路货物固然要从这里出进,各种文化也会在这里驻足,从而使武汉人的文化性格变得复杂起来。

事实上,武汉人的文化性格中,确有周边四邻的影响。比方说,西边巴人好斗,南边湘人倔犟,武汉人就有点又冲又犟。所以,维新和革命的领导者虽然是广东人康有为、梁启超、黄遵宪、孙中山,首义第一枪却打响在武昌城。不过,武汉人虽然又好斗又倔犟,却不是"冲头"和"傻冒",林语堂谓之"信誓旦旦却又喜欢搞点阴谋诡计"。武汉人很会做生意,生意场上公认"九头鸟"不好对付,这似乎有点像广州人和上海人;而武汉人之会做官、会做学问,则接近于北京人。至于"白云黄鹤"的仙风道骨,又颇似"多出神仙"的四川人。

的确,武汉文化东西结合、南北杂糅的特征十分明显。即以饮食为例。武汉人嗜辣似川湘,嗜甜似江浙,清淡似闽粤,厚重似徽鲁,其代表作"豆皮"即有"包容"、"兼济"的文化特点。武汉人在体格、性格上也兼东西南北之长。他们比南方人高大,比北方人小巧,比成都人剽悍,比上海人朴直,比广东人会做官,比山东人会经商,比河北人会作文,比江浙人会打架。总之是能文能武,能官能商。

武汉三镇的城市格局,也是官商并存,文武兼备。

三镇中市区面积最大、人口最多的汉口,是长江流域最重要的通商口岸之一,而且也和上海一样,曾经有过租界。它是我国中部地区对外开放的重要窗口和接受外来文化的主要门户。作为一度独立的城市,它也是以上海为代表的一类新型城市中重要的一员,在中国城市的近代化和现代化进程中得风气之先。相对逊色的汉阳,则有着中国最早的军事工业,汉阳兵工厂生产的"汉阳造",也曾名驰一时。至于"文昌武不昌"的武昌,历来就是湖北甚至中南地区的政治文化中心。湖广总督府曾设立于此,湖北省政府也至今设立于此。在武昌,还集中了众多的高等学府,无论数量还是水平都居于全国前列,而且名牌大学就有好几所。珞珈山上的武汉大学,是中国最早的几所国立大学之一,其朴素学风,素为学术界所看重。其他几所理工科大学,在各自的领域内,也都卓有盛名。武汉的学术事业,尤其是人文学科,曾号称与北京、上海成"鼎足之势"。一个老资格的开放口岸,一个高水平的文化重镇,再加上一个前途无量的后起之秀,武汉三镇,难道不是一种最佳的城市组合?这样美妙的组合,国内又有几个?

更何况,武汉的"运气"也并不那么坏。内陆开埠、辛亥革命、北伐战争、国共合作、抗日救国、解放中原,在中国近现代史上的许多关键时刻,武汉都扮演过重要角色。1949年后,它成为我国最重要的工业基地之一;改革开放时期,它又理所当然地成为内陆开放城市。此之谓"得天时"。地处国中,九省通衢,此之谓"得地利"。集三镇优势,合四海人文,此之谓"得人和"。天时地利人和尽占,武汉应该成为文化上的"集大成"者。

然而事实却并不像我们想象的那么美好。

正如武汉原本可以成为首都却终于没有当上一样,武汉的学术文化事业也未能领袖群伦。岂但未能领袖群伦,连十分出色也谈不上。

它的学术研究成就一般,文艺创作也成绩平平。人们像朝圣一样涌进北京,像观风一样看着上海,对南京也另眼相看,却似乎不大把武汉放在眼里。武汉的学术研究和文艺创作从来没有成为过全国的中心,甚至哪怕是"热点"。

武汉的学术文化事业只不过是武汉城市文化建设和城市人格塑造的一面镜子。它映照出的是这样一个事实:武汉的城市文化和城市人格缺少自己的特色。北京有"京派文化",上海有"海派文化",南京、成都的文化特色也都十分明显,广州便更是特色鲜明,就连一些不怎么样的小城镇也不乏独到之处。请问武汉文化有什么特色呢?似乎谁也说不出。它"雅"不够,"俗"也不够,既不新潮,也不古朴,似乎什么味道都有一点,却又什么味道都没有。武汉人自嘲兼自慰的说法,叫"以无特色为特色"。然而如果表现不出特色来,岂非"不出色"?

事实上,武汉文化原本是应该"出色"而且也不难"出色"的。这个特色,就是前面说的"集大成"。这无疑需要大眼界、大气魄、大手笔,然而武汉人似乎胸襟不大,魄力不够,底气不足,手脚放不开。结果,东西南北的"城市季风"吹进武汉,只不过"吹皱一池春水",却不能形成"扶摇羊角",让武汉如鲲鹏般"直上九万里"。

最不喜欢"差火"的武汉人,在建设自己的城市文化和塑造自己的城市人格时,似乎恰恰"差"了一把"火"。

这是武汉文化之谜,也是武汉城市文化建设和城市人格塑造的难题。

这个谜得靠武汉人自己去解。

这个难题也得靠武汉人自己去解决。

而且,一旦解决,武汉便会让北京、上海、广州都刮目相看。

# 深圳特区

深圳是特区。

深圳特区很年轻。

年轻的深圳充满青春气息。

深圳无疑是中国最年轻的城市。它只有二十来岁的"市龄",它的市民平均年龄也不过二十五六岁。漫步在深圳的街头和社区,你不可能像在其他城市那样,看到古老的城门,陈旧的店铺,逼窄的小巷,颓圮的墙垣,爬满青藤的老屋,松柏森森的庙宇,无所事事的闲汉和步履悠闲的老人,而只有崭新的大道,高耸的楼房,川流不息的车辆和一张张年轻的脸。在这些年轻的脸上,你能读到自信和果敢,憧憬和向往,坚毅和执着,刚健和机灵,也可能读到疲惫和茫然,苦恼和艰辛,灰心和愤懑,但不会有老态龙钟。

这样一种年轻,在中国众多的城市中显然是独一无二的。这种独一无二使深圳有一种特殊的魅力,也使得我们对深圳的解读颇为困难。深圳毕竟曾经是"一张白纸",而那"最新最美的画图"也才刚刚画出来。刚刚画出来的画图当然会有新鲜感,然而是否耐读却也是一个问题。如果说,历史文化名城就像陈年老酒,那么,新兴城市就有可能像易拉罐饮料。太年轻的城市就像太年幼的孩子、太薄的书和太短的故事,能多少有耐人寻味的内容呢?

深圳不像北京、上海那样耐读,也不像它们那样易读。北京有城门,上海有外滩;北京有胡同,上海有里弄。望城门,串胡同,一路吃着冰糖葫芦或萝卜赛梨,一路听着嫩黄瓜般清脆的北京话,你会发现自己很快就进入了北京城。逛外滩,走里弄,一面辨认着旧租界和老公寓,一面听上海人用直截了当的上海话飞快地讨价还价,你很快就会感觉自己已置身于上海滩。北京和上海,在你心目中是感性具体的,也是生动鲜活的,还是形象鲜明的。当然,当你站在深南中路蔡屋围人行天桥上,一面是高耸的地王大厦,一面是大幅的小平画像,你也会真切地感到自己是在深圳。但是,一说到深圳的文化特征,我们就会感到很茫然,或者感到那不过是一个抽象的符号。因为深圳现在还找不到像故宫外滩或胡同里弄那样的城市象征,也没有自己的方言和风味小吃,而它们又恰恰是一个城市文化特征最鲜明也最容易被人把握的外部标识,就像一个人的脸一样。

解读深圳也是有学术风险的,因为它毕竟还是一个"发展中的城市"。"发展中"有两个意思。一是与"发达"相对应,意思是说现在还不怎么样,但可以寄希望于未来,而且现在也一天比一天好;二是与"定型"相对应,意思是说它正处于发展变化之中,谁也说不清将来会是什么样子。我们说深圳是"发展中的城市",显然是后一种意思。深圳在短短二十年间就有了如此突飞猛进举世瞩目的发展,则它的将来,也更会有长足的进步,正所谓"前途未可量也"。既然"前途无量",其发展速度又"迅猛异常",那么,我们对它的解读和评说,便很可能在三五年内就成了"明日黄花",这显然是不上算的。

然而我们又不能不解读深圳。这不仅因为它的出现本身就是一个奇迹,还因为它是中国最具当代意义的城市,代表着一种既不同于西安北京又不同于上海广州的全新的城市类型。只有解读了深圳,我们对中国城市的把握,才可能是全面的。何况,在这短短二十年中,中国乃至世界,又有多少双眼睛一直在关注着深圳啊!

那么,这个年轻的城市,这本薄得没有几个页码的书,又有什么值得关注的呢？

也许，我们还得从它那极短的"历史"说起

## 一　春天的故事

深圳的故事，是春天的故事。

尽管事情才仅仅过去二十年，然而不少人已很难体验到1979年那个春天，一位老人在中国的南海边画下这个圈的艰难和分量。那时，寒冷的北方，冰河还没有完全解冻，太平洋季风吹拂的南方也依然春寒料峭。渴望播种的土地焦急地等待着春雨和暖风，担心又一次失去丰收的机遇；而肆虐惯了的寒流却伺机卷土重来，妄图再一次封杀大地。刚刚走出浩劫的共和国，究竟何去何从？以当时之形势，确实需要"杀出一条血路来"。

杀出一条血路并不容易。除了必须有一位高屋建瓴的英明统帅来运筹帷幄，还要有一个最容易见到实效而万一失误又不至于影响全局的突破口，才能出奇制胜，一举成功。

历史选择了邓小平。

邓小平选择了深圳。

深圳似乎命中注定就该担此重任。深圳的前身是宝安，宝安的前身是新安。1575年，大明朝廷决定在这里正式设置县治，取"革故鼎新，去危为安"之意，名之曰"新安"。这实在是一个吉利的名字，也是一个振奋人心的名字。不过，明王朝时代的新安，在革新和安定两方面都并没有什么作为。清王朝更是每况愈下，居然将一河一海之隔的土地拱手相让。于是，本应"革故鼎新，去危为安"之城，反倒成了丧权辱国唇亡齿寒之地。因此，直到1979年以前，作为宝安县城的深圳，还只是一个毫不起眼的边陲小镇。许多中国人还念不准它的名字，管它叫"深川"或"深趁"。如果说多少还有人知道它的话，也仅仅因为它毗邻香港。从内地到香港，要经过它那里的罗湖桥。深圳，在当时人们的心目中，只不过是一个口岸罢了。

然而这其实已经很够了。对于封闭已久的国度来说,要的就是一个"口子"。

历史有时是有些戏剧性的。最早撕开口子的地方,是深圳西南角半岛上2.14平方公里的一块弹丸之地,它的名字就叫"蛇口"。"蛇口"这个地名颇有些耐人寻味和意味深长,而蛇口人的身手和胆识也确乎不凡。早在"招商局蛇口工业区"建立之初,他们就喊出了一个不同凡响的口号:"时间就是金钱,效率就是生命。"一时间,抗声群起,舆论哗然。蛇口人却反唇相讥:有没有搞错! 这是老祖宗的传统:"一寸光阴一寸金"嘛! 的确,正如科学技术没有阶级性一样,时间和金钱也没有阶级性。它们可以用来发展资本主义,也可以用来建设社会主义。但如果没有时间和金钱,就什么主义也搞不成;而如果没有效率,就什么主义也搞不好。

二十年过去,弹指一挥间。现在,"时间就是金钱,效率就是生命"的标语牌依然屹立在蛇口工业区的大道旁,始于蛇口继于深圳的各项改革:人事制度改革、住房制度改革、医疗保险改革、土地使用制度改

图五十一:"时间就是金钱,效率就是生命"的标语牌依然犹在,在深圳开始试验的改革现已推向全国。

李 华摄

革等等,也早已在全国遍地开花。(图五十一)人们不再把招标、投标、招聘、择业、股票、期货、债券、产权等等看作异端,也开始习惯了拍卖和投资、供楼和按揭、跳槽和打工、炒鱿鱼和卖楼花。深圳的改革已成了全国的改革,深圳的观念已成了全国的观念。世界舆论公认,深圳的试验是成功的。邓小平领导的改革开放,确实为中国人民找到了一条强国之路。而民间说法则更绝:"要看中国的二十年,请到深圳!"

我们现在已无法确知当时为什么"碰巧"选定了蛇口这个地方,只知道短短半年以后,口子就越开越大。1979年7月,中共中央、国务院确定在深圳、珠海、汕头、厦门试办经济特区。一年以后,1980年8月,全国人大常委会完成了兴办特区的立法程序。一场伟大的试验开始了,一种新型的城市也随之崛起。它的名字,就叫"经济特区"。

特区总是有些特别的地方。

首先是深圳的建设发展速度比国内任何城市都快。80年代,160米高的国贸大厦曾以"三天一层楼"的"深圳速度"震惊全国,十年以后,383米高的地王大厦又以"九天四层楼"的"新深圳速度"在全国乃至亚洲独领风骚。而且,在建造地王大厦的两年多时间里,人们没有听到过喧嚣和噪音,没有看见过肮脏和杂乱。它四周的马路在凌晨时分总是被冲洗得洁净如初,它的工地围墙也多次被粉刷一新。地王大厦是安安静静又干干净净长高的。人们说,这就是深圳。只有深圳才有这样的速度,只有深圳才有这样的效率,也只有深圳才有这种文明。

飞速发展的经济给深圳人带来了可以看得见的实实在在的好处。

深圳的农民"先富起来"了。他们的人均年收入在短短十几年间成倍、成十倍甚至成百倍地增长,富裕得连自己都不敢相信。他们当中不少人成了董事长、总经理或大股东,拥有了自己的产业。深圳的市民也"先富起来"了。所有那些当年闯深圳的人,现在毫无疑问地都成了他们同行同学中的"先富"一族。当老板的固然腰缠万贯财大气粗,做文员的也不寒酸。有的买了房子,有的买了汽车,不少人则兼而有之。但他们如果不是来到了深圳,则所有这些都不过是无法充饥的画饼罢了,甚至可能连想也不敢想。他们也许还会像那些未能一并南下的弟兄们一样,在办公室里收收发发抄抄写写,当一名月薪数百元的小科员,或者在一座发不出工资的小县城里等米下锅,甚至在一家不景气的国有企业里等着下岗。所以,当他们和旧日同窗同僚再度相逢时,很容易地就能体验到成就感。

　　受惠的不仅是深圳的市民和农民。改革开放的深圳,日新月异的深圳,差不多是全国最大也最活跃的劳动力市场。它的大门,一开始就是向全中国敞开的。成千上万的外省市青年农民,离开他们亲切但又贫瘠的故土,潮水般地涌向深圳。这些离乡背井的打工仔、打工妹们,在为深圳的发展建设贡献青春和血汗的同时,也获得了有形和无形的两种效益。无形的是全新的思想观念和生活方式,有形的则是实实在在的货币。据说,江西某县打工仔打工妹们每年从深圳寄回家去的钱,就相当于该县全年财政收入的总和。难怪那些当年家家户户"送郎当红军"的革命老区,今天要家家户户"送女闯深圳"了。毕竟,"人往高处走,水往低处流",富裕和先进总是有吸引力的,而"穷则思变"也早已被证明是一个真理。更何况,打工仔打工妹们在深圳"赚"到的,并不只是钞票,还有商品意识、市场观念、管理方法、营销策略、公关手段甚至客户关系等"软件"。事实上,这些在深圳这个现代都市和国际窗口经过风雨见过世面的青年,已不再是传统意义上的农民。因此,他们一旦"退役"回家,便有可能成为家乡脱贫致富的带头人。由此而产生的经济效益和社会效益,更是无法估算的。

　　难怪深圳人对邓小平怀有发自内心而且无比深厚的感情。在深南中路上步路段,深圳人当年创业的地方,竖起了邓小平的巨幅画像,上面写着邓的名言:"坚持党的基本路线一百年不动摇。"1997年春,邓小平溘然长逝。成千上万的深圳人自发地走上街头,来到画像前,用种种方式表达他们的哀思。其中,既有董事长、总经理,也有打工仔、打工妹。一个只身到深圳打工、现在已经开了一家小公司的青年,献上了一个价值四千元的花圈。他说,无论用什么样的方式,都不足以表达我们对邓小平的感激和怀念。直到现在,小平画像也仍是人们常去的地方。每天都有人在画像前合影留念。这里常年鲜花怒放、阳光灿烂、春意盎然。一代伟人的名字,已经永远和春天连在一起。(图五十二)

图五十二:一代伟人的名字已永远和春天连在一起。

李　华摄

深圳的成就并不仅仅只是经济上的,深圳人得到的好处也不仅仅是经济上的。

深圳是一个特殊的城市。在这个大约400万人口的城市中,土生土长的"原住民"只占极小的比例,大约四分之三的人则是仅仅持有暂住证的外来人口。户籍意义上的"深圳人",只占四分之一。他们主要是从全国各地招聘来的各方面的专门人才,大多有着较高的学历和较强的能力,故而在这个生机勃勃的城市如鱼得水长袖善舞。他们活跃在深圳的领导层、决策层、管理层和技术层,活跃在深圳的机关、团体、企业、传媒,担任着政府官员、银行职员、公司文员、学校教员等职务,或者开办和打理着一家家大大小小的公司。正是他们,构成了深圳改革开放和特区建设的主导力量,同时也是改革开放和特区建设最主要的受惠者。

这些人几乎无可怀疑地是"精英一族",也大致无可怀疑的是"成功一族"。问题不在于这些人到底赚了多少钱,以及这些钱是怎么赚的。不可否认,有的是靠能力,有的是靠运气,还有极少数靠的是投机取巧和歪门邪道,赚的是"黑钱"。问题在于,为什么同样的人,在别的地方就没有这么好的运气,或者有能力也发挥不出来?为什么同样有能力而且也同样很努力的人,在别的地方就赚不到这么多钱,也没有成就感?显然,这里有一个体制和机制的问题。正是体制和机制方面的原因,使许多英才长期被埋没,甚至变成庸才。道理也很简单,一个人,如果很有能力也很努力,得到的报酬却和那些平庸之辈没什么两样,那么,久而久之,他们就有可能也变得平庸起来。

深圳却基本上没有庸才的一席之地。当然,凡有人群的地方,就会有庸才,深圳也不例外。而且某些庸才可能还身居高位,某些单位也可能庸才成群。但即便是他们,和在内地混日子时的精神面貌也不一样,也不认为自己是庸才。因为深圳已经营造了一种"庸才无容身之地"的氛围。人们都相信,在深圳,是不该有庸才的。相反,一个人的才华和勤奋,则多半总能得到相应的、表现为实实在在货币形式的报酬。至少是,在理论上,一个人才如果得不到用武之地和应有的报酬,你还可以"跳槽",直到找到你自己认为是最合适的岗位为止。尽管不少人还在找,还在跳,但前途却总归是看得见的,或者是有可能的。因此,他们在深圳获得的最大的实惠,与其说是房子、汽车、钞票,不如说是机会,是最大限度地发挥才能并有所作为、从而实现自身价值的可能性。

的确,深圳优于其他城市的地方,就在于它为各种人才和各色人等都提供了一个公平竞争和自我实现的广阔天地和选择余地,至少是提供了这样一种观念。这当然是改革开放的结果,其意义是极为深远的,因为它实际上牵涉到一个经济学中的伦理学问题,即公平与效率。事实上,长期以来,经济学理论和经济学家们都一直在公平与效率之间寻找一个平衡点。我们当然不能说深圳就已经解决了这个世界性和历史性的难题,但它毕竟在探索,而且初见成效。

如今,当我们站在国贸大厦顶层旋转餐厅往下看时,我们已无法想见深圳创业之初"高楼万丈平地起"的辉煌。面对那些也曾显赫一时的楼房,我们只有"一览众山小"的感觉。然而即便如此,这些高楼大厦也仍能引起我们的沉思:究竟是什么原因,使深圳获得了如此之高的发展速度呢?原因是多方面的,但人的解放,人的思想的解放和潜能的释放,无疑是最重要的原因之一。毕竟,世间一切事物中,人是第一个可宝贵的。只有当人自己从种种禁锢和束缚中解放出来以后,社会生产力才有可能真正得到解放。

人的解放,是深圳故事的主题。

## 二 人 的 解 放

人的解放,原本就是改革的重要课题。

早在招商局蛇口工业区成立之初,深圳人就小心翼翼同时也坚定不移地开始进行人事制度的改革。在请示中央同意以后,特区派出的招聘工作组飞往全国各地,公开亮出旗号,招兵买马,成为改革初期一件备受关注的事情。

更多的人则干脆不管什么招聘不招聘,拎起行李就直奔深圳。他们不相信一个以改革开放为己任的城市会拒绝"敢为天下先"的人。在他们看来,深圳即便并非"遍地是黄金",至少也应该"遍地是机会"。如果深圳尚且不能接纳自己这样充满改革激情和改革念头的人,那么我们这个国家可就真是没希望了。于是一拨又一拨的人才大雁南飞,带着自己简单的行李和不简单的想法、不多的钞票和很多的愿望,到这个年轻而又令人向往的城市闯荡江湖。这支南下大军的主体,是1977年恢复高考以后毕业的大学生、硕士生和博士生。他们年轻、热情,充满活力,新观念多而旧包袱少,和这个城市的文化性格一拍即合。事实上深圳也一直向他们敞开着大门。1986年,深圳人才智力市场成立。1997年初,新的现代化综合型人才大市场开始投入运行,仅1月3日到5日为期3天的大学应届毕业生就业洽谈会,就有9

万多人进场;2月至6月,进场单位8190家,进场人数39.8万人次。面向全国招聘人才,已不再是当年的新鲜事,而是深圳人事制度的重要组成部分和人事部门的常规性工作。(图五十三)

不是所有的人都有好运气,也不是所有的人都能在深圳站稳

图五十三:面向全国招聘人才,是深圳人事部门的常规性工作。

李　华摄

脚跟。

深圳人才大市场的工作人员告诉我们,到他们那里求职的,平均每天4000人次,最多时可达万人。这么多的人,当然不可能都如愿以偿,顺顺当当地找到理想的工作。不少人恐怕会趁兴而来败兴而去,有的可能还不得不打道回府。显然,进深圳不是逛商场,没有那么轻松,那么潇洒,也没有那么随意。如果说,能不能进北京,要看你是否优秀;能不能进上海,要看你是否精明;那么,能不能进深圳,就要看你是否有足够的心理承受能力。不要忘记深圳的口号,是"改革者到深圳来"。这句话的另一层意思则是:不想改革就别来。改革是要付出代价的,其中就包括要自己去找工作,在求职时不断碰钉子,在找到工作后又被炒鱿鱼,一时半会没有着落等等。如果你不能承受这一切,那么,对不起,趁早别来。

事实上,不少人闯深圳的经历,听起来就像是"北京人在纽约"的故事。如果你有兴趣听他们诉说,那么,差不多每个人都能讲出"满纸荒唐言,一把辛酸泪"来。这些少年气盛的天之骄子,血气方刚的初生牛犊,满怀青春梦想和改革激情,兴致勃勃地来到深圳,却惊异地发现他们面前并没有鲜花和红地毯。于是,他们不得不收拾起简单的行囊(那里面装着薄薄的几件衣裳和厚厚的一叠证书),从一个单位跑到另一个单位,从一家公司跑到另一家公司,来也匆匆,去也匆匆,就这样风雨兼程。渴了,喝口自来水;饿了,啃块方便面;累了,在街头歇歇脚,看着日新月异的深圳市,意气风发的深圳人,心里顿生无限感慨,也难免一丝惆怅。华灯初上之时,深圳的酒楼饭店灯红酒绿觥筹交错,自己却饥肠辘辘气若游丝,即便"男儿有泪不轻弹",也保不住伤心的泪水涌上心头。亲戚家的客厅或朋友公司的地板是不好意思再睡了,就到公园的草坪上去数星星。那滋味,可比"咪咪躺在妈妈的怀里数星星"差多了。因为并没有什么温暖的怀抱,也没有妈妈的安慰,你得自己去考虑"明天的早餐在哪里"。

这就是深圳。这里没有包办代替,没有坐享其成,没有省心事可做,没有现成饭可吃。一切都得靠你自己去操办,去打理,去投石问路,去东奔西走。在这里一切犹豫、抱怨和窃窃私语都无济于事,只能勇往直前,哪怕是硬着头皮往前走。

但,没有人后悔。

成功者当然不后悔。不但不后悔,反倒会有几分庆幸和得意。毕竟,今日的成功,是当年的奋斗换来的。现成饭吃着没有味道,自己打下的粮食才是香喷喷的,而当年所受的磨难,如今咀嚼起来,更"别是一番滋味在心头"。的确,一个人年纪轻轻的,靠着某种势力或机遇,就一帆风顺青云直上,那只能叫少年得志。只有那些在风口浪尖滚打跌爬,靠着自己的努力创下一番事业的人,才会有成就感。而且,创业越是艰难,道路越是曲折,就越能体验到成就感,也就是所谓"无限风光在险峰"吧!

这就值得骄傲,也值得庆幸。你想吧,如果当年不是"看看头上天外天,想想脚下一马平川",一咬牙坚持了下来。怎么会有今天?所以,尽管他们当中差不多每个人都有初涉江湖的辛酸经历和闯荡特区的传奇故事,但当他们倾诉当年的孤立无援、流离失所、走投无路、四处碰壁时,你不会有"大倒苦水"的感觉。相反,你会觉得,如果他们当年竟然没有这些"不幸遭遇"和"苦难经历",那才是大大的不幸。

尚未成功者也不后悔。事实上,许多人放弃了内地悠闲的工作,不错的职位,稳定的收入来到深圳,由于学历不高或专业不好,也许一时半会儿找不到合适的工作,甚至居无定所,频繁换岗,干过上十种工作,却依然不肯离开这个并不属于自己的城市。在他们看来,这个城市虽然暂时还没有给自己机会,但至少给予了希望。如果连这个城市都没有希望,别的地方只怕就更没有什么希望了。更何况,安居乐业固然不错,跳来跳去也未必不好。工种换得多,见的世面也多,学的本事也多。至于居无定所嘛,也不赖,正好广交朋友么!

甚至"落荒而逃"者也不后悔。因为没有人真正会"空着手"离开深圳。深圳先行一步的改革,毕竟要在全国范围内全面铺开。招聘应聘、竞争上岗、择业跳槽,在内地也将变成家常便饭。有深圳这碗酒垫底,就什么样的酒都能对付。事实上,凡是在深圳有过求职打工经历的人,身上都会发生神奇的变化,因此即便重返故土,也与前大不相同。也许,他们自己不一定能清楚地意识到这种变化,但明眼人马上就能看出:他们拖沓的脚步变轻快了,迟钝的脑袋变灵活了。更重要的是,他们的心理承受能力明显地变强了。

的确,深圳人的心理承受能力一般都比较强。这种能力是在股市的起落、房价的涨跌、职位的升降中形成的,也是在求职的路上形成的。在深圳,差不多每天都有老公司破产、新公司开张,也差不多每天都有人丢掉旧饭碗,找到新工作。进进出出、上上下下都是平常事。它很可能就发生在每个人自己身边,也很可能就发生在每个人自己身上。见得多了,也就看得淡了;经得多了,也就无所谓了。深圳人会很平淡地告诉你他今天又在股市上赚了百十来万,或者他今天又被老板炒了,明天恐怕得到人才市场去重新登记。他在说这两件事时,口气是一样平淡的,而他朋友们的反应也会和他一样平淡。毕竟都是风口浪尖滚过来的,早就打熬出一副钢筋铁骨,没有人会大惊小怪。

获得这种心理能力当然有一个过程。1987年,深圳市开始酝酿房改时,主持这项工作的人差点成为"人民公敌"。然而,曾几何时,购买住房就和购买私家车一样,不但成了市民们踊跃的行为,而且成了一个人自信与成功的标志。是啊,拥有一套完全属于自己的住房,确实是一件值得自豪的事,尽管深圳人说起这件事来,脸上的表情仍是平淡的。

改革,使深圳人的心理越来越成熟。

不过,改革给深圳人带来的最大好处,还是让他们换了一种活法。

有句民谣说,我们中国人的活法,是"小时候父母管着,上学后老师管着,工作后单位管着,结婚后老婆管着"。但是,当他们千里迢迢跑到深圳来时,可就谁都管不了啦,因为他们把父母、老师、单位甚至老婆都留在了内地。一句话,他们"自由"了。

许多人之所以要到深圳来,要的就是这份自由。

这份自由在计划经济的条件下是基本上没有的。在那种体制下,产品也好,人才也好,都是统购统销、统分统包。一个人,什么时候该上学,什么时候该工作,什么时候男婚女嫁,什么时候生儿育女,什么时候退休养老,都是计划好了的,而且是由上级、由他人计划的,自己用不着操什么心,也没有资格操心,只能按部就班地例行公事。当然,职业的选择,工作的变动,也完全身不由己。想干的工作干不了,不想干的却不得不去干,正所谓"革命战士一块砖,哪里需要哪里搬"。人变成了齿轮和螺丝钉,被随意和被动地拧在某个部件上。

这种体制也并非没有好处。对于个人而言,它的好处是省心,坏处则是不自由,而一个人只有在自由的状态下,才有可能充分发挥自己的潜力和才能,最大限度地为社会创造财富,同时实现自我价值。所以,人才是必须流动的。然而,长期以来,我们却没有"流动"这个概念,而只有"调动"。调动和流动是不同的。调动是上级调,叫"奉调";流动是自己流,叫"自流"。自流还算是客气的说法,不客气的说法叫"盲流"。自流已有"放任"之意,盲流就更是一个贬义词。它差不多也是"无业游民"、"闲杂人等"、"来历不明"甚至"不法分子"的同义语。尽管不少"盲流"其实是人才,他们的流动也并不盲目;也尽管那些最早跑出来闯天下的,多半富有生命活力和创造精神,而且吃苦耐劳,聪明能干。

深圳的改革为"盲流"平了反。事实上,深圳遍地是"盲流"。在深圳的400多万人口中,没有几个是"奉调"而来的。即便是那些正式办了调动手续的人,也是他们自己要来的。更多的人,则可能连调动手续都没有办,便自说自话地砸了铁饭碗到深圳打工。其中不少人要奋斗多年,才能拥有一张深圳户口,而且还可能是蓝印的。有的人,则可能今生今世与"绿卡"无缘。但深圳却一视同仁地接纳了他们。没有歧视,也没有刁难,只问你能干不能干,有没有足够的心理承受能力。

于是那些有能耐也经得起折腾的人便觉得在这个城市真是如鱼得水,而那些无此能力的人则只好回去继续吃他们的大锅饭。因此,深圳的人口流动性比哪一座城市都大。流动给城市带来的好处是增加了活力,给个人带来的好处则是获得了自由。人们不再被捆绑在一个单位、一种职业上。因为单位对人才的选择和人才对单位的选择是双向的,也是对等的。单位可以选择员工,员工也可以选择单位;单位可以炒员工,员工也可以炒单位。只要合同解除,也就两清,谁也不欠谁的。当然,这也要有一个过程。不管是谁,初到深圳,首先要解决的,还是生存问题。你得先有个地方住,有口饭吃。一旦站住了脚,就可以跳槽了,直到觉得满意或不想再跳为止,用不着在一棵树上吊死。

择业的自由也就是生存的自由,而生存的自由则无疑会带来身心的自由。尽管事实上深圳并非某些人理想中的"自由天堂",但几乎每个闯深圳的人都在心理上认为自己是自由的。也许,正是由于这个原因,才会有那么多人涌进深圳吧!

## 三　没有方言的城市

大批移民的蜂拥而来,使深圳成为一座没有方言的城市。

走进深圳,我们最直观的感受有两点。一是这个城市的人都很年轻,二是他们都说普通话。这是深圳和广东其他城市大不相同的地方,也是深圳和国内其他城市大不相同的地方。全国各城市都有自己的方言,惟独深圳是个例外。北京有北京话,上海有上海话。北京话不是河北话,上海话也不是江苏话。深圳当然有人说"白话"(广州话),或说别的方言,却没有北京、上海那种只属于自己城市的"深圳话"。深圳不但现在没有方言,而且将来也不会有方言。

因为深圳不属于某个地域,而属于全中国。

事实上,深圳一开始就没打算成为省会的缩影、州县的翻版。它是特区,是改革的试管和开放的窗口。因此,中国历史上有的,深圳不一定要有;中国现代化必须的,深圳就一定要有。同样,别的地方有的,深圳不一定会有;别的地方没有的,深圳反倒可能会有。所以,深圳没有大锅饭,倒有分红制;没有铁饭碗,倒有炒鱿鱼。当然,深圳还有种种和改革开放合拍、和国际惯例接轨的东西,却不会有与国际性和现代化无关的方言。

何况深圳又是个移民城市。移民城市并不一定就没有方言,比如北京、上海就有。因为北京和上海的移民,是渐进的、掺沙子式的。在此之前,已有本土文化存焉。移民们零零碎碎细水长流般地进入这两个城市,不知不觉地就被同化了。当然,沙子掺得多了,土质也会发生变化。本土原生文化和外来移民文化相互渗透交融,就形成了北京和上海独特的文化。这也正是北京文化和上海文化虽然分别接近燕赵文化和吴越文化,却又并不等同于燕赵文化和吴越文化的原因所在。但,北京文化和上海文化又毕竟是在燕赵文化和吴越文化的基础上发展起来的,而且北京和上海的移民一开始也主要是北国和江南的就近移民。既然原本就大体上"同一方水土",则新方言的形成,也就顺理成章。

深圳的情况却不同。深圳的移民,是突发式的、浪潮般的和全方位的。不过眨眼工夫,五湖四海的各方移民,便以排山倒海之势蜂拥而来。移民的人数,数十倍地多于本土居民,而且短时间内就形成了一个庞大的族群。本土文化和移民文化不大成比例,也就谈不上同化移民的问题。当然,香港文化和广州文化的影响还是强有力的,尤其是事关经济的那些习俗,如相信风水和崇拜财神。但这并不能使深圳变成另一个香港或广州。因为财神这玩艺是认钱不认人的。财神也没有什么信仰、教义和原则,并不只接受说"白话"者的香火。你就是对他说英文,他也该干啥就干啥。事实上,深圳人的信风水、祭财神、说白话,并非心仪粤港文化,而是希望"先富起来",或不过"入乡随俗"而已。

同样,移民们原有的文化也不可能在深圳形成气候。因为一个人既然打算移民,就必须作好思想准备,丢掉自己原有的某些旧东西或旧习惯,包括讲惯了的方言。大规模的自觉移民就更是如此。对于深圳人而言,这不但并不困难,反倒应该说是理所当然,是题中应有之义。因为在某种意义上,"闯深圳"和"告别传统"可以说是同一个意思。要闯深圳,就必须告别传统。甚至,闯深圳,原本就是为了告别传统。那么,方言什么的,又有什么不可舍弃的呢?

更何况,在这个强手如林的城市,是没有什么地方文化可以成为优势,可以"一统天下"的。你不可能要求陕西人说江西话,不可能要求东北人说湖北话,也不可能要求江浙人说四川话。唯一可以为所有移民都共同接受的,只有普通话。也只有普通话,才最具有文化上的优势。于是,普通话便成了深圳的通用语言,深圳文化也就成了一种"普通话文化"。

普通话文化是一种优势文化。

的确,普通话是优于方言的。我们这样说,并不是歧视方言或反对方言,相反,我们这些研究文化的人,都喜欢方言。甚至可以说,一个没有方言的城市,是不容易解读的,也是没有趣味的。因为没有方言,也就没有特色,没有风味。细心的读者一定不难发现,本书写深圳的这一章,远不如前面写其他城市的章节那么有趣。原因之一,就在于深圳没有方言。中国的城市,现在正越来越一体化和模式化。到处都是大同小异的新建筑,千篇一律的立交桥,毫无个性的街道和店铺、楼房和住宅,连果皮箱都区别不大。如果某一天连方言也消失了,我不知道中国将来的城市,还会有什么可读的。

但,尽管如此,我们仍不得不承认,方言又是有封闭性和狭隘性的。实际上,正因为方言有狭隘性,才有特色;也正因为方言有封闭性,才能保住特色;而正因为方言有特色,才会有风味。相反,普通话不同于方言之处,则正在于它的兼容性和开放性。前面说过,最具有兼容性和开放性的文化,也就是最具有优势的文化。开放才会有活力,兼容才会有发展。中国历史上有许多城市,如扬州、泉州、苏州、广州,都曾繁盛一时,就因为它们在当时是最具开放性和兼容性的。这种优势一旦丧失,随之而来的,便很可能是无法避免的衰落。比如扬州、泉州和苏州的繁华就已成明日黄花,而坚持粤语文化的广州,如不改弦更张,加强开放性和兼容性,则恐怕难免落伍之虞。

在这方面,深圳的优势极为明显。

事实上,开放和兼容,正是深圳这个没有方言、说普通话的新兴城市的性格。自建市之日起,深圳就没关过门。或者说,它本来就是充满自信的中国人有意打开的门。从这扇洞开之门走进来的,不但有国外、境外的资金,也有他们的科学技术、管理经验、经济模式、营销理念、运作方法等等,比如企划、CI、广告、公关、信托投资、有偿转让、分级管理、经营预算、品牌战略、股票证券之类。只要是好东西,深圳都来者不拒,一概接收。一时半会拿不准的,也允许试。生活层面的东西,就更是少有禁忌。新潮服装、时髦发型、西式婚礼、境外旅游,在深圳都大行其道。桑拿浴、保龄球、高尔夫、夜总会、BAR、PUB,这些现在已为国人逐渐熟悉、先前却闻所未闻,或只在电影里看过,在老上海的故事里听过,却不曾或不敢尝试的东西,在这个城市也最早登陆,并风行一时。

深圳也是兼容的。活跃在深圳这个大舞台上的,并不是一个成份单一品类单纯的族群。改革者、投机商、文化人、阴谋家、暴发户、打工族、淘金者、江湖帮、皮条客、经纪人、创业者、流浪汉、科技精英、企业老总、白领雇员、街头摊贩、坐台小姐、江湖骗子,可谓无奇不有。各色人等,鱼龙混杂,阶层甚多,差别很大。但,无论是财大气粗的香港大富豪,还是克勤克俭的他乡打工妹,是老谋深算的外国金融家,还是初涉商海的内地大学生,都在这个城市有一席地位,有自己的生存空间,而且活得如鱼得水。

开放和兼容也是深圳人的共识。1995年9月,《深圳商报》的《文化广场》周刊创办之初,即表现出一种开放兼容的气度。他们的口号是"共同的园地,不同的声音"。学界精英、机关干部、公司文员、打工一族,都可以在这个园地畅所欲言,而无庸顾虑所言是否精当,所说是否准确。的确,一个开放兼容的城市是不会单调到只有一种声音的,就像气势恢宏的交响乐不会只有一个声部或只用一种乐器演奏一样。

开放和兼容构成了优势。

相书有云：北人南相，南人北相者贵。鲁迅先生以为"这并不是妄语"，而且解释说："昔人之所谓'贵'，不过是当时的成功，在现在，那就是做成有益的事业了"（《北人与南人》）。深圳地居南国而人多北方（广东人把外地人通称为"北方人"，事实上深圳的北方人也确实较多），无疑是"南人北相"了。其实，深圳又岂止是"南人北相"，甚至也是"东人西相"。作为一个面向全国开放的移民城市，深圳兼东西南北各地文化优势而有之。南方的务实，北方的豪爽，西部的坚韧，东部的精明，在这里都有表现，而且相得益彰。

更重要的是，深圳为东西互补南北交融创造了一种条件，包括宽松的文化氛围，轻松的文化心理，开阔的文化视野，多样的文化生活等等。在深圳，很少有人会死守童年时代养成的生活方式和心理习惯，也很少有狭隘的地方观念。这也不奇怪。一个没有方言的城市是不会有狭隘的地方观念的，而在一个都讲普通话的地方讨论"惟我家乡独好"的问题则显然是可笑的。事实上，大家都讲普通话，也就意味着大家都放弃或部分地放弃原有的文化，同时共同接受某种公共原则，不管这种放弃和接受是主动的还是被迫的。反正，在文化的磨合与重组中，可以放弃的，多半是不值得坚持的，而真正优秀的东西，则总是会留存下来。当五湖四海的移民都在放弃同时也在坚持时，一种文化上的优势互补局面，也就自然而然地形成了。

无疑，这决不意味着要形成一种样式单一的新文化。相反，对于深圳这样一种移民城市而言，能为所有移民共同接受的公共原则只有一个，即开放与兼容；而在一个开放和兼容的城市，人们的生活也一定是多样的。只要到街上去走一走，看看深圳的餐饮业，你就会发现，几乎国内所有的吃法，深圳都有。甚至世界上有的，深圳也有。法国大菜、美国快餐、日本料理、南洋小吃，林林总总，五花八门。至于中国传统的八大菜系，当然也不在话下。川粤两大菜系固然风光依旧，湖南菜和东北菜也十分盛行。就连近两年才在新疆开始流行的大盘鸡，也迅速地出现在深圳街头。深圳毕竟是一个移民城市。移民们带来了自己的理想，也带来了自己的文化。为了生存，他们不得不把对家乡的眷恋暂时埋在心底,但事实上不少人的家乡观念还是很重的。深圳毕竟是"异乡",毕竟是"别人的地方"。因此,遇到新结识的人,他们会寻问"你是从哪里来的"。如果是"老乡",便会格外亲切。总之,对于家乡的这份眷恋会不时地涌上心头。于是,每当夜幕降临,人们思乡之情最切时,家乡菜那浓郁的风味,就会和浓浓的乡情一起,如泣如诉地飘荡在这个城市的上空。它们和深圳电视台特别举办的《故乡传真》节目一起,寄托和抚慰着异乡人不可言说的乡愁。

然而钟情于各地风味的却并非只有家乡人。苟如此,则深圳人的活法,就不是多样,而是单一了。事实上,深圳人是既听摇滚乐,又读菜根谭,既吃麦当劳,又去川菜馆的。因为敢闯深圳的人也都敢尝新,而这个城市的生活又如此地丰富多彩,那就应该尽情地享受天南地北五湖四海。因此,深圳人一般都有较宽的"食谱"。他们可能会比较钟爱某种食物、服饰、玩法,但不会拘泥于其中的一种。只要有可能,他们多半愿意都体验尝试一下。穿皮鞋的人也许比较多,但也有人喜欢北京的平底布鞋;有人喜欢小立领衬衫,也有人喜欢无领T恤,道是"无领无袖",有一种"民主精神"。难怪有人说,没有人能说清深圳最时髦的衣着是什么。也许,根本就没有什么是最时髦的。深圳,只时髦多样。

深圳的生活是多样的,也是多层的。

这同样不奇怪,因为深圳原本就是一个贵贱贫富悬殊很大的社会,不可能没有层次。尽管深圳的人均收入要远远高于内地,大多数人都比较有钱,但毕竟不是所有的人都能驾世界名车,也不是什么人都能住总统套房。省吃俭用寄钱回家的打工妹和在夜总会或KTV包房里一掷千金的大老板固然不可同日而语,十八岁出门远行的外省青年与在证券交易所里翻云覆雨的炒手也不会心态相同。不同的人有不同的地位、不同的收入,也有不同的想法和活法。拥有上万美金一张金卡的阔佬和名流衣冠楚楚,潇洒而高傲地出入CLUB,享受着我们只能在好莱坞影片中观看的顶级生活;白领丽人仪态万方,在名店街和精品屋流连忘返,在咖啡馆和健身房里体验优雅或放松身心;年轻的工薪族下班以后去蹦迪、泡吧、看艳舞,与朋友在红茶坊聊天,或者到有数码音响设备的影院去看一场进口大片。双休日,大小公司的老总们会开着名车和老婆孩子一起去吃大排档。他们平时在酒楼里应酬累了,很需要和家人共享天伦,却又不忍心再偏劳太太。大排档的家常菜则最能满足这种需求。所以,每到这时,大酒楼的生意往往比较清淡,而大排档却相当火爆。深圳人生活的多样,由此又可见一斑。

不过这些大体上都与打工族无缘。身心疲惫又阮囊羞涩的他们,多半只能挤在狭小的房间里看录像,麻木地盯着荧屏,一任港台片的打打闹闹哭哭笑笑刺激神经。但是,深圳人并没有忘记他们。有良心的深圳人都明白,如果没有打工仔和打工妹们的血汗和辛劳,我们这个城市是不可能平地高楼日进斗金的。于是,深圳人为打工族设计了一个休闲的好去处——"大家乐"。我到过红荔路上荔枝公园附近的"大家乐"。那里舞台宽大而场地开阔,设备优良而票价低廉,任何人只要花两三块钱就能买张门票进去观看演出。如果有兴趣也有胆量,还可以登台献艺一展歌喉。不想花钱也不要紧,你可以站在外面看。大家乐舞台是开放的,也是兼容的。它没有高耸的围墙、森严的门卫,只有一道低矮空疏的栅栏,象征性地立在座位后面,却留下许多空间,一任围观,不折不扣地是"大家乐"。这样的"大家乐"据说几乎每个居民区和工业区都有。它们其实体现了一种"深圳精神"。深圳是改革开放的特区,而改革开放的目的,就是要通过让一部分人先富起来,最终实现共同富裕,当然应该"大家都乐"了。

深圳人多样多层的生活给许多企业提供了商机,也提出了挑战。因为消费者的需求是如此五花八门,那就谁也不可能独占市场。当然,也不能指望一个好点子就能吃一辈子。深圳人的生活是多样的,也是多变的。曾经红火一时的卡拉OK歌厅和保龄球馆忽然门前冷落,茶餐厅、茶艺馆、网吧、布吧、陶吧之类则渐渐兴盛。吃什么、喝什么、玩什么开始变得不那么重要,在哪儿吃、在哪儿喝、在哪儿玩却慢慢讲究起来。深圳人生活越来越好,花样也就越来越多。新潮一族迷上了锐舞派对(Rave Party)，在DJ(专业唱片师)播放的强劲电子音乐声中跳舞狂欢直至通宵达旦；(图五十四)一些最早闯深圳的"资深改革者"们却会在黄昏或深夜打开尘封的书箱，重温大学时的旧梦。没有什么共同的时髦，也不会有千篇一律。在这个无奇不有的城市里，人是形形色色的，人的活法也会是形形色色的。仍然会有人对黄色架步感兴趣，也会有人花20元小费在公园里找来历不明的女人"聊天"。

图五十四：新潮一族迷上了锐舞派对。

肖　全摄/新周刊供稿

这就是深圳。的确，单纯是小城的特征，多元、多层、多样、多彩、多变才是特区。

## 四　我的生活与你无关

多样的生活也必然是独立的。

的确，多样的生活只能由相对独立的人创造出来，而当人与人之间存在着依附关系时，则多半只会有单一的生活。我在《闲话中国人》一书中说过，人身依附关系必然造就"从上"和"从众"心理，结果不是

"一窝蜂",便是"一刀切",怎么还会有多样？多样的前提,是承认人与人不一样。每个人都是独立的人,每个人都可以有自己认定的活法。我怎么活,不用你操心；你怎么活,我也管不着。任何人都没有权力干预他人,也没有资格对别人的活法说三道四品头论足。一句话,我的生活与你无关。

"我的生活与你无关"是一本小说的书名。这本"深圳人写,写深圳人"的小说,在深圳卖得十分火爆。1999年初,我在深圳走了好几家书店,才买到它。本书无意对它进行任何评价,也不会把它看作是解读深圳的依据。但我以为,该书既然在深圳如此畅销,至少说明了两点。第一,深圳人十分关心自己的活法；第二,这本书多少有些真实。

事实上,无论这本书的故事和细节是否真实,它的书名却真实地反映了深圳人的观念和心态。深圳人确实不太爱管别人的闲事。在深圳,可没有北京那样的"事儿妈"、"小脚侦缉队",也没有上海那种喜欢窥人隐私、议论张家长李家短的小市民,尽管上海人的口头禅是"关侬啥事体"。前面说过,"关侬啥事体"是上海人对付他人议论的武器。这个武器既然要时不时地拿出来用用,说明并不是所有人都当真认为别人的生活与自己无关。上海的小市民其实是生活在现代与传统之间的。上海的现代化进程教会了他们说"关侬啥事体",传统的生活方式又使他们并不完全认为"我的生活与你无关"。在他们看来,最好是自己的事独立自主,别人的事了如指掌,既有隐私权,又有知情权。因此他们一方面怕管闲事,另方面又爱说闲话。结果,上海人的名声弄得很不好：既自私,又窥私。

深圳人却现代得多。他们在宣布"我的生活与你无关"时,也同时承认"你的生活与我无关"。所以,在深圳,朋友同事之间,可能会有交往、有应酬、有聚会,但不会有干预,也不大会有窥私。在内地,一个人如果突然一下子有了一大笔钱,或者结了婚又离婚,多半是会引起大惊小怪或窃窃私语的,在深圳却不会有什么风波。这当然因为深圳来钱的路子太多。炒股炒的,搏采搏的,朋友借的,老板给的,都有可能,管得着吗？但更重要的是,在深圳人看来,收入和婚恋纯属个人隐私,不该过问也不能过问。某某人发了就发了,换了老婆或情人就换了呗！反正我的生活与你无关,你的生活也与我无关。毕竟,深圳人的生活是多样的,而所谓"多样",也就是互不相干,或自行其是。

这也不奇怪。深圳这个城市,原本就是自行其是的。在建市之初,这个城市做的,都是别的城市不做,或不能做,或不敢做的事情。这时,确实要有一点"我的生活与你无关"的意识,才能避免许多不必要的争论。所谓"不争论",不但有"干了再说"的意思,也多少有"各干各的"的意思。事实上在相当一段时间,深圳和内地也确实是"各干各的"。深圳尝试着市场经济,内地则还在搞计划经济,当然毫不相干。同样,闯进深圳的,差不多也都是些自行其是的人,否则就不会来了。因此,他们大多有较强的自我意识和竞争意识,不大容易为别人所左右。况且,他们不畏艰险地闯进深圳,是要寻求个人的发展,而不是来管别人的闲事。既不想管别人,同时别人也管不了,最后的结论,便是"我的生活与你无关"。

的确,这里有城市与人两方面的原因。

深圳是一个年轻的城市,而且是一个充满现代意识的特区。没有谁,是在这个城市土生土长的。大家都来自五湖四海四面八方,谁也不认识谁。没有恩怨,也没有瓜葛,只有陌生。这就造成了一种距离感,从而为保有自己的隐私创造了先决条件。这种条件却是其他城市没有的。前面说过,中国的城市大多是农业社会的产物,而且大多与农村保持着千丝万缕的联系,因此街坊邻里之间,也像氏族聚落或乡里乡亲一样,保持着守护相望的传统,就连最具现代性的上海也不例外。事实上,许多人都认为,上海最有人情味的地方,恰恰是那邻里间相互嘘寒问暖、亲近得几无隐私可言的里弄。在这种环境中长大的城里人,和一个村子里长大的乡下人并没有什么两样:没有隐私,没有秘密,谁有多少斤两,大家心里都有数。因此,即便日后远走高飞各奔东西,重逢之日,对方如果要打听自己的情况,多半也不好意思拒绝。因为面对一个知根知底的人,你根本就没有资格也没有勇气说出"隐私"这两个字。何况对方的打听,本身就透着一份关切,而且是那种曾经休戚相关的人才有的关切。面对这份情谊,你岂止不忍拒绝,没准自己就有倾诉的欲望。结果你不但会和盘托出,而且还会以同样的关切去询问对方。

深圳人却不会这样。对于他们来说,这个城市是陌生的,这个城市里的人也是陌生的。公司里,单位上,同事之间,素不相识,非亲非故。谁也没有关心他人的义务,也没有过问他人的权力。相反,由于竞争是那样的激烈甚至残酷,没准反倒有些提防。在这种情况下,泄露自己的隐私无疑是不智之举,打听别人的生活则难免居心不良的嫌疑,还是互不干涉或心照不宣为好。至少是,差不多每个人在决心闯深圳时,也都决心向过去告别,把历史埋在心底。这种想法是"人同此心"的。你既然不希望别人了解你的过去,那就最好也不要向别人打听现在,而一个人一旦坚守着某种纯属个人的秘密,也就意味着他有了一个私人空间。这个空间是有可能逐渐扩大的,直至说出"我的生活与你无关"。

当然,旧日同窗昔年老友相聚,也仍会有那份关心,尤其是过去共同的老师、同学、朋友从外地来深圳时,大家可能会讲起闯深圳的故事和现在的成就。但,老唱片放了又放,总有听腻了的时候,新生活又千差万别,没准贵贱贫富已很悬殊。老兄还在扑腾呛水,老弟则可能已有万贯家财。彼此之间,也就没什么好说的。久而久之,老朋友们的聚会也就成了纯粹的"聚一聚"。大家都不谈过去,也不谈现在,只说些笑话,在一起吃一吃,玩一玩。

老友尚且如此,况乎新交?深圳是一个人员流动性极大的城市。写字楼里,几乎每天都有新面孔,也几乎每天都有人不辞而别。今天还在共事的,明天可能就"拜拜"了。不是被老板炒了鱿鱼,便是炒了老板的鱿鱼。熟悉都来不及,哪里还能知晓隐私?何况也没有知晓的必要。如果说深圳是"铁打的营盘流水的兵",那么,公司则只怕连"铁打的营盘"都不是,没准哪天就倒闭了,岂有"不散的筵席"?既然谁也不知道大家究竟能相处几时,也就没有必要知道那么多了。只要相互之间工作上能配合,就是好同事,何必管人家下班以后怎么过呢?

更重要的是,深圳是一个只有依靠自己不屈不挠的艰苦奋斗才能获得成功的地方。深圳是有很多机会,但这些机会却只能靠你自己去攫取。没有人能包办代替,也没有人能包打天下。朋友和同学会给你帮助,但成功与否却是你自己的事。在这种情况下,形成"我的生活与你无关"的观念也就不奇怪了,因为每个人的生活原本与他人无关。

的确,闯深圳的人差不多都一样:不管你是怀着投机心理还是侥幸心理,是本着创业精神还是冒险精神,有一点是肯定的,也是共同的,即你必须自己求生存,求发展。

也许,这本来就是他们的初衷。也就是说,他们本来就是打算要在这个号称"特区"的地方,依靠自己的努力,开创一片天地,成就一番事业的。我们知道,创造深圳文化的主要群体,是80年代的大学生。读着朦胧诗和李泽厚、萨特和弗罗姆成长起来的这一代,原本就带有青春觉醒的色彩;而他们当中的闯深圳者,则更是具有较强的个体意识和自我意识。正因为如此,他们才公然胆敢在大多数同学还按部就班地等待毕业分配时,背起行囊,毅然南下,到这个年轻的城市来寻找别样的生活,成为新大陆上步履匆匆的求职者,四顾茫然的独行人。生活很快就让他们懂得了什么叫"不相信眼泪",也很快就让他们明白了自由需要付出多大的代价。一句话,他们很快就体验到了孤独。在公园,在路旁,在大排档和小餐馆,他们也会遇到"同志"。但除了相对叹息"同是天涯沦落人"以外,谁也帮不了谁。于是,他们很快就学会了依靠自己来开辟道路,寻求发展,也很快就意识到,一个人的活法如果是由自己选择的,那就也要由自己来负责。别人管不着,也管不了。也就是说,"我的生活与你无关"。

他们也很快就发现自己进入了一个庞大的竞技场。前面说过,闯深圳的人虽然五湖四海三教九流,出身和背景也千差万别,但目标却是一致的,那就是要获得尽可能多的财富和自由发展的机会。还有一点也是共同的,即他们都不很安分,也都不是孬种,正所谓"来者不善,善者不来"。强强相遇,高手如林,成者王侯败者寇。优胜者青云直上招财进宝,失败者则只好卷起铺盖滚蛋。因为他们面对的是一个充满竞争也充满诱惑的市场。这个市场铁面无情,翻脸不认人。谁要是不能成为强者,谁就会被毫不客气地淘汰出局。

这就不能不使深圳人时时处于战备状态。正如一个深圳人所说,这座城市每天都在为人们创造无数的机会,但机遇却永远只属于有准备的人。因此,当天空睡着、大地睡着、城市睡着的时候,我们这些人却必须像星星一样醒着,像河流一样醒着,像街灯一样睁着眼睛。

这也不能不使深圳人不断地充实自己。在一个充满竞争的城市,没有足够的知识也就等于没有生命活力。许多公司的雇员下班以后还要再"充电",不少人自己掏钱去考研,为了知识,也为了学位。在深圳书城,购书的人熙熙攘攘川流不息,他们希望这些书籍能帮助他们在激烈的竞争中立于不败之地。公司的老板们也不敢怠慢。不少人每天都要到网上去看一看,一方面窥测方向以求一逞,另方面步步为营惟恐落伍。显然,谁也没有闲心去多管闲事。

许多人都羡慕深圳人的生活,其实,在深圳生活也并不如人们想象的那么容易。除"体制内"的某些单位外,基本上没有大锅饭,也没有工资以外的种种福利(比如免费提供或低价出售的住房)。什么都要钱买,也什么都能用钱买得到。不管你是哪一种人,在这个充满了欲望并到处流传着一夜暴富故事的城市里,没有钱总是吃不开的。这就逼得你不敢懈怠,非拼命挣钱不可。一个女孩向我抱怨在深圳做女人太难:又要独立自主,又要小鸟依人。因为做丈夫的要"供楼",已不再有能力养老婆,但又没有人愿意自己的老婆或情人是个颐指气使的"女强人"。同样,男人也有苦恼。他们抱怨现在的女孩要求太高:她们既不愿意爱上一个"不挣钱的人",也不愿意爱上一个"不回家的人",可每天都准时准点回家,又上哪儿挣钱去?无疑,深圳压力这么大,诱惑这么多,自顾尚且不暇,再去管别人的闲事,那就是犯傻,就是和自己过不去了。

没有人和自己过不去,因此没有人会去干预别人的生活。其实,岂止他人的生活与自己没什么关系,就连这个城市,也未必是和自己休戚相关的。我们不要忘记,深圳是一个特殊的城市。在这个城市的400万人中,竟有四分之三是暂住人口。从归属的意义上讲,他们很难算作是"深圳人";但从现实意义上讲,他们又不能不算"深圳人"。因为他们的人数是那样地众多,队伍是那样地庞大,任何人都不能无视他们的存在。何况,他们也不全是打工仔外来妹,跑单帮或走江湖的,其中不乏科技精英、文化名流、艺术天才,以及被媒体跟踪报道的影星歌星和进出写字楼的高学历者。他们往往是深圳舞台上叱咤风云的人物。即便是打工仔外来妹,也是深圳不可或缺的组成部分。我们在讨论"深圳人"时,实在不能把他们排除在外。

无疑,这些人是连"移民"也算不上的。有人认为,他们只能称之为"过民"(王增进《深圳的"过民"文化》)。过民和移民是不同的。移民有"移来定居"之意,所以,尽管移民与其乔迁之地一开始难免会有一个适应磨合过程,但最终仍会"直把他乡作故乡",对深圳产生家园感和归属感。过民则不一样。他们并不想,或虽然想却并不能把深圳变成自己的"终焉之地"。对于他们来说,深圳只是一个大工场,一个赚钱和泡妞的地方,一个能够体验新鲜感和成就感的地方,一个可以"拿青春赌明天"玩一把的地方。他们并不打算把自己的根扎在这里,只想闯荡几年,过把瘾就走。因此他们对这个城市谈不上什么感情,不但没有家园感和归属感,甚至连过客感都没有,当然也就与这个城市不怎么相干了。既然连这个城市都是不相干的,那么,别人的生活又与我有什么关系?或者说,我的生活关别人什么事?

其实,即便是移民,和这个城市也未必就丝丝入扣心心相印。与上海人都认同上海,以做上海人为自豪相反,闯深圳的人一开始并不认同深圳。不少人在相当长一段时间内,仍然和这个城市有一种距离感。毕竟,深圳的生活和他们先前过惯了的日子大相径庭,深圳的文化氛围、价值观念和人际关系也让他们感到陌生。他们常常会产生孤独感和失落感,有一种不知"此身何属"的茫然。难怪一到节假日和下班后,深圳的饮食娱乐场所会生意火爆人满为患了。这里面并不完全是商业上的应酬,也有心理上的需要。的确,深圳人是很看重娱乐的,以至于有"乐在深圳"一说(前三句则是"玩在北京,穿在上海,吃在广州")。这里面的原因也很多。第一,深圳是一个年轻的城市,年轻人总是比老头子爱玩;第二,深圳的生活节奏太快,工作太紧张,很需要放松;第三,"拚命工作,尽情享受"是一种现代生活观念和现代生活方式,而深圳人是最具有现代意识的。但有一点也很重要,那就是不少人还没有对深圳产生家园感。深圳之于他们,只不过是谋生存求发展的竞技场,因此一旦有了自己的时间,就应离它而去,而且能走多远就走多远。有车一族会在双休日开车到东莞去钓鱼,如果有三天以上假期则会离开深圳外出旅游。(图五十五)再不济,也得到歌舞厅茶艺馆坐坐。那里和竞技场(公司或单位)相比,毕竟"别有洞天"。反正这个时候,是没有多少人会呆在"家里"的,有的人甚至会通宵在外。因为在这个心理上感情上并不属于自己的城市里,我们原本"无家可归"。

图五十五:到郊外钓鱼,是有车一族的休闲方式。

李　华摄

这就是闯深圳的代价。你不是要到深圳寻找"别样的生活"吗？那你就得"生活在别处"。而"生活在别处"，也就是"根不在这里"。于是，一到春节前，过民也好，移民也好，都纷纷打起行囊回"老家"，甚至顾不上路途的遥远、车船的拥挤。这时的深圳，大有"人去城空"的凄惶，就像一只弃船，孤独地在海浪中飘摇。

## 五　十六岁的花能开几季

　　前面说的，当然是过去的事了。现在，许多人一下班就直奔私宅，不再找种种借口游走在各娱乐场所。团圆的家宴已越来越多地开在了深圳。深圳人已不再是归心似箭的游子，他们更愿意把两鬓斑白的双亲接到深圳来过年。这不仅因为深圳的生活比老家舒适，可以让老人享享清福，更因为他们已经和这个城市认同，他们在深圳已经正式"安家落户"。深圳，当然仍是他们大显身手的竞技场，但更是他们必须共同守护的可爱的家园。

　　视深圳为家园的人不再孤独。他们还会去钓鱼去郊游，但会带上家人；他们还会去泡吧去蹦迪去过夜生活，但不会彻夜不归；他们还会去歌舞厅夜总会茶艺馆，但在离开那些灯红酒绿流光溢彩踏入茫茫夜色时，不会再有那份不可言说的惆怅。视深圳为家园的人不再沉默。他们会在各种场合用各种方式发表对深圳文化的看法，为深圳文化的定位和走向争论不休，对他们认为"有损深圳形象"的批评反唇相讥，甚至在"荣归故里"时讳言自己曾经遭受的挫折和委曲。他们已和深圳融为一体，休戚相关，荣辱与共。视深圳为家园的人也不再空虚。对于他们来说，生活在深圳，也和生活在别的城市一样，是一件实实在在的事情。他们开始关心早点关心菜价，关心住宅周边的环境，关心幼儿园和小学校的教育质量。因为他们已经为人夫为人妻为人父为人母，不再是"不知天高地厚"的热血青年，也不再是"我的故乡在远方"的行吟诗人，而是深圳的一个市民。总之，他们已不再是"生活在别处"，而是"生活在这里"。

于是,他们和中国大多数夫妻父母一样,开始为家庭和子女谋划前程。住房要尽快地买下来,再装修得舒适温馨一些。孩子当然要送进最好的学校,学费高一点路程远一点也在所不惜。作为"过来人",他们深知知识的重要,尤其是它在这个城市的分量。因此在他们的"财政预算"中,子女的"教育经费"显然要占到较大的份额。不少人已开始为子女留学国外而未雨绸缪。但是,他们却多半不希望子女毕业后到外地工作。甚至,尽管据说深圳市已有规定,从深圳考出去的学生都可以"无条件"地分回深圳,仍然有人宁肯读深圳大学,也不愿上清华北大。显然,作为视深圳为家园的人,他们不再希望自己的子女"生活在别处"。

这可以理解,却又令人忧虑。我们无意贬低深圳大学,也不想对深圳市的政策作任何批评。深圳人当然有权利上深圳大学,深圳大学的存在也绝对有必要。问题在于,深圳究竟为什么非得有一所深圳大学?或者说,深圳大学究竟应该是干什么的?理解为"为深圳培养人才",便未免肤浅;如果理解为"解决深圳市民子女上学问题"就更是大错特错。深圳大学应该是深圳的文化象征,是深圳的"人才库"和"智囊团"。有一座高水平高质量高品味的深圳大学,深圳文化才会有底气、有分量。想想看吧,如果北京没有清华北大,上海没有复旦交大,天津没有天大南开,武汉没有武大华工,南京没有南京大学,杭州没有浙江大学,厦门没有厦门大学,这些城市的文化分量将会减轻多少,它们的文化魅力又会逊色多少。

因此,深圳大学不应该划地为牢,把自己局限在深圳这个圈子里,正如深圳的文化视野不必局限于广东或岭南一样。深圳是属于全中国的,深圳大学也应该是属于全中国的。深圳是中国的窗口,深圳大学则应该是窗口之窗口。深圳大学应该面向全国招聘人才,同时也面向全国招收学生。总之,它应该努力办成全国性的一流大学。苟如此,则它对深圳的贡献,就将远远超出"为深圳培养人才"或"解决深圳市民子女上学问题"。如果仅仅局限于这两个问题,那就太小气、太没有远见了。

至于深圳市民的子女，则应该尽可能出去上大学。

事实上，任何城市的孩子都应该尽可能到外地去上大学。这不仅因为守在父母身边，难免娇生惯养，不利于子女的成长，更因为每个人都最好能有一段"生活在别处"的经历，体验一下"别样的生活"。经历了上山下乡运动、当过知识青年的一代人，之所以特别能吃苦，特别能战斗，特别不挠不屈坚韧不拔，就因为他们有此经历有此体验之故。我们当然并不主张再来一次"上山下乡运动"，但到外地读书毕竟和上山下乡不可同日而语。我们也能理解家长们的心情，毕竟"在家千日好，出门一时难"。但是，由此获得的好处却远远大于代价。动物们尚且能把成年后的幼仔"赶出家门"，让它们去自谋生路，而况乎人？

深圳人就更应该这样做。因为他们当年自己就是十八岁出门远行，一个人独闯世界的。许多人都承认，到深圳后，确实有比在家乡更好的发展。一些人在内地也许只算或只能成为二流三流角色，到深圳后却成了一流人才顶尖高手。我想，除了深圳的文化氛围和社会环境更有利于人才的脱颖而出外，他们"生活在别处"，过着"别样的生活"，也是重要原因之一。深深体会到"离家出走"好处的深圳人，怎么会产生把子女拴在身边的念头呢？他们当年的那股闯劲那种热情那些创新精神到哪里去了呢？难道他们也打算像突然富起来的某些人一样，听任其子女成为"有田不种，有工不做，有店不开，有书不读，无远大理想，无奋斗精神，无一技之长"的"四有三无青年"，成为新时代的"八旗子弟"？

这话似乎说重了点。难道在本地上学，或者大学毕业后回深圳工作，就一定会变成"新八旗子弟"？其实，问题并不在去不去外地上学和回不回深圳工作，而在于我们是站在一个什么样的立场、角度和出发点来看待这个问题，在于深圳的新一代还能不能像他们父辈那样勇于开拓敢于创新。总呆在父母羽翼之下的子女是长不大的，而一个不肯、不敢、不愿离开父母呵护的孩子则肯定是没出息的。深圳的"老一辈"可不是这么没出息的人。有出息的深圳人不该养出没出息的新一代,年轻的深圳也不该这么快就衰老起来。

这个问题是不能等闲视之的,因为它关系到深圳的前途。深圳这二十年来确实成就斐然举世瞩目,但深圳还能不能保持它的领先地位,在未来激烈的竞争中更上一层楼,却也是一个问题。要知道,在中国城市中,深圳并不具备绝对优势。它有许多先天的不足,而最大的不足则是没有深厚的文化积淀。它的文化积淀不要说比不上千年帝都北京,就连和历史并不悠久的上海相比,也还差得远。上海虽然只有一百多年历史,但它的文化财富却让许多老城不敢望其项背。所以自浦东开发以后,许多人已不再是看好深圳,而是看好上海。

深圳要和其他城市竞争,必须也只能扬长避短。深圳的优势是什么呢?作为中国最年轻的城市,深圳的优势在于青春活力,而这种青春活力又正是由来自全国各地的高学历青年移民造成的。他们头上没有华盖,心里没有负担,脚下没有方域之限,眼前没有障目之叶,这才把深圳弄得生龙活虎生机勃勃。"问渠哪得清如许,为有源头活水来。"深圳不但应该继续引进高素质的外地人才,也应该鼓励深圳的青年走出去,到广阔的天地去经风雨,见世面,哪怕是到外地去学习工作一段时间也好。如果深圳人也像上海人当年那样,"宁要浦西一张床,不要浦东一间房",说什么也不愿意流动流动,那就麻烦了。年轻的深圳,充满青春活力的深圳不该这样不能这样。深圳应该永远是春天。深圳十六岁的花不能只开一季。

面对年轻的深圳,我们还有许多话要说。

深圳的魅力在于年轻,而年轻则无疑是值得羡慕的。如果说还有什么可以和年轻相提并论,那就只有健康。它们显然比富有更重要也更难得。因为有钱并不一定能买来健康,更不可能买来年轻。然而深圳却不但年轻、健康,而且富有,这就实在太令人羡慕了。事实上,年轻、健康、富有,几乎是一个现代人幸福概念的全部内涵。也就是说,一个人,如果既年轻,又健康,又富有,那他在许多现代人眼里就是天底下最幸福的人了。在不少人看来,深圳人大多是拥有这份幸福的。

二十多岁,三十出头,就拥有百万资产,能在节假日开私家车外出健身、旅游,岂非正是又年轻、又健康、又富有?所以,在许多人心目中,深圳都是一个梦。或者说,深圳圆了中国人的一个梦,而且这个梦做得无可挑剔。

这就是深圳了。它是年轻的、健康的、生动的、鲜活的、让人眼花缭乱目不暇接的,也是轻盈的、灵动的、富于感官刺激却少有哲学沉思因而不可深究的,就像深圳"世界之窗"的"史诗音乐舞蹈晚会"《创世纪》,流光溢彩,英气勃勃,洋溢着青春气息。然而城市毕竟不是晚会。一座城市要想成为"文化名城"(不管是"历史的"也好,"现代的"也好),都不能没有一点深邃感和厚重感。厚积才能薄发,深入才能持久,这都要假以时日。深圳毕竟还很年轻。年少难免气盛,心高难免气浮,人也好,城市也好,都如此,不必讳言,也无须辩解,更没有必要急于"脱贫"。文化的建设从来就不是一蹴而就的事情,没有那么快就能"富甲一方"的。但,年轻的深圳毕竟已"长大成人",它不能不思考一个问题:深圳,将要建设成一座什么样的城市;深圳人,将会成为一种什么样的族群?

这个问题不好回答。

的确,在对深圳进行了上述解读以后,我们仍然不知道这个城市的人格特征是什么。北京和上海给我们的印象是深刻的,也是清晰的。北京有贵族精神,上海有绅士风度,这些深圳都没有。深圳没有贵族,只有"富族",——先富起来的一族;也没有绅士,只有白领。"富族"和贵族是不同的。"富族"只不过富有,贵族却必须高贵。白领和绅士也是不同的。白领是因职业而形成的某一阶层。但要成为绅士,却还要有教养。因此,贵族有精神而绅士有风度,白领则只有"仪态"。还有一点也很重要,即贵族也好,绅士也好,都读书;而富族也好,白领也好,似乎都不怎么读书。

不错,深圳是有高大的书城和众多的书摊,人均购书量在全国也居于榜首。深圳图书馆的使用率也很高,据说日均进馆人次比北京图书馆还多。但这并不等于说深圳颇多读书人。要知道,读书和看书、查书、用书不是一个概念,和买书就更不是一个概念。严格意义上的读书,是超功利的,是一种纯粹的精神享受。所以,"好读书"竟可以"不求甚解",因为不必"学以致用"。深圳人的"读书"却有着明确的功利目的,即"充电"、"加油",以保证在激烈的竞争中立于不败之地。因此在深圳畅销的书籍,还是"实用技术"(比如电脑、会计)一类。为实用而读书并没有什么不好(至少总比根本不读书好),但只为实用而读书却未必佳。因为一旦"读书无用",恐怕就没有人读书了。没有人读书又怎么样?这个原本"文化不多"的城市,只怕就更没有文化了。

我实在希望深圳人能多少读一点书。问题并不在于读多少,而在于爱不爱读。这份爱,不仅是对书籍的爱,也是对生活的爱,对人生的爱,对人类文明的爱,对未来社会的爱。爱,是可以提升一个人的境界的。因此,有此一份爱,即有希望存焉。

## 六　在希望的田野上

深圳无疑是有希望的,只是还要努力。

与半个世纪以前七零八落跑到上海滩"捞世界"的各色人等不同,所谓"深圳人",基本上是一个齐刷刷的高学历群。他们原本就是广泛意义上的"读书人",他们也多半都有读书的兴趣和爱好。只是因为迫于生计,才不得不忍痛割"爱"。的确,当"明天的早餐在哪里"尚且不得而知时,是不该要求人们"为读书而读书"的;而在一个避孕套售卖机多过提款机、夜总会歌舞厅灯红酒绿通宵达旦、股票指数分分秒秒跳动不已的城市里,也是不能指望别人"面壁十年"的。但是,当生存已不再成为问题,甚至已经成了"先富一族"时,难道不该打开尘封的记忆,重新唤醒那一份人文关怀?不错,文化是不能或很难增加财富,但,如果没有文化,岂非更是"穷得只剩下钱"?而如果连最应该也最有条件读书的人都与书无缘,那么,深圳十六岁的花又还能开几季?

这里无疑有一个硬件和软件的关系问题。在我看来,为实用而读书,和盖书城建图书馆一样,只属于硬件的建设;创造读书的氛围,培养读书的兴趣,才是软件的开发。深圳需要这样的软件,舍此便不足以与北京、上海相提并论,也没有可能建设成"现代文化名城"。城市的文化不仅在街道、在广场、在摩天大楼立交桥,在影剧院、图书馆、博物馆,更在人心。深圳的硬件建设是相当成功的,通过国际咨询完成的市中心城市设计堪称美轮美奂。但人的塑造呢?难道人的塑造也能通过国际咨询来完成?深圳当然是在创造一种全新的文化,它也没有必要重走北京、上海的老路。然而这种新文化的象征物总不该是歌舞厅夜总会,全新的深圳人(包括他们的下一代)也总不该只会炒股挣钱,或只会蹦迪泡妞,或只会玩电脑打高尔夫球吧?

更何况,任何新文化的创造都不可能没有对传统的继承,而一个"开风气之先"的城市也不能没有对社会、对生活、对人生的人文关怀。我们并不主张深圳人都变成学者和哲学家,或者像北京那样,人人都是政治家,——这没有必要也没有可能;我们更不希望深圳变得老气横秋,街上走满了遗老遗少,——那将是可悲的也是可笑的。我们只希望深圳多一点厚重少一点浮躁,多一点深沉少一点轻狂,把现代和传统、实践和理论、工商和人文完美地结合起来。正如一位研究者所说:"建设特区的意义,不是造一个流金溢彩的一夜城池、销金窝子,也不是增一点产值,多收点外汇,更不是给香港再划一块郊区过去"(张冠生《扬州昨夜,深圳今宵》),深圳,毕竟还承担着文化创造的历史使命啊!

深圳是有这个条件的。第一,深圳事实上有不少读书人,有不少关心人类命运和人生意义的人,只不过多半并不在文化机构中而已。对于深圳的文化建设而言,他们是一种隐性的存在,正所谓"大隐隐于市"。惟其如此,他们所起的作用便有可能会超过那些在文化机构中吃政府饭的人。第二,深圳有很好的机制。尽管它自己没有太多的文化积累和较强的文化力量,却有可能在全国范围内调动这些积累,借用这些力量。深圳毕竟是一个有吸引力的城市,深圳的政策也相对灵活,完全有可能和内地某些有思想有潜力的学者建立一种双方都自由、双方都受益的联系,把他们具有影响力的研究成果在深圳加工、重组、包装后再推向全国。总之,深圳可以先把自己建设成文化传播的重镇,然后再发展成文化生产的基地,就像先搞"三来一补"再自己开发新产品一样。第三,也是最重要的,深圳已经有了自己的人文精神,这就是"自我实现"和"自我解放"。许多闯深圳的人都有这样的体会,来到深圳以后,似乎一夜之间人就变了。胆子变大了,力量变强了,人也变聪明了。因为在他们看来,闯荡深圳就是告别过去。过去的关系既靠不上,过去的包袱也不用背。于是,他们在心理上就先松了一口气。心理上轻松了,思想上自由了,现实上又是无人可靠,潜能自然而然也就调动起来了。显然,这个潜能是他自己调动的,这个包袱也是他自己放下的,因此是"自我实现"和"自我解放"。

当一个城市以"自我实现"和"自我解放"为人文精神时,这城市的前程远大也就是无庸置疑的了。世界上,还有什么比自己更可靠的呢?"从来就没有什么救世主,也不靠神仙皇帝,要创造人类的幸

图五十六:春天的故事还会再讲下去,秋天的诗则会更加韵味悠长。

李　华摄

福,全靠我们自己。"深圳,一定会是大有作为的。

  写完本书这最后一章,又是一年"东方风来满眼春"。春节过后,大批的民工又将从全国各地返回深圳,形成一年一度的民工潮。从去年秋天改写北京,到今年春天写完深圳,正是从秋天写到春天,不禁使人顿生轮回之感。的确,如果说深圳是春天的故事,那么,北京就是秋天的诗。北京是充满诗意的,北京的秋天就更是诗意盎然。想想香山红叶,秋夜胡同,巍峨城阙瑰丽楼台上的夕阳晚照,四合院老槐树下谈今论古细说前朝往事的大爷,再想想深南大道上四季常开的鲜花,世界之窗和欢乐谷流光溢彩的表演,蛇口工业区"时间就是金钱,效率就是生命"的标语牌和那些夹着公文包行色匆匆的年轻人,真正"别是一番滋味在心头"。五千年文明史弹指而过,21世纪就在眼前。中国的城市,又会谱写怎样的篇章呢?

  也许,春天的故事还会再讲下去,秋天的诗则会更加韵味悠长。

# 新版后记

本书初版书稿只写了25天，修订却花了不止大半年工夫。

修订的想法在初版面世时就有了。当时的打算，是增加成都、深圳两个城市。这个建议，是我的朋友徐新建教授提出来的。那是1997年11月，我们在厦门参加文学人类学研讨会，同时为上海文艺出版社新推出的"文化人类学笔记丛书"（《读城记》即其中的一本）举行首发式。新建和我都是这套丛书的编委和作者，自然议论到本书。这个建议立即得到责任编辑赵南荣兄的赞同，我也就开始了准备工作。

但读者的反应很快就来了。除纷纷表示喜欢这本书外，一个普遍的意见，就是觉得书太薄（不到10万字），内容太少，不过瘾。武汉作家周翼南一面在武汉报纸上呼吁武汉人应人手一本，一面在《书与人》杂志上撰文，说"读后有不满足感"。他认为这本书"满可以洋洋洒洒写成30万字的专著"，而且还说我也同意他的看法。一家在国内颇有些名气、专营高品位学术书籍的民营书店"晓风书屋"的老板许志强君也有相同意见。看来，不抓紧时间进行修订是交代不过去的了；而所谓修订，也不仅仅只是增加两个城市。原有的章节，几乎都要重写。

于是，修订开始了。

修订不但是重写的过程，也是重新解读这些城市的过程。然而越是深入下去，就越是发现问题多多。的确，城市是一本打开的书，每个人都可以去读它，但要真正读懂，并不容易。一家报纸在谈到我这本书时，把"读城"排成了"说城"。我对他们说，这个字，不好错的。"说"是诉说，是描述；"读"是解读，是研究。"说"只要知其然，"读"却是为了知其所以然。知其然的人很多。谁对自己生活或到过的城市没有一点感受呢？所以城市文化往往被看成是一个谁都可以插上一嘴的话题，就像看完一部电视连续剧后谁都可以发表一番议论一样。现在，关于城市文化的文章著作不少。但，除对北京、上海外，其他城市，还是说的多，读的少。

其实，说也不易。尤其是要用一两个字或一两句话把一个城市的个性和特质准确无误而又形象生动地说出来，还要让人心服口服，着实很难。除了个别特征特别明显（如北京）或比较单纯（如厦门）者外，其他城市都不大好这么说的。因为很容易挂一漏万或以偏代全。比如南京，就不好说它是儒雅还是粗俗，是伤感还是豪壮。所谓"南京大萝卜"，就带有荤素皆宜、生熟均可、什么都有一点又都没有、怎么说都行又都不行的意思。其他一些城市也一样。本书尝试着说了一下，比如北京"大气醇和"，上海"开阔雅致"，广州"生猛鲜活"，厦门"美丽温馨"，成都"悠闲洒脱"，武汉"豪爽硬朗"等等，不知读者能认同否？

许多人认为，对于城市文化，是不能这样评说的，因为太过简单，而一个城市的文化个性和文化特质，哪那么简单！这话并不错。但如果你研究描述了老半天，却连一个说法都没有，读者是不会满意的。事实上，人文学科许多研究的目的，就是要给个说法；而当我们试图对一个城市的文化给个说法时，我们实际上已经不是"说城"，而是"读城"了。其实，即便是描述，也常常会伴以"说法"，比如"上海人很精明"或"武汉人特直爽"等等。只要这些说法大致不太离谱，就应该准其成立。如果一定要说"上海也有戆大"或"武汉也有滑头"，那就是抬死杠了。我们关心的是整个城市的氛围和情调，而不是个别人的特殊遭遇。

然而，人们在议论城市时，又总是从自己的切身体会出发的。这也不奇怪。城市对于每个人来说，都首先是一种感性的存在，是一个与之发生种种物质和精神关系的对象。人们都是通过自己的感性体验，通过一个个感性具体的事件和细节来认识城市的。同样，当他们听到关于一个城市的说法时，也总是会用自己的感受来验证：怎么，我们是这样的吗？其实他说的"我们"，便很可能不过只是他自己。

对于城市文化的这种见仁见智，导致了城市文化研究、尤其是对城市个性特质定位的困难。当《新周刊》称上海为"最奢华的城市"时，我相信一定得到了某些人的认同。可是广州一家出版社的一位编辑却打电话来说，据她自己在上海读书时的生活经验，上海应该称之为"最浪漫的城市"才对。可惜在我看来，上海这个城市是一点也不浪漫的。崇尚"实用理性"的上海人，甚至在谈恋爱时都浪漫不起来。事实上在这个"水泥森林"般的城市里，也没有多少"花前月下"可供浪漫。上海人追求的不是浪漫，而是实惠，以及建立于实惠基础上的雅致。

显然，当我们试图用一两个字或一两句话来概括一个城市的文化特征和市民的文化性格时，谁都很难保证是准确无误的。一个城市，小一点的几十万人，大一些的几百万人，哪能齐刷刷地都是一种性格？但如果找不到他们的共性，而且是不同于其他城市人的共性，则城市的所谓个性又从何谈起！研究是要有结论的，这个结论性的意见不可能是长篇大论，而只能是诸如"北京是最大气的城市"之类的说法。显然，不说可能被视为"欺世"，说又可能被视为"媚世"。说也不是，不说也不是，又不能"介乎说与不说之间"，难哪！

何况城市现在正处于千变万化之中。北京的上空已不再飘荡着大爷味儿，满嘴"不要太潇洒噢"的新一代上海人，也不会再在买了一根针以后还要求找两张草纸。他们也许根本就不会买针了。不断有人告诫我：就别老是胡同四合院、里弄石库门了，来点新东西行不？想想也是，都什么年头了！可不说胡同四合院、里弄石库门又说什么呢？说麦当劳、肯德基不成？

的确，中国的城市正在变得越来越没有个性。到处都是似曾相识的店面和千篇一律的建筑,到处都在奔小康,争取"先富起来",而所谓"小康"又好像只有一种模式:时装店、精品屋、海鲜酒楼娱乐城。就连一个最不起眼的县级市也有这些东西,只不过更花哨更俗气而已。一些宝贵的传统则连同它们的风味一起已渐次消失。有人说,北京什么都变了,没变的只有北京人那张能说爱说的嘴。其实,就连北京人的嘴也变了,没那么爱说了。一是没时间,二是学会了保守"商业机密"。是啊,与"现代化"相比,城市的个性和风味又算什么!

况且,仅仅说出了城市的个性和风味,还只是"说城";能说出这些个性和风味形成的原因,才是"读城"。所以,解读城市,不但要有感性体验,还要有理性概括。城市复杂而又多变,问题抽象而又具体,读城,实在是太难了。

城市如此难读难说,"谁能与我同醉"呢?

因此我要感谢那些支持我完成这一课题的朋友们:本书的责任编辑赵南荣兄、编审高国平先生;以各种方式帮助我考察解读深圳的傅建民先生,焦胜、张源、胡国庆、王梅、张祥云、褚毅、周展、赵青、贾玉川等朋友,《深圳商报·文化广场》的两任主编胡洪侠、束因立;从千里之外寄来我所需资料的云南人民出版社编辑周非女士;为本书提供了大量图片的广州《新周刊》采编一部主任周可,专门为本书拍摄了许多照片的我的妻子李华。

我要特别感谢的还是读者。本书初版面世后,《人民日报·华东版》、《文汇报》和《解放日报》又先后辟专栏刊登了我读城的文章。许多读者在读了本书或这些文章后,来信来电表示支持。也有读者提出了不同看法。某些意见在修订时已被吸收。在本书还不太成熟时,他们就那样喜欢它,这就使我萌生了一个念头:即便冒一点学术上的风险,也要把它改出来。

但我也要请读者们原谅,原谅我所做的,原本就是一件吃力不讨好的事情,——读城不易,说城也难。不但不易说清,而且一不小心,没准就得罪了谁谁谁。如果真有什么得罪的地方,我也要请这些城市的人海涵。因为对于本书所写的这些城市而言,我都是一个外地人。

外地人的感觉总多少会有些隔膜的,尽管外地人也有外地人的优势,——不在庐山之中,也许反倒识得庐山的真面目。

"知否,知否,应是绿肥红瘦。"

易中天

1999 年 6 月 14 日

识于厦门大学凌峰楼

## 图书在版编目(CIP)数据

读城记/易中天著.－上海：上海文艺出版社.1997.10(2006.9 重印)
ISBN 7－5321－1627－1

Ⅰ.读… Ⅱ.易… Ⅲ.随笔－作品集－中国－当代 Ⅳ.I267
中国版本图书馆 CIP 数据核字(1999)第 53948 号

责任编辑：赵南荣
封面设计：王志伟

### 读城记
易中天 著
上海文艺出版社出版、发行
地址：上海绍兴路74号
电子信箱：cslcm@publicl.sta.net.cn
网址：www.slcm.com

新华书店 经销 上海华成印刷装帧有限公司印刷
开本 640×978 1/16 印张 22.25 插页 2 字数 293,000
1997年10月第1版 1999年12月第2版
2006年3月第3版 2006年9月第21次印刷
印数：232,601—262,600 册
ISBN 7－5321－1627－1/I·1320 定价：26.00元

告读者 如发现本书有质量问题请与印刷厂质量科联系
T：021－62662100